Mathias Hirsch

Realer Inzest

Psychodynamik
des sexuellen Mißbrauchs
in der Familie

Springer Verlag
Berlin Heidelberg New York
London Paris Tokyo

Dr. med. Mathias Hirsch
Arzt für Psychiatrie, Psychoanalyse und Psychotherapie
Simrockstraße 22, D-4000 Düsseldorf 1

ISBN 3-540-17025-1 Springer-Verlag Berlin Heidelberg New York
ISBN 0-387-17025-1 Springer-Verlag New York Berlin Heidelberg

CIP-Kurztitelaufnahme der Deutschen Bibliothek.
Hirsch, Mathias: Realer Inzest: Psychodynamik des sexuellen
Mißbrauchs in der Familie/Mathias Hirsch. — Berlin; Heidelberg;
New York; London; Paris; Tokyo: Springer, 1987
ISBN 3-540-17025-1 (Berlin . . .)
ISBN 0-387-17025-1 (New York . . .)
NE:GT

Das Werk ist urheberrechtlich geschützt. Die dadurch begründeten Rechte, insbesondere die der Übersetzung, des Nachdrucks, der Entnahme von Abbildungen, der Funksendung, der Wiedergabe auf photomechanischem oder ähnlichem Wege und der Speicherung in Datenverarbeitungsanlagen bleiben, auch bei nur auszugsweiser Verwertung, vorbehalten. Die Vergütungsansprüche des § 54, Abs. 2 UrhG werden durch die „Verwertungsgesellschaft Wort", München, wahrgenommen.

© Springer-Verlag Berlin Heidelberg 1987
    Printed in Germany

Die Wiedergabe von Gebrauchsnamen, Warenbezeichnungen usw. in diesem Werk berechtigt auch ohne besondere Kennzeichnung nicht zu der Annahme, daß solche Namen im Sinne der Warenzeichen- und Markenschutz—Gesetzgebung als frei zu betrachten wären und daher von jedermann benutzt werden dürften.

Satz, Druck und Bindearbeiten: E. Kieser GmbH, Neusäß
2119/3140-543210

Vorwort

Durch zwei Patientinnen, die Inzestopfer in der Kindheit gewesen waren und sich fast gleichzeitig zur analytischen Psychotherapie angemeldet hatten, bin ich auf das Thema des realen Inzests gestoßen. Das anfängliche Gefühl, durch das Aufdecken einer Wahrheit, die von einem starken gesellschaftlichen Tabu unterdrückt wird, der Ursache psychischer Erkrankung näherzukommen, weicht in der Untersuchung der Dynamik des realen Inzests bald der Einsicht, daß es sich bei der Entstehung von psychischer Störung um ein komplexes Wechselspiel von interpersoneller Beziehung, äußerem Trauma und inneren Bedürfnissen des Individuums handelt. Realer Inzest erweist sich als prägnantes Beispiel des Zusammenwirkens von dem, was man dem Ich (dem Kind) angetan hat, was es daraus gemacht hat und auch selbst dazu beigetragen hat. Ich hoffe, in Identifikation mit dem Opfer nicht der Gefahr erlegen zu sein, nur das äußere reale Objekt zu sehen, den Täter, und ihn implizit zu beschuldigen, sondern daß es mir gelungen ist, den Anteil des Opfers, die komplizierte Dynamik der äußeren und inneren Objekte und die aller Beteiligten der „Inzestfamilie" darzustellen.

Mein Dank gilt zuerst den Patienten, besonders Frau „A", Frau „B", Frau „D" und Frau „G", ohne die das Buch nicht entstanden wäre. In der Diskussion mit Dr. J.M. Pedigo (Institute for Rape Concern, Philadelphia), Dr. R. Battinieri (Children and Youth Services, Media, Pennsylvania) und Prof. Dr. D. Finkelhor (Durham, New Hampshire) über die Psychodynamik und die Probleme der Therapie erhielt ich viele Anregungen. Nicht zuletzt möchte ich meiner Frau, Marga Hirsch-Löwer, für viele Denkanstöße und geduldiges Zuhören danken, sowie ihr und meinen beiden Kindern für den unfreiwilligen Verzicht auf Zuwendung und Präsenz meinerseits zugunsten der Arbeit an dem Buch.

Düsseldorf, Oktober 1986 *Mathias Hirsch*

Inhaltsverzeichnis

1	**Einleitung** 1	
2	**Definition: Was ist Inzest?** 5	
2.1	Anthropologische Definition 5	
2.2	Strafrechtliche Definition 7	
2.3	Psychologische Definition 9	
2.3.1	Diskussion des feministischen Standpunkts 11	
2.3.2	Forderungen nach Liberalisierung des Sexualstrafrechts 13	
3	**Vorkommen des Inzests** 17	
3.1	Häufigkeit 17	
3.1.1	Anteile der verschiedenen Inzestbeziehungen 20	
3.1.2	Soziale Schicht und Rasse 21	
3.2	Bewußtsein von der Realität des Inzests 22	
4	**Psychoanalyse und realer Inzest** 24	
4.1	Warum Widerruf der Verführungstheorie durch Freud? 30	
4.2	Die Thesen von Ferenczi 38	
5	**Emotionale Ausbeutung des Kindes in der Familie** 46	
5.1	Narzißtische Bedürfnisse der Eltern und ihre Projektionen auf das Kind 47	
5.2	Partnerersatzdynamik 49	
5.3	Kindesmißhandlung 51	
5.4	Sexueller Mißbrauch in der Familie 53	
5.5	„Terrorismus des Leidens" 53	
6	**Eine Falldarstellung: Frau D.** 56	
7	**Vater-Tochter-Inzest** 73	
7.1	Das Inzestgeschehen 73	
7.1.1	Promiskuöse Familien 74	
7.1.2	Endogamische Familien 74	
7.1.3	Pädophile Familien 74	
7.1.4	Beginn des offenen Inzests 75	

7.2   Psychodynamik der Tochter   78
7.2.1 Die Beziehung zum Vater als Kompensation eines Defizits an mütterlicher Fürsorge   79
7.2.2 Beziehung zur Mutter   84
7.2.3 Schuldgefühle der Tochter   85
7.2.4 Die Tochter ist verführerisch   93
7.2.5 Spezifische Abwehrmechanismen   95
7.2.6 Die spätere Beziehung der Tochter zum Vater   97
7.2.7 Partnerwahl   100
7.3   Psychodynamik des Vaters   102
7.3.1 Äußere Charakteristika   102
7.3.2 Narzißtisches Defizit und Beziehung zur eigenen Mutter   104
7.3.3 Beziehung zum eigenen Vater   106
7.3.4 Paranoide Züge und Eifersucht   107
7.3.5 Abwehrmechanismen des Täters   108
7.3.6 Narzißmus des Vaters   109
7.4   Psychodynamik der Mutter   115
7.4.1 Äußere und innere Charakteristika   116
7.4.2 Die Rolle der Mutter als „silent partner"   118
7.4.3 Eifersucht und Rivalität der Mutter   122
7.5   Familiendynamik   125
7.5.1 Äußere Charakteristika der Inzestfamilie   125
7.5.2 Trennungsangst der Inzestfamilie   127
7.5.3 Rollenumkehr   129
7.5.4 Bündnisse   131
7.5.5 Familientradition des Inzests   132

8 Andere Inzestformen   135

8.1   Großvater-Enkelin-Inzest   135
8.2   Mutter-Sohn-Inzest   138
8.2.1 Manifester Mutter-Sohn-Inzest   140
8.2.2 Sonderformen des Mutter-Sohn-Inzests   144
8.2.3 Mutter-Sohn-Inzest im weiteren Sinne   145
8.3   Homosexueller Inzest   148
8.3.1 Vater-Sohn-Inzest   148
8.3.2 Mutter-Tochter-Inzest   151
8.4   Bruder-Schwester-Inzest   152
8.5   Inzest in anderen Verwandtschaftsverhältnissen, bei Adoptiv- und Pflegekindern und multipler Inzest   153
8.6   Sexuelle Beziehung zwischen Therapeut und Patient   155

9 Die Folgen   160

9.1   Typische Folgen des Inzests   163
9.2   Allgemeine Symptomatik   164
9.3   Symptome aufgrund von Schuldgefühlen   166

9.3.1 Selbstverstümmelung 166
9.3.2 Psychogener Schmerz 167
9.4 Konversionsneurotische Symptome 168
9.5 Psychosomatische Symptomatik 169
9.6 Sexualisiertes Verhalten 170
9.6.1 Promiskuität 170
9.6.2 Prostitution 171
9.6.3 Prädisposition zur Vergewaltigung 172
9.6.4 Homosexualität beim Inzestopfer 172
9.7 Psychose 173

10 Therapie des Opfers und Hilfe für die Familie 176

10.1 Diagnose 176
10.2 Therapieverlauf 178
10.3 Gruppenpsychotherapie 181
10.4 Familienorientierte Therapie 182
10.5 Kooperation mit Institutionen 184
10.6 Prävention 188

11 Schlußbemerkung 190

Literatur 192

Anhang 199

Sachverzeichnis 200

Mignon

Kennst du das Land, wo die Citronen blühn,
Im dunklen Laub die Goldorangen glühn,
Ein sanfter Wind vom blauen Himmel weht,
Die Myrte still und hoch der Lorbeer steht,
Kennst du es wohl?
      Dahin! Dahin
Möcht ich mit dir, o mein Geliebter, ziehn.

Kennst du das Haus? Auf Säulen ruht sein Dach,
Es glänzt der Saal, es schimmert das Gemach,
Und Marmorbilder stehn und sehn mich an:
Was hat man dir, du armes Kind, gethan?
Kennst du es wohl?
      Dahin! Dahin
Möcht ich mit dir, du mein Beschützer, ziehn.

Kennst du den Berg und seinen Wolkensteg?
Das Maultier sucht im Nebel seinen Weg;
In Höhlen wohnt der Drachen alte Brut;
Es stürzt der Fels und über ihn die Flut,
Kennst du ihn wohl?
      Dahin! Dahin
Geht unser Weg! o Vater, laß uns ziehn!

Johann Wolfgang v. Goethe

1 Einleitung

Das Inzestthema strahlt eine eigenartige Faszination aus, wie es einem zwischenmenschlichen Phänomen zukommt, das einen starken Wunsch und ein ebenso entschiedenes Verbot enthält. Jeder Mensch hat einmal lernen müssen, die Wünsche nach sexueller Beziehung zu den Familienmitgliedern aufzugeben; die Psychoanalyse erhob diesen Vorgang zum entscheidenden Schritt in der psychischen Entwicklung, mit dem gleichzeitig die Gebote gesellschaftlichen Zusammenlebens internalisiert werden und das Kind für diesen Verzicht belohnt wird mit einem sicheren Platz in der Gemeinschaft der Menschen.

Dieses Buch handelt nicht von der Sexualität zwischen erwachsenen Verwandten, deren Beziehung vom Inzesttabu betroffen ist. Es geht vielmehr um eine Form der Kindesmißhandlung, in der ein Erwachsener ein ihn liebendes, von ihm abhängiges Kind für seine sexuellen Bedürfnisse ausbeutet. Dem Kind wird das Versprechen gemacht, daß seine kindliche Liebe erwidert und seine emotionalen Bedürfnisse erfüllt werden, dann aber muß es, bitter verraten und betrogen, für die sexuellen Bedürfnisse des mächtigeren Erwachsenen herhalten, eingeschüchtert von subtiler oder offener Gewalt, Drohung und Redeverbot. Würde das Kind das ganze Ausmaß an Verrat realisieren, könnte es die Beziehung, auf die es existentiell angewiesen ist, nicht mehr ertragen. Um aber nicht ganz verlassen zu sein, hilft es sich, indem es die Schuld auf sich nimmt, sich selbst erniedrigt, um sich erklären zu können, was der geliebte Erwachsene ihm antut, und um bei ihm bleiben zu können.

Die Geschichte der Kindheit in unserer Gesellschaft ist von Gewalt und Ausbeutung geprägt, und wir neigen dazu, die bösen Realitäten in der Beziehung zwischen Erwachsenen und Kindern zu verleugnen und zu idealisieren. Extreme Fälle von Kindesmißhandlung, schwerste körperliche Verletzungen, teilweise mit Todesfolge, sind nicht zu übersehen, bleiben aber weitgehend Gegenstand der Gerichtsmedizin und der Strafverfolgung, so daß sie im öffentlichen Bewußtsein abnorme, exotische Geschehnisse darstellen, von denen sich der Durchschnittsbürger distanziert. Dabei sind die extremen Fälle nur die herausragenden Zeichen eines weitverbreiteten Geschehens, die Spitze eines Eisbergs. So ist es ein erstaunliches sozialpsychologisches Phänomen, daß erst 1962 der amerikanische Kinderarzt Kempe das Syndrom des „battered child", des mißhandelten Kindes, „entdeckte", obwohl die Realität der Kindesmißhandlung vor und nach dieser Neubeschreibung gleichermaßen bestand. Kempe brachte aber im Bewußtsein erst der Ärzteschaft, dann der Öffentlichkeit einen Stein ins Rollen, er brach ein Tabu, wodurch Hilfe für die Opfer und wirksame Prophylaxe für die betroffenen Familien erst möglich wurde.

Inzest ist als das „letzte Tabu" bezeichnet worden. Es handelt sich aber noch mehr um ein Tabu, darüber zu *sprechen*, als es auszuagieren. Fast alle Autoren, die sich mit diesem Gebiet befassen, konstatieren erstaunt, daß Inzest weit häufiger vorkommt, als man meint. Inzest betrifft alle sozialen Schichten gleichermaßen und kann nicht dadurch abgegrenzt werden, daß er in Bereiche der „Asozialität" verwiesen wird, die dem „Normalbürger" so fern liegen, daß *er* jedenfalls nicht betroffen ist.

Praktisch alle Kulturen haben Inzest mit einem Verbot belegt, ihre Mitglieder dieses Verbot verinnerlicht. Die erforderliche Strenge des Verbots ist mit der entsprechenden Größe der Wünsche, mit Familienmitgliedern sexuelle Beziehungen einzugehen, in Verbindung gebracht worden. Zur Erklärung der Inzestschranke sind erbbiologische, politökonomische und gruppendynamische Hypothesen herangezogen worden. Die vermutete Unsinnigkeit des Tabus wird auch benutzt, um eine „Befreiung" der kindlichen Sexualität zu propagieren; daß es hierbei wiederum um die Bedürfnisse der „Befreier" geht, liegt auf der Hand.

In diesem Buch soll nicht das Phänomen des Inzestverbots untersucht, sondern von seiner Realität ausgegangen werden. Wegen des bestehenden Tabus ist seine Überschreitung auch unvermeidlich mit einem Konflikt verbunden. Da es um Wissende und Unwissende, Mächtige und Abhängige, oft Eltern und ihre Kinder geht, bedeutet ausagierter Inzest Gewaltanwendung, Ausbeutung, Verzerrung von Realität, Verbot der Kommunikation, psychische und manchmal körperliche Schäden.

Die traumatische Wirkung des sexuellen Mißbrauchs von Kindern hängt von der zwischenmenschlichen Beziehung ab, in der er stattfindet. Wird er als einmaliges Ereignis an ein Kind herangetragen, das mit einer schützenden Familie darüber kommunizieren kann, wird er leicht überwunden. Inzest wirkt nicht als einzelner sexueller Akt traumatisch, sondern als Jahre dauerndes Familiengeschehen, in dem jeder Teilnehmer eine charakteristische Rolle übernimmt. Der Versuch, dem Vater als Täter die alleinige Schuld zuzuweisen, schafft Fronten, die ein tieferes Verständnis eher verhindern. Trotzdem sind die Erwachsenen, besonders der Täter, meist der Vater, und der „silent partner", meist die Mutter, als Erwachsene verantwortlich, denn ein Kind ist nicht in der Lage, das sexuelle Geschehen zu beurteilen, kann ihm also auch nicht wirklich zustimmen.

Mein Versuch, einen objektiven, neutralen Standpunkt einzunehmen, um das Inzestgeschehen über ein einfaches Täter-Opfer-Schema hinaus als Ergebnis einer komplexen Familiendynamik und Familientradition zu verstehen, läßt vielleicht den Eindruck entstehen, daß der Aspekt des Unrechts, das dem Kind angetan wird, vernachlässigt wird. Das Bemühen um Verständnis auch des Täters bedeutet aber m.E. nicht, Empathie und Solidarität für das Opfer aufzugeben. Ich hoffe auch, daß durch die Beispiele aus der therapeutischen Arbeit ein realistisches Bild vom Ausmaß der psychischen Zerstörung, die mit dem Inzest verbunden ist, vermittelt wird.

Aus dem Dilemma von übergeordnetem Verständnis und Parteilichkeit für das Opfer entstehen auch Probleme der Bezeichnungen. Ist der Erwachsene selbst einmal Opfer gewesen, kann er nicht mehr frei entscheiden, ob er später Schwächeren Gewalt antut oder nicht; es fällt dann nicht mehr so leicht, von „Aggressor" oder „Täter" zu sprechen. Auch das Kind fügt sich irgendwann einmal und akzeptiert mit einem Teil seines Selbst Sexualität als Form von Zuwendung, ist also nicht mehr *nur*, wenn auch immer weit überwiegend, Opfer. Trotzdem habe ich die Bezeichnungen „Täter" und „Opfer" beibehalten, da das Kind wegen seiner großen realen Abhängigkeit keine Wahl hat, der Erwachsene aber wenigstens weiß, daß er Unrecht tut, von der Verantwortung nicht freigesprochen werden kann und — wenigstens theoretisch — die Möglichkeit hat, sich (therapeutische) Hilfe zu holen.

Von den bekanntgewordenen Fällen stellt der Vater-Tochter-Inzest unter allen möglichen Konstellationen den größten Anteil, nämlich 75% dar, er ist am besten untersucht und nimmt auch in diesem Buch den größten Raum ein. So handeln die ausführlichen Falldarstellungen von Vater-Tochter-Inzest, zu den anderen Inzestformen wurden Beispiele aus der psychotherapeutischen Praxis in Form von Fallvignetten herangezogen.

Inzest selbst ist eine strafbare Handlung, darüber hinaus stellt es oft ein Delikt gegen die sexuelle Selbstbestimmung dar, die Opfer sind vom Täter Abhängige, die Tat kommt unter Drohung, oft unter Gewaltanwendung zustande. Die Bestrafung des „Täters" ist ein wenig hilfreicher Versuch der Gesellschaft, dem Phänomen zu begegnen, denn es wird der Komplexität des Geschehens nicht gerecht, schafft neue Traumen und hilft, es aus dem Bewußtsein der Gesellschaft durch Kriminalisierung zu eliminieren.

Auch die Psychoanalyse hat dazu beigetragen, die zweifelsohne vorhandene und so weit verbreitete Inzestrealität zu verleugnen. Freud hatte zwar anfänglich sexuellen Mißbrauch, insbesondere inzestuösen, in der Vorgeschichte seiner hysterischen Patienten gefunden, widerrief jedoch diesen Befund und verwies die Inzestdynamik in den Bereich der Phantasie der betroffenen Patienten. Sicher ist die ödipale Inzestdynamik in allen Menschen angelegt, sie enthält jedoch auch die Wünsche der Eltern nach sexueller Beziehung zu ihren Kindern, und um so schlimmer, wenn diese Phantasien und Wünsche von den Mächtigeren, die reifer sein sollten, auf Kosten des Schwächeren in die Realität hineinagiert werden.

Dieses Buch ist insofern psychoanalytisch orientiert, als das Unbewußte, die Abwehrmechanismen, die Bedeutung der Sexualität, Phantasien, Träume und Symptome berücksichtigt werden. Nicht aber in dem Sinne, daß dem Trieb des Kindes die Hauptrolle in der Gestaltung der Vorstellung vom Selbst, der Objekte und der Beziehungen zu ihnen zukommt. Vielmehr lassen die realen Objekte und ihr Anteil an der Beziehung, die Internalisierung der Objekte und der Erfahrung mit ihnen, sowie die Bedürfnisse des Kindes auf den jeweiligen Entwicklungsstufen Charakter, Persönlichkeit und gegebenenfalls das, was man psychische Krankheit nennt, entstehen. Es sind nicht lediglich intrapsychische Konflikte, die abgewehrt werden müssen, um mit den Erfordernissen des sozialen Zusammenlebens vereinbar zu sein, es sind die Bedürfnisse und Phantasien, die mit realen Erfahrungen in Beziehung zu realen Menschen kollidieren. Nicht nur innere Erfahrung, eher noch äußere Forderung, Bedrohungen und Einschränkungen müssen abgewehrt, verändert, verdreht, verleugnet, verdrängt werden, wenn sie zu unerträglich sind. Das heißt nicht, daß alles erinnert wird, oder alles Erinnerte konkret real war. Aber alles Erinnerte, alles traumhaft Verdrehte, alles durch Symptome Ausgedrückte, alles in späteren Beziehungen Ausagierte ist Ergebnis der Integration von realen Erfahrungen in Beziehung zu realen Menschen und inneren Bedürfnissen und Wünschen, die an sie gerichtet waren. Erst in den letzten beiden Jahrzehnten ist die Psychoanalyse dabei, Realität und Phantasiewelt, innere und äußere Objekte, familiäre Umwelt und Triebbedürfnisse integriert verstehen zu lernen.

Wenn schon die Inzestfamilie ihrer Dynamik erliegt, zu der massive Verleugnung und Kommunikationsverbot gehören, sollte die direkt beteiligte und schließlich auch die weitere Öffentlichkeit beginnen, das Schweigen zu brechen. Soziologen, Ärzte, Pychologen, Sozialarbeiter und Psychotherapeuten sollten ein Bewußtsein entwickeln, welches Voraussetzung ist, dem Opfer, der ganzen Familie und auch dem inzestuösen Angreifer adäquate Hilfe anzubieten. In der Bundesrepublik Deutschland werden erste Stimmen laut, die sich über das Redeverbot hinwegsetzen. Es sind dies Betroffene, die den Mut aufbringen, über eigene Erfahrungen als Opfer zu berichten, in der Hoffnung, einen Anfang zu machen, das Ausmaß sexueller Gewalt in der Familie zu verringern. In Deutschland existiert praktisch keine Fachliteratur, auch inzwischen vorhandene Veröffentlichungen über Kindesmißhandlung verschweigen diese Mißhandlungsform, von wenigen Ausnahmen abgesehen. Der allergrößte Teil der vorhandenen Literatur stammt aus den USA, wo seit ca. 10 Jahren nicht nur gesprochen und geschrieben werden kann, sondern auch gehandelt wird. Dort werden an verschiedenen Stellen therapeutische Strategien entwickelt, in die auch Sozialarbeit und Justiz einbezogen werden. Bewußtseinsbildung und Aufklärung über intrapsychische, intrafamiliäre und äußere Realität sind Voraussetzung für Veränderung; die Menschen können, wenn überhaupt, ihre Gewalttätigkeit nur begrenzen lernen, indem sie sich ihrer bewußt werden.

2 Definition: Was ist Inzest?

Die Entdeckung der Psychoanalyse, daß in jedem Menschen — jedenfalls in den uns vertrauten Kulturen — ein starker Wunsch nach Sexualität mit Familienmitgliedern, insbesondere mit dem gegengeschlechtlichen Elternteil vorhanden ist, erscheint inzwischen vertraut und geläufig. Wegen der allgemeinen Verbreitung des Inzestwunsches und seiner Stärke ist das Verbot des Inzests, das Inzesttabu oder die Inzestschranke, ebenso weit verbreitet und muß der Stärke des Wunsches entsprechend mit aller Strenge dem aufwachsenden Kind vermittelt werden. Intrafamiliäre Sexualität, Inzest, hat die verschiedensten Wissenschaften beschäftigt: Anthropologie, Ethnologie, Soziologie, die Psychoanalyse, die Rechtsprechung und die Gerichtsmedizin, um nur einige zu nennen. Jedes Fachgebiet wird einen anderen Schwerpunkt der Definition setzen, nicht alle können gleichermaßen berücksichtigt werden. Hier geht es um die Psychodynamik und die Psychopathologie des Inzests in der zeitgenössischen westlichen Gesellschaft, in der das Inzesttabu gegeben ist. Es wird also nicht so sehr um den Sinn und die Entstehung des Tabus gehen, sondern vielmehr um die Bedingungen seiner Übertretung.

2.1 Anthropologische Definition

Die anthropologische Wissenschaft ist mit dem Inzesttabu, also dem Verbot, innerhalb der Familiengruppe zu heiraten, beschäftigt. Inzest wäre die Übertretung dieses Verbots. Weinberg (1955) berichtet eine Anekdote: „Wenn zehn Anthropologen gebeten werden, eine universelle soziologische Institution zu nennen, werden wahrscheinlich neun das Inzestverbot nennen, einige würden es ausdrücklich als die einzige bezeichnen." So groß das Interesse der Forschung war und ist, die Ursache liegt weiterhin in relativem Dunkel, fast noch so, wie Freud (1913) in „Totem und Tabu" den Anthropologen Frazer zitiert: „Wir kennen die Herkunft der Inzestscheu nicht und wissen selbst nicht, worauf wir raten sollen. Keine der bisher vorgebrachten Lösungen des Rätsels erscheint uns befriedigend" (Freud 1913, S. 152).

Während seit Anfang des 19. Jahrhunderts die religiösen und ethischen Erklärungen überwogen, kam gegen Ende dieses Jahrhunderts eine biologisch argumentierende Degenerationstheorie auf (zur ausführlichen Diskussion der Entstehung des Inzesttabus vgl. Maisch 1968, S. 27 ff). Die Degenerationshypothese ist längst widerlegt, denn das Inzestverbot erstreckt sich bei vielen Naturvölkern nicht nur auf die biologische, sondern auch auf die angeheiratete Verwandtschaft. Inzestvorschriften gibt es darüber hinaus in Kulturen, die den Zusammenhang zwischen Sexualität und Schwangerschaft nicht kennen.

Eine weitere unhaltbare Vorstellung wurde von Westermarck (1902) entwickelt, der annahm, daß die sexuelle Abneigung durch das enge Zusammenleben von Familienangehörigen erworben wird. Dem widerspricht die große Zahl von Inzesterfahrungen von miteinander aufwachsenden Geschwistern (vgl. Finkelhor, 1979 b, S. 92), wenn auch neuerdings Shepher (1983) bei einer großen Zahl von israelischen Eheleuten keine einzige Heirat von zwei gleichzeitig in einem Kibuz aufgewachsenen Eheleuten feststellen konnte und damit die Westermarck-Theorie zu unterstützen meint.

Ebenfalls gegen Ende des 19. Jahrhunderts wurde ein inzwischen allgemein anerkannter sozial-ökonomischer Ansatz entwickelt: Inzestverbot als Negativum eines Exogamiegebots. Die angenommene primäre soziale Einheit, die Kernfamilie, ist in ihrer wirtschaftlichen Entwicklung eng begrenzt. Das Gebot, außerhalb der Familie einen Partner zu finden, mit dem sexuelle Bedürfnisse befriedigt werden, setzt eine Ablösung aus der Primärfamilie voraus. Schelsky (1955, S. 89) schreibt dazu: „Das Inzestverbot ist nur die negative Seite eines Sozialgebots der Exogamie, das in allen Gesellschaften erforderlich wurde, um die über die familiäre Einheit hinausreichende soziale Struktur und kooperative Verbindung zu erreichen und zu sichern." Bekannt geworden ist die Antwort, die Margaret Mead (1935, S. 52) bekam, als sie eine Gruppe älterer Männer vom Stamme der Arapesh in Neu-Guinea fragte, warum Inzest verboten sei:

„Was, du möchtest deine Schwester heiraten! Bist du denn nicht ganz richtig im Kopf? Möchtest du denn keinen Schwager? Siehst du denn nicht ein, daß du wenigstens zwei Schwager bekommst, wenn du die Schwester eines anderen Mannes heiratest und ein anderer Mann deine eigene Schwester bekommt, während du keinen Schwager hast, wenn du deine Schwester heiratest? Mit wem willst du denn auf die Jagd gehen oder den Garten bestellen, wen willst du besuchen?"

Freud (1905) argumentiert im selben Sinn: „Die Beachtung dieser Schranke ist vor allem eine Kulturforderung der Gesellschaft, welche sich gegen die Aufzehrung von Interessen durch die Familie wehren muß, die sie für die Herstellung höherer sozialer Einheiten braucht, und darum mit allen Mitteln dahin wirkt, bei jedem einzelnen, speziell beim Jüngling, den in der Kindheit allein maßgebenden Zusammenhang mit seiner Familie zu lockern" (S. 127). Und weiter: „Gleichzeitig mit der Überwindung und Verwerfung dieser deutlich inzestuösen Phantasien wird eine der bedeutsamsten, aber auch schmerzhaftesten psychischen Leistungen der Pubertätszeit vollzogen, die Ablösung von der Autorität der Eltern, durch welche erst der für den Kulturfortschritt so wichtige Gegensatz der neuen Generation zur alten geschaffen wird" (S. 128). Im Interesse des gesellschaftlichen Fortschritts wird das Kind aufgefordert, die Familie zu verlassen, die ursprünglichen inzestuösen Bedürfnisse aufzugeben und eine eigene Familie zu gründen. Den Ursprung des Inzesttabus verlegt Freud in seiner spekulativen Studie „Totem und Tabu" (1913) in die Urhorde der Menschheit, die von einem Patriarchen geführt wird, der ein sexuelles Monopol über die Frauen der Horde hat. Die Söhne lehnen sich gegen das „beneidete und gefürchtete Vorbild" auf, erschlagen den Urvater und setzen „im Akte des Verzehrens die Indentifizierung mit ihm durch, eignen sich ein jeder ein Stück seiner Stärke an." Das Inzestverbot aber überlebte den Vater, aus Reue und nachträglichem Gehorsam verzichteten die Brüder auf die Frauen der Horde und erhielten damit ihre soziale Organisationsform. Das Inzesttabu stellt eine ursprüngliche Form des Über-Ichs dar, welches aus der Überwindung des Ödipuskomplexes, also des Verzichts auf die Erfüllung inzestuöser Wünsche, entsteht.

Das Inzestverbot scheint eine wichtige Funktion für die Bildung und Aufrechterhaltung größerer sozialer Strukturen zu haben; es bedeutet die Notwendigkeit für das sich entwickelnde Individuum, sich aus den engen Bindungen der Kindheit zu lösen.

In diesem Zusammenhang ist ein wichtiger Aspekt des ausagierten Inzests, den wir später kennenlernen werden, interessant, nämlich die Trennungsangst der Familienmitglieder zu vermeiden, da alle Bedürfnisse, auch gerade die sexuellen, innerhalb der Familie befriedigt werden.

2.2 Strafrechtliche Definition

Das Inzesttabu unserer Gesellschaft findet seinen konkreten, für jedes ihrer Mitglieder bindenden Niederschlag im Strafrecht. Während bei den Tabus der Naturvölker zwischen Heiratsverbot und Verbot der Sexualität nicht unbedingt unterschieden wird, werden in den westlichen Zivilisationen beide sehr unterschiedlich gewertet. Das Strafrecht muß unterscheiden zwischen Heirat von zu nahen Verwandten, sexuellem Kontakt (bzw. im engeren Sinne Beischlaf) von zwei gleichaltrigen bzw. erwachsenen zu nahen Verwandten im gegenseitigen Einverständnis und sexuellem Mißbrauch von Jüngeren und Schwächeren, in der Regel also von Kindern, durch einen Stärkeren, in der Regel einen Erwachsenen, unter Anwendung von mehr oder weniger Gewalt. Die strafrechtlichen Bestimmungen verfolgen im Grunde zwei Ziele:

1. Kinder und Abhängige vor sexueller Mißhandlung zu schützen und
2. die allgemeingültigen Moralvorstellungen zu bewahren.

Dieser letzte Aspekt erscheint jedoch sehr fragwürdig, da die Begründungen irrational und ideologisch aus letztlich religiösen Quellen gewonnen werden. Maisch (1968) setzt sich sehr kritisch mit den irrationalen Motiven auseinander. Insbesondere der § 173 StGB, der den Beischlaf zwischen leiblichen Verwandten verbietet, zieht seine Berechtigung aus irrationalen moralischen Vorstellungen. Das führt auch zu einer großen Variabilität des Strafmaßes in verschiedenen Ländern, innerhalb der USA auch in den einzelnen Staaten. Inzestgesetze regeln primär Heirat und Inzucht (Nachkommenschaft) von Verwandten, sie sollen nicht so sehr Kinder vor sexueller Verfolgung schützen. In der Bundesrepublik Deutschland wird der eigentliche Inzestparagraph (§ 173 StGB) selten angewendet (Kavemann u. Lohstöter 1984), während 1950 noch 436 Personen wegen Inzest rechtskräftig verurteilt wurden, sank diese Zahl auf 111 im Jahre 1965 (Maisch 1968, S. 64).

Neben dem Inzestverbot im engeren Sinne (§ 173 StGB) sind in das Strafgesetzbuch drei Vorstellungen eingegangen, die Schutz vor Verletzung der sexuellen Selbstbestimmung gewährleisten. Es sind dies sexueller Mißbrauch (unabhängig vom Alter und der bestehenden Beziehung zwischen Täter und Opfer) unter Anwendung von Gewalt. Seit der Strafrechtsreform von 1973 sind in diese Gesetzgebung keine moralischen Kriterien mehr eingegangen; der Schutz des Rechts auf sexuelle Selbstbestimmung, also die Verhütung eines objektiv nachweisbaren Schadens (im Gegensatz zur Moralvorstellung) ist allein ausschlaggebend. Dadurch erhält dieser Abschnitt des Strafrechts der Bundesrepublik Deutschland für andere westeuropäische Länder Beispielcharakter (Doek 1981, S. 76). Jede Inzestform, die in irgendeiner familiären Abhängigkeitsbeziehung stattfindet, ist durch diese Vorschriften ebenfalls erfaßt. Es sind dies im einzelnen folgende strafbare Handlungen:

§ 174 StGB: Der sexuelle Mißbrauch jeder Art von Schutzbefohlenen, also Schüler, Auszubildende, die eigenen Kinder, also jede Person, die dem Täter zur Erziehung, Betreuung oder Ausbildung anvertraut ist und unter 16 Jahre alt ist. Diese Altersgrenze wird auf 18 Jahre hinaufgesetzt, wenn der Täter das Abhängigkeitsverhältnis ausnützt, um zum Ziel zu kommen, d.h. gegen den Willen des Opfers. Dieselbe Altersgrenze von 18 Jahren gilt für den sexuellen Mißbrauch von leiblichen oder angenommenen Kindern. Als strafbare Handlungen gelten alle körperlichen Berührungen, verbunden mit der Absicht, „sich oder den Schutzbedürftigen sexuell zu erregen."

§ 176 berücksichtigt das absolute Alter: Jeder sexuelle Kontakt zu Kindern unter 14 Jahren ist strafbar. Die §§ 177 und 178: Unabhängig vom Alter des Opfers sind sexuelle Handlungen strafbar, die unter Anwendung von Gewalt oder mit Drohungen zustandekommen.

Das Strafrecht kann nie die Lösung eines sozialen Problems selbst darstellen, nur den Rahmen aufzeigen, innerhalb dessen die Gesellschaft Anstrengungen der Bewältigung unternehmen muß (Fraser 1981). Oft sind die Gesetze — und das scheint mir auch hier der Fall zu sein — der sozialen Realität weit voraus, denn die Gesetze sind zwar vorhanden, im Falle des sexuellen Mißbrauchs von Kindern innerhalb und außerhalb der Familie haben sie aber wenig Relevanz. Einmal wird die Dunkelziffer auf das 20fache der bekanntgewordenen Fälle geschätzt, (vgl. Abschn. 3.1) zum anderen führen die angezeigten Delikte lediglich in ca. 10% zur Verurteilung! „Im Jahre 1980, in dem in der Bundesrepublik und in Westberlin der Mißbrauch von 15871 Kindern zur Anzeige kam, wurden 1514 Männer verurteilt, davon 387 zu einer Geldstrafe und 1127 zu einer Freiheitsstrafe. Von diesen wurden knapp zwei Drittel zur Bewährung ausgesetzt!" (Kavemann u. Lohstöter 1984, S. 30).

Auch das Strafmaß wird allgemein als gering eingeschätzt, Doek (1981) konstatiert, daß Höchststrafen für sexuellen Mißbrauch von Kindern selten angewandt werden und daß die meisten westeuropäischen Länder ziemlich milde in bezug auf Bestrafung vorgehen (S. 78). Auch Herman (1981) bemerkt, daß inzestuöse Väter vom Gesetz wenig zu fürchten haben: Wenn überhaupt Anzeige erstattet wurde, kamen 75% der Fälle überhaupt nicht vor Gericht, nur 9% erhielten Gefängnisstrafen, in der Mehrzahl für weniger als 1 Jahr (S. 167).

Trotz der vorbildlichen Gesetzgebung gibt es noch immer Lücken, durch die der Täter entkommt, selbst wenn Anzeige erfolgt. Kavemann u. Lohstöter (1984) zeigen Grenzfälle auf, z.B. wenn das Opfer als Auszubildende mit 19 Jahren durch Androhung des Verlustes des Ausbildungsplatzes zum Geschlechtsverkehr gezwungen wird, oder selbst im Alter von 17 Jahren, wenn der Lehrherr die Drohung nicht direkt ausspricht, sondern in Andeutungen mitteilt. Das größere Problem erscheint mir die Schwierigkeit, unter den gegebenen gesellschaftlichen Verhältnissen überhaupt Anzeige zu erstatten (vgl. Abschn. 10.5). Ein weiterer Problemkreis, auf den Doek (1981, S. 82) hinweist, liegt in der Frage, ob das Straf-

2.3 Psychologische Definition

„Die meisten Kinder wären einverstanden, als Besitz mißbraucht zu werden, um Teil der Familie und ihrer scheinbar guten Beziehungen zu bleiben. Das ist Inzest."
J. Gordon, Vorwort zu Forward u. Buck (1978).

In diesem Buch geht es nicht um — den sehr seltenen — Inzest zwischen erwachsenen Verwandten, es geht um intrafamiliäre Sexualität zwischen Starken und Schwachen, Ausbeutenden und Ausgebeuteten, meist Eltern und Kindern, von diesen meist zwischen Vätern und Töchtern. Es handelt sich um eine Form der Kindesmißhandlung (vgl. Kap. 5), bei der weniger offene, aber immer wenigstens subtile Gewalt angewendet wird. Darüber hinaus ist so verstandener Inzest unscharf abgegrenzt gegenüber sexuellem Mißbrauch von Kindern, er stellt von diesem Gebiet eine Untergruppe dar. Inzest ist sexueller Mißbrauch in der Familie, er hat spezifische Ursachen und eine bestimmte Funktion innerhalb einer charakteristischen Familiendynamik.

An dieser Stelle seien die äußeren Variablen aufgeführt, da sie für die innere Dynamik und spezifische Folgen relevant sein können.

Verschiedene Inzestformen können abgegrenzt werden:
1. durch die Art der Handlungen und
2. durch die beteiligten Personen.

zu 1.: Selten wird der vollendete Beischlaf zum Kriterium gemacht (z.B. Sloane u. Karpinski, 1942), meist werden dagegen alle sexuellen Handlungen zwischen Familienmitgliedern einbezogen wie gegenseitige Masturbation, hand-genitaler oder oral-genitaler Kontakt, Streicheln mit dem Ziel der sexuellen Erregung, Exhibition, voyeuristische Aktivitäten. Unbewußte inzestuöse Einstellungen und unbewußtes Agieren werden in der Regel nicht zum manifesten Inzest gerechnet. Finkelhor (1979 b) begründet das Ausmaß dieser Definition damit, daß in unserer Gesellschaft nicht nur Beischlaf, sondern alle sexuellen Aktivitäten zwischen Familienmitgliedern tabuisiert sind; wer dieses Tabu wissentlich bricht, begeht Inzest.

zu 2.: Die Personen, denen sexuelle Aktivität gesetzlich untersagt ist, können leicht als Inzestbeteiligte definiert werden. In den USA sind das Eltern und Kinder, Geschwister, Großeltern und Enkel, Onkel und Nichte sowie Tanten und Neffen. Nicht mehr so klar sind die Verbote für Cousins und Cousinen, 21 US-Staaten verbieten ihre Heirat, manche nur die Heirat, nicht die sexuelle Beziehung, manche erlauben beides (Weinberg 1955, S. 26). Ungeachtet der rechtlichen Lage bezieht Finkelhor (1979 b) Cousinen und Cousins mit ein, da seiner Ansicht nach in der modernen Gesellschaft jeder ein Bewußtsein des Tabus für diese Beziehung hat. Für Inzest innerhalb dieses Verwandtschaftsgrades ist übrigens keine weitere Literatur bekannt geworden.

Stiefeltern und Stiefgeschwister fallen selbstverständlich in die Definition von Inzestbeteiligten, denn es kommt für die Psychodynamik auf die Qualität der Beziehung, nicht auf den biologischen Verwandtschaftsgrad an. Die Beziehungen zu Stiefeltern und -geschwistern nähern sich denen zu den entsprechenden leiblichen Verwandten, je länger und enger man als Familie zusammenlebt; insbesondere auch die Machtverhältnisse und emotionalen Abhängigkeiten sind in der Regel ähnlich. Das gleiche gilt für Pflege- oder Adoptivbeziehungen; ich würde wegen der praktisch immer entstehenden emotionalen Abhängigkeitsbeziehung auch Erzieher, Ärzte, Therapeuten und Lehrer in einen erweiterten Begriff von Inzestbeteiligten einbeziehen.

Eine Definition der inzestuösen Beziehung gab bereits Freud (1896) in seiner Arbeit „Zur Ätiologie der Hysterie" mit geradezu literarischer Eindringlichkeit:

„Alle die seltsamen Bedingungen, unter denen das ungleiche Paar sein Liebesverhältnis fortführt: Der Erwachsene, der sich seinem Anteil an der gegenseitigen Abhängigkeit nicht entziehen kann, wie sie aus einer sexuellen Beziehung notwendig hervorgeht, der dabei doch mit aller Autorität und dem Rechte der Züchtigung ausgerüstet ist und zur ungehemmten Befriedigung seiner Launen die eine Rolle mit der anderen vertauscht; das Kind, dieser Willkür in seiner Hilflosigkeit preisgegeben, vorzeitig zu allen Empfindlichkeiten erweckt und allen Enttäuschungen ausgesetzt, häufig in der Ausübung der ihm zugewiesenen sexuellen Leistungen durch seine unvollkommene Beherrschung der natürlichen Bedürfnisse unterbrochen - alle diese grotesken und doch tragischen Mißverhältnisse prägen sich in der ferneren Entwicklung des Individuums und seiner Neurose in einer Unzahl von Dauereffekten aus, die der eingehendsten Verfolgung würdig wären" (S. 452).

Andere Definitionen sind knapper: „Wenn ein Kind von einem Elternteil gezwungen wird, dessen sexuelle Bedürfnisse zu befriedigen, das ist Inzest" (Herman 1981, S. 4). Die Autorin fügt hinzu: „Der Schrecken des Inzests liegt nicht im sexuellen Akt, sondern in der Ausbeutung von Kindern und der Korruption elterlicher Liebe" (a.a.O.). Häufig wird die Definition von Kempe u. Kempe (1978) für sexuellen Mißbrauch zitiert: „Sexueller Mißbrauch wird definiert als die Inanspruchnahme von abhängigen, entwicklungsmäßig unreifen Kindern und Adoleszenten für sexuelle Handlungen, die sie nicht gänzlich verstehen, in die einzuwilligen sie in dem Sinne außerstande sind, daß sie nicht die Fähigkeit haben, Umfang und Bedeutung der Einwilligung zu erkennen, oder die soziale Tabus von Familienrollen verletzen. Sie schließt Pädophilie (Vorliebe eines Erwachsenen für sexuelle Beziehungen zu Kindern oder die Neigung eines Erwachsenen dazu), Vergewaltigung und Inzest ein" (S. 62). Justice u. Justice (1979) zitieren die Definition des National Center of Child Abuse and Neglect für Inzest: „Intrafamiliärer sexueller Mißbrauch, der an einem Kind begangen wird durch ein Mitglied der Familiengruppe dieses Kindes. Er schließt nicht nur Geschlechtsverkehr, sondern jede Handlung ein, die mit der Absicht verbunden ist, ein Kind sexuell zu stimulieren oder ein Kind für sexuelle Erregung entweder des Täters oder einer anderen Person zu benutzen" (S. 27).

Aber ein Kind ist lebensnotwendig auf Körperkontakt, Zärtlichkeit, Streicheln, Umarmen und körperliches Spiel mit Erwachsenen (Eltern) angewiesen. Die Grenze zum ausbeuterischen, mißbräuchlichen sexuellen Körperkontakt zu erkennen, ist nicht immer leicht. Sie liegt wiederum da, wo die Bedürfnisse, die befriedigt werden sollen, die des Erwachsenen sind und nicht die des Kindes. Herman (1981, S. 205) lokalisiert die Grenze da, wo der Kontakt zwischen Erwachsenem und Kind ein Geheimnis bleiben muß. Das Kind hat ein Recht, körperliche Zärtlichkeit uneigennützig zu bekommen; das bedeutet nicht, daß nicht auch der Erwachsene befriedigt sein kann, dem Kind etwas zu geben oder auch von ihm etwas (zurück-) zu bekommen. Sexuelle Erregung ist nicht das primäre Ziel eines Kindes, das Körperkontakt zu einem vertrauten Erwachsenen sucht, und wenn es das tut, hat m.E. bereits ein Erwachsener einmal eine Form sexuellen Kontakts zu dem Kind aufgenommen.

Der Erwachsene hat die Verantwortung, Grenzen zu setzen und sich taktvoll in der Empathie mit den Bedürfnissen des Kindes zurückzuziehen, wenn er selbst im Körperkontakt mit dem Kind sexuell erregt ist (vgl. Summit u. Kryso 1978). Das ist eine Fähigkeit, die offensichtlich den Aggressoren in inzestuösen Beziehungen nicht zur Verfügung steht. Anderson (1979) hat in einer Befragung unausgewählter Grundschulkinder feststellen können, daß die Kinder, die in irgendeiner Weise sexuell mißbraucht worden waren, sehr wohl zu unterscheiden wußten zwischen legitimem und mißbräuchlichem Körperkontakt, oft besser als die nicht direkt beteiligten Erwachsenen, an die sie sich um Hilfe wandten. Nach meiner Beobachtung ist es ein häufiges Phänomen, daß Erwachsene besonders Kinder und andere von ihnen abhängige Menschen bei jeder Gelegenheit berühren oder küssen, um eigene Körperkontaktbedürfnisse zu befriedigen, oft in einer eigentümlich kalten, ritualisierten, also perversen Weise. Das Kind, das sich mit einer gesunden Abneigung dagegen zur Wehr setzt, wird dafür bestraft, als würde es jemanden beleidigen, der es gut mit ihm meint.

2.3.1 Diskussion des feministischen Standpunkts

Die ersten Stimmen des Protests gegen das tabuartige Schweigen der Gesellschaft sowohl in den USA in den 70er Jahren (vgl. Herman 1981) als auch in der Bundesrepublik in den 80er Jahren kamen aus feministisch orientierten Kreisen von Frauen, die direkt betroffen waren oder sich als Frauen mit den Opfern solidarisierten. So ist das erste in Deutschland erschienene Buch ein sehr feministisches (Rush 1982), ein zweites von deutschen Autorinnen (Kavemann u. Lohstöter 1984) ist ebenfalls dezidiert feministisch orientiert. Die Identifikation mit dem Opfer, einem abhängigen Kinde, ist nur zu verständlich, eigentlich kaum zu vermeiden und wird sich bei aller Bemühung um einen übergeordneten familiendynamisch orientierten Standpunkt auch in diesem Buch finden lassen. Denn der Erwachsene ist verantwortlich, er ist derjenige, der sich der Bedeutung von Sexualität in der Beziehung zwischen Menschen bewußt ist. Ausbeutung, Gewalt und darüber hinaus ein Verbot, mit anderen Menschen zu kommunizieren, sind Realität. Meines Erachtens aber birgt die feministische Sicht in der Überidentifizierung mit dem Mädchen als weitaus häufigstem Inzestopfer die Gefahr, in ein einfaches Täter-Opfer-Schema abzugleiten, das dem äußerst komplexen Familiengeschehen, das darüber hinaus in eine bestimmte Gesellschaft eingebettet ist, nicht gerecht werden kann.

Spezifische Probleme der Geschlechter und auch Machtverhältnisse zwischen ihnen sind immer gesamtgesellschaftlich. Marcuse (1975) hat die Neigung der Frauenbewegung, ein Feindbild vom „Mann" aufzubauen, als Reaktion auf das patriarchalische Bild der „Frau" verstanden und beide als unrealistisch kritisiert. „Die Frauenbewegung verfällt heute oft eben jenem Biologismus, den sie am patriarchalischen Bild der Frau zu recht kritisiert: »Der Mann« ist identifiziert mit Unterdrückung und Aggression — trotz der evidenten und zahlreichen »Ausnahmen«. Dieses Bild vom Mann schreibt ihm als biologisch-physiologischem Wesen Qualitäten zu, die gesellschaftlich determiniert sind, und es konstruiert eine Kategorie »Frau« *als* Frau, als wesentliche Antithese zum Mann" (S. 16). Zwar sei ein wesentliches Merkmal der patriarchalischen Gesellschaft Gewalt, Ungleichheit und Ausbeutung, auch gerade zwischen den Geschlechtern, eine Befreiung dieser Gesellschaft erfordere aber eine Überwindung der bestehenden „Dichotomie Mann — Frau". Das „radikale, subversive Potential der Frauenbewegung" beruhe in der „Vorstellung ... eines differenten Bewußtseins und einer differenten Triebstruktur in Männern *und* Frauen, die von den Erfordernissen der Herrschaft und Ausbeutung frei sind" (S. 11).

Trotzdem gibt es allerdings gesellschaftliche Realitäten, die Ungleichheit, ungerechtfertigte Machtausübung bedeuten und ubiquitär sich z.B. am Arbeitsplatz, in öffentlichen Institutionen und in der Familie finden lassen. Diese Machtgefälle betreffen auch die Geschlechter und können sich auf materiellen, psychischen und sexuellen Ebenen manifestieren. Meines Erachtens lassen sich solche Verhältnisse jedoch immer nur an soziologischen Kategorien festmachen und nie auf das Individuum, schon gar nicht auf seine unbewußten Persönlichkeitsanteile und unbewußten verinnerlichten Erfahrungen der Sozialisation bloß wegen seiner Zugehörigkeit zu einer soziologischen Gruppe übertragen. Manifestes Verhalten der Männer in einer patriarchalisch strukturierten und im Bewußtsein praktisch aller ihrer Mitglieder noch immer männerorientierten Gesellschaft betrifft eher die *Rolle* der Männer, die Unterdrückung der Frau eher die *Rolle* der Frau. Das kann sich im Individuum wiederfinden; ein Individuum kann sich entsprechend der üblichen gesellschaftlichen Rollen verhalten, ein Mann also autoritär-patriarchalisch Macht ausüben, eine Frau sich geschlechtsrollenspezifisch unterdrücken lassen. Das äußerlich sichtbare Rollenverhalten sagt aber noch nichts aus über die innerpsychische Realität eines Menschen, seine verinnerlichten Objekte (z.B. gerade männliche und weibliche), seine Abwehrmechanismen und vielleicht kaum kompensierten Ängste und Bedürfnisse.

Autoritäres Verhalten im Sinne der „authoritarian personality" Adornos, gerade verbunden mit Gewalt gegen Schwächere, ist letztlich die Reaktion auf selbst erfahrene Gewalt und Kompensation zugrundeliegender Schwäche. Ein der innerpsychischen Realität der Beteiligten und der unbewußten Familiendynamik sich näherndes Verständnis des Inzests kann m.E. nur vom einzelnen Betroffenen ausgehen - dabei werden sich spezifische Merkmale entdecken lassen —, nicht aber von gesellschaftlichen Rollen- und Machtverhältnissen, so real sie sich auf Individuen auswirken können. Dieses tiefere Verständnis ist letztlich auch nötig, um therapeutische Konzepte zu entwickeln, die beiden, Tätern und Opfern, gerecht werden. So läßt sich in der Literatur über Inzest die Bestrebung verfolgen, das einfache Täter-Opfer-Modell zu überwinden.

Rosenfeld (1979 a) nimmt an, daß das Täter-Opfer-Schema von dem „battered child", dem schwer mißhandelten, teilweise tödlich verletzten Kleinkind oder Säugling übernommen wurde, dem Opfer der kaum einfühlbaren Brutalität des (meist, aber keineswegs nur) männlichen Täters. Bei einmaliger Vergewaltigung in der Familie, z.B. bei einer psychotischen Reaktion des Vaters, durch einen senil-dementen Großvater oder einem pädophilen Onkel (Rosenfeld 1979 a) trifft das Modell zu. Die differenzierte Betrachtung der Familiendynamik der „endogamischen" Familie führt aber zu dem Ergebnis, daß alle Familienmitglieder kollusiv ihren Anteil haben, Männer wie Frauen, Geschwister und das Opfer selbst. In seiner Zusammenfassung der Familienforschungen führt Rosenfeld (1979 a) lakonisch die Inzestdynamik auf die emotionalen Defizite aller Beteiligten zurück, die in einer „kollaborativen Einheit" leben, denselben Lebensraum teilen, und spricht schließlich vom Inzest als „Opfer-Opfer-Interaktion", die als solche gleichwohl ausbeuterisch ist (S. 409). — Die typische Dynamik der Familie und ihrer einzelnen Mitglieder wird in besonderen Abschnitten ausführlich zu besprechen sein.

Nichtsdestoweniger sind 90% der Inzesttäter (wenn man einmal vom Geschwisterinzest zwischen gleichaltrigen, also auch ebenbürtigen Inzestpartnern absieht) nach einer Schätzung von Finkelhor (1982) Männer, wenn es um bekanntgewordenen und strafrechtlich verfolgten sexuellen Mißbrauch von Kindern geht, finden sich sogar 99% Männer (Kriminalstatistiken NRW 1980, zit. bei Trube-Becker 1982, S. 115). Finkelhor (1982) führt gesellschaftlich übliche Unterschiede der Sozialisation von Männern und Frauen als Faktoren an, die diese Diskrepanz erklären helfen: Frauen haben eher gelernt, zwischen sexuellen und nichtsexuellen Formen affektiver Zuwendung zu unterscheiden, insbesondere durch ihre Vorbereitung für die Mutterschaft. Unglücklicherweise — und auch meiner Meinung nach handelt es sich hier um einen Mangel — haben Männer nicht sehr viel legitime Möglichkeiten, Abhängigkeits- und Zärtlichkeitsbedürfnisse erfüllt zu bekommen, außer durch Sexualität. Weiterhin spielt für die Geschlechtsidentität und das Gefühl für Männlichkeit der heterosexuelle Erfolg bei Männern eine viel größere Rolle als bei Frauen. Soweit würde ich zustimmen und hinzufügen, daß männliche Sexualität, wenn man eine solche Kategorie schon soziologisch verallgemeinernd beschreiben will, eher mit Aggression und Gewalt verbunden ist. Das alles erklärt nicht hinreichend die Tatsache, daß so häufig Kinder Opfer sexueller Gewalt durch Männer werden. Meiner Ansicht nach ist es den betreffenden Männern nicht gelungen, sich in ihrem Gefühl von sexueller Identität in reifen Objektbeziehungen zu erwachsenen Frauen genügend zu bestätigen, sie benutzen aber gleichwohl „männliche" Verhaltensweisen, die jedoch in der Mehrzahl gegen weibliche Kinder gerichtet sind, die noch keine Frauen sind, die zuviel Angst hervorrufen könnten. Gleichzeitig besteht eine ungefährliche Möglichkeit, ein beträchtliches Maß an Aggression gegen das weibliche Geschlecht gefahrlos unterzubringen. Aber diese psychodynamischen, etwas schematisch verallgemeinerten Charakteristika sind durch die Sozialisation in unserer Gesellschaft begünstigt, die sowohl von Männern wie von Frauen, den Eltern letztlich, als Repräsentanten dieser Gesellschaft, verantwortet wird.

2.3.2 Forderungen nach Liberalisierung des Sexualstrafrechts

Ein weiterer Gesichtspunkt mußte diskutiert werden, je mehr das Tabu, über Inzest zu *sprechen*, gelockert wurde. Ist Sexualität zwischen Kindern und Erwachsenen wirklich schädlich, zumal wenn keine Gewalt angewendet wird und das Kind zustimmt. Sollte nicht einiges dafür sprechen, daß der „liebende" Vater seine Tochter in die Welt der Erwachsenensexualität einführt, der ihr doch auch andere Dinge erklärt? In den USA sind von pädophilen Gruppen öffentlich Forderungen nach Liberalisierung des Sexualstrafrechts, insbesondere nach Aufhebung der Altersbeschränkung erhoben worden („sex by year eight — or else it's too late!"). Kavemann u. Lohstöter (1984, S. 104 ff.) diskutieren ausführlich die entsprechenden deutschen Forderungen. Ich zitiere nur aus einem Papier der Arbeitsgemeinschaft „Sexualität und Herrschaft" der *Grünen*, in der sie fordern, daß „gewaltfreie Sexualität für jeden Menschen unabhängig von Alter, Geschlecht oder anderen Merkmalen frei sein muß". Gewaltfreie Sexualität müsse „von allen Restriktionen befreit werden, die ihr in dieser Gesellschaft auferlegt sind". Für die *Grünen* schließlich ist „einvernehmliche Sexualität eine Form der Kommunikation zwischen Menschen jeglichen Alters, Geschlechts, Religion oder Rasse und vor jeder Einschränkung zu schützen" (*Frankfurter Rundschau,* 16.3.1985). Meiner Meinung nach gibt es keine freie Zustimmung eines präpubertären Kindes zur sexuellen Beziehung zu einem Erwachsenen, da das Kind aufgrund seiner nicht abgeschlossenen psychosexuellen Entwicklung keinen wirklichen Begriff von dem hat, dem es vielleicht zustimmt (s. auch oben die Definition sexuellen Mißbrauchs von Kempe u. Kempe 1978).

Da diese Freiheit des Kindes nicht existiert, ist immer eine Art von Gewalt — Überredung, Drohung, offene Aggression, körperlicher Zwang — mit den Forderungen des Erwachsenen verbunden. Finkelhor (1979a) geht der Frage, ob sexueller Mißbrauch schädigt und ob das Kind in der Lage ist, zuzustimmen, in minuziösen Gedankenschritten nach. Alle seien sich einig, daß Sexualität zwischen Erwachsenen und Kindern schlecht und interventionsbedürftig sei, aber warum? Die intuitiven Gründe hält er für unzureichend: Eine solche Sexualität sei unnatürlich, das Kind würde frühreif sexualisiert, es sei ganz klar, daß Schädigungen einträten. Letzteres treffe zweifellos klinisch zu, es sei auch das populärste Argument. Das Argument der „Unnatürlichkeit" sei rein gefühlsmäßig und irrational, die frühreife Sexualisierung sei sicher richtig, aber schwer zu objektivieren, weil Kinder sehr wohl bereits sexuelle Wesen seien. Finkelhor hält für das Hauptargument nicht die sicher zutreffende Schädigung (auch andere Dinge schaden, z.B. Prügelstrafe, Scheidung der Eltern, die nicht verboten sind), sondern die Unfähigkeit des Kindes zum „informed consent", d.h. das Kind weiß nichts über die soziale Bedeutung von Sexualität (auch nicht über die körperliche), der Zustimmende muß aber wissen, was er zulassen will, er muß frei sein, ja oder nein zu sagen. Kinder sind von Erwachsenen rechtlich, real und psychologisch abhängig. „He is my uncle, he told me what to do. I was taught to obey adults!" zitiert Finkelhor ein Inzestopfer (S. 695). Hier stelle sich gar nicht die Frage, ob es gut tut oder schadet, es sei etwas moralisch Falsches begangen worden. Sicher gebe es Abhängigkeit auch in sexuellen Beziehungen zwischen Erwachsenen, auch dort beruhe nicht alles auf freier Zustimmung. Trotzdem sei Sexualität zwischen Gleichaltrigen, auch zwischen Adoleszenten sowie gleichaltrigen Kindern nicht gleichermaßen zu verdammen, denn zwischen Gleichaltrigen sei in der Regel das Machtgefälle nicht in dem Maße vorhanden, wie zwischen Erwachsenen und Kindern. Erst die Kombination von fehlender Kenntnis und fehlender Macht bei Kindern Erwachsenen gegenüber erfordere den Schutz der Kinder, die Gesellschaft solle den Befürwortern von Kindersexualität klare Grenzen setzen.

2.3 Psychologische Definition

Meine eigenen Vorstellungen vom Wesen des Inzests können kurz zusammengefaßt werden: Inzest ist nicht so sehr die Befriedigung genitaler (bzw. ödipaler) sexueller Bedürfnisse als vielmehr ein Versuch, frühkindliche emotionale Bedürfnisse innerhalb von frustrierenden, kalten Familienbeziehungen zu kompensieren. Ähnlich formuliert es Rosenfeld (1979 c): „Obwohl Inzest oberflächlich als sexuelle und genitale Aktivität erscheint, ist seine psychologische Bedeutung gewöhnlich elementarer, er stellt die Suche nach Sicherheit, Wohlfühlen und Nähren durch die guten, beschützenden Eltern dar, die weder Kind noch Eltern je hatten." Überhaupt gibt es in der Literatur in keinem Punkt mehr Übereinstimmung als darüber, daß die genital erscheinende Sexualität Surrogatcharakter für alle Beteiligten hat, wie auch Justice u. Justice (1979, S. 30) es beschreiben: „Obwohl wir die Bezeichnung Inzest benutzen, um sexuelle Kontakte zwischen Familienmitgliedern zu bezeichnen, betonen wir doch die Rolle, die nichtsexuelle Bedürfnisse spielen — das Bedürfnis nach affektiver Zuwendung, zu jemandem zu gehören, Wurzeln zu haben und einen Schutz vor der bedrohlichen Welt, das Bedürfnis, abhängig zu sein und genährt zu werden. Der Versuch, diese Bedürfnisse von einem Kind befriedigen zu lassen, schafft die Bühne, auf dem sich Inzest abspielt". Inzest wird möglich, weil alle beteiligten Erwachsenen aufgrund ihrer eigenen Lebensgeschichte voller Deprivation nicht in der Lage sind, sich empathisch in das Kind einzufühlen, im Gegenteil gezwungen sind, an ihm das zu wiederholen, was ihnen selbst einmal angetan oder vorenthalten wurde. Beim Inzest handelt es sich um eine spezifische Unfähigkeit der Eltern, Grenzen von Privatheit, Körperlichkeit und Sexualität im Kontakt mit ihren Kindern taktvoll zu spüren und einzuhalten, verbunden mit einer Art egoistischer Rücksichtslosigkeit, mit der die eigene Bedürftigkeit an die erste Stelle gesetzt wird.

Um zu illustrieren, zwischen welchen Polen der Bereich inzestuöser Beziehungen und Handlungen liegt, um den es mir geht, möchte ich zwei Beispiele aus der belletristischen Literatur anführen, die eines Kommentars nicht bedürfen.

In dem Roman „Die Memoiren einer Überlebenden" schreibt Doris Lessing (1974, S. 94):

„In einem großen Sessel dicht vor den Vorhängen saß der soldatenhafte Mann mit gespreizten Knien, zwischen denen er das kleine Mädchen festhielt, das in ohnmächtiger Wut kreischte. Auf seinem Mund, unter dem Schnurrbart, lag ein verkniffenes Lächeln. Er „kitzelte" das Kind. Das war ein „Spiel". Das „Spiel" vor dem Schlafengehen war ein Ritual. Er spielte mit dem älteren Kind, machte es müde, widmete ihm das ihm zustehende Maß an Aufmerksamkeit, bevor es ins Bett gesteckt wurde, und das Ganze war eine Gefälligkeit, die der Vater der Mutter erwies, die durch die Ansprüche des Tageslaufs, durch Emilys Ansprüche, überfordert war. Die Kleine trug ein langes Nachthemd mit Rüschen an den Handgelenken und am Hals. Ihr Haar war gebürstet und mit einem Band hochgebunden. Vor ein paar Minuten war sie ein sauberes, nettes, hübsches kleines Mädchen mit einem weißen Nachthemd und einem weißen Band im Haar gewesen, aber jetzt war sie heiß und verschwitzt, und sie wand und krümmte sich, um den großen Händen des Mannes zu entkommen, die sie drückten und sich in ihre Rippen bohrten, um dem großen grausamen Gesicht zu entkommen, das sich mit dem Ausdruck egoistischer Befriedigung so dicht über sie beugte. Der ganze Raum war erfüllt von heißer Qual, von ihrer Angst vor dem Festgehaltenwerden, dem Bewußtsein, daß sie sich festhalten und quälenlassen mußte, um sich das Wohlwollen ihrer Peiniger zu verdienen. Sie kreischte: „Nein, nein, nein, nein"... hilflos, voller Scham, daß der Mann sie betastete und bloßlegte. Die Mutter blieb gleichgültig. Sie ahnte nicht, was sich da abspielte, wie sehr das kleine Mädchen litt. Denn es war ein „Spiel", und die Protestschreie kannte sie aus ihrer eigenen Kindheit, und deshalb waren sie in Ordnung, gesund, legitim. Von ihr ging nur Leere aus, die Gleichgültigkeit der Ignoranz. Sie hätschelte ihren phlegmatischen, mit offenem Mund daliegenden Säugling, während der Vater sich weiter seiner Aufgabe widmete und von Zeit zu Zeit seine Frau mit einem wunderlich komplexen Ausdruck anschaute — ein Schuldgefühl, das ihm aber selbst nicht bewußt war, eine unausgesprochene Bitte, weil er fand, daß er etwas Unrechtes tat und damit aufhören sollte, Erstaunen darüber, daß so etwas geduldet wurde, ausgerechnet von ihr, die nicht nur keinen Einspruch erhob, sondern ihn sogar noch zu dem „Spiel" ermunterte, und vermischt mit all diesen Gefühlen ein Ausdruck, der seinem Gesicht niemals fern war, zu keiner Zeit, der Ausdruck schieren Erstaunens darüber, wie seltsam und unmöglich doch alles war. Er lockerte seine Knie und tat so, als wollte er das Kind freigeben, das beinahe hinfiel, sich an einem Knie festhalten mußte. Aber ehe sie davonlaufen konnte, war sie wieder zwischen den plötzlich wie eine Falle zuschnappenden Knien gefangen. Die raffinierte Tortur begann aufs Neue. „Aber, aber, aber, aber, Emily", murmelte der große Mann und hüllte sie in einen Dunst von Tabak und ungewaschenen Kleidern. „Na was denn, wer wird denn, na komm schon, siehst du", so faselte er, während seine Finger, dicker als ihre Rippen, sich ihr in die Seite bohrten und sie schrie und bettelte."

Das andere Literaturzitat stammt von einer norwegischen Schriftstellerin, Herbjørg Wassmo (1981, S. 152 f.):

„Eines Abends knarrte die Tür so plötzlich, daß sie keine Zeit mehr hatte, ihren Körper zu verlassen und die Gedanken frei aus dem Fenster davonlaufen zu lassen. Tora war gezwungen, alles wahrzunehmen, was mit ihr geschah. Da fing sie an zu jammern und zu wimmern und sich zu krümmen. Vermochte nicht still zu liegen, damit es auch an diesem Abend schnell zu einem Ende kam. Es war ihr völlig unmöglich, sich zu beherrschen. Das verwirrte ihn, das erregte seinen Haß. Der war sehr nützlich, um das Verlangen zu wecken, um Kraft und Macht zu gebrauchen. Weich, weich war der Widerstand. Er flehte um Gnade und gab nach. Dann riß es. Tora fühlte es außerhalb ihrer Selbst, wußte nicht, wo es anfing oder endete, es hing nicht mit ihrem eigentlichen Ich zusammen. Trotzdem schmerzte es sehr. Der Atem und das Blut! Das Blut kam, ohne daß es an der Zeit war. Es gab ein Muster über das ganze Laken, weil sie es nicht schaffte, ruhig unter ihm liegen zu bleiben. Sie begriff, daß dies die scheußliche Wirklichkeit war, von der in keinem Buch etwas stand, das sie gelesen hatte. Lieber Gott, wenn er doch jetzt ginge! Sie bekam ihre Hände frei und schlug! Er ging. Die Erleichterung war so groß, daß sie keine Luft mehr bekam. Blieb in gekrümmter Haltung liegen und rang nach Luft, bis sie endlich wieder atmen konnte. Sie hing über dem Fußende des Bettes und war in zwei Teile geteilt. Unterhalb der Mitte war sie eine andere.

Dann kam er zurück. Mit einem Strick. Tora glaubte es nicht, als sie am Bett festgebunden wurde. So scheußlich war die Welt nicht. So etwas gab es nicht! Da fraß er sich in sie hinein. Blind. Als ob er etwas zu rächen hätte. Fraß und fraß. Hielt das Kopfkissen über ihr Gesicht und ließ seinen grenzenlosen Willen geschehen. Es hatte lange gedauert, bis er zum Ziel kam. Nun war er da. Alles lief schließlich ab, wie es sollte. Draußen an der Küchenwand tickte die Uhr in einer anderen Welt. Hier drinnen war keine, die die Zeit maß. Die Abendsonne war schön. Golden und freundlich. Sie breitete sich mild über dem Mann im Bett aus. Unendlich mild. Die Sonne sieht gnädig zu - und wärmt jeden Beteiligten."

3 Vorkommen des Inzests

3.1 Häufigkeit

Zahlen über die Häufigkeit des Inzests zu erhalten, ist nicht möglich; es sind immer die Zahlen der bekanntgewordenen Inzestfälle, die nur einen geringen Bruchteil der Realität wiedergeben. Es läßt sich kaum eine Form der Kindesmißhandlung denken, bei der die Dunkelziffer ähnlich hoch ist: Es sind keine äußeren Verletzungen (abgesehen von Extremfällen) erkennbar, und das Redeverbot, die Verleugnung und das Aufrechterhalten des Familiengeheimnisses gehören zur spezifischen Dynamik. Von Hentig (1964) schätzt die tatsächliche Zahl der Inzestfälle in der westlichen Welt auf das 10fache der bekanntgewordenen, ebenso Kempe (1978). Baurmann (1978, S. 183, zit. bei Kavemann u. Lohstöter 1984) errechnete bei Befragungen erwachsener Frauen über sexuelle Angriffe in ihrer Kindheit und Jugend eine Dunkelziffer von ca. 1 : 20. Das Redeverbot ist dem Inzest immanent solange er andauert, weil der Täter dem Kind mit Gefängnis bzw. Heim droht und die Möglichkeit des Zusammenbruchs der Familie durchaus realistisch ist. Darüber hinaus sprechen die Opfer auch später als Erwachsene nicht, da sie die Schuldgefühle, am Inzest beteiligt gewesen zu sein, verinnerlicht haben und kaum je die Erfahrung machen konnten, Hilfe durch dritte Personen zu bekommen. Selbst von sechs psychotherapeutischen Patientinnen, die eine Inzestgeschichte hatten, redete nur eine spontan über den Inzest (Rosenfeld, 1979 b). So ist es nicht verwunderlich, daß sich in der Einleitung des größten Teils der wissenschaftlichen Arbeiten über Inzest ein Satz findet wie: „Die Zahl der tatsächlichen Inzestfälle ist weit größer, als man denkt".

Derselbe Satz fällt mit großer Wahrscheinlichkeit, wenn man Psychotherapeutenkollegen auf realen Inzest anspricht.

Bis Anfang der 60er Jahre glaubte man an eine beruhigend kleine Zahl von Inzestfällen: ca. ein Fall pro 1 Mio. Einwohner pro Jahr. Mit geringen Abweichungen wurde sie von mehreren Autoren gefunden (vgl. Maisch 1968, S. 65), am meisten wird die Arbeit von Weinberg (1955) zitiert. Es handelt sich dabei allerdings um Fälle von verurteilten Inzesttätern. Auch Kinsey hielt die Zahl der realen Inzestfälle für gering (Maisch 1968; Weinberg 1955, S. 4). Kinsey habe die befragten Personen für „normal" gehalten, Inzest sei für ihn ein unnormales Geschehen. Maisch (1968, S 65) nennt für die Bundesrepublik Deutschland 436 im Jahre 1950 Verurteile, eine Zahl, die auf 111 im Jahre 1965 absinkt, d.h. ca. 7,0 bzw. 1,85 pro 1 Mio. Einwohner pro Jahr.

Weil nur Zahlen aus bestimmten soziologischen Gruppen bekannt wurden, ergaben sich Verfälschungen des gesamten Auftretens, wenn man diese Ergebnisse verallgemeinerte. Die Zahlen, die sich auf verurteilte Inzesttäter beziehen, können wegen der immensen (und nicht genau bekannten) Dunkelziffer keineswegs verallgemeinert werden. Es sind verschiedene Untersuchungen aus solchen abgegrenzten Gruppen gemacht worden. Am Anfang dieses Jahrhunderts fand Flügel (1921) von 103 Frauen, die wegen Prostitution festgenommen worden waren, 51, die berichteten, daß ihre erste sexuelle Erfahrung mit ihrem Vater stattfand. Lukianowicz (1972) befragte eine große Zahl unausgewählter Patienten einer großen psychiatrischen Klinik. 4 % aller weiblichen Patienten berichteten über Inzest mit dem Vater (nur vaginaler Geschlechtsverkehr wurde zur Definition von Inzest verwandt). Mit derselben Methode untersuchte er männliche und weibliche Patienten; von diesen erlitten 4 % eine andere Form des Inzests, 10 % davon Mutter-Sohn-Inzest, 50 % Bruder-Schwester-Inzest. Eine ähnliche Zahl erhielten Browning u. Boatman (1977), die bei 3,8 % aller neu in eine kinderpsychiatrische Klinik aufgenommenen Patienten Inzesterfahrungen fanden. Rosenfeld (1979 b) fand bei 6 von insgesamt 18 weiblichen Patienten, die er innerhalb eines Jahres in psychiatrisch-psychotherapeutische Behandlung nahm, eine Inzestgeschichte. In einem Zeitraum von 15 Jahren hatte Westermeyer (1978) 32 Patienten, die als Täter oder Opfer an verschiedenen Formen des Inzests beteiligt waren.

Während oben Zahlen der Häufigkeit in verschiedenen besonderen Gruppen genannt wurden, die nicht ohne weiteres zu verallgemeinern sind, befassen sich die folgenden Untersuchungen mit großen Gruppen unausgewählter Personen, die weitgehend der Durchschnittsbevölkerung entsprechen. In einem Forschungsprojekt, das zum Ziel hatte, den Begriff von Grundschulkindern von verschiedenen Formen des Körperkontakts zu untersuchen, fand Anderson (1979) bei einem Sechstel von 800 Kindern sexuelle Erfahrungen mit Erwachsenen, von diesen hatten zwei Drittel nie jemandem bisher davon erzählt. Inzest war in diese Erfahrungen eingeschlossen, leider ohne Angabe des Anteils an sexuellem Mißbrauch. Eine Gruppe von über 700 unausgewählten College-Studentinnen befragte Finkelhor (1979), von denen 19 % angaben, in der Kindheit sexuell mißbraucht worden zu sein. Von diesen wiederum geschah bei 44 % der Mißbrauch innerhalb der Familie, d.h. eine von zwölf Studentinnen in dieser Studie (über 8%) ist ein Inzestopfer.

Goodwin et al. (1982) befragten 500 unausgewählte Frauen in einer Gemeinde, von denen 3 % inzestuöse Erfahrungen in der Kindheit angaben.

Eine große Schwierigkeit, reine Inzestzahlen zu erhalten, liegt darin begründet, daß Zahlen von sexuellem Mißbrauch nicht nach der Beziehung zwischen Täter und Opfer differenziert werden. Das gilt für die neueren Zahlen aus amerikanischen Veröffentlichungen und besonders für praktisch alle Kriminalstatistiken Westeuropas (vgl. Doek 1981). Eine weitere Schwierigkeit liegt darin, daß die Definition von Inzest die Zahlen beeinflußt; natürlich ergibt eine eng gefaßte Definition (z.B. nur vaginaler Verkehr wie bei Lukianowicz 1972) eine geringe Zahl von Fällen.

Weit mehr jedoch beeinflußt das Bewußtsein der Bevölkerung die Zahlen der bekanntgewordenen Fälle von sexuellem Mißbrauch bzw. Inzest. Das heißt, je mehr über diese Formen von Kindesmißhandlung gesprochen und öffentlich diskutiert wird und die professionell konfrontierten Institutionen und ihre Mitarbeiter hinsehen und nachforschen lernen, desto höhere Zahlen werden bekannt. Dieses Phänomen zeigte sich schon bei der körperlichen Mißhandlung: 1962 hatten Kempe et al. ihren bahnbrechenden Artikel über "the battered child syndrome" veröffentlicht, der einen Stein ins Rollen brachte und das Bewußtsein von der Existenz der Kindesmißhandlung explosionsartig - mit einer gewissen Verzögerung - vervielfachte. Während 1967 weniger als 7000 Fälle von Kindesmißhandlung in den USA den Behörden angezeigt wurde, waren es 1974 mehr als 200000 (Rosenfeld u. Newberger 1977, persönliche Mitteilung von de Francis).

Diese Entwicklung wurde allerdings auch dadurch ermöglicht, daß in den USA eine Meldepflicht für Mißhandlungsfälle eingeführt wurde. So berichten auch Kempe u. Kempe (1978, S. 17): „Da das Verständnis der Allgemeinheit wächst, suchen heute wesentlich mehr Eltern von sich aus Rat und Hilfe ... . 1968 wurden in Kalifornien 4000 Fälle gemeldet, 1972 schon 40000; in Florida stieg die Ziffer in denselben 4 Jahren von 10 Fällen auf 30000, in Michigan von 7021 auf 30000.'' 1969 legte de Francis (zit. bei Renvoize 1982, S. 45) eine Studie aus dem Gebiet von New York City vor, in der pro Jahr 3000 berichtete Fälle von sexuellem Mißbrauch von Kindern genannt werden. Auf die gesamten USA hochgerechnet wären das ungefähr 100000 Fälle pro Jahr, eine Zahl, der das American National Center on Child Abuse and Neglect mit einer Schätzung von 60000 bis 100000 Fällen pro Jahr nahekommt. In einer Notiz der *Frankfurter Rundschau* vom 18.2.1985 wird gemeldet, daß die Zahl der bekanntgewordenen Fälle von sexuellen Mißhandlungen von Kindern in den USA 1984 um 35% gegenüber dem Vorjahr gestiegen ist und damit die Zahl von 123000 erreicht hat, wie es in einer Studie des Nationalen Ausschusses für die Verhinderung von Kindesmißhandlungen heißt. Hier handelt es sich um bekanntgewordene Fälle; bereits im Jahre 1972 hatte die American Humane Association unter Berücksichtigung der Dunkelziffer eine Zahl von 200000 bis 300000 Fälle von sexueller Mißhandlung allein an Mädchen geschätzt, von denen eine Zahl von mindestens 5000 Fälle von Vater-Tochter-Inzest angegeben wurde (zit. bei Renvoize 1982, S. 47). Das entspräche bei einer Einwohnerzahl der USA von ca. 200 Mio. einer Zahl von 25 Inzestfällen pro 1 Mio. Einwohner und Jahr. Im Buch über Kindesmißhandlung von Kempe u. Kempe (1978) findet sich bereits eine weit höhere Zahl: „Inzestmeldungen erreichen jetzt eine Häufigkeit von 150 Fällen pro 1 Mio. Einwohner im Jahr'' (S. 64).

Die Zahl der bekanntgewordenen Inzestfälle hängt darüber hinaus vom regionalen Hilfsangebot ab: Während im ersten Jahr eines speziellen Therapiezentrums in Kalifornien in einem Gebiet von 1,15 Mio. Einwohnern 38 Fälle bekannt wurden, waren es im dritten bereits 180. Noch immer weit entfernt, die wirkliche Häufigkeit wiederzugeben, bedeutet diese Zahl immerhin ein Verhältnis von einem bekannten Inzestfall pro 36000 Einwohner im Jahr, oder 156 Inzestfälle pro 1 mio. Einwohner (Giarretto 1976). Vermehrte Therapiemöglichkeiten lassen die Zahl der gemeldeten Fälle sprunghaft ansteigen: 1979 waren 3% der Fälle des ,,Children Service'' sexueller Mißbrauch, 1 Jahr später 11%, jetzt nach 5 Jahren 47% (Battinieri 1984).

Nach Meinung von Kempe (1978) steigt aber auch die absolute Zahl der Fälle von Inzest in den USA, nicht nur die Zahl der gemeldeten. Zwar kann Kempe keine genauen Nachweise geben, begründet aber seinen Eindruck mit ansteigender Scheidungsrate, Geburtenkontrolle, steigender Zahl von Abtreibungen und eine zunehmend tolerantere Einstellung zwischen blutsverwandten Mitgliedern eines Haushalts, die durch Trennung oder Scheidung vor dem Zusammenleben getrennt aufgewachsen sind. Dies würde gleichermaßen eine zunehmende Zahl von Stiefeltern- und Stiefgeschwister-Beziehungen betreffen (S. 384). Auch Finkelhor (1982) erwägt diesen Gedanken, wendet aber ein, daß die höhere Mobilität der Familie auch eine größere Chance für die Mutter bedeuten könnte, mit den Kindern einer unerträglichen Familiensituation zu entfliehen, anstatt notgedrungen ausharren zu müssen.

Zahlen über die Häufigkeit realen Inzests in der Bundesrepublik Deutschland sind nicht zu erhalten, „da Angaben über den Bekanntschafts- und Verwandtschaftsgrad zwischen Täter und Opfer fehlen, verrät die Kriminalstatistik nicht, daß es sexuellen Mißbrauch von Mädchen innerhalb der Familie überhaupt gibt" (Kavemann u. Lohstöter 1984, S. 28). Der von Kavemann u. Lohstöter zitierten Kriminalstatistik des Bundesgebiets und Westberlins aus dem Jahre 1981 ist zu entnehmen, daß insgesamt 42 284 Straftaten gegen die sexuelle Selbstbestimmung bei der Polizei angezeigt wurden. Den größten Anteil daran hat sexueller Mißbrauch von Kindern mit 12 146 Fällen, exhibitionistische Handlungen folgen mit 10 888 Fällen, Vergewaltigungen mit 6925 und sexuelle Nötigung mit 3 579 Fällen. Baurmann (1983, zit. bei Kavemann u. Lohstöter 1984) untersuchte alle angezeigten Sexualstraftaten zwischen 1969 und 1972, mit dem Ergebnis, daß nur 6,2% aller Frauen und Mädchen von einem völlig Fremden angegriffen worden waren, während 25,4% Väter, Stiefväter und andere dieselbe Wohnung bewohnende Männer waren. Weitere 11,4% waren enge Freunde der Familie oder Verwandte, 34,1% hatten regelmäßigen Kontakt, 29,3% der Täter waren dem Opfer näher bekannt. Es ist jedoch anzunehmen, daß die Dunkelziffer um so größer ist, je mehr der Täter zur engeren Familie gehört. Daß von den angezeigten Fällen sexuellen Mißbrauchs immerhin 36,8% Familienangehörige oder enge Freunde der Familie waren, weist auf den hohen Anteil inzestuöser Handlungen innerhalb des sexuellen Mißbrauchs hin.

3.1.1 Anteile der verschiedenen Inzestbeziehungen

Wegen der Dunkelziffer, die für verschiedene Inzestformen unterschiedlich hoch und jedenfalls unbekannt ist, lassen sich keine genaueren Angaben über die Verteilung der Inzestformen machen. Alle Autoren berufen sich auf die prozentuale Verteilung, die Weinberg (1955) in der Untersuchung seiner 203 Inzestfälle, bei denen die Täter verurteilt wurden, angegeben hat. Er fand bei 78% Vater-Tochter-Inzest, bei 18% Bruder-Schwester-Inzest, multiple Inzest-Beziehungen bei 3% und Mutter-Sohn-Inzest bei 1%. Auch Kempe (1978) gibt 75% für Vater-Tochter-Inzest in den USA an. Diese Zahlen sind jedoch mit großer Skepsis zu sehen, denn sie stammen aus einer speziellen Gruppe verurteilter Täter und sagen deshalb nichts über die Anteile der mehr verborgenen Inzestformen aus. So sah Westermeyer (1978) in der ambulanten psychotherapeutischen Praxis mehr als 50% andere Formen als Vater-Tochter-Inzest. Wie z.B. Weiner (1962) halten mehrere Autoren den Bruder-Schwester-Inzest für die weitaus häufigste Form; er ist jedoch meist passagerer Natur, bleibt eher verborgen und, wie Finkelhor (1979 a) meint, er bedeutet nicht Ausdruck eines derartigen Familienkonflikts wie beim Vater-Tochter-Inzest. Die Schätzungen mehrerer Autoren bestätigt Finkelhor (1979 b) durch seine Untersuchungsergebnisse: Bei 39% der von Mädchen und 21% der von Jungen berichteten Inzesterfahrung handelte es sich um Geschwisterinzest, während nur 4% der Inzestgeschichte der Mädchen mit dem Vater stattfand. Überraschend waren die Befunde über die große Häufigkeit homosexuellen Inzests mit den gleichgeschlechtlichen Geschwistern, sowohl bei Jungen wie bei Mädchen. Insgesamt hatten von allen Befragten 15% der Mädchen und 10% der Jungen eine Geschwister-Inzest-Erfahrung, dies stellte ungefähr die Hälfte aller Inzestfälle und 95% aller Ereignisse innerhalb der Kernfamilie dar (Finkelhor 1979 b, S. 89 f.).

3.1.2 Soziale Schicht und Rasse

Wie auch bei allen anderen statistischen Angaben zum Inzest kann man hier wieder nur von bekanntgewordenen Fällen ausgehen. Bis Anfang der 60er Jahre ließ die ausschließliche Berücksichtigung von überführten Delinquenten den Eindruck entstehen, Inzest spiele sich nur im Unterschichtmilieu ab, verbunden mit Alkoholismus, Gewalttätigkeit und allgemeiner Promiskuität. Weinberg (1955) unterschied aber bereits die „endogamische" Inzestfamilie von der selteneren „promiskuösen". Während letztere die erwähnten Zeichen der „Asozialität" aufweist, ist das Hauptmerkmal der „endogamischen" Familie die soziale Unauffälligkeit, die durch gelungene Anpassung an die Forderungen der sozialen Mittelklasse erreicht wird. Eine solche Familie wird in Krisensituationen eher unauffällige Hilfsmöglichkeiten finden, als polizeilicher und gerichtlicher Gewalt ausgesetzt zu sein. Seit Cormier et al. (1962) 27 Inzestfälle untersuchten, deren Täter alle der sozialen Mittelschicht zugehörig waren, im selben Jahr Weiner (1962) 5 Fälle von Vater-Tochter-Inzest aus dem Mittelschichtmilieu beschrieb und 1966 Cavallin über 12 Väter durchschnittlichen Mittelschichtcharakters berichtete, wird Inzest allgemein als ein in allen sozialen Schichten gleichermaßen vorkommendes Phänomen betrachtet (z.B. Kempe 1978). Auch in der ambulanten psychotherapeutischen Praxis (Westermeyer 1978) fand sich keine Bevorzugung einer sozialen Schicht. Nur einer der 32 Patienten Westermeyers hatte Kontakt mit Polizei oder Gericht vor der Behandlung, alle anderen waren also nicht durch das Gericht überwiesen, was zur Verzerrung früherer Berichte über Schichtzugehörigkeit geführt hatte. Auch Rosenfeld (1979 b) sah in der privaten psychotherapeutischen Praxis Angehörige aller sozialer Schichten. Es gibt aber auch entgegengesetzte Beispiele: Die grundlegende familiendynamische Arbeit von Kaufman et al. (1954) hatte eher mit Unterschichtfamilien zu tun, die ebenso familiendynamisch orientierte Arbeit von Lustig et al. (1966) dagegen mit sozial überangepaßten Armee-Angehörigen mit nichtsdestoweniger großem Inzestvorkommen. Lukianowicz (1972) sah in den großen irischen staatlichen psychiatrischen Krankenhäusern eher Angehörige der Unterschicht.

Die Diskussion über die Häufigkeit des Inzests in verschiedenen ethnischen Gruppen in den USA ist sehr vage. Herman (1981, S. 14) vermutet, daß Angehörige farbiger Minderheiten ebenso wie Angehörige sozialer Unterschichten eher verschiedenen Formen von Gewalt, also auch sexueller Gewalt in der Kindheit, ausgesetzt seien. Konkrete Fakten seien aber nicht zu erhalten. Rosenfeld (1979 b) sah unter den Inzestopfern keine Farbigen, zitiert jedoch de Francis (1969), der von einer höheren Inzestrate in der farbigen Bevölkerung als dem Bevölkerungsanteil entsprechend berichtete. Für spekulativ halte ich Interpretationen von vagen Statistiken wie z.B. von Weinberg (1955), der eine erhöhte Inzestrate bei polnischen Einwanderern mit ihrer ländlichen Herkunft erklärte, oder Finkelhors Befund (1979 b), daß irische Jungen signifikant häufiger Erfahrungen mit älteren männlichen Partnern haben, ein Befund, den er auf die restriktive Sexualmoral der irischen Einwanderer zurückführt. Auch die Beobachtung, daß von allen Kindern, die wegen sexuellen Mißbrauchs (weniger durch Inzest) zur Ambulanz eines großen Krankenhauses gebracht wurden, zu 80% Farbige waren, konnte letztlich nicht geklärt werden (Peters 1976). Die Vermutung, daß überhaupt in ethnischen Minderheiten erhöhte Inzestraten vorkommen, erscheint mir abgeleitet von den seltenen Phänomenen bei in sich abgeschlossenen, meist religiösen Gruppen, wie den Mormonen in den USA, die ihre Gruppe rein erhalten wollten, oder auch von der Vorstellung, daß soziale Isolation von kleineren sozialen Gruppen Inzest fördere. Da aber die Dunkelziffer gerade hier besonders hoch liegen müßte, weil die Abgeschlossenheit einer solchen Gruppe mit geringem Informationsfluß nach außen verbunden wäre, bleiben entsprechende Überlegungen so lange spekulativ, bis abgesicherte Untersuchungen zur Verfügung stehen.

3.2 Bewußtsein von der Realität des Inzests

1981 bemerkte Finkelhor (1982), einer der besten Kenner des Gebietes des sexuellen Mißbrauchs von Kindern aus soziologischer Sicht, daß nach seiner Kenntnis nur in den USA eine breite Diskussion dieses Themas stattfände, während für andere Länder nur vereinzelte Veröffentlichungen ohne Breitenwirkung vorlägen. Aber auch in den USA gibt es diese Diskussion keineswegs sehr lange, wenn sie auch im Vergleich zu Westeuropa und besonders der Bundesrepublik Deutschland einen Vorsprung von ca. 10 Jahren haben dürfte. Noch 1967, also 5 Jahre vor dem Ausspruch von Finkelhor, fanden Forward u. Buck (1978) und Herman (1981) in den großen Bibliotheken kaum Veröffentlichungen über sexuellen Mißbrauch und inzestuöse Sexualität. Die bekannten Statistiken stammen aus den Gerichtsakten; Summit u. Kryso (1978) bemerken, daß vor 1960 Inzest allgemein für ein exotisches, zwischen retardierten Mädchen und soziopathischen Vätern ausnahmsweise stattfindendes Phänomen galt. Erst mit der Veröffentlichung von Cormier et al. (1962) begann eine Entwicklung, die langsam ein realistisches Bild von Art und Häufigkeit des Inzests zeichnet. In Deutschland konnte Richter (1963) trotz seiner großen Erfahrung aus der psychoanalytisch orientierten kinderpsychiatrischen Ambulanz im Zusammenhang mit Inzest noch von seltenen Auswüchsen familiären Verhaltens, von „primitiven" Eltern sprechen. Die historische Entwicklung des Bewußtseins der inneren Zusammenhänge in der Fachliteratur stellt sich zusammengefaßt folgendermaßen dar: In den 30er Jahren herrschte der Eindruck vor, daß Inzest auf den Initiativen einer verführerischen Tochter (verführerisch wegen ihrer ausagierten ödipalen Tendenzen) und einem perversen, soziopathischen Vater zustande kam (Bender u. Blau 1937). Beginnend mit der Arbeit von Kaufman et al. (1954), die in pionierhafter Weise erstmals die familiendynamischen Zusammenhänge des Inzests beschrieben, entstand in den 50er Jahren ein Bewußtsein, daß der Mutter in der Inzestfamilie eine Schlüsselrolle zukäme, da sie durch ihre emotionale Zurückweisung Vater und Tochter gegenüber die Hauptverantwortung für das Inzestgeschehen trage. In den 60er bis 70er Jahren zeichnete sich ein realitistischeres Bild von der Familiendynamik ab, bei dem der Vater eher die Verantwortung bekam, und zwar im Lichte der eigenen mangelhaften Sozialisation.

Zwei gesellschaftliche Bewegungen haben hauptsächlich dazu beigetragen, ein Bewußtsein von sexuellem Mißbrauch von Kindern in der Bevölkerung zu schaffen, einmal die feministischen Gruppen, zum anderen verschiedene Kinderschutzorganisationen (Finkelhor 1982). Während die feministischen Stimmen in der Bundesrepublik verdienstvollerweise beginnen, auf diese Formen der Kindesmißhandlung aufmerksam zu machen, sind die Kinderschutzorganisationen wenig auf diesem Gebiet in Erscheinung getreten. Inzwischen existieren Selbsthilfegruppen, deren erste in Berlin entstand („Wildwasser"), ein erstes Buch wurde übersetzt (Rush 1982), ein erstes deutsches Buch (Kavemann u. Lohstöter 1984) entstand aus den Verbindungen zur Berliner Selbsthilfegruppe. Die Unkenntnis der Realität des Inzests in den Berufsgruppen, die mit ihm zu tun haben, ist erstaunlich. In der psychoanalytisch-psychotherapeutischen Fachliteratur in Deutschland ist mir bis auf wenige Ausnahmen von Falldarstellungen über Inzestpatienten, bei denen es aber um andere Aspekte geht und der Inzest nur zusätzlich auftritt, keine einzige Veröffentlichung bekannt, die die Dynamik des Inzests zum Thema hat. Gerichtsmedizinische Veröffentlichungen behandeln naturgemäß schwerwiegende Fälle von Kindesmißhandlung, bei denen sexueller Mißbrauch zu schweren körperlichen Verletzungen bis hin zur Todesfolge (Trube-Becker 1982) führen. Auch bei körperlichen Folgen von Mißhandlungen denken Ärzte kaum an sexuellen Mißbrauch (Trube-Becker 1982). Auch Kempe (1978) beklagt noch die Diskrepanz bei den Ärzten, insbesondere auch den Kinderärzten, zwischen theoretischem Wissen von der Existenz sexuellen Mißbrauchs von Kindern und der Anwendung dieses Wissens bei der Diagnosestellung.

Die Gesellschaft und ihre Institutionen, aber auch ihre individuellen Mitglieder neigen dazu, unbequeme gesellschaftlich relevante Erscheinungen zu verleugnen. Es tritt hier ein Abwehrmechanismus der Spaltung ein, der einerseits die Existenz der unbequemen und angsterregenden Phänomene aus dem täglichen Denken und dem Bild vom menschlichen Zusammenleben fernhält, andererseits bei Konfrontation mit den Tatsachen, wenn sie nicht mehr verleugnet werden können, sich massiv und aggressiv abgrenzt, um nicht an die Möglichkeit denken zu müssen, selbst betroffen zu sein. Dieser Mechanismus findet sich bei allen möglichen Vorurteilen, z.B. gegen ethnische Minderheiten, gegen psychisch Kranke, auch bei der körperlichen Kindesmißhandlung: Eigene unbequeme Tendenzen weist man weit von sich, man prangert sie bei den „Abnormen" an, zu denen man ja nicht gehört. Mit demselben Mechanismus versucht die Gesellschaft seit eh und je mit psychischen Störungen fertig zu werden, die sozusagen so lange nicht existieren, bis sie unübersehbar sind, dann aber derart in den Bereich des Krankhaften und Abnormen geschoben werden, daß man die Betreffenden bequem hinter die Mauern einer Klinik ausgrenzen kann.

4 Psychoanalyse und realer Inzest

Mit dem Ödipuskomplex steht die inzestuöse Beziehung des Kindes im Zentrum psychoanalytischer Persönlichkeits- und Neurosentheorie. Inzest wird dabei jedoch nicht als reale sexuelle Beziehung zwischen Familienmitgliedern, sondern als Phantasietätigkeit des Kindes und als sein Wunsch, in der Regel mit dem gegengeschlechtlichen Elternteil sexuell zu verkehren, verstanden. An der Frustration dieser Wünsche vollzieht sich Ich- und Persönlichkeitsentwicklung, in unserer Kultur wird der Verzicht auf ihre Erfüllung belohnt, und nach einer Latenzzeit der sexuellen Interessen ist der Jugendliche fähig, sich das Objekt seiner sexuellen Bedürfnisse selbst zu suchen.

Freud war sich der Sexualität als Faktor der Pathogenese der Neurosen bereits sicher, als er 1895 zusammen mit Breuer (Freud u. Breuer 1895) mehrere Krankengeschichten von Patientinnen mit hysterischen, also vom Psychischen ins Körperliche konvertierten, psychisch verursachten körperlichen Symptomen veröffentlichte. Zwei der Patientinnen waren Opfer einer ausagierten inzestuösen Vater-Tochter-Beziehung in der Kindheit gewesen. Allerdings scheute sich Freud zu diesem Zeitpunkt noch, den Vater als Täter zu nennen, er setzte dafür den Onkel ein und korrigierte die Entstellung erst in einer Fußnote anläßlich einer Neuausgabe 1924 („Gesammelte Schriften"):

„Nach so vielen Jahren getraue ich mich die damals beobachtete Diskretion aufzuheben und anzugeben, daß Katharina nicht die Nichte, sondern die Tochter der Wirtin war, das Mädchen war also unter den sexuellen Versuchen von ihrem eigenen Vater ausgingen. Eine Entstellung wie die an diesem Falle von mir vorgenommene sollte in einer Krankengeschichte durchaus vermieden werden. Sie ist natürlich nicht so belanglos für das Verständnis wie etwa die Verlegung von Schauplatzes von einem Berge auf einen anderen" (Freud 1895a, S. 195).

Dieser Zusatz bezieht sich auf die Falldarstellung der Katharina, der entsprechende bei der Patientin Rosalia H. lautet kurz: „Auch hier war es in Wirklichkeit der Vater, nicht der Onkel" (a.a.O., S. 238). Auch in der „Ätiologie der Hysterie" scheute er sich, den Vater als Täter zu nennen, obwohl dieser doch hauptsächlich für die heterosexuelle Verführung in Frage käme, um die es hier geht. Der Kreis der möglicherweise verführenden Personen wird folgendermaßen umschrieben: „Kindermädchen, Kindsfrau, Gouvernante, Lehrer, leider auch allzu häufig ein naher Verwandter" (Freud 1896b, S. 444). Man geht wohl nicht fehl in der Annahme, daß mit dem „nahen Verwandten" der Vater gemeint ist. Aus dem Briefwechsel mit Fließ geht anders als der Öffentlichkeit gegenüber eindeutig hervor, daß die Perversion des Vaters das sexuelle Trauma verursacht: „Die Hysterie spitzt sich mir immer mehr zu als Folge von Perversion des *Verführers*; die Heredität *immer mehr* als Verführung durch den Vater" (Freud, 1950, S. 191). Oder in dem berühmten Brief, in dem er die Verführungstheorie widerruft: „Dann die Überraschung, daß in sämtlichen Fällen der Vater als pervers beschuldigt werden mußte..." (a.a.O., S. 229).

Die Fallgeschichte der Katharina liest sich wie eine Novelle mit geradezu kriminalistischem Einschlag, geht es doch um das Aufschlüsseln der verborgenen Symptombedeutungen und tatsächlich um das Aufdecken eines Verbrechens, nämlich des inzestuösen zwischen Vater und Tochter. Katharina ist die 18jährige Tochter der Wirtin eines Ausflugslokals, in das es Freud verschlagen hat, sie weiß, daß er ein „Doktor" ist, und konsultiert ihn wegen ihrer Atemnot und Angstsymptomatik. Schrittweise, freundlich, ein wenig suggestiv, entlockt Freud der „Patientin" die Geschichte des von Katharina beobachteten Beischlafs des „Onkels" (= Vater) mit der Cousine (d.h. wahrscheinlich handelt es sich um eine Schwester Katharinas, möglicherweise aber um die Tochter eines wirklichen Onkels) und des bei dieser Gelegenheit erstmalig auftretenden Anfalls von Atemnot. Schließlich kommt auch der Angriff des volltrunkenen „Onkels" auf sie selbst ans Licht, damals war sie 14 Jahre alt und konnte ihn nur mit Mühe aus ihrem Bett befördern:

„Sie schlief nicht fest, als er hinaufkam, dann schlief sie wieder ein und plötzlich erwachte sie und »spürte einen Körper« im Bette. Sie sprang auf, machte ihm Vorwürfe. »Was treiben's denn, Onkel? Warum bleiben's nicht in ihrem Bette?« Er versuchte sie zu beschwatzen:»Geh' dumme Gredel, sei still, du weißt ja nicht, wie gut das is.« — »Ich mag Ihr Gutes nicht, nit einmal schlafen lassen's einen.« Sie bleibt bei der Türe stehen, bereit, auf den Gang hinaus zu flüchten, bis er abläßt und selbst einschläft" (Freud, 1895a, S. 190).

Freud weist Katharina nach, was sie beim Anblick des mit der Schwester koitierenden Vaters gedacht hat:

„Sie haben sich gedacht: Jetzt tut er mit ihr, was er damals bei Nacht und die anderen Male mit mir hat tun wollen. Davor haben Sie sich geekelt, weil Sie sich an die Empfindung erinnert haben, wie Sie in der Nacht aufgewacht sind und seinen Körper gespürt haben" (a.a.O., S. 192).

Katharina erinnert sich, wenn sie es auch nicht zugibt, was sie damals vom Körper des Vaters gespürt hat. Die Beziehung Katharinas zur Mutter war offenbar so gut, daß sie ihr vom Beischlaf des Vaters mit der Schwester berichten konnte, die Mutter hält zu ihr, trennt sich von dem „Onkel" und reicht die Scheidung ein. Den Angriff auf Katharina selbst hat die Mutter auch erfahren, will ihn aber noch nicht gegen den Mann verwenden: „Das heben wir uns auf, wenn er Schwierigkeiten vor Gericht macht, dann sagen wir auch das" (a.a.O., S. 193). Weil die Mutter derart solidarisch war, „handelt es sich um eine zum guten Teil abreagierte Hysterie. Sie (Katharina) hat ja auch wirklich ihre Entdeckung bald hernach der Tante (= Mutter) mitgeteilt" (a.a.O., S. 193).

In einer kurzen Epikrise zu diesem Fall wird die Verbindung zwischen ursprünglichem sexuellen Trauma (Angriff des Vaters auf Katharina selbst) und dem aktuellen auslösenden Erlebnis (Beobachtung des Beischlafs mit der Schwester) hergestellt. Freud fragt sich, ob nicht doch Jugendliche (und heute müssen wir sagen, Kinder bereits vom 5. bis 6. Lebensjahr an) viel häufiger sexuelle Kenntnis haben, als man annimmt. Zur pathogenetischen Verbindung von Trauma und Symptom schreibt er kurz:

„Die Angst, an der Katharina in ihren Anfällen leidet, ist eine hysterische, d.h. eine Reproduktion jener Angst, die bei jedem der sexuellen Traumen auftrat. Ich unterlasse es hier, den Vorgang auch zu erläutern, den ich in einer ungemein großen Anzahl von Fällen als regelmäßig zutreffend erkannt habe, daß die Ahnung sexueller Beziehungen bei virginalen Personen einen Angstaffekt hervorruft" (a.a.O., S. 195).

Wir wissen, „der Hysterische leide größtenteils an Reminiszenzen" (a.a.O., S. 86), weil „diese Erinnerungen Traumen entsprechen, welche nicht genügend »abreagiert« worden sind" (a.a.O., S. 89) und verdrängt weiterwirken.

Auch in der Krankengeschichte der Rosalia H. waren die hysterischen Symptome durch sexuelle Situationen mit dem Vater determiniert.Die Gesangsschülerin war gehindert, in bestimmten Stimmlagen frei herauszusingen, wegen eines „Gefühl(s) von Würgen und Schnüren in der Kehle". Als sie noch in der Familie lebte, mißhandelte der Vater, „offenbar eine pathologische Persönlichkeit, Frau und Kinder in rohester Weise. Jedesmal, wenn sie eine Antwort schuldig bleiben mußte, wenn sie sich gezwungen hatte, auf eine empörende Beschuldigung ruhig zu bleiben, fühlte sie das Kratzen in der Kehle, das Zusammenschnüren, das Versagen der Stimme, kurz alle die im Kehlkopfe und Schlunde lokalisierten Empfindungen, die sie jetzt im Singen störten" (a.a.O., S. 238). Als während der Behandlung ein neues Symptom, Parästhesien, ein Kribbeln der Fingerspitzen, auftritt, wird in hypnotischer Therapie aufgedeckt, daß der Vater sich von der Patientin wegen seines Rheumatismus damals massieren ließ und einmal dabei plötzlich die Bettdecke wegriß und über seine Tochter herzufallen drohte.

Am 21. April 1896 hielt Freud einen Vortrag vor dem Verein für Psychiatrie und Neurologie in Wien mit dem Titel „Zur Ätiologie der Hysterie" (Freud 1896b), der nicht, wie sonst allgemein üblich, in der *Wiener Klinischen Wochenschrift* wiedergegeben wird (Masson 1984) und auf „eisige Ablehnung" der Honoratioren stößt. In einem Brief an Fließ vom 26.4.1896 schreibt er:

„Ein Vortrag über Ätiologie der Hysterie im Psychiatrischen Verein fand bei den Eseln eine eisige Aufnahme und von Krafft-Ebing die seltsame Beurteilung: Es klingt wie ein wissenschaftliches Märchen. Und dies, nachdem man ihnen die Lösung eines mehrtausendjährigen Problems, ein caput Nili aufgezeigt hat!"

Masson ergänzt noch einen Satz, der bei Schur (1972) fehlt:

„Sie können mich alle gern haben."

Dieser Brief wurde nicht in die erste Ausgabe des Briefwechsels aufgenommen, die 1950 erschien, ist aber von Schur teilweise und im neuerdings vollständig erschienenen Briefwechsel (1985) zugänglich. In der Arbeit von 1896 führte Freud anhand von 18 Fällen konversionsneurotischer Symptomatik — 12 weibliche und 6 männliche Patienten — Hysterie auf reale sexuelle Verführung des Kindes durch Erwachsene, „durch Erfahrungen am eigenen Leib, um geschlechtlichen Verkehr (im weiteren Sinne)" (Freud 1896b, S. 439) zurück. Entweder handelte es sich um ein einmaliges Attentat durch Fremde oder es war „leider auch allzu häufig ein naher Verwandter" (a.a.O., S. 444), bzw. das traumatische Erlebnis lag in der sexuellen Beziehung zwischen Geschwistern, von denen aber regelmäßig wenigstens ein Geschwister vorher von Erwachsenen verführt worden war. „Der Grund zur Neurose würde demnach im Kindesalter immer vonseiten Erwachsener gelegt, und die Kinder selbst übertragen einander die Disposition, später an Hysterie zu erkranken" (a.a.O., S. 445), dadurch entsteht eine familiäre Häufung, in der aber „doch nur eine Pseudo-Heredität vorliegt und in Wirklichkeit eine Übertragung, eine Infektion in der Kindheit stattgefunden hat" (a.a.O., S. 445).

Die Echtheit der infantilen Sexualszenen steht für Freud nicht in Zweifel, denn die Kranken entwickeln heftigste Widerstände gegen das Auftauchen der Erinnerungen und haben nicht einmal ein Erinnerungsgefühl, obwohl sie doch die Szenen mit allen Emotionen wieder durchgemacht haben. Warum sollten sie etwas erfinden, was ihnen selbst so viel Mühe macht zu glauben. „Die infantilen Sexualszenen sind nämlich arge Zumutungen für das Gefühl eines sexuell normalen Menschen; sie enthalten alle Ausschreitungen, die von Wüstlingen und Impotenten bekannt sind, bei denen Mundhöhle und Darmausgang mißbräuchlich zu sexueller Verwendung gelangen" (a.a.O., S. 451). Die Pathogenese wird angedeutet; nicht das reale Erlebnis allein, sondern die „assoziativ geweckte Erinnerung an frühere Erlebnisse" (a.a.O., S. 432) verursacht die Krankheit, die „Abkömmlinge unbewußt wirkender Erinnerungen" (S. 448) sind, welche abgewehrt worden sind und durch ähnliche aktuelle Ereignisse wiederbelebt werden.

In den Briefen an Fließ wird die Verführungstheorie 1896 und in der ersten Hälfte des Jahres 1897 noch weiter ausgebaut. Im Brief vom 6.12.1896 ordnet Freud sexuelle Traumen in verschiedenen Lebensaltern verschiedenen Gruppen von „sexuellen Psychoneurosen" (a.a.O., S. 190), der Hysterie, Zwangsneurose und Paranoia verschiedenen Lebensaltern zu, in denen das Trauma stattgefunden hat. Auch die Perversion bringt Freud in diesem Brief mit vorzeitigen Sexualerlebnissen in Verbindung, die Perversion des Vaters bedingt die Hysterie der Tochter, „es stellt sich also ein Generationswechsel heraus...: Die Hysterie, eigentlich also nicht abgelehnte Sexualität, sondern besser *abgelehnte Perversion*" (a.a.O., S. 191). Im Brief vom 11.1.1897 bringt er auch die Psychose mit sexuellem Mißbrauch zusammen: „Bedingung der Psychose anstatt der Neurose... scheint zu sein, daß sexueller Mißbrauch vor dem ersten intellektuellen Termin, also vor Fertigstellung des psychischen Apparates in seiner ersten Form stattfindet (vor 1 1/4 bis 1 1/2 Jahre). Eventuell, daß der Mißbrauch so weit zurückreicht, daß hinter den späteren Erlebnissen noch diese stecken, auf welche zeitweilig rekurriert werden kann" (a.a.O., S. 197). Im Brief vom 6.4.1897 entwickelt Freud die Idee von „hysterischen Phantasien, die regelmäßig, wie ich sehe, auf die Dinge zurückgehen, welche die Kinder früh gehört und erst nachträglich verstanden haben" (a.a.O., S. 205), d.h. hysterische, pathogene Phantasien gehen nicht auf körperlich-konkrete Angriffe, sondern auf Gehörtes sexuellen Inhalts zurück. Gleich darauf aber eine handfeste Fallskizze, aus der hervorgeht, daß für Freud die Bedeutung des Mißbrauchs durch den Vater keineswegs zurückgetreten ist.

„Die komplette Deutung fiel mir erst ein, nachdem ein glücklicher Zufall mir heute Vormittag eine neue Bestätigung der paternellen Ätiologie zugeführt hatte. Ich habe gestern eine neue Kur mit einer jungen Frau begonnen, die aus Zeitmangel ich abschrecken möchte. Sie hatte einen Bruder, der geisteskrank gestorben ist, und ihr Hauptsymptom — Schlaflosigkeit — trat zuerst auf, als sie den Wagen mit dem Kranken aus dem Haustor in die Anstalt wegfahren hörte. Seither Angst vor Wagenfahren, Überzeugung, daß ein Wagenunglück geschehen werde. Jahre später scheuten während einer Spazierfahrt die Pferde, sie benutzte die Gelegenheit, aus dem Wagen zu springen und sich einen Fuß zu brechen. Heute kommt sie und berichtet, daß sie viel an die Kur gedacht und ein Hindernis gefunden habe. Welches? — Mich selbst kann ich so schlecht machen, als es sein muß, aber andere Personen muß ich schonen. Sie müssen mir gestatten, keinen Namen zu nennen. — An Namen liegt es wohl nicht. Sie meinen die Beziehung zu Ihnen. Da wird sich wohl nichts verschweigen lassen. — Ich meine überhaupt, ich wäre früher leichter zu kurieren gewesen als heute. Früher war ich arglos, seither ist mir die kriminelle Bedeutung mancher Dinge klar geworden, ich kann mich nicht entschließen, davon zu sprechen. — Ich glaube umgekehrt, das reife Weib wird toleranter in sexuellen Dingen. — Ja, da haben Sie Recht. Wenn ich mir sage, daß es ausgezeichnet edle Menschen sind, die sich solcher Dinge schuldig machen, muß ich denken, es ist eine Krankheit, eine Art Wahnsinn und muß sie entschuldigen. — Also sprechen wir deutlich. In meinen Analysen sind es die Nächststehenden, Vater oder Bruder, die die Schuldigen sind. — Ich habe nichts mit einem Bruder. — Also mit dem Vater. Und nun kommt heraus, daß der angeblich sonst edle und achtenswerte Vater sie von 8—12 Jahren regelmäßig ins Bett genommen und äußerlich gebraucht („naß gemacht", nächtliche Besuche). Sie empfand dabei bereits Angst. Eine sechs Jahre ältere Schwester, mit der sie sich Jahre später ausgesprochen, gestand ihr, daß sie mit dem Vater die gleichen Erlebnisse gehabt. Eine Kusine erzählte ihr, daß sie mit 15 Jahren sich der Umarmung des Großvaters zu erwehren hatte. Natürlich konnte sie es nicht unglaublich finden, als ich ihr sagte, daß im frühesten Kindesalter ähnliche und ärgere Dinge vorgefallen sein müssen. Es ist sonst eine ganz gemeine Hysterie mit gewöhnlichen Symptomen. Quod Erat Demonstrandum" (a.a.O., S. 207 f.).

Im Brief vom 2.5.1897 erweitert Freud in für meine Begriffe äußerst kreativer und hellsichtiger Weise den Bereich traumatisch wirksamer Einflüsse um die Phantasien, die obendrein Funktionen der Abwehr, also des Schutzes und der Beruhigung bekommen (vgl. Krüll 1979, S. 64 ff.).

„Ich habe zuerst eine sichere Ahnung von der Struktur einer Hysterie gewonnen. Alles geht auf die Reproduktion von Szenen, die einen sind direkt zu bekommen, die anderen immer über vorgelegte Phantasien. Die Phantasien stammen aus *nachträglich* verstandenem *Gehörten*, sind natürlich in all ihrem Material echt. Sie sind Schutzbauten, Sublimierungen der Fakten, Verschönerungen derselben, dienen gleichzeitig der Selbstentlastung. Ihre akzidentelle Herkunft vielleicht von den Onaniephantasien. Eine zweite wichtige Erkenntnis sagt mir, daß das psychische Gebilde, welches bei Hysterie von der Verdrängung betroffen wird, *nicht eigentlich die Erinnerungen sind*, denn kein Mensch ergibt sich ohne Grund einer Erinnerungstätigkeit, *sondern Impulse, die sich von den Urszenen ableiten*. Nun überschaue ich, daß alle drei Neurosen, Hysterie, Zwangsneurose und Paranoia dieselben Elemente aufweisen (nebst derselben Ätiologie) nämlich Erinnerungsstücke, Impulse (von der Erinnerung abgeleitet) und *Schutzdichtungen*, aber der Durchbruch zum Bewußtsein, die Kompromiß- also Symptombildung geschieht bei ihnen an verschiedenen Stellen; bei der Hysterie sind es die Erinnerungen, bei der Zwangsneurose die perversen Impulse, bei der Paranoia die Schutzdichtungen (Phantasie), die unter Kompromißentstellung ins Normale durchdringen" (a.a.O., S. 208 f.).

Hier befindet sich Freud an einer Weichenstellung, an der sich entscheidet, welchen Weg die Psychoanalyse gehen wird: den der ursächlichen Bedeutung der realen sexuellen Traumen (und anderen Einflüssen auf das sich entwickelnde Kind) oder den der Bedeutung der Phantasietätigkeit für die Entwicklung des Menschen und seiner psychischen Krankheiten bei nur nebensächlicher Würdigung der realen äußeren Einflüsse. Meiner Meinung nach stellen jedoch die von Freud im zuletzt zitierten Brief formulierten Gedanken den Ausdruck einer unerhörten Chance dar, eine Synthese und Integration der beiden Bereiche herzustellen. Während in der damaligen Auffassung die Phantasie noch die Aufgabe hatte, die Realität zu verschleiern, um sie erträglich zu machen, wurde später die Realität (fast) ganz eliminiert, die Phantasie hatte keinen Bezug mehr zur Realität, selbst wenn sie als Erinnerung an diese empfunden wurde. Es hätte so die für die Entwicklung der Psychoanalyse wohl anfangs günstige, später jedoch hinderliche Polarisierung zwischen sexuellem Mißbrauch durch den Vater und Ödipuskomplex vermieden werden können. Die Entdeckung und Aufdeckung des „caput Nili", einer solch verpönten Ursache für derart häufige Krankheitsfälle, muß in Freud starke ambivalente Gefühle hervorgerufen haben. Einerseits hatte er an sich durchaus den Anspruch, Neues, Revolutionäres zu entdecken und als Neuerer in die Geschichte einzugehen, andererseits lag ihm viel an gesellschaftli-

cher, wissenschaftlicher und universitärer Anerkennung sowie auch an materieller Sicherheit.

Wenn die westliche Gesellschaft ein bis heute derart wirksames Tabu errichten konnte, über sexuellen Mißbrauch von Kindern, insbesondere durch ihre nächsten Angehörigen zu *denken* und zu *sprechen*, mußte Freud auf weit mehr als ,,eisige'' Ablehnung durch die bürgerliche Gesellschaft gegen Ende des letzten Jahrhunderts gefaßt sein. Mit seinem Vortrag im April 1896 ist Freud zum letzten Mal mit der Verführungstheorie vor die Öffentlichkeit getreten. Es begann eine Zeit der Krise (vgl. Krüll 1979) in Freuds Leben, der Vater erkrankte im Sommer 1896 schwer und starb im Oktober 1896, Freud begann im zwei Monate langen Sommerurlaub 1897 mit seiner Selbstanalyse. Aus dem Urlaub zurückgekehrt, schrieb er am 21. September 1897 den berühmt gewordenen Brief an Fließ, in dem er den Widerruf der so vielversprechenden Verführungstheorie mitteilte:

,,Und nun will ich Dir sofort das große Geheimnis anvertrauen, das mir in den letzten Monaten langsam gedämmert hat. Ich glaube an meine Neurotica nicht mehr. Das ist wohl nicht ohne Erklärung verständlich; Du hast ja selbst glaubwürdig gefunden, was ich Dir erzählen konnte. Ich will also historisch beginnen, woher die Motive zum Unglauben gekommen sind. Die fortgesetzten Enttäuschungen bei den Versuchen, meine Analyse zum wirklichen Abschluß zu bringen, das Davonlaufen der eine Zeit lang am besten gepackten Leute, das Ausbleiben der vollen Erfolge, auf die ich gerechnet hatte, die Möglichkeit, mir die partiellen Erfolge anders, auf die gewöhnliche Art zu erklären: dies die erste Gruppe. Dann die Überraschung, daß in sämtlichen Fällen der Vater als pervers beschuldigt werden mußte, ... (an dieser Stelle fehlt in der Ausgabe von 1950: ,,mein eigener nicht ausgeschlossen,'' vgl. Neuauflage 1975, Frankfurt) die Einsicht in die nicht erwartete Häufigkeit der Hysterie, wo jedesmal dieselbe Bedingung erhalten bleibt, während doch solche Vorbereitung der Perversion gegen Kinder wenig wahrscheinlich ist. (Die Perversion muß unermeßlich häufiger sein als die Hysterie, da ja Erkrankung nur eintritt, wo sich die Ereignisse gehäuft haben und ein die Abwehr schwächender Faktor hinzugetreten ist.) Dann drittens die sichere Einsicht, daß es im Unbewußten ein Realitätszeichen nicht gibt, so daß man die Wahrheit und die mit Affekt besetzte Fiktion nicht unterscheiden kann. (Demnach blieb die Lösung übrig, daß die sexuelle Phantsie sich regelmäßig des Themas der Eltern bemächtigt.) Viertens die Überlegung, daß in der tiefgehendsten Psychose die unbewußte Erinnerung nicht durchdringt, so daß das Geheimnis der Jugenderlebnisse auch im verworrensten Delirium sich nicht verrät. Wenn man so sieht, daß das Unbewußte niemals den Widerstand des Bewußten überwindet, so sinkt auch die Erwartung, daß es in der Kur umgekehrt gehen müßte bis zur völligen Bändigung des Unbewußten durch das Bewußte.

Soweit beeinflußt wurde ich bereit, auf zweierlei zu verzichten, auf die völlige Lösung einer Neurose und auf die sichere Kenntnis ihrer Ätiologie in der Kindheit. Nun weiß ich überhaupt nicht, woran ich bin, denn das theoretische Verständnis der Verdrängung und ihres Kräftespiels ist mir nicht gelungen. Es erscheint wieder diskutierbar, daß erst spätere Erlebnisse den Anstoß zu Phantasien geben, die auf die Kindheit zurückgreifen, und damit gewinnt der Faktor einer hereditären Disposition einen Machtbereich zurück, aus dem ihn zu verdrängen ich mir zur Aufgabe gestellt hatte — im Interesse der Durchleuchtung der Neurose.

Wäre ich verstimmt, unklar, ermattet, so wären solche Zweifel wohl als Schwächeerscheinungen zu deuten. Da ich in gegensätzlichen Zustande bin, muß ich sie als Ergebnis ehrlicher und kräftiger intellektueller Arbeit anerkennen und stolz darauf sein, daß ich nach solcher Vertiefung solcher Kritik noch fähig bin. Ob dieser Zweifel nur eine Episode auf dem Fortschreiten zur weiteren Erkenntnis darstellt?

Merkwürdig ist auch, daß jedes Gefühl von Beschämung ausgeblieben ist, zu dem doch ein Anlaß sein könnte. Gewiß, ich werde es nicht in Dan erzählen, nicht davon reden in Askalon, im Lande der Philister, aber vor Dir und bei mir habe ich eigentlich mehr das Gefühl eines Sieges als einer Niederlage (was doch nicht recht ist).

Wie schön, daß jetzt eben Dein Brief kommt! Er veranlaßt mich, einen Vorschlag voranzustellen, mit dem ich schließen wollte. Wenn ich Samstag abends in dieser faulen Zeit auf die Nordwestbahn gehe, bin ich Sonntag mittags bei Dir und kann die nächste Nacht zurückreisen. Kannst Du Dir den Tag für ein Idyll zu Zweien, unterbrochen durch eines zu Dreien und Dreieinhalb, freimachen? Das wollte ich fragen. Oder hast Du einen lieben Gast im Hause oder Dringendes außerhalb zu tun? Oder, wenn ich am Abend nach Hause abreisen muß, was sich dann nicht lohnen würde, gelten dieselben Bedingungen für den Fall, daß ich Freitag abends zur Nordwestbahn gehe und eineinhalb Tage bei Dir bleibe? Ich meine natürlich diese Woche.

Nun setze ich meinen Brief fort. Ich variiere das Hamlet'sche Wort „To be in readiness" — Heiter sein ist Alles. Ich könnte mich ja sehr unzufrieden fühlen. Die Erwartung des ewigen Nachruhmes war so schön und des sicheren Reichtums, die volle Unabhängigkeit, das Reisen, die Hebung der Kinder über die schweren Sorgen, die mich um meine Jugend gebracht haben. Das hing alles daran, ob die Hysterie aufgeht oder nicht. Nun kann ich wieder still und bescheiden bleiben, sorgen, sparen und da fällt mir aus meiner Sammlung die kleine Geschichte ein: Rebekka zieh das Kleid aus, Du bist keine Kalle mehr. ...

Noch etwas muß ich anfügen. In diesem Sturz aller Werte ist allein das Psychologische unberührt geblieben. Der Traum steht ganz sicher da und meine Anfänge metapsychologischer Arbeit haben an Schätzung nur gewonnen. Schade, daß man vom Traumdeuten z.B. nicht leben kann.

Marta ist mit mir nach Wien gekommen, Minna und die Kinder bleiben noch eine Woche draußen. Sie haben sich alle ausgezeichnet befunden. ...

Wie es Euch geht und was sich sonst zwischen Himmel und Erde tut, hoffe ich — Deine Antwort vorweggenommen — bald selbst zu erfahren.

Herzlichst Dein Sigm." (a.a.O., S. 229 ff.)

4.1 Warum Widerruf der Verführungstheorie durch Freud?

In einem Brief Freuds an Fließ vom 30.5.1893 (Freud 1950, S. 82) findet sich die erste Erwähnung der Theorie des sexuellen Mißbrauchs als Ursache der Neurosen: „Die Angstneurosen jugendlicher Personen, die man für virginal ansehen muß, die nicht dem Mißbrauch unterworfen waren, glaube ich zu verstehen. Ich habe zwei solcher Fälle analysiert, es war das ahnungsvolle Grausen vor der Sexualität, dahinter Dinge, die sie gesehen oder gehört und halb verstanden hatten, also reine Affektätiologie, aber doch sexueller Art." Sexuelle Verführung wird hier noch auf Angstneurosen bezogen, zwar nicht auf die zwei besonderen Fälle, um die es Freud hier geht, wohl aber im allgemeinen. Auch hält Freud zu diesem Zeitpunkt eine „reine Affektätiologie" der Angstneurose für möglich, die spätere Trennung zwischen Aktualneurose (Angstneurose), die ohne psychischen, lebensgeschichtlichen Hintergrund auf physiologischer Ebene durch unbefriedigende Sexualpraktiken (insbesondere coitus interruptus) entsteht, und Abwehrneurose (oder Psychoneurose; Zwangsneurose und Hysterie), bei der psychischer Inhalt und seine Abwehr zur Erkrankung führen, war offenbar noch nicht scharf gezogen. Wenig später schreibt er an Fließ: „Ich bin überhaupt darauf gekommen, die Angst nicht an eine psychische, sondern an eine physische Folge der sexualen Mißbräuche zu knüpfen" (Freud 1950, S. 89). — Hier sind als „sexuale Mißbräuche" jedoch nicht sexuelle Traumen in der Kindheit, sondern die ungeeigneten Sexualpraktiken der aktuellen Erwachsenenzeit gemeint. Der Gedanke, die Angst der Angstneurose ließe keine psychische Ableitung zu, wird 1897 in der Arbeit „Über die Berechtigung, von der Neurasthenie einen bestimmten Symptomenkomplex als »Angstneurose« abzutrennen" wieder aufgegriffen. Hätte Freud für die Hysterie ebenso wie für die Angstneurose eine körperliche Ursache finden können — ohne „psychische Ableitung" —, hätte er die Väter, die ihre Töchter verführen, schonen können und damit die Gesellschaft, in der das möglich ist. Der Ruhm und die Anerkennung der medizinischen und gesellschaftlichen „Väter" wäre ihm sicher gewesen. Und tatsächlich hat auch bei der Theorie der Entstehung der Abwehrneurosen immer ein somatischer Anteil mitgeschwungen, auch in Verbindung mit der spekulativen Phasenlehre des Freundes Fließ (23- bzw. 28tägige biologische Perioden).

„Dahinter dann die Idee von aufgelassenen *erogenen Zonen*. Das heißt: Im Kindesalter wäre die sexuelle Entbindung von sehr vielen Körperstellen zu erhalten, die dann später nur den 28 Angststoff, nicht auch den anderen zu entbinden vermögen" (Freud 1950, S. 191, Brief vom 6.12.1896).

Dieser Satz folgt direkt auf die Darstellung der Perversion des Vaters und der Hysterie als Ergebnis der Verführung, d.h. die — zu früh aktivierten — erogenen Zonen setzen Angststoffe frei, analog zur Pathogenese der Angstneurose. Wie Freud später die sexuelle Traumatisierung durch Heredität und Konstitution weitgehend — nicht ganz — ersetzte, entsprach in der Libidotheorie dem organischen Sexualtrieb nun auch eine ,,organische" Abwehr:

,,Ich halte es der Hervorhebung wert, daß meine Anschauungen über die Ätiologie der Psychoneurosen bei allen Wandelungen doch zwei Gesichtspunkte nie verleugnet oder verlassen haben, die *Schätzung der Sexualität* und *des Infantilismus*. Sonst sind an die Stelle akzidenteller Einflüsse konstitutionelle Momente, für die rein psychologisch gemeinte »Abwehr« ist die organische »Sexualverdrängung« eingetreten" (Freud 1906, S. 157)

Und weiter auf S. 158:

,,Es ist kaum zu vermeiden, daß man sich diese Vorgänge in letzter Linie als chemische vorstelle, so daß man in den sogenannten aktuellen Neurosen die somatischen, in den Psychoneurosen außerdem noch die psychischen Wirkungen der Störungen im Sexualstoffwechsel erkennen dürfte."

Peters (1976, S. 400) zitiert einen Kommentar aus der englischen Standardausgabe der Werke Freuds:

,,In 1895 Freud was at a half way stage in the process of moving from physiological to psychological explanations of psychopathological states" (Freud 1955, Band II, S. XXIV).

Wenn für Freud die Theorie der realen Verführung mit der Hoffnung auf die Entdeckung der körperlichen Pathogenese der Hysterie verbunden war, hat er sie mit dem Widerruf jedenfalls gänzlich aufgegeben, die ,,Erwartung des ewigen Nachruhmes" gleich mit. Und doch ist ihm gerade durch diesen Schritt ,,ewiger" Nachruhm gesichert worden, wenn auch in letzter Zeit sehr kritische Untersuchungen seiner möglichen Motive erfolgten.

Einer der Herausgeber der Briefausgabe von 1950, Kris, begleitet das Auftauchen der kindlichen Phantasietätigkeit in den Briefen des Frühjahrs 1897 (s. oben) in seinen Fußnoten gleichsam ungeduldig: Wann endlich erkennt Freud seinen Irrtum und entschließt sich zur Anerkennung der Theorie der kindlichen Wunschphantasien, des Ödipuskomplexes? Für Kris ist es selbstverständlich, daß die unter dem Eindruck des Todes des Vaters begonnene Selbstanalyse Freuds zur Entdeckung des eigenen Ödipuskomplexes und damit zum Aufgeben der Verführungstheorie führte.

Auch Krüll (1979) setzt in ihrer minuziösen Untersuchung ,,Freud und sein Vater" bei der Selbstanalyse an, kommt aber zu einem ganz anderen Ergebnis. M. Krüll bemerkte bei der Besprechung der ,,Ätiologie der Hysterie", daß nicht nur die Väter als mögliche Täter von Freud nicht genannt werden (s. oben), sondern daß homosexuelle Verführungen gar nicht erwähnt werden (Krüll 1979, S. 55).

In einem wiederum in der Ausgabe von 1950 nicht enthaltenen Brief Freuds vom 11.2.1897, den aber Jones (1960, Band I, S. 376) erwähnt, befürchtet Freud angesichts der hysterischen Symptome seiner Geschwister (seine eigene Symptomatik betrachtete er als angstneurotisch), „daß sogar sein eigener Vater sich schuldig gemacht haben müßte.." (Jones 1960, zit. bei Krüll 1979, S. 63). Auch im Widerruf-Brief vom 21.9.1897 war der Satz „mein eigener (Vater) nicht ausgeschlossen" von den Herausgebern entfernt worden. Ein Traum, den Freud am 31.5.1897 Fließ mitteilt, hat Freuds zärtliche Gefühle für seine Tochter Mathilde zum Inhalt:

„Unlängst träumte ich von überzärtlichen Gefühlen für Mathilde, sie hieß aber Hella und »Hella« sah ich dann nochmals fettgedruckt vor mir. Auflösung: Hella heißt eine amerikanische Nichte, deren Bild wir bekommen haben. Mathilde könnte Hella heißen, weil sie unlängst über die Niederlagen der Griechen so bitter geweint hat. Sie begeistert sich für die Mythologie des alten Hellas und sieht in allen Helenen natürlich Helden. Der Traum zeigt natürlich meinen Wunsch erfüllt, einen Vater als Urheber der Neurose zu ertappen, und macht so meinen noch immer sich regenden Zweifeln ein Ende" (Freud 1950, S. 220).

M. Krüll zögert etwas mit der Interpretation, die für mich deutlich ist, daß Freud sich mit seinen eigenen inzestuösen Gefühlen den Wunsch erfüllt, einen Vater (sich selbst in der Beziehung zu Mathilde) als — hier phantasierter — Verführer zu ertappen. Peters (1976, S. 400) bemerkt, daß es für Freud „as a father" schwierig gewesen sein muß, die Verführungen in der Kindheit seiner Patientinnen anzuerkennen.

M. Krüll (1979) vermutet als entscheidendes Ergebnis der Selbstanalyse Freuds:

„Er war an einem Punkt angelangt, wo er den Vater für seine eigenen neurotischen Symptome verantwortlich machen mußte" (S. 74). „Die Verführungstheorie gab er zu einem Zeitpunkt auf, als er im Verlauf seiner Selbstanalyse den eigenen Vater als einen Verführer, als pervers hätte beschuldigen müssen" (S. 76).

Ebenso wie Freud nach dieser Auffassung seinen Vater schützen mußte und nicht weiter in dessen und seiner eigenen Vergangenheit forschen durfte, um nicht die „Perversion" des Vaters aufzudecken, ist die zentrale These des Buches von Masson (1984), daß Freud mit dem Aufgeben der Verführungstheorie seinen Freund Fließ, zu dem er offenbar eine Vater-Übertragung entwickelt hatte, in ähnlicher Weise davor bewahren wollte, als „Verführer" entlarvt zu werden. Masson hatte als designierter Direktor des Freud-Archivs als erster Zugang zu allen Briefen Freuds an Fließ (die er inzwischen herausgegeben hat und die auch in deutscher Fassung erschienen sind, Freud, 1985). Unter diesen sind nicht nur die Briefe, die auch noch nach dem Widerruf Material zu realem sexuellen Mißbrauch enthalten, sondern auch alle Briefe, die sich auf eine frühe Patientin Freuds, Emma Eckstein, beziehen. Freud hatte diese konversionsneurotische Patientin Fließ vorgestellt, der ihre funktionellen gynäkologischen Beschwerden aufgrund seiner Theorie der „nasalen Reflexzone" mit einer Nasenoperation beseitigen wollte, die er anläßlich eines kurzen Besuchs in Wien durchführte. Durch einen eindeutigen Kunstfehler (Fließ hatte einen 50 cm lange Gazestreifen im Operationsgebiet der Nase vergessen) kam es zu mehrfachen arteriellen, lebensgefährlichen Blutungen, bis die Ursache von Wiener Chirurgen entdeckt wurde — Fließ war längst wieder abgereist. Aus Freuds Briefen an Fließ geht hervor, daß er anfangs äußerst betroffen war, seine Patientin häufig in der Klinik besuchte, jedoch mit kritischen Äußerungen Fließ gegenüber sehr zurückhaltend war. Er äußerte nur einmal in seinen Berichten über den Zustand der Kranken andeutungsweise eine leichte Kritik an Fließ' Vorgehen. Fließ reagierte sehr gekränkt und verlangte von den Wiener Kollegen Ehrenerklärungen. Es entsteht der Eindruck, als hätte jede Kritik an Fließ die Freundschaftsbeziehung gefährdet und als hätte Freud alles tun müssen, um Fließ zu entlasten. Auf diese ängstliche Rücksichtnahme haben auch schon Schur (1972) und Krüll (1979) hingewiesen, ebenso auf seine Abhängigkeit und Ambivalenz. Freud drückte in den Briefen seine Besorgnis nicht so sehr um das Leben der Patientin, sondern um Fließ aus, in welche Verlegenheit er, Freud, ihn gebracht habe. Er exkulpiert Fließ, indem er die Blutungen als „Verblutungsszene" bezeichnet, von „unerwünschter Zufälligkeit", vom „minimalen Versehen" Fließ' spricht und ihm bestätig: „Für mich bleibst Du der Arzt, der Typus des Mannes, dem man vertrauensvoll sein Leben und das der Seinigen in die Hände legt .." (11.4.1895, Schur, 1966). Von Freuds Ergebenheit Fließ gegenüber berichtet auch Schur (1972), der aber die Wendung in Freuds Beurteilung der Blutungen wegläßt, die jetzt von Masson als wirklich neues Faktum aufgedeckt wird. Denn Freud gewinnt langsam die Überzeugung, daß es sich bei den (doch postoperativen) Blutungen um hysterische Phänomene gehandelt habe. Er schreibt am 26.4.1896:

„Zunächst mit der Eckstein. Ich werde Dir nachweisen können, daß Du recht hast, daß ihre Blutungen hysterisch waren, aus *Sehnsucht* erfolgt sind und wahrscheinlich zu Sexualterminen. (Das Frauenzimmer hat mir aus Widerstand die Daten noch nicht besorgt.)" (Freud, 1985, S. 193)

Sexualtermin ist Fließ' Ausdruck für den Bezug sexueller Ereignisse zu bestimmten periodischen Daten. Am 4.5.1896 schreibt Freud weiter:

„Von der Eckstein, deren Geschichte ich notiere, so daß ich sie Dir schicken kann, weiß ich bis jetzt, daß sie aus *Sehnsucht* geblutet hat. Sie war von jeher eine Bluterin, wenn sie sich schnitt u. dgl.,... bekam dann im Sanatorium nächtliche Unruhe aus der unbewußten Sehnsuchtsabsicht, mich hinzulocken, und als ich nachts kam, erneuerte sie die Blutung, als unfehlbares Mittel, meine Zärtlichkeit wieder zu wecken." (a.a.O., S. 195 f.)

Masson zieht den naheliegenden Schluß, daß hier ganz analog dem Widerruf der Verführungstheorie das äußere Trauma der Operation weit zurückgestellt wird und die sexuellen Wünsche des Patienten, d.h. das Opfer selbst, verantwortlich gemacht werden. Ob tatsächlich der Widerruf der Verführungstheorie auf der „Emma-Episode" und Freuds unkritischer Abhängigkeit von Fließ, seinen mangelnden Mut, seine Befunde und Gedanken den obskuren Spekulationen Fließ' entgegenzusetzen zurückgeht, wie Masson annimmt, muß offenbleiben. Jones (1960) schreibt immerhin in seiner Biographie zu der Freundschaft:

„Wenn ein glücklich verheirateter Mann in mittleren Jahren, Vater von 6 Kindern, mit einem Menschen, der geistig unter ihm steht, eine leidenschaftliche Freundschaft pflegt und ihm jahrelang sein Urteil und seine Ansichten unterordnet, so ist das ungewöhnlich ..." (Band I, S. 337).

Weniger vorsichtig drückt sich Jones in einem in den Strachey Archives of the London Institute of Psychoanalysis befindlichen Brief vom 11.1.1954 an Strachey aus, den Masson zitiert.

"Ich stimme nicht ganz überein mit dem, was Sie über Freuds schrittweise Versöhnung mit der Bisexualität sagen. Ich denke, er war über-versöhnt mit ihr, falls Sie wissen, was ich meine. Er hat sich nie wirklich von Fließ emanzipiert und kämpfte eingestandenermaßen mit dieser Frage noch 1910 in Sizilien."

Strachey schrieb an Jones am 24.10.1951 (Strachey Archives):

"Ihr Bericht über die unterdrückten Passagen in den Fließ-Briefen hat mich sehr interessiert. Es ist wirklich ein vollständiges Beispiel einer folie à deux, mit Freud in der unerwarteten Rolle des hysterischen Partners mit einem paranoischen."

Masson ist sich sicher, daß die „Emma", von deren realer sexueller Verführung Freud im „Entwurf" von 1895 (Freud 1950, S. 432) berichtet, Emma Eckstein ist. Ironischerweise wäre dann Emma Eckstein eine der Patientinnen gewesen, die Freud zur Theorie zur Ätiologie der Hysterie durch realen sexuellen Mißbrauch brachte und durch die er nach Massons Auffassung wieder von ihr abgerückt ist.

Krüll (1979) bescheinigte der Ödipustheorie Kompromißcharakter, die „reine Lehre" der Verführungstheorie sei verwässert worden, weil Freud so die beiden Aufträge seines Vaters, seine Vergangenheit nicht anzutasten, und doch die großen Rätsel des Lebens zu lösen, erfüllen konnte. Es ist klar, daß das inzestuöse Geschehen niemanden beunruhigen muß, wenn es aufgrund eines ubiquitären Triebes in jedem Kind als Wunsch entsteht und sich als Phantasie äußert. Da aber alle Menschen gleichermaßen solche Wünsche haben, muß zur Erklärung, warum nicht alle neurotisch erkranken, wieder die Heredität herangezogen werden, da das individuell ja verschieden ausgeprägte sexuelle Trauma wegfiel (vgl. Krüll 1979, S. 89). Damit ist der einzelne Mensch — z.B. als Patient — ein aus seinen sozialen Bezügen — den realen Objektbeziehungen — herausgelöstes Studienobjekt, motiviert und behindert durch intrapsychische Mechanismen, während in der Vorstellung des sexuellen Mißbrauchs in der Neurosenätiologie bei Freud wenigstens die Interaktion zwischen zwei Individuen erfaßt wurde, in den Krankengeschichten auch die Beziehung zwischen ihnen berücksichtigt werden konnte. Künzler (1980) versteht die somatische Trieblehre als Rückschritt auf Freuds Weg zum psychologischen Verständnis der psychischen Störung (und der psychischen Entwicklung). Seiner Meinung nach war die Trieblehre als „Anpassung an den naturwissenschaftlichen Zeitgeist notwendig". Das Psychische würde auf die zu „erratende Wirklichkeit" der Triebe, die Künzler als „Mythos" bezeichnet, bezogen.

„Der psychoanalytische Erfahrungsstandpunkt, daß sich menschliches Erleben immer in zwischenmenschlicher Wechselbeziehung entfaltet und gestaltet, ist aufgegeben. Die psychoanalytische Revolution ist rückgängig gemacht" (Künzler, 1980, S. 301).

Wenn Freud die Ödipustheorie (und die Trieblehre) aus einer unbewußten Anpassungshaltung heraus als intuitive Rettungsaktion der Psychoanalyse und ihrer Grundlage der Sexualität in der gegebenen Gesellschaft entwickelte, hatte er, wie oben dargelegt, einmal den „Vater" (alle Väter) entlastet vom Vorwurf des perversen Mißbrauchs, zum anderen die Gesellschaft beruhigt, weil er psychische Störungen dem Zeitgeist entsprechend im quasi naturwissenschaftlichen, nicht jedoch im zwischenmenschlichen Bereich lokalisiert hätte.

Die Abkehr Freuds von der Verführungstheorie war keine plötzliche und, wie wir sehen werden, nie eine vollständige. Seine Aussagen sind gegensätzlich geblieben, sie wechselten zwischen scharfer Ablehnung und größeren Zugeständnissen.

In mehreren Briefen, die erst jetzt zugänglich geworden sind, teilte Freud noch Beispiele realen sexuellen Mißbrauchs mit. Zum Beispiel berichtete er in einem Brief vom 22.12.1897, also 3 Monate nach dem Widerrufbrief, mit unverhohlener Parteinahme von einer Patientin, die im Alter von 2 Jahren von ihrem Vater brutal vergewaltigt worden war. Angesichts der realen Mißhandlungen setzt er „ein neues Motto: »Was hat man dir, du armes Kind getan?« '', die Zeile aus einem Goethe-Gedicht (Mignon). In einem zweiten Brief aus demselben Monat berichtet er über eine Patientin, die von Emma Eckstein (!) behandelt wird, der absichtlich nichts von der Vorstellung sexueller Verführung gesagt wird und die doch Verführungsszenen erinnert! „Mein Zutrauen in die Vaterätiologie ist mächtig gewachsen'' (Freud, 1985, Brief vom 12.12.1897).

Der Öffentlichkeit gegenüber wurden solche Zweifel nicht geäußert, und es hätte der noch nicht etablierten psychoanalytischen Bewegung damals sicher mehr geschadet als genützt. Heute mutet es uns befremdlich an, wenn der Begründer der Psychoanalyse 1906, nach Erscheinen der „Drei Abhandlungen zur Sexualtheorie'' (1905) von einem „Zufall'' spricht, der ihm eine „unverhältnismäßig große Anzahl von Fällen zugeführt'' (Freud 1906, S. 153) hatte, „in deren Kindergeschichte die sexuelle Verführung durch Erwachsene oder andere ältere Kinder die Hauptrolle spielte.'' Ebenso ist es enttäuschend, daß der unerschrockene Forscher, als den man ihn idealisierend sehen möchte, Zuflucht nimmt auch zur Vererbung: „Mit dem Rücktritt der akzidentellen Einflüsse des Erlebens mußten die Momente der Konstitution und Heredität wieder die Oberhand behaupten'' (Freud 1906, S. 154). Die Berichte von der sexuellen Verführung wurden nun zum großen Teil als Phantasien gedeutet, die einen bestimmten Zweck haben: „... während ich seitdem gelernt habe, so manche Verführungsphantasie als Abwehrversuch gegen die Erinnerung der eigenen sexuellen Betätigung (Kindermasturbation) aufzulösen'' (a.a.O., S. 153). Das heißt, die triebbedingte masturbatorische Sexualbetätigung des Kindes muß abgewehrt werden — kurz erwähnt Freud in diesem Zusammenhang den Einfluß von Kultur und Erziehung —, Abwehr bedeutet „organische Verdrängung'' („die Symptome stellen die Sexualbetätigung Kranker dar'') (a.a.O., S. 157) und Entstellung durch die Phantasie (in der Adoleszenz). Während der Vater schon des inzestuösen sexuellen Verbrechens überführt schien, ist er nun rehabilitiert, der Jugendliche beschuldigte ihn fälschlich, um sein eigenes „Verbrechen'' der kindlichen Sexualbetätigung zu verdecken. In der „Selbstdarstellung'' (Freud 1925) dann findet sich die schärfste Ablehnung der Verführungstheorie als „Irrtum'' aufgrund Freuds „Leichtgläubigkeit''.

Freuds Schüler Abraham scheint besonders eifrig bemüht zu sein, die Verführungstheorie zugunsten von Heredität und Konstitution aufzugeben. In einem von ihm mitgeteilten Fall von realem Inzest zwischen Onkel und Nichte (Abraham 1907 a) wird dem Mißbrauch noch eine den Inhalt des Wahns der Patientin bestimmende Rolle zugestanden, wenn auch nicht mehr eine verursachende. In einer zweiten Arbeit aus demselben Jahre (Abraham 1907 b) geht er aber so weit — ich meine zu weit —, das Erleiden sexueller Traumen in der Kindheit als eine Form der kindlichen Sexualbetätigung zu verstehen. Triebhaft, d.h. um seinen masochistischen Partialtrieb Lustgewinn zu verschaffen, bringt das Kind den Erwachsenen dazu, es zu mißbrauchen. Das Kind

„gibt sich dem Trauma hin ..., erleidet das Trauma aus einer Absicht seines Unbewußten. Das Erleiden sexueller Traumen in der Kindheit gehört, wenn ihm ein unbewußtes Wollen zugrunde liegt, zu den masochistischen Äußerungen des Sexualtriebes. Es stellt also eine Form infantiler Sexualbetätigung dar" (Abraham 1907 b, S. 173).

Die Libido selbst sei quantitativ abnorm, außerdem beschäftige sich die Phantasie dieser Kinder vorzeitig und in abnormem Grade mit sexuellen Dingen:

„Die Kinder jener Kategorien zeigen ein abnormes Begehren nach sexuellem Lustgewinn, und infolgedessen erleiden sie sexuelle Traumen" (a.a.O., S. 174).

Schuldgefühle wegen des Bedürfnisses, Lust erfüllt zu bekommen, und das Wissen um die eigene Initiative (das Kind verführt den Erwachsenen) läßt das Kind schweigen und sich nicht an andere Erwachsene wenden. Ich will nicht abstreiten, daß Kinder in einem Maße, das über das rein Spielerische hinausgeht, verführerisch wirken können, so daß sie im Sinne eines Wiederholungszwanges sexuelle Angriffe verschiedener erwachsener Personen provozieren. Wie in späteren Kapiteln ausführlich diskutiert werden wird, ist es immer ein Erwachsener, der die dem Stand der psychosexuellen Entwicklung des Kindes nichtadäquate Sexualität des Erwachsenen an das Kind herangetragen hat, welches als verführerisch in Erscheinung tritt. Abrahams Argumentation macht das Kind aber zum Verführer, dreht die Täter-Opfer-Relation um. Indem er den Trieb des Kindes zur alleinigen Ursache der realen Verführung macht, entlastet er in aller Konsequenz den Erwachsenen von jeglicher Verantwortung und treibt damit auf die Spitze, was als Freuds Motive, die Verführungstheorie aufzugeben, vermutet worden ist. Ich halte diese Arbeit Abrahams für ein Beispiel „schwärzester" Psychoanalyse, die durch die Konstruktion übermäßiger Triebstärke und abnormer Partialtriebe im Kinde völlig davon absieht, was einem Kinde real widerfahren kann, und auch gänzlich übersieht, welche Menschen als reale Objekte handelnd mit dem Kind in Beziehung — und dieses mit ihnen — stehen. Abraham hat weit schärfer und konsequenter als Freud selbst von den sozialen Einflüssen („Verführung") auf die Entwicklung des Kindes abgesehen und sie als schicksalhaft-biologisch bestimmt dargestellt. Diese seine Arbeit erscheint wie die „orthodoxe" Psychoanalyse selbst: Das Unbewußte und die Abwehrmechanismen werden überzeugend beschrieben, Trieb aber und Veranlagung müssen herhalten, um die Möglichkeit einer primären traumatischen Wirkung von Erwachsenen auf das Kind auszuschließen. Mit einer solchen eifrigen Überidentifizierung mit Freuds Widerruf hat Abraham und in der Nachfolge eine ganze Analytikergeneration der Psychoanalyse m.E. keinen guten Dienst erwiesen.

Freud selbst war viel ambivalenter und schwankte immer wieder, wieviel er der realen Verführung an Einfluß zugestehen sollte. Bereits in den Fußnoten zu den früheren Arbeiten in den „Gesammelten Schriften" von 1924 wird das deutlich: Zusatz zu der Beweisführung in der „Ätiologie der Hysterie", daß die Verführungsszenen Realität waren:

„All dies ist richtig, aber es ist zu bedenken, daß ich mich damals von der Überschätzung der Realität und der Geringschätzung der Phantasie noch nicht freigemacht hatte" (Freud 1896, S. 440).

Noch deutlicher ist eine Anmerkung zu den Kindtraumen als spezifischer Ursache der Abwehrneurose in „Weitere Bemerkungen über die Abwehr-Neuropsychosen" (Freud 1896 a, S. 385):

> „Dieser Abschnitt steht unter der Herrschaft eines Irrtums, den ich seither wiederholt bekannt und korrigiert habe. Ich verstand es damals noch nicht, die Phantasien der Analysierten über ihre Kinderjahre von realen Erinnerungen zu unterscheiden. Infolgedessen schrieb ich dem ätiologischen Moment der Verführung eine Bedeutsamkeit und Allgemeingültigkeit zu, die ihm nicht zukommen. Nach der Überwindung dieses Irrtums eröffnete sich der Einblick in die spontanen Äußerungen der kindlichen Sexualität, die ich in den „Drei Abhandlungen zur Sexualtheorie", 1905, beschrieben habe. *Doch ist nicht alles im obigen Text Enthaltene zu verwerfen* (Hervorhebung von mir, M.H.); der Verführung bleibt eine gewisse Bedeutung für die Ätiologie gewahrt, und manche psychologische Ausführungen halte ich auch heute noch für zutreffend."

In den „Vorlesungen zur Einführung in die Psychoanalyse" (Freud 1917) gibt Freud der Verführung wieder ihr Recht:

> „Besonderes Interesse hat die Phantasie der Verführung, weil sie nur zu oft keine Phantasie, sondern reale Erinnerung ist",

schränkt das aber dann wieder besonders in bezug auf die Vater-Tochter-Beziehung ein:

> „Aber zum Glück ist sie doch nicht so häufig real, wie es nach den Ergebnissen der Analyse zuerst den Anschein hatte. Die Verführung durch ältere oder gleichaltrige Kinder ist immer noch häufiger als die durch Erwachsene, und wenn bei den Mädchen, welche diese Begebenheit in ihrer Kindergeschichte vorbringen, ziemlich regelmäßig der Vater als Verführer auftritt, so leidet weder die phantastische Natur dieser Beschuldigung noch das zu ihr drängende Motiv einen Zweifel."

Gleich anschließend hebt er wieder ihre Existenz hervor:

> „Glauben Sie übrigens nicht, daß sexueller Mißbrauch des Kindes durch die nächsten männlichen Verwandten durchaus dem Reiche der Phantasie angehört. Die meisten Analytiker werden Fälle behandelt haben, in denen solche Beziehungen real waren und einwandfrei festgestellt werden konnten; nur gehörten sie auch dann späteren Kindheitsjahren an und waren in frühere eingetragen worden" (alle Zitate Freud 1917, S. 385).

Mit dieser letzten Einschränkung spricht er der traumatischen Verführung doch wieder die Berechtigung für die frühe Kindheit ab. In seinem Spätwerk „Der Mann Moses und die monotheistische Religion" (1939, S. 177 ff.) nimmt er dann einen sehr differenzierten Standpunkt ein. Die Genese der Neurose gehe überall und jedesmal auf sehr frühe Kindheitseindrücke zurück. Alle diese Traumen gehörten der „frühen Kindheit bis etwa zu 5 Jahren an" und fielen der Amnesie anheim, die von einzelnen Deckerinnerungen durchbrochen würde. Die Erlebnisse seien sexueller und aggressiver Natur, „gewiß auch .. frühzeitige Schädigungen des Ichs (narzißtische Kränkungen)" (a.a.O., S. 179). Auffällig sei natürlich das Überwiegen des sexuellen Moments und verlange nach theoretischer Würdigung. Die Traumen seien „entweder Erlebnisse am eigenen Körper oder Sinneswahrnehmungen, meist von Gesehenem oder Gehörtem, also Erlebnisse oder Eindrücke" (S. 179). Ganz anders als die eingeschränkte triebpsychologische Erklärung Abrahams für den Wiederholungszwang schreibt er diesem die Wirkung zu,

> „das Trauma wieder zur Geltung zu bringen, also das vergessene Erlebnis zu erinnern, oder noch besser, es real zu machen, eine Wiederholung davon von neuem zu erleben, wenn es auch nur eine frühere Affektbeziehung war, dieselbe in einer analogen Beziehung zu einer anderen Person neu wieder aufleben zu lassen" (S. 180).

Und hier eine Formulierung, der wir auch heute uneingeschränkt zustimmen können.

> „Ein Mädchen, das in früher Kindheit Objekt einer sexuellen Verführung wurde, kann ihr späteres Sexualleben darauf einrichten, immer wieder solche Angriffe zu provozieren" (S. 180 f.).

Wenn hier auch Freud die affektive Beziehung beiläufig erwähnt und keineswegs einen so eindeutigen triebpsychologischen Standpunkt einnimmt wie 30 Jahre zuvor oder gar wie Abraham zu dieser Zeit, ist er sich anscheinend der Bedeutung der Qualität der Objektbeziehungen, innerhalb welcher sich traumatische Ereignisse, seien sie sexueller, aggressiver oder narzißtisch kränkender Art, abspielen, nicht bewußt. Wir würden heute mehr den Schwerpunkt auf die langjährige emotionale Beziehung, z.B. zwischen Vater und Tochter, die auch Veränderungen unterworfen sein kann, im Zusammenhang mit den anderen Beziehungen innerhalb der Familie und ihrem „Beziehungsgeflecht" (Familiendynamik) legen als auf singuläre oder wiederholte traumatische Ereignisse, Handlungen, die z.B. der Vater die Tochter spüren ließ. Solche Ereignisse wären wieder nur Indikatoren für die Qualität der Beziehungen.

4.2 Die Thesen von Ferenczi

„Auch heute noch steht Ferenczi im Geruch der Ketzerei."
Judith Dupont (1972).

„Vor allem wurde meine schon vorher mitgeteilte Vermutung, daß das Trauma, speziell das Sexualtrauma, als krankmachendes Agens nicht hoch genug veranschlagt werden kann, von neuem bestätigt. Auch Kinder angesehener, von puritanischem Geist beseelter Familien fallen viel öfter, als man es zu ahnen wagte, wirklichen Vergewaltigungen zum Opfer. Entweder sind es die Eltern selbst, die für ihre Unbefriedigtheit auf diese pathologische Art Ersatz suchen, oder aber Vertrauenspersonen wie Verwandte (Onkel, Tanten, Großeltern), Hauslehrer, Dienstpersonal, die Unwissenheit und Unschuld der Kinder mißbrauchen. Der naheliegende Einwand, es handle sich um Sexualphantasien des Kindes selbst, also um hysterische Lügen, wird leider entkräftet durch die Unzahl von Bekenntnissen dieser Art, von Sichvergehen an Kindern, seitens Patienten, die sich in Analyse befinden" (Ferenczi 1933, S. 307).

Diese Formulierung der Verführungstheorie durch Ferenczi schlägt den Bogen zurück zu den „Anfängen der Psychoanalyse". Sein Vortrag auf dem Wiesbadener psychoanalytischen Kongreß 1932 war ein letzter Versuch, den wegen insbesondere über grundlegend verschiedene Auffassungen der psychoanalytischen Technik von Freud und der etablierten Gruppe der Psychoanalytiker entfremdeten, zurückgezogenen Ferenczi zu integrieren. Cremerius (1983) hat Ferenczis letzte Entwicklung, besonders die seiner Technik, aber auch der Theorie, sowie den berufspolitischen Hintergrund eingehend dargestellt. Dieser sei hier kurz referiert. Ferenczi wurde von Freud eingeladen, einen Vortrag zu halten, er wollte jedoch nicht zustimmen, weil seine Gedanken zu sehr von der allgemeinen psychoanalytischen Meinung abwichen. Er schrieb den Vortrag dann doch, woraufhin einige Kollegen wegen seines Inhalts von Skandal sprachen und ihn verbieten wollten. Zwar hielt Ferenczi den Vortrag mit anscheinend wohlwollendem Beifall, Freud legte Ferenczi jedoch nahe, ein Jahr mit der Veröffentlichung zu warten, da der Vortrag ihm — Ferenczi — schaden würde. Empört lehnte Ferenczi ein solches Ansinnen ab, woraufhin ihm Freud die 26jährige Freundschaft kündigte. Cremerius betont die Irrationalität, die eher als wirklich sachliche Differenzen immer wieder zu solchen Abspaltungen in der Psychoanalyse geführt habe. Darüber hinaus sind es im Falle Ferenczis grundlegende Verschiedenheiten der Auffassung psychoanalytischer Technik, die zu dem Zerwürfnis geführt haben. Diese Art von „sachlichen Differenzen" sind aber untrennbar mit den Persönlichkeiten, die sie vertreten, ihren Strukturen, Begabungen und Hemmungen verbunden. Während Freud einmal einer Patientin (Hilda Doolittle) sagte: „Ich bin nicht gern die Mutter in der Übertragung" (Cremerius 1983, S. 990), hatte sich Ferenczi ganz der präödipalen symbiotischen Regression in der Arbeit mit schwerer gestörten Patienten gewidmet. Freud verstand sich als Therapeut eher als distanzierter Forscher, der dem Patienten hilft, sich in seinen intrapsychischen Systemen zurecht zu finden („Ein-Personen-Psychologie", Cremerius 1983). Ferenczi hatte dagegen wie kein anderer Analytiker sich selbst in die therapeutische Beziehung eingebracht, verstand sich als Teil der interpersonellen Prozesse, die in der therapeutischen Arbeit frühe, wiederum interpersonelle Mangel- oder übermäßig stimulierende Situationen regressiv reproduzieren und sichtbar machen. Diese entgegengesetzten Haltungen haben Auswirkungen auf das theoretische Verständnis psychischer Strukturen, ihrer Entwicklung und Störungen. Und so bezeichnet in einem Nachwort zu seiner Arbeit Cremerius (1983) den eigentlichen Ansatz der Kritik Freuds an Ferenczi: „Er lag dort, wo Ferenczi sein (Freuds) ödipales Theorie- und Therapiesystem in Richtung auf ein präödipales System überschritt" (S. 1011). Vorstellungen wie Heredität, Libidoentwicklung, intrapsychische Strukturen beschränken sich auf das Individuum, dessen Objekte nicht Handelnde sind in bezug auf sein Schicksal, sondern als Objekte einer sich schicksalhaft entwickelnden Libido erlebt werden. Das hat in der Folge zu Begriffen geführt wie „durchschnittlich zu erwartende Umwelt" (Hartmann 1939), „der durchschnittlichen Erwartung entsprechende Umgebung, d.h. eine gewöhnliche, liebevolle Mutter" (Mahler 1968, S. 55). Wenn auch Mahler ihre Haltung zur Genese psychotischer Erkrankungen des Kindesalters geändert hat und die Möglichkeiten, Erwartungen und Bedürfnisse der Mutter als handelndem Objekt später mit einbezogen hat, geht sie lange Zeit davon aus, daß das psychotische Kind primär unter einer vererbten konstitutionellen Unfähigkeit leidet, das durchschnittlich liebevolle mütterliche Angebot zu nutzen.

Die „Ein-Personen-Psychologie" entspricht der „neutralen Haltung" des Analytikers. Eine „Zwei-(und mehr-)Personen-Psychologie" ist eine Psychologie der Objektbeziehungen, Beziehungen zwischen mindestens zwei Handelnden und sich gegenseitig beeinflussenden Individuen. Insofern hat der Begriff des Traumas für Freud und Ferenczi völlig verschiedene Bedeutung: Das Trauma bei Ferenczi „wird fortan, anders als bei Freud, wo das Trauma das Triebschicksal bestimmt, die Beziehung zum Objekt verändern, zu äußeren Objekten wie zu den inneren Repräsentanten derselben" (Cremerius 1983, S. 998). Das bedeutet, bei Freud bestimmt ein akzidentelles Einwirken des Traumas die individuelle (Trieb-) Entwicklung, bei Ferenczi dagegen verändert es die Beziehung zum Objekt. Man kann erweiternd sagen, daß das Trauma bereits ein Teil der Beziehung ist und in ihr eine Funktion hat. Traumata hat man sich ja auch nicht als einmalige spektakuläre Ereignisse vorzustellen, es sind überwiegend jahrelange Beeinträchtigungen, die von subtilen atmosphärischen Einflüssen bis hin zu offen ausagierter Gewalt gehen. Ferenczi ist für meine Begriffe über „erste Ansätze einer Theorie der Objektbeziehung" (Cremerius 1983) in seiner letzten Arbeit, die hier besprochen wird, weit hinausgegangen, denn er beschreibt zwei Objekte, deren Beziehungen zueinander jeweils unterschiedliche Qualitäten (verschiedene Qualitäten der Liebe von Vater bzw. der

der Tochter) haben, deren Einwirken (Handeln) aufeinander das reale äußere andere Objekt verändert. Ferenczi beschreibt vor allem die Mechanismen, die die inneren Objekte, d.h. die durch psychische Bearbeitung (Abwehrmechanismen) geschaffenen Objektrepräsentanzen, aufgrund traumatischer Einwirkung von außen und andererseits aufgrund innerer Notwendigkeit verändern.

Ferenczis Arbeit „Sprachverwirrung zwischen den Erwachsenen und dem Kind — die Sprache der Zärtlichkeit und der Leidenschaft", um die es dabei geht, sei hier referiert und teilweise zitiert wegen ihrer Bedeutung für ausagierte inzestuöse Beziehungen, an deren Beispiel er seine Gedanken auch hauptsächlich entwickelt hat. Ausgehend von einem Unvermögen bestimmter Patienten, sich adäquat gegen Frustrationen, Schwäche und spezifische Heucheleien des Analytikers in der therapeutischen Situation abzugrenzen, entdeckt Ferenczi, daß solche Patienten sich mit dem Analytiker identifzieren, statt ihm zu widersprechen oder ihn anzugreifen. Dies ist meines Wissens die erstmalige Erwähnung des Abwehrmechanismus der Identifikation mit dem Aggressor (vor Anna Freud 1936), der für schwerere psychische Störungen heute eine so große Bedeutung erlangt hat. Diesen Mechanismus fand Ferenczi bei Patienten, die reale inzestuöse Verführung erlitten hatten, die typischerweise wie folgt zustande kommen:

„Ein Erwachsener und ein Kind lieben einander; das Kind hat die spielerische Phantasie, mit dem Erwachsenen die Mutterrolle zu spielen. Dieses Spiel mag auch erotische Formen annehmen, bleibt aber nach wie vor auf dem Zärtlichkeitsniveau. Nicht so bei pathologisch veranlagten Erwachsenen, besonders wenn sie durch sonstiges Unglück oder durch den Genuß betäubender Mittel in ihrem Gleichgewicht und ihrer Selbstkontrolle gestört sind. Sie verwechseln die Spielereien der Kinder mit den Wünschen einer sexuell reifen Person oder lassen sich, ohne Rücksicht auf die Folgen, zu Sexualakten hinreißen. Tatsächliche Vergewaltigungen von Mädchen, die kaum dem Säuglingsalter entwachsen sind, ähnliche Sexualakte erwachsener Frauen mit Knaben, aber auch forcierte Sexualakte homosexuellen Charakters gehören zur Tagesordnung. Schwer zu erraten ist das Benehmen und das Fühlen von Kindern nach solcher Gewalttätigkeit. Ihr erster Impuls wäre: Ablehnung, Haß, Ekel, kraftvolle Abwehr. »Nein, nein, das will ich nicht, das ist mir zu stark, das tut mir weh. Laß mich«, dies oder ähnliches wäre die unmittelbare Reaktion, wäre sie nicht durch eine ungeheure Angst paralysiert.

Die Kinder fühlen sich körperlich und moralisch hilflos, ihre Persönlichkeit ist noch zu wenig konsolidiert, um auch nur in Gedanken protestieren zu können, die überwältigende Kraft und Autorität des Erwachsenen macht sie stumm, ja beraubt sie oft der Sinne. Doch dieselbe Angst, wenn sie einen Höhepunkt erreicht, zwingt sie automatisch, sich dem Willen des Angreifers unterzuordnen, jede seiner Wunschregungen zu erraten und zu befolgen, sich selbst ganz vergessend sich mit dem Angreifer vollauf zu identifizieren. Durch die Identifizierung, sagen wir Introjektion des Angreifers, verschwindet dieser als äußere Realität und wird intrapsychisch, statt extrapsychisch; das Intrapsychische aber unterliegt in einem traumhaften Zustand, wie die traumatische Trance einer ist, dem Primärvorgänge, d.h. es kann, entsprechend dem Lustprinzip, modelt, positiv- und negativ-halluzinatorisch verwandelt werden. Jedenfalls hört der Angriff als starre äußere Realität zu existieren auf, und in der traumatischen Trance gelingt es dem Kind, die frühere Zärtlichkeitssituation aufrechtzuerhalten.

Doch die bedeutsamste Wandlung, die die ängstliche Identifizierung mit dem erwachsenen Partner im Seelenleben des Kindes hervorruft, ist die Introjektion des Schuldgefühls des Erwachsenen, das ein bisher harmloses Spiel als strafwürdige Handlung erscheinen läßt. Erholt sich das Kind nach solcher Attacke, so fühlt es sich ungeheuer konfus, eigentlich schon gespalten, schuldlos und schuldig zugleich, ja mit gebrochenem Vertrauen zur Aussage der eigenen Sinne" (Ferenczi 1933, S. 308 f.).

Der Täter weise nun das Kind aus eigenem Schuldgefühl barsch ab, beruhige sich selbst, das Opfer sei ja ein Kind und werde alles wieder vergessen, das Verhältnis zu einer Vertrauensperson, beim Beispiel des Vater-Tochter-Inzests naheliegenderweise der Mutter, sei

„nicht intim genug, um bei ihr Hilfe zu finden; kraftlose Versuche solcher Art werden von ihr als Unsinn zurückgewiesen. Das mißbrauchte Kind wird zu einem mechanisch-gehorsamen Wesen oder es wird trotzig, kann aber über die Ursache des Trotzes auch sich selber keine Rechenschaft mehr geben; sein Sexualleben bleibt unentwickelt oder nimmt perverse Formen an; von Neurosen und Psychosen, die da folgen können, will ich hier schweigen" (S. 309).

Die noch zu schwach entwickelte Persönlichkeit reagiere auf plötzliche Unlust anstatt mit Abwehr mit ängstlicher Identifizierung und Introjektion des Bedrohenden oder Angreifenden, weil für das nicht ganz entwickelte Kind das „Alleinsein ohne mütterlichen oder sonstigen Schutz und ohne ein erhebliches Quantum an Zärtlichkeit unerträglich ist" (S. 310). Dieses Stadium nennt Ferenczi das der passiven Objektliebe oder der Zärtlichkeit, aktive Objektliebe liege nur als spielerische Phantasie vor, z.B. die Stelle des gleichgeschlechtlichen Elternteils einzunehmen, wohlgemerkt in der Phantasie, denn real könnten Kinder die Zärtlichkeit, insbesondere die der Mutter, nicht missen.

„Wird Kindern in der Zärtlichkeitsphase *mehr Liebe* aufgezwungen oder Liebe anderer Art, als sie sich wünschen, so mag das ebenso pathogene Folgen nach sich ziehen, wie die bisher fast immer herangezogene *Liebesversagung*. Es würde zu weit führen, hier auf all die Neurosen und alle charakterologischen Folgen hinzuweisen, die die vorzeitige Aufpfropfung leidenschaftlicher und mit Schuldgefühlen gespickter Arten des Liebens auf ein noch unreifes, schuldloses Wesen nach sich zieht" (S. 310).

Des weiteren legt Ferenczi m.E. den Grundstein zu einer Theorie vom „falschen Selbst", wenn er beobachtet, daß „man bei der Identifizierung einen zweiten Mechanismus am Werke sieht": das plötzliche „Aufblühen neuer Fähigkeiten nach Erschütterung".

„Das sexuell angegriffene Kind kann die in ihm virtuell vorgebildeten zukünftigen Fähigkeiten, die zur Ehe, zur Mutterschaft, zum Vatersein gehören, und alle Empfindungen eines ausgereiften Menschen unter dem Druck der traumatischen Notwendigkeit plötzlich zur Entfaltung bringen. Man darf da getrost, im Gegensatz zur uns geläufigen Regression, von *traumatischer* (pathologischer) *Progression oder Frühreife* sprechen" (S. 311).

Diese Frühreife betrifft nicht nur den emotionalen Bereich, sondern kann auch den intellektuellen einbeziehen, auch Verständnis und Sorge für die ganze Familie kann entstehen:

„Die Angst vor den hemmungslosen, also gleichsam verrückten Erwachsenen macht das Kind sozusagen zum Psychiater, und um das zu werden und sich vor den Gefahren seitens Personen ohne Selbstkontrolle zu schützen, muß es sich mit ihnen zunächst vollkommen zu identifizieren wissen" (S. 311).

Neben der sexuellen sind physische Mißhandlungen („unerträgliche Strafmaßnahmen", S. 310) und der „Terrorismus des Leidens" geeignet, um ein Kind an sich zu binden.

„Kinder haben den Zwang, alle Art Unordnung in der Familie zu schlichten, sozusagen die Last aller anderen auf ihre zarten Schulter zu bürden; natürlich zu guter Letzt nicht aus reiner Selbstlosigkeit, sondern um die verlorene Ruhe und die dazugehörige Zärtlichkeit wieder genießen zu können. Eine ihre Leiden klagende Mutter kann sich aus dem Kind eine lebenslängliche Pflegerin, also ein Mutterersatz schaffen, die eigenen Interessen des Kindes gar nicht berücksichtigend" (S. 312).

Ferenczi eilt hier m.E. seiner Zeit weit voraus, indem er eine Synthese von intrapsychischer und äußerer Realität herstellt und ihre gegenseitige Beeinflussung und Abhängigkeit aufzeigt. Heredität und naturgesetzlich ablaufende Triebentwicklung sind nicht notwendig, um die Entwicklung innerer Objekt- und Selbstbilder, Identitätsgefühl und Beziehungen zu äußeren Objekten als Ergebnis der Interdependenz von Phantasietätigkeit, aktivem Handeln des äußeren Objekts und der mit beidem u.U. verbundenen Abwehrtätigkeit, um sowohl die Phantasie wie die vielleicht traumatische Realität erträglich zu machen, zu verstehen. Freud hatte diese Zusammenschau im sozusagen ersten Anlauf der Psychoanalyse nicht erreichen können, bis 1897 machte er ausschließlich die äußere traumatische Realität für die Neurosenätiologie verantwortlich, danach ausschließlich die triebbedingten Phantasien. Wie wir oben gesehen haben, ist Freud in den Briefen des Frühjahrs 1897 an Fließ dem vielleicht am nächsten gekommen, denn in ihnen läßt er neben der direkten traumatischen Wirkung der „Urszenen" (d.h. der ursprünglich traumatischen Situation, nicht etwa im Sinne der späteren „Urszene") auch die Phantasien, die z.T. das Traumatische erträglich machen, gelten. Auch 1906 noch greift er diesen Gedanken auf: Die hysterischen Symptome „erschienen nun nicht mehr als direkte Abkömmlinge der verdrängten Erinnerungen an sexuelle Kindheitserlebnisse, sondern zwischen die Symptome und die infantilen Eindrücke schoben sich nun die (meist in den Pubertätsjahren produzierten) Phantasien (Erinnerungsdichtungen) der Kranken ein, die auf der einen Seite sich aus und über den Kindheitserinnerungen aufbauten, auf der anderen sich unmittelbar in die Symptome umsetzten" (Freud 1906, S. 154). Wohlgemerkt: die Phantasien werden zusätzlich zu den Erinnerungen an reale sexuelle Traumen eingesetzt, beide zusammen machen „das Gefüge der Neurose und deren Beziehung zum Leben der Kranken durchsichtig" (a.a.O., S. 154). Nach meiner Meinung hätte Freud eine Integration erreichen können, wenn er nur die traumatische Einwirkung und damit ein reales handelndes Objekt weiter hätte gelten lassen. Das hätte auch keineswegs eine Schmälerung der Bedeutung der Triebentwicklung, des Ödipuskomplexes und der Phantasietätigkeit bedeutet, all das ließe sich mit der Objektbeziehungstheorie vereinbaren, und auch Ferenczi hatte die Triebtheorie keineswegs aufgegeben (vgl. Cremerius 1983).

Die Polarisierung traumatische Realität einerseits und triebbedingte Phantasie andererseits ist nicht nötig, denn „das entscheidende klinische Problem ist: wie beeinflussen Erfahrungen von Überstimulation und Deprivation die motivierenden Phantasien eines Individuums" (Shengold 1979, S. 533). So sind immer wieder Versuche der Integration der beiden Auffassungen gemacht worden. Berliner hat seit 1940 die Genese des Masochismus, des masochistischen Charakters auf die reale sadistische Erfahrung mit einem Liebesobjekt bezogen und die Vorstellung eines masochistischen Partialtriebs oder gar Todestriebs in der Entstehung des Masochismus zurückgewiesen. Es handelt sich um eine „Störung der interpersonellen Beziehungen, eine pathologische Art zu lieben, die nur in einer Minderzahl der Fälle die Sexualität selbst berührt" (Berliner 1947, S. 460). Masochismus bedeute, eine Person zu lieben, die nur Haß und Mißhandlung aufbringen kann und die ursprünglich ein Elternteil oder eine andere unfreundliche Person der Kindheit war. Durch die Libidinisierung des Leidens sind die Beziehungen zu späteren Objekten masochistisch, d.h. die Libido bedient sich der einmal real erfahrenen Mißhandlung.

Shengold (1979) läßt beide Bereiche gelten, die unvermeidlichen Phantasien eines Kindes, von aggressiven und sexuellen Impulsen überwältigt zu werden, können destruktiv sein und Neurosen verursachen, und solche Phantasien können mit den inneren Bildern noch der bestsorgenden und liebenden Eltern verbunden sein.

Aber Shengold nimmt an, daß tatsächlich überwältigende Erfahrungen im Laufe der Entwicklung eines Kindes einen davon verschiedenen und tiefergehenden zerstörerischen Effekt haben. Es geht Shengold um die Zerstörung des Identitätsgefühls des Kindes durch reale Mißhandlung, sexuellen Mißbrauch oder Deprivation, diese Zerstörung nennt er „Seelenmord". In den Arbeiten von Berliner und Shengold finden sich wieder dieselben Mechanismen, die Ferenczi als lebensnotwendige Operationen schon beschrieb: Identifikation, „Abschalten" des eigenen Gefühls (Leben „als ob"), Wiederholungszwang, Introjektion des Schuldgefühls. Steele (1968) hat die Mechanismen, die zur körperlichen Mißhandlung des eigenen Kindes führen, minuziös in der Zusammenarbeit mit Kempe (Helfer u. Kempe 1968) ausgearbeitet, insbesondere den Aspekt der Familientradition der Kindesmißhandlung (vgl. die ausführliche Darstellung in Kap. 5).

Die bisher genannten Autoren — und ich erhebe keinen Anspruch auf Vollständigkeit — knüpfen zugegebenermaßen oder stillschweigend an Ferenczis Arbeit von 1933 an. Mit einigem guten Willen lassen sich aber auch bei anderen Schulen der Psychoanalyse Aspekte finden, die die klare Triebkonzeption der orthodoxen Psychoanalyse relativiert oder gar außer Kraft setzt. Die Kleinianer stehen in dem Ruf, daß in ihrer Theorie die tatsächliche Erfahrung eines Kindes kaum eine Rolle spielt (Shengold 1979), die Objekte des Kindes absolut aus der triebbedingten Phantasie entsprungen sind und nichts mit den realen zu tun haben. H. Segal (1964) schreibt dagegen in ihrer Einführung in das Werk Melanie Kleins z.B.:

„Wenn einerseits unbewußte Phantasien die Wirklichkeitswahrnehmung und Wirklichkeitsdeutung ständig beeinflussen und verändern, so ist es andererseits genau umgekehrt: Die Realität wirkt auf die unbewußte Phantasie ein. Nachdem sie erfahren und einverleibt wurde, übt sie auf die unbewußte Phantasie einen sehr starken Einfluß aus. Nehmen wir z.B. einen Säugling, der anfängt, hungrig zu werden, und sein Hungergefühl mit der omnipotenten Phantasievorstellung einer guten, nährenden Brust besiegt: Wenn man ihn rasch stillt, wird seine Situation eine grundsätzlich andere sein, als wenn man ihn längere Zeit hungern läßt. Im ersten Fall wird die dem Säugling von der Mutter gegebene reale Brust mit der phantasierten Brust verschmelzen; beide werden als Einheit erfahren, und das Kind wird das Gefühl haben, daß seine eigene Güte und die des guten Objekts stark und dauerhaft sind. Im zweiten Fall behalten Hunger und Wut die Oberhand, und die phantasierte Erfahrung eines bösen, das Kind verfolgenden Objekts wird immer stärker, d.h. seine Wut ist mächtiger als seine Liebe und das böse Objekt stärker als das gute. Dieser Aspekt der gegenseitigen Beeinflussung von unbewußter Phantasie und äußerer Realität ist sehr wichtig, wenn man die relative Bedeutung der Umwelt für die kindliche Entwicklung beurteilen will. Die Umwelt hat natürlich im Säuglings- und Kleinkindalter eine außerordentlich nachhaltige Wirkung. Daraus folgt aber nicht, daß es ohne eine schlechte Umwelt keine aggressiven und verfolgenden Phantasien und Ängste gebe" (Segal 1964, S. 31 f.).

Genauso kann es jemandem mit der Ich-psychologischen Schule Hartmanns gehen, der gelernt hat, daß Hartmann dem Ich sozusagen mühsam wenigstens einen konfliktfreien Anteil hat abringen können (die ursprüngliche Theorie verstand das Ich als aus dem Konflikt zwischen Trieb- und Umweltanspruch entstanden und gestattete ihm keine eigenständige Entwicklung zu), der die Umwelt dieses Ichs aber als „durchschnittlich gegeben" bezeichnet hat. Aber bereits 1945 schrieben Hartmann u. Kris im ersten Band des „Psychoanalytic Study of the Child" eine Art programmatischen Artikel: „The genetic approach in psychoanalysis", in dem es über die Kastrationsangst der ödipalen Phase heißt:

„Die Intensität der Angst ist nicht nur abhängig von der gegenwärtigen Erfahrung des Kindes, sondern von ähnlichen Erfahrungen in der Vergangenheit. Die drohende Strafe weckt Erinnerungen an ähnliche Ängste aus einer Zeit, als die Angst am größten war, nicht mehr geliebt zu werden, nicht etwa, kastriert zu werden. Mit anderen Worten, u.a. bestimmen prägenitale Erfahrungen die Reaktion in der phallischen Phase. Diese simple Formulierung bezieht sich auf eine Fülle hochbedeutender Erfahrungen, die den Kern der frühen Kindheit bilden, auf die gesamte Haltung der Umgebung den anaklitischen Wünschen des Kindes gegenüber in einer Zeit, in der das Bedürfnis, beschützt zu werden, überragend ist, und auf die Haltung gegenüber den späteren erotischen Wünschen des Kindes" (Hartmann u. Kris 1945).

Diese Ausführungen sind praktisch eine Erweiterung der Revision der Angsttheorie Freuds (1926), in der der „automatischen Angst", hervorgerufen durch unbewußte Phantasien als einer ausschließlich psychischen Realität eine zweite Art der Angst, die Signalangst, hinzugesellt wird. Diese wird durch äußere reale Bedrohung hervorgerufen und läßt sich letztlich als Trennungsangst verstehen. Khan (1963) entwickelt das Konzept des kumulativen Traumas, das darin besteht, daß die Mutter (oder eine Person, die ihr entspricht) in ihrer Funktion als Reizschutz geschwächt ist und eine häufig wiederholte Reizüberflutung traumatisierend wirkt. Khan greift dabei den Gedanken der genügenden oder mangelnden Fähigkeit der Mutter, sich an die anaklitischen Bedürfnisse des Kindes anzupassen, auf, den Winnicott (1956) entwickelt hatte. Winnicott als bekanntester Vertreter der „britischen Objektschule" hat es verstanden, in häufig genialer und intuitiver Weise äußere und innere Objekte, Realität der Eltern und Phantasiewelt des Kindes zu integrieren.

Aber auch Mahler kommt nicht umhin, in einer späteren Phase ihrer Forschungen, die „durchschnittliche" Mutter als jeweils individuell handelnd zu betrachten. Sie beschreibt die „Geburt des Kindes als Individuum" (Mahler 1968, S. 24) als Ergebnis „zirkulärer Interaktion" zwischen Mutter und Kind.

„Die Mutter vermittelt in unendlich vielfältiger Weise eine Art „spiegelbildlichen Bezugsrahmen", dem sich das primitive Selbst des Kleinkindes automatisch anpaßt. Wenn die „primäre Beschäftigung" der Mutter mit ihrem Kind, d.h. *ihre* Spiegelfunktion während der frühkindlichen Periode, unberechenbar, unsicher, angsterfüllt oder feindselig ist, wenn ihr Vertrauen zu sich selbst als Mutter schwankend ist, dann muß das Kind in der Phase der Individuation ohne einen verläßlichen Bezugsrahmen für die wahrnehmungs- und gefühlsmäßige Rückversicherung ... bei seinem symbiotischen Partner auskommen... . Das Ergebnis wird dann eine Störung des primitiven „Selbstgefühls" sein, wie es sich aus einem lustvollen und sicheren symbiotischen Zustand herleiten würde" (Mahler 1968, S. 25).

Auch die relative Loslösung aus dieser wechselseitigen Symbiose ist wesentlich bestimmt von der Fähigkeit der realen Mutter, ihren Teil beizutragen:

„Manche (Mütter) neigen dazu, ihren eben flügge gewordenen Sprößling zu enttäuschen, indem sie ihn an diesem Punkt mehr oder weniger überstürzt vorzeitig sich selbst überlassen. Sie reagieren mit einer Art von relativem Abstoßungsmechanismus ... auf die Traumatisierung ihrer eigenen symbiotischen Bedürfnisse" (Mahler, a.a.O., S. 26).

Auch hier also hat die handelnde Umwelt ihr Recht bekommen wie in den Gedanken Winnicotts, und Autoren wie Mahler sind weit davon entfernt, die Triebtheorie Freuds aufgegeben zu haben.

Anna Freud nahm einen eher konservativen Standpunkt ein und konnte ein Konzept der Integration nicht mehr vertreten, wenn sie auch nicht den Einfluß der äußeren Realität auf die psychosexuelle Entwicklung des Kindes übersehen konnte. In ihrer berühmten Bemerkung bei einer Panel-Diskussion über Veränderungen in der Psychoanalyse (Anna Freud 1976) äußerte sie sich pessimistisch in bezug auf den Einfluß der Therapie auf das, was dem Ich angetan worden war.

Die Psychoanalyse müsse sich in Theorie und Praxis darauf beschränken zu verstehen, was das Ich getan habe, d.h. wie es mit Phantasie und Abwehr sowie Symptombildung reagiert habe, und in diesem Bereich zu helfen. In einer kurzen Arbeit zum Inzest (Anna Freud 1981) verurteilt sie die intrafamiliäre sexuelle Mißhandlung aufs Schärfste, Inzest wiege schwerer in Bezug auf die psychopathologischen Folgen als Verlassenwerden, Vernachlässigung und körperliche Mißhandlung. Aber als Hauptmechanismus kommt für sie lediglich in Frage, daß die natürliche Abfolge der Entwicklungsstadien durch diesen Eingriff gestört würde und die Eltern gegen die Notwendigkeit verstoßen würden, weder Bedürfnisse völlig zu frustrieren noch ihnen ganz nachzugeben. Als ob das Bedürfnis des Kindes tatsächlich ein sexuelles wäre. Andererseits sieht sie das Moment, daß durch die Verführung und den Sadismus der Eltern enge masochistisch abhängige Bindungen geschaffen werden.

Ich würde zusammenfassend denjenigen Entwicklungen der Psychoanalyse am meisten zustimmen, die sich um die Integration von triebbedingter Phantasietätigkeit, realer äußerer traumatischer Erfahrung sowie der entsprechenden Abwehrerscheinungen bemühen. Die inneren Objekte, d.h. die Selbst- und Objektrepräsentanzen, wären dann sowohl durch aggressive und libidinöse Partialtriebe als auch durch den Einfluß der äußeren Objekte (insbesondere der Eltern) entstanden. Heigl-Evers und Henneberg-Mönch (1985) beschreiben für die Entwicklung von Borderline-Persönlichkeiten die Verzerrung der Objektbilder durch äußere traumatisierende Erfahrungen („Verlassenwerden, grob feindselige oder sexuelle Handlungen eines oder beider Elternteile", a.a.O., S. 229), die mit einer massiven Behinderung der Ich-Entwicklung sowie der Fixierung der psychosexuellen Entwicklung auf der oralen Stufe der Triebbefriedigung einhergeht.

Die Frage, wieweit ein isoliertes äußeres Trauma pathogen wirkt, stellt sich meines Erachtens für den Inzest nicht. Denn Inzest ist definitionsgemäß Sexualität bzw. sexuelle Ausbeutung innerhalb der Beziehung von Familienmitgliedern, die Inzesthandlung kann also nicht von der Beziehung der Beteiligten zueinander getrennt werden, das Trauma erscheint mir hier am deutlichsten Ausdruck und Teil der Objektbeziehung. Dem würde auch entsprechen, daß sexueller Mißbrauch durch einen einmaligen Akt durch Fremde, zu denen keine Beziehung besteht, wenig pathogen ist, solange die Beziehung zu den Eltern so beschaffen ist, daß das Kind sie sofort benachrichtigen und Hilfe bekommen kann. Erst wenn die Eltern Sexualität mit einem Kommunikationsverbot belegt haben oder mit dem Kind unsolidarisch umgehen, wenn das Opfer also allein mit Hilfe seiner Phantasien mit dieser Realität fertig werden muß, ist eine Schädigung wahrscheinlich. Und so würde ich zugespitzt sagen, daß nicht die Realität allein oder die Phantasie allein pathogen sind, sondern Phantasie und Realität sich gegenseitig bedingen und von den Objektbeziehungen, innerhalb welcher sie sich abspielen, nicht getrennt werden können.

5 Emotionale Ausbeutung des Kindes in der Familie

Dieses Kapitel stellt intrafamiliäre Sexualität zwischen Erwachsenen und ihren Kindern in einen größeren Zusammenhang. Neben dem Inzest lassen sich verschiedene Formen der emotionalen Ausbeutung von Kindern durch bedürftige Erwachsene (Eltern) finden, in denen die Machtstellung der Erwachsenen ausgenutzt, die Rechte des Kindes mißachtet werden und fast immer mit Hilfe rationalisierender Ideologie das Handeln des Stärkeren gerechtfertigt wird, so daß das Kind in der Wahrnehmung der Realität des Unrechts verunsichert wird.

An dieser Stelle soll eine Bemerkung zum Begriff des Narzißmus stehen, der in der Psychoanalyse einen vielfältigen Wandel hat durchmachen müssen und völlig verschieden definiert werden kann. Cremerius (1982) hat eine Unterscheidung von 11 verschiedenen Narzißmusdefinitionen getroffen, die hier nicht wiedergegeben werden kann. Im Zusammenhang mit emotionaler Ausbeutung kann der Begriff Narzißmus allgemein gehandhabt werden als Bezeichnung für ein emotionales, „narzißtisches" Defizit des Ausbeutenden einerseits sowie eben des Ausgebeuteten. Das Defizit ist in einer frühen Phase der Entwicklung entstanden, in der das Kind besonders auf „narcissistic supplies" (Fenichel 1945) angewiesen ist, in der eine „narzißtische Kränkung", wie Freud (1939, S. 179) schrieb, besonders traumatisch wirkt. Diese Bedeutung des Narzißmus hat weniger mit narzißtischem Triebgeschehen zu tun, das entweder primär oder sekundär als narzißtischer Rückzug von den äußeren Objekten das eigene Selbst zum Objekt nimmt, sondern bezeichnet ein Stadium, in dem die Bedürftigkeit nach Selbstbestätigung von außen besonders groß ist. Die Vorstellung, die den verschiedenen Formen emotionaler narzißtischer Ausbeutung zugrundeliegt, setzt ein Defizit des Ausbeutenden voraus, das er auf Kosten des ihm nahe verbundenen Kindes zu kompensieren versucht, und, da er so den Bedürfnissen des Kindes nicht adäquat begegnen kann, wiederum ein emotionales Defizit hervorruft. In einer Art Familientradition werden sich in der nächsten Generation wiederum die persistierenden frühkindlichen Bedürfnisse in egoistischer, narzißtischer Weise, d.h. ohne Rücksicht auf andere „Objekte", oft genug die eigenen Kinder, Befriedigung verschaffen wollen.

Folgende Bereiche des emotionalen Mißbrauchs von Schwächeren, insbesondere Kindern, mit ihren spezifischen Folgen möchte ich unterscheiden:

1. Narzißtische Bedürfnisse der Eltern, die dazu führen, daß die Kinder die Fähigkeiten und Begabungen entwickeln müssen, die die Eltern für sich selbst nicht verwirklichen konnten.
2. Das Kind als Partnerersatz.
3. Kindesmißhandlung.
4. Sexueller Mißbrauch in der Familie.
5. „Terrorismus des Leidens", d.h. Erzeugen von Schuldgefühlen beim Kind durch chronische Krankheit der Eltern.

Überraschenderweise finden sich alle diese Untergruppen in Ferenczis (1933) so dichtem und inhaltsreichem Vortrag von 1932 (vgl. Abschn. 4.2), der als seine letzte Arbeit (Ferenczi starb wenige Monate später) wie ein Vermächtnis an die psychoanalytische Nachwelt erscheint. Sexueller Mißbrauch, körperliche Aggression der Eltern gegen das Kind und der „Terrorismus des Leidens" sind die Hauptkategorien realen destruktiven Eingriffs der Eltern in die Entwicklung des Kindes in Ferenczis Arbeit. Aber auch die Funktion des Partnerersatzes klingt an:

„Eine ihre Leiden klagende Mutter kann sich aus dem Kind eine lebenslängliche Pflegerin, also eigentlich einen Mutterersatz schaffen, die Eigeninteressen des Kindes gar nicht berücksichtigend" (S. 312).

Ebenso beschreibt Ferenczi die frühreife Entwicklung spezieller Begabungen, um das Defizit der Eltern zu kompensieren, bis hin zur Übernahme therapeutischer Aufgaben für sie.

5.1 Narzißtische Bedürfnisse der Eltern und ihre Projektionen auf das Kind

Winnicott (1965) geht von der länger bekannten klinischen Beobachtung des „falschen Selbst" aus und verlegt seine Genese in die Zeit der Symbiose von Mutter und Säugling. Winnicott zufolge erfordert die gegebene Ich-Schwäche des Säuglings kompensatorisch das Gefühl der Omnipotenz, das dadurch erlangt wird, daß die Mutter sich seinen Bedürfnissen anpaßt, ihm die Art seiner Bedürfnisse widerspiegelt und weitgehend erfüllt. Wenn die Mutter dazu nicht in der Lage ist, stirbt nicht etwa der Säugling, was an sich die Folge wäre, sondern er versucht, sich diesen Verhältnissen zu fügen, sich anzupassen. Die nicht genügend gute Mutter versteht die Signale des Säuglings nicht,

"deshalb unterläßt sie es wiederholt, der Geste des Säuglings zu begegnen; statt dessen setzt sie ihre eigene Geste ein, die durch das Sich-Fügen des Säuglings sinnvoll gemacht werden soll. Diese Gefügigkeit auf seiten des Säuglings ist das früheste Stadium des falschen Selbst und entspricht der Unfähigkeit der Mutter, die Bedürfnisse des Säuglings zu spüren" (a.a.O., S. 189).

Das falsche Selbst reagiert auf Umweltforderungen, die der Säugling zu akzeptieren scheint. Es ermöglicht dem Kind und späteren Erwachsenen ein scheinbar gelingendes Leben; die Abspaltung des verborgenen wahren Selbst jedoch erfordert den Preis des Gefühls der Sinnlosigkeit, Leere und Depression, des Gefühls der Nicht-Wirklichkeit der eigenen Identität. Das falsche Selbst muß das wahre verbergen, denn würde dieses zutage treten, wären die Gefühle der Einsamkeit, der Vernichtung und Ausbeutung unerträglich groß. Sicher enthält das Selbst eines jeden Menschen Aspekte der Anpassung, des Sich-Fügens, der Rollenübernahme. Ist die Entwicklung jedoch genügend gut verlaufen, können die Rollen auch wieder verlassen werden, das wahre Selbst hat einen genügend großen Anteil. Winnicott meint, es gebe zwei Arten von Schauspielern: Die einen spielten die Rollen und hätten dazu ein eigenes erfülltes Leben, die anderen könnten *nur* Rollen Spielen, bezögen Bewunderung und Anerkennung nur aus ihnen, seien darüber hinaus ein Nichts.

Miller (1979) berichtet von Patienten, die gelernt haben, ihre Begabungen und Fähigkeiten in den Dienst der Eltern zu stellen, die die Bedürfnisse erst der Mutter, dann anderer Menschen seismographisch erspüren und zu erfüllen trachten. Unter solchen Bedingungen aufgewachsene Menschen sind für den Beruf des Psychotherapeuten sehr geeignet; Winnicott (1965) bereits warnt davor, sie als Ausbildungskandidaten für die psychoanalytische Ausbildung anzunehmen. Die Beobachtung Millers (1979), daß die narzißtische Besetzung des Kindes durch die Eltern durchaus affektive Zufuhr einschließt, ein Eingehen auf das Kind, ein Sich-Kümmern, ist ein Aspekt, der auch beim Inzestgeschehen anzutreffen ist. Aber diese Zuwendung ist ein Ersatz für Liebe, denn sie ist an die Bedingung geknüpft, daß das Kind primär für die Eltern da ist.

Soweit es sich um frühestkindliche Verhältnisse handelt, sind diese meiner Erfahrung nach in der analytischen Therapie nur atmosphärisch, nicht als harte Fakten zu rekonstruieren. Spätere Bedingungen der Eltern-Kind-Beziehung sind besser zu verifizieren: Bestimmte künstlerische oder intellektuelle Begabungen und Fähigkeiten, sportliche Leistungen, eine akademische Ausbildung, die Vater oder Mutter vergeblich zu erreichen suchten, all das sollen Kinder nicht im eigenen Recht erreichen, sondern um die Idealvorstellung der Eltern vom eigenen Selbst zu erreichen. Unter dieser Bedingung sind sie in der Lage, das Kind genügend anzunehmen, so daß das falsche Selbst auch zur Bedingung für die Entwicklung eines Selbstgefühls des Kindes wird. Das führt zur Unfähigkeit, sich von den Eltern abzugrenzen und zu lösen, weil keine Strukturen und Fähigkeiten im eigenen Recht gebildet werden konnten, sondern nur als Ausfüllung der Defekte der Eltern. Also braucht das Kind sie oder ihr Introjekt — das verinnerlichte Bild des Elternteils —, um nicht vernichtet zu werden. Das ist genau das Gefühl, das der Säugling mit Hilfe der Anpassung an die Mutter vermeiden mußte. Ein kurzes Fallbeispiel soll zur Illustration herangezogen werden:

Ein junger Mann kam wegen starker Gefühle der Unwirklichkeit in psychotherapeutische Behandlung. Als ältestes von 6 Kindern aufgewachsen, war er immer das Vorbild für die anderen, erwarb sich die Anerkennung der Mutter, die häufig krank war, dadurch, daß er sich um die jüngeren Geschwister kümmerte. Der Vater war ein überbeschäftigter Arzt, der zugunsten der Patienten die Familie vernachlässigen mußte; er war von seinen Patienten geliebt und bewundert, von der sozialen Umgebung voll anerkannt. Er interessierte sich sehr für Kunst und malte selbst ein wenig; schon früh war klar, daß der Älteste Künstler werden sollte. Die Idealisierung des Vaters und der Beziehung zu ihm wurde durch manche Erinnerung relativiert, z.B. korrigierte der Vater ein Bild des 6jährigen Jungen unwillig, weil es nicht „richtig" gemalt war. In der Adoleszenz fielen die Schulleistungen des späteren Patienten rapide ab, der Junge entwickelte ein ungeheures unbewußtes Bedürfnis, mit dem Vater in wirklichen emotionalen Kontakt zu treten. Wenn er sich ihm näherte, wurde er mit Geld abgespeist; als er begann, dem Vater alle möglichen, seinen psychischen Zustand beeinflussende Medikamente zu stehlen, sah der Vater darüber hinweg und gab ihm obendrein Beruhigungsmittel. Bei allen Versuchen des Jungen, mit dem Vater zu sprechen, wandte er sich ab, er konnte dem Sohn nicht in die Augen sehen. Trotz der guten künstlerischen Begabung des Sohnes fiel dieser immer wieder durch die Aufnahmeprüfung für das Kunststudium, häufig wurde ihm gesagt, seine Arbeiten hätten etwas Kaltes, Unpersönliches.

Weniger auf die früheste Kindheit bezogen, sondern auf die besser verifizierbare spätere Rollenverteilung in der Familie untersuchte Richter (1963) in systematischer Weise die verschiedenen Rollen, die das Kind in der Familie übernehmen kann, und ihre Funktionen für die Eltern, um deren Konflikte — ich würde noch ergänzen, auch Defizite — stellvertretend auszutragen bzw. zu kompensieren. Richter differenziert die verschiedenen Arten der narzißtischen Projektionen der Eltern auf die Kinder. In Anlehnung an Freuds Unterarten der narzißtischen Partnerwahl („Zur Einführung des Narzißmus", Freud 1914) gliedert er die Möglich-

keiten der entsprechenden Eltern-Kind-Beziehung, die man narzißtisch nennen kann, weil die Bedürfnisse der Eltern im Vordergrund stehen:
1. Das Kind soll Abbild des eigenen Selbst sein, soll so werden wie ein Elternteil. Solche narzißtischen Eltern sehen sich selbst im Mittelpunkt und können nicht ertragen, daß ihre Kinder, als Teil ihrer Selbst, anders sind. Richter zufolge würden sie sich dadurch zu sehr in Frage gestellt erleben, als würde die eigene Mutter ihrer Säuglingszeit nicht mehr mit dem Selbstbild des Säuglings übereinstimmen.
2. Das Kind als Substitut des idealen Selbst, d.h. das Kind soll, wie schon erwähnt, all die unerfüllten Wünsche und Ideale der Eltern verwirklichen.
3. Das Kind als Substitut der negativen Identität der Eltern, d.h. das Kind muß den Selbstanteil der Eltern, den sie an sich verleugnen und ablehnen, übernehmen, so daß er für die Eltern stellvertretend angreifbar wird. Dieser projektive Mechanismus wird weiter unten bei der Betrachtung der Kindesmißhandlung wichtig.

5.2 Partnerersatzdynamik

Die zweite Gruppe, mit der sich Richter beschäftigt, erstreckt sich auf die Fälle, in denen das Kind für ein Elternteil einen vergangenen oder gegenwärtigen Partner ersetzen muß, ohne wirklich dazu in der Lage zu sein. Das Kind muß den Partner mit allen seinen Eigenschaften zu ersetzen versuchen, ist aber gleichzeitig abhängig und manipulierbar, anders als es ein gleichberechtigter, autonomer erwachsener Partner wäre. Während bei den Formen der narzißtischen Projektion, die oben beschrieben wurden, das Kind ein Teil des Selbst des Erwachsenen darstellen muß, handelt es sich bei der Partnerersatzdynamik um eine Form der Übertragung von emotionalen Beziehungen zu anderen Menschen auf die zum Kind. Kinder können auch als Ersatz für einen verlorenen Partner fungieren, um für den zurückgebliebenen Partner eine zu große Trauer zu vermeiden. Volkan (1981) bezeichnete ein solches Kind als „linking object" das ähnlich wie ein Übergangsobjekt die Verbindung des Elternteils zum verlorenen Partner aufrechterhalten muß.

Richter (1963) unterscheidet mehrere Formen der Partnerersatz-Beziehungen:
1. Das Kind repräsentiert für die Eltern deren eigene Eltern (oder Aspekte von ihnen):

„Mütter, die zeitlebens die Sehnsucht nach entgangener Mutterliebe in der eigenen Kindheit nicht bewältigt haben, neigen mitunter dazu, von ihrem Kind ein übergroßes Maß an aktiven Liebesbeweisen und Dankbarkeit zu erwarten. Sie benutzen das Kind manchmal in unwahrscheinlich früher Zeit als Liebesquelle für sich selbst" (Richter 1963, S. 91).

Was hinter diesen Worten steckt, kann von einem relativ harmlosen Fordern von Dankbarkeit, Zärtlichkeit und Durchsetzen von Körperkontakt, auch gegen den Willen des Kindes, bis zu extremen Formen emotionaler Ausbeutung der Kinder reichen, die bei Patienten der psychotherapeutischen Praxis sehr häufig in der Kindheit stattgefunden hatten. Hier einige kurze Beispiele:

Eine 25jährige Patientin hatte panische Angst ihren Heimatort zu verlassen, um einen Studienplatz in Anspruch zu nehmen; sie fühlte sich vielmehr gezwungen, ihre chronisch kranke Tante täglich zu besuchen und zu pflegen. In der analytischen Therapie erinnerte sie sich, daß sie im Alter von 10 Jahren die Pflege des schwerkranken Vaters für ein halbes Jahr bis zu seinem Tod hatte übernehmen müssen, weil die Mutter dazu nicht in der Lage war. Es hatte sich aber nicht nur um Krankenpflege gehandelt, die allein schon das Kind überfordert hätte, sondern der abgemagerte, geschwächte, frierende Vater hatte sie regelmäßig in sein Bett geholt, um sich zu wärmen. —

Ein auf dem Land aufgewachsener Patient fand es ganz in Ordnung, daß er als Grundschulkind dem Onkel und der Tante, die keine Kinder hatten, über das Wochenende „ausgeliehen" wurde, zwischen den beiden im Ehebett übernachtete und für Körperkontakt sorgen mußte. —

Die dominierende, zänkische Mutter einer schon mehr als 40jährigen Patientin holte sich diese ins Bett, wenn sie Angst hatte, z.B. bei Gewitter. —

Eine schwer in ihrem Körperleben und in ihrer Sexualität gehemmte Patientin mußte im Alter von 6—18 Jahren im Zimmer der Großmutter wohnen, das war die Bedingung dafür, daß die Eltern in ihrem Hause billig zur Miete wohnen konnten. Als Begründung wurde angegeben, man könne die alte Frau nicht allein lassen. Die Großmutter forderte von der Familie der Patientin, jeden Sonntagnachmittag bei ihr zu verbringen; wenn die Mutter der Patientin keinen Kontakt zur Großmutter haben wollte, legte sie sich zu ihrer Tochter ins Bett, unter dem Vorwand, die Tochter brauche Zärtlichkeit.

Bei diesen Beispielen ist die Ausbeutung des Kindes durch den Erwachsenen so anschaulich, weil es sich um Körperkontakt handelt, andere subtile Formen lassen sich manchmal nur in langjähriger therapeutischer Arbeit rekonstruieren.

2. **Das Kind als Ehepartnerersatz: Das Kind soll den Ehepartner ersetzen und ihn gleichzeitig übertrumpfen. Als Grundlage einer solchen Dynamik würde ich die Unfähigkeit der Eltern sehen, sich auseinanderzusetzen, d.h. ihre gegenseitigen Ansprüche kompromißartig abzustimmen und sich über die Grenzen ihrer jeweiligen Möglichkeiten zu verständigen. Gleichzeitig sind die Eltern unfähig, sich voneinander zu lösen, wenn sich herausstellt, daß die gegenseitigen Erwartungen nicht erfüllt werden können. Das Kind ist dann einer idealisierenden Bewunderung und Verführung eines Elternteils ausgesetzt; bei noch äußerlich intakter Familie wird es in Konflikt und reale Rivalität mit dem anderen Elternteil geraten, den es ersetzen soll. Folgt dann trotzdem ein Abbruch der übermäßig verwöhnenden und narzißtisch bestätigenden Beziehung z.B. zwischen Mutter und Sohn, weil die Mutter einen anderen, erwachsenen Partner findet, folgt regelmäßig eine narzißtische Krise des jugendlichen Sohnes.**

Hier wieder ein kurzes Fallbeispiel aus meiner Praxis:

Ein junger Geschäftsmann kam wegen panischer Ängste (Auto zu fahren) in die Therapie, nachdem er wegen einer depressiven Krise einige Monate in einer Nervenklinik verbracht hatte. Nach 6jähriger Ehe hatte er entdeckt, daß seine Frau einen Freund hatte; in einem Anfall von unendlicher Wut hatte er den Nebenbuhler und dessen Wohnung zusammengeschlagen und mußte in die Klinik eingewiesen werden. Er war das einzige Kind einer schon älteren Frau, die in zweiter Ehe mit dem 12 Jahre jüngeren Vater des Patienten verheiratet war. Der Vater war meist außer Haus, die Mutter band den Sohn eng an sich und verbündete sich mit ihm gegen den Vater. Sie lobte den Sohn in den höchsten Tönen und sprach nur verächtlich vom Vater. Wenn der Vater aber ausnahmsweise zu Hause war, ließ sie den Sohn fallen und wandte sich ganz dem Vater zu, mit dem sie eine intensive sexuelle Beziehung hatte. Wie sehr der Sohn zeitweise den Vater ersetzen mußte, zeigt ein Detail, das auch ein Licht auf die phobischen Ängste, Auto zu fahren, wirft. Bereits im Alter von 7 Jahren nämlich mußte der Junge das Auto des Vaters nach Hause fahren, wenn dieser dazu wegen Trunkenheit nicht mehr in der Lage war. Er erinnert sich noch des Triumphgefühls bei solchen Gelegenheiten, die damit verbundenen Schuldgefühle wurden verdrängt. Als die Mutter starb, trat eine erste depressive Krise auf. In der Therapie wurde erarbeitet, daß er zu einem Teil die Schuld am Tod der

Mutter bei sich suchte, weil er ein zu ungenügender Partner gewesen sei. Die viel tieferen Schuldgefühle, die seinem Wunsch entsprangen, sich nicht mehr von der Mutter benutzen und binden zu lassen, sondern sein Leben im eigenen Recht zu führen, wurden erst viel später deutlich.

3. Das Kind als Ersatz für ein Geschwister eines Elternteils: Richter (1963) zufolge ist eine solche Dynamik häufig Grundlage für Ängste, ein eigenes Kind zu bekommen, weil das wie ein neugeborenes Geschwister erlebt wird, gegen das man nie aufhören konnte, feindselig und eifersüchtig zu sein. Häufig sind Eltern auch autoritär und unerbittlich moralisierend gegen ihre Kinder, z.B. wie sie als ältestes Kind die jüngeren Geschwister (in der Identifikation mit dem Aggressor, den autoritären Eltern) zu „erziehen" pflegten.

5.3 Kindesmißhandlung

Es hat in der Bundesrepublik Deutschland bis in die 70er Jahre hinein gedauert, bis sich die Fachwelt mit dem Thema der körperlichen Mißhandlung von Kindern in der Familie hat eingehend beschäftigen können. Wie beim Inzest wäre es zu einfach, ein solches Geschehen in den Bereich von „Asozialität", zu dem die „Normalbürger" ja keineswegs gehören, zu verweisen; auch körperliche Mißhandlung von Kindern kommt in allen Schichten gleichermaßen vor. Meines Erachtens treten solche Zustände von blinder Wut bei Eltern auf, die sich hilflos und ohnmächtig dem Verhalten oder auch der Not des Kindes gegenüber fühlen, weil diese Ohnmacht eine Wiederholung der Ohnmacht ist, mit der sie der einmal selbst erlittenen elterlichen Gewalt gegenüberstanden, verbunden mit einem großen Maß an Wut, sich nicht wehren zu können. Es liegt nahe anzunehmen, daß besonders in der Kindheit selbst mißhandelte Eltern wiederum ihre Kinder mißhandeln. Den psychodynamischen Mechanismus dieses Phänomens haben besonders Steele u. Pollock (1968) in dem grundlegenden Buch über Kindesmißhandlung des amerikanischen Kinderarztes Kempe (Helfer u. Kempe 1968) herausgearbeitet. Ein Kind entwickelt sich aus dem Stadium der Omnipotenz, in dem es von der Umwelt und den es umgebenden Objekten in seinem Erleben ungetrennt ist, zu einem Stadium der Differenzierung von Innen- und Außenwelt, es erlebt dabei das mütterliche Objekt als einerseits Befriedigung gewährend, andererseits frustrierend und versagend. Die daraus folgende Ambivalenz ist ein menschliches Grundphänomen; im Laufe der Entwicklung gelingt es jedoch meist, gute und böse Anteile eines Objektbildes zu integrieren, ohne es verlieren zu müssen. Ist die mütterliche Bezugsperson real überwiegend feindlich, sind massive Abwehrmaßnahmen erforderlich: Wieder kommen hauptsächlich Identifikation mit dem Aggressor und Introjektion des bösen Objekts in Frage. Eine Möglichkeit, die Feindseligkeit zu ertragen, besteht darin, dem Objekt in dieser negativen Eigenschaft sozusagen Recht zu geben, sich mit der Feindseligkeit zu identifizieren, was bedeutet, daß man sich selbst oder große Teile des eigenen Selbst so schlecht beurteilt, daß man sozusagen die Aggression verdient hat und an ihr selbst schuld ist. Introjektion würde mehr die Einverleibung des bösen Objekts bedeuten, das die Qualität eines feindseligen, bestrafenden Über-Ichs annimmt. Steele u. Pollock (1968) haben nun den Hauptmechanismus bei der Kindesmißhandlung als Projektion des schlechten Anteils des Selbsts der Eltern auf das Kind beschrieben, dieser Mechanismus ist uns oben im Zusammenhang mit der Rollenübernahme des Kindes in der Familie schon begegnet:

„Wenn die Mutter oder der Vater das Kleinkind als Verkörperung des eigenen schlechten Selbsts fehlidentifizieren, so kann die volle Aggression des bestrafenden Über-Ichs nach außen, auf das Kind gelenkt werden" (Steele u. Pollock 1968, S. 198).

Eltern, die ihre Kinder mißhandelt haben, sagen deshalb häufig: „Es ist genauso unruhig wie ich als kleines Kind. — Er hat alle meine schlechten Eigenschaften geerbt" (a.a.O., S. 204).

Bei diesem Mechanismus würde ich das Moment der Ausbeutung darin sehen, daß durch die Projektion des eigenen schlechten Selbstanteils auf das Kind die psychische Stabilität des Erwachsenen gewährleistet wird; die ursprüngliche Aggression der eigenen Eltern wird nicht mehr „selbst" erlitten, sondern an das eigene Kind weitergegeben. Und dieser Mechanismus tritt häufig auch dann ein, wenn die Eltern mit gutem Willen bewußt auf jeden Fall vermeiden wollen, ihren Kindern das anzutun, was sie selbst erlitten hatten. So ging es einer Patientin aus meiner Praxis (Frau D.), die in der Kindheit unter einer ungewöhnlich aggressiven und sadistischen Mutter gelitten hatte. Sie mußte in Zuständen von aggressivem Kontrollverlust ihr erstes Kind schlagen; einmal schlug sie dem noch nicht 2jährigen Jungen mit einem Schlüsselbund ins Gesicht, was zum Verlust eines Zahnes führte.

In Kap. 4 sind bereits die zwei Erscheinungsformen des zugrundeliegenden Mechanismus der Identifikation mit dem Aggressor beschrieben worden. Einmal besteht die Möglichkeit, wie im Falle der Kindesmißhandlung, das Leiden und die Gewalt sozusagen nahtlos und ohne Schuldgefühl an die nächste Generation weiterzugeben nach dem Motto: „Mir haben die Prügel auch nicht geschadet." Ein zweiter Weg, dem früheren Täter Recht zu geben, läge darin, im Wiederholungszwang sein Leben lang Opfer zu bleiben, was bei der Entwicklung des Masochismus im Kap. 4 bereits beschrieben wurde. Sandler (1982) drückt es so aus, daß die Motivation, die frühere Beziehung, in der man mißhandelt wurde, wiederherzustellen, darin liegt, daß man sich mit dem schon Bekannten Sicherheit verschaffen will.

Kindesmißhandlung hat auch die Funktion der Stabilisierung der Familie auf Kosten des Kindes: Die Eltern müssen die Aggression nicht gegeneinander richten, was die Gefahr der Trennung bannt. Steele u. Pollok (1968) schildern ein Beispiel: Die Eltern schlagen sich, das Kind bekommt Angst und weint, daraufhin schlagen beide Eltern das Kind, verbünden sich in der gegen das Kind gerichteten Aggression. Die Autoren haben auch als erste darauf hingewiesen, daß auch der nichtmißhandelnde Elternteil im Grunde mit der Mißhandlung einverstanden ist und selbst auch ähnliche Erfahrungen in der Kindheit gemacht hatte, wie der mißhandelnde Elternteil. Denn die kollusive Einigkeit der Eltern in bezug auf die Mißhandlung des Kindes erspart ihnen die eigene aggressive Auseinandersetzung und vermindert ihre Angst vor Trennung.

5.4 Sexueller Mißbrauch in der Familie

Dies ist das Thema des hier vorliegenden Buches und soll deshalb an dieser Stelle nur kurz erwähnt werden. Wie wir besonders im Kapitel über Vater-Tochter-Inzest (Kap. 7) erfahren werden, liegt dem inzestuösen Familiengeschehen die emotionale Bedürftigkeit aller Familienmitglieder zugrunde. Der „Geste" der Mutter, die sie in die Mutter-Kind-Beziehung einbringt, anstatt auf die des Säuglings eingehen zu können, und an die sich das Kind anpassen muß, ist hier die Sexualität des Erwachsenen. Der Zeitpunkt liegt hier nicht im Säuglingsalter, sondern wie bei den anderen Formen der emotionalen Ausbeutung in einem späteren Alter. Beim offenen Vater-Tochter-Inzest ist es der Vater, der seine „Geste" in die Beziehung zur Tochter einbringt; bei der weitaus mehr verdeckten, subtiler verlaufenden inzestuösen Dynamik zwischen Mutter und Sohn ist es die Mutter, die die Beziehung für ihre Bedürfnisse ausnutzt und eine enge Bindung herstellt (vgl. Ehepartnerersatz-Dynamik, S. 50). Wie bei den anderen Formen der emotionalen Ausbeutung paßt sich auch beim Inzest das Opfer den besonderen Bedingungen an: Die Sexualität bleibt häufig auch später ein Mittel, emotionale Zuwendung zu bekommen (durch die Neigung, Opfer von weiterem sexuellen Mißbrauch zu werden, durch Promiskuität oder Prostitution).

5.5 „Terrorismus des Leidens"

Der die Überschrift dieses Abschnitts bildende Terminus wurde von Ferenczi (1933) verwendet, um neben dem sexuellen und dem körperlich-aggressiven einen dritten Mechanismus der Ausbeutung von Kindern durch die Eltern zu bezeichnen. Er bedeutet, daß das Kind für die (chronische) körperliche Krankheit eines Elternteils verantwortlich gemacht wird, ihm die Schuld für ihre Entstehung und Aufrechterhaltung gegeben wird. Damit wird eine enge Bindung hergestellt, die das Kind zwingt, beim kranken Elternteil zu bleiben und für ihn zu sorgen, und der Erwachsene hat die Möglichkeit, Aggression und Schmerz, die aus seinem Schicksal, insbesondere seiner Krankheit herrühren, beim Kind abzuladen. Auf die Gefahr hin, mich zu wiederholen, möchte ich hier die wenigen Sätze Ferenczis zitieren, die sich auf den „Terrorismus" der kranken Eltern beziehen:

„Kinder haben den Zwang, alle Art Unordnung in der Familie zu schlichten, sozusagen die Last aller anderen auf ihre zarten Schultern zu bürden; natürlich zu guter Letzt nicht aus reiner Selbstlosigkeit, sondern um die verlorene Ruhe und die dazugehörige Zärtlichkeit wieder genießen zu können. Eine ihre Leiden klagende Mutter kann sich aus dem Kind eine lebenslängliche Pflegerin, also eigentlich einen Mutterersatz schaffen, die Eigeninteressen des Kindes gar nicht berücksichtigend" (Ferenczi 1933, S. 312).

In der psychotherapeutischen Praxis ist diese Konstellation der Eltern-Kind-Beziehung derart häufig, daß der Mangel an ihrer Bearbeitung in der Literatur auffällt, wie das auch beim Inzest und bis vor wenigen Jahren bei der Kindesmißhandlung, den beiden anderen Formen der äußeren traumatischen Einwirkung auf die Entwicklung des Kindes, der Fall ist. Lediglich in der familientherapeutischen Literatur habe ich im Zusammenhang mit der angstneurotischen Familie (Richter 1970) diesen Mechanismus gefunden. Er wird dort bezogen auf die herzneurotische oder phobische Reaktion eines Elternteils auf die Trennungsbestrebungen des adoleszenten Kindes, das an die Familie gebunden bleibt durch Drohung und Angst, an der Krankheit und ihren Folgen schuld zu sein.

Neben den funktionellen Herzerkrankungen wird die Migräne sehr häufig eingesetzt, aber auch alle anderen chronischen, oft genug ausgesprochen psychosomatischen Krankheiten, also solche ohne primär organische Grundlage, werden herangezogen.

Die Mutter eines Patienten bestand darauf, daß er in der Adoleszenz jeden Samstag zum Friseur ging, weil sie Angst hatte, er könne sich lange Haare wachsen lassen. Fügte er sich nicht, entwickelte die Mutter einen heftigen Migräneanfall und verbrachte das ganze Wochenende allein im Bett; der Junge war schuld, daß die Familie das Wochenende nicht genießen konnte. —
Eine Patientin hatte durch die jahrzehntelange Herzerkrankung des Vaters, die nie einen organischen Befund ergab, aber gleichwohl zur frühzeitigen Berentung geführt hatte, eine schwere Beeinträchtigung ihrer Identitätsentwicklung erlitten. Ihre ganze Kindheit über wurde sie in allen Äußerungen der kindlichen Lebensfreude und Aktivität durch die Ermahnung behindert, die meist die Mutter aussprach, wenn sie laut sei, könne der Vater sterben. Im Alter von 10 Jahren schon mußte sie den kleinen Gemischtwarenladen der Eltern oft allein führen, wenn die Mutter den Vater pflegte oder ihn zum Arzt brachte. Das Symptom, das sie in die analytische Therapie führte, war eine Katzenphobie, die sie entwickelte, nachdem sie das Elternhaus verlassen hatte. Wegen der Phobie konnte sie nicht allein aus dem Haus gehen, weil Katzen überall frei herumlaufen könnten. Die Katzen entpuppten sich für die Patientin dann auch als Symbol ungezähmter Freiheit; in ihrer Symptomatik war sowohl die Angst, allein zu sein, als auch die Wut über die erfahrenen Einschränkungen gebunden.

Die Krankheiten der Eltern bedeuten aus der Sicht des Kindes eine Begrenzung seiner berechtigten Ansprüche und damit eine Mangelsituation, die allein schon Wut erzeugt. Die Einschränkungen der kindlichen Aktivität machen die Wut noch stärker, aber das Schuldgefühl, mit seiner Lebendigkeit und seiner Wut die Verantwortung für die Krankheit zu tragen, nimmt dem Kind die Möglichkeit, sie auszudrücken oder auch nur zu erleben. Wieder bietet sich die Identifikation zur Rettung der Eltern an, und in diesem Fall bedeutet Identifikation, ähnlich krank zu werden, und zwar in ähnlichen Trennungssituationen, wie Vater oder Mutter sie vorgelebt hatten.

Eine Patientin kam wegen eines bestehenden Kinderwunsches, bei gleichzeitiger großer Angst, schwanger zu werden, in die Therapie. Seit Jahren bestanden darüber hinaus ständig entzündliche Erkrankungen der gynäkologischen Organe, Menstruationsbeschwerden, Kreislaufregulations- und Schilddrüsenfunktionsstörungen. Die Mutter der Patientin hatte ihre Mutter im Alter von 3 Jahren durch Selbstmord verloren, der Vater der Mutter heiratete eine Frau, die für sie zu einer wahren Stiefmutter wurde. Als die Mutter der Patientin im Alter von 20 Jahren schwanger wurde, sollte die neue kleine Familie ihr nun die familiäre Geborgenheit geben, die sie nie gehabt hatte, der gleichaltrige Vater der Patientin sollte ein Vater für sie sein, das Kind sollte schon vor der Geburt Mutterstelle einnehmen, eine Mutter sein, die sie nicht verlassen konnte. Nach der Geburt kam es zu schweren Nachblutungen, die eine Gebärmutterentfernung erforderlich machten. An dieser Komplikation war das Kind durch sein bloßes Geborenwerden schuldig geworden, ebenso eben an den nun eintretenden jahrelangen vielfältigen psychosomatischen Beschwerden der Mutter, die dazu führten, daß die Patientin nacheinander von verschiedenen Pflegemüttern versorgt wurde. Bis weit ins Erwachsenenalter hinein kümmerte sich die Patientin um ihre Mutter, wenn diese krank war. Ihr Kinderwunsch konnte verstanden werden als Wunsch, anstelle der Mutter Kinder zu bekommen, wozu die Mutter durch die „Schuld" der Patientin nicht mehr in der Lage gewesen war. Gleichzeitig wollte sich die Patientin aber unbewußt genau wie ihre Mutter in dem eigenen Kind ein verläßliches mütterliches Objekt schaffen. Die psychosomatischen Reaktionen wurden einerseits verstanden als Identifikation mit dem Leiden der Mutter, der sie so verbunden blieb, gleichzeitig als Selbstbestrafung, als Buße für die Schuld, andererseits aber auch als wenig geeignete Schutzmaßnahme dagegen, den Irrtum der Mutter zu wiederholen, denn mit den gynäkologischen Beschwerden wurde die Angst vor der Schwangerschaft begründet.

Eine andere Patientin, die auf ihre Trennung vom Elternhaus und ihre Heirat mit körperlicher Symptomatik reagiert hatte, die mit denen der Mutter völlig identisch waren, verglich die schmerzhaften Symptome mit den selbstverstümmelnden Geißelungen der Flagellanten des Mittelalters, die ein selbstgerechtes Hochgefühl aus der Selbstkasteiung bezogen hätten.

Den Aspekt der Ausbeutung im „Terrorismus des Leidens" sehe ich darin, daß beide Eltern und besonders der kranke Elternteil sich unbewußt wehren, die Verantwortung für die Erkrankung zu übernehmen und zu reflektieren, welchen Sinn sie in der gegebenen Lebens- und Familiensituation haben könnte. Aggressionen der Eltern gegeneinander und gegen die vergangene und gegenwärtige soziale Umwelt werden auf das Kind gerichtet, beide Eltern sind — vom Schicksal geschlagen — unangreifbar, eine Veränderung — Trennung — kann vermieden werden. Die legitimen Bedürfnisse des Kindes werden nicht nur zu wenig erfüllt, sondern seine Wut und Rebellion werden durch das Schuldgefühl im Keime erstickt, das Kind wird als „lebenslängliche Pflegerin" an die Eltern gebunden.

Bei allen fünf Erscheinungsformen der emotionalen Ausbeutung findet sich eine ähnliche grundlegende Dynamik. Die Bedürfnisse des Erwachsenen werden an die erste Stelle gesetzt, das Kind hat sie zu erfüllen, anstatt daß die seinen primär befriedigt werden. Ein gesunder Protest des Kindes wird oft unterbunden durch Drohung und Gewalt, ist aber bereits dadurch unmöglich, daß das Kind auf seine Eltern angewiesen ist, gleichgültig, wie gut oder schlecht sie sind. Die brutalen Umstände der Kindheit können häufig überhaupt nur ausgehalten werden durch die Übernahme der Schuld durch das Kind, seine Identifikation mit den Tätern und die Schwächung des Selbstgefühls bzw. seine fassadäre Veränderung („falsches Selbst"). Welche der Formen emotionaler Ausbeutung von bedürftigen Eltern gewählt wird, hängt von den spezifischen Erfahrungen in der eigenen Kindheit ab, die in Form einer Familientradition weitergegeben werden. Eine Kombination zweier oder mehrerer solcher Mechanismen potenziert die traumatische Wirkung. In der Inzestfamilie liegt sehr häufig die Kombination von chronischer Krankheit der Mutter und sexuellem Mißbrauch durch den Vater vor, denn die chronisch kranke Mutter verweigert sich dem Vater, und Krankenhausaufenthalte geben ihm Gelegenheit, mit der Tochter allein zu sein. Die Schuldgefühle des Opfers sind mehr als verdoppelt.

6 Eine Falldarstellung: Frau D.

Charakterisierung der Mutter und Mutter-Kind-Beziehung

Sie gibt der Mutter viel Schuld, weil sie nichts gemerkt hat. Verdacht, daß die Mutter sie geopfert hat. Sie muß doch eine Ahnung haben! Wenn der Vater jetzt mal was getrunken hat, will er sie manchmal anfassen, die Mutter guckt dann komisch. Sie hat mehr gewußt!

Schon mit 3 Jahren konnte sie nicht haben, wenn die Mutter sie gewaschen hat oder sie sonst berührte, besonders die Genitalien. Wenn sie Mittagschlaf halten sollte und nicht einschlafen konnte, war die Mutter sauer, hat sich eine Decke umgehängt, ist auf allen Vieren auf das Bett zugekrochen und hat Struwwelpeter oder Schwarzen Mann gespielt, die Patientin hat Angst gehabt.

Mit 5 Jahren Heiligabend Flucht, endlos Schienen entlang gegangen. Russen haben Frauen geholt. Einmal haben die Frauen eine Alarmanlage gebastelt, um sich zu schützen. Die Mutter hatte sich hingelegt, Russen schlugen die Türen ein, sie konnte an der Leine ziehen, andere Frauen kamen zu Hilfe, die Russen wurden bestraft. In einem Lager versteckte sich die Mutter unter einer Decke, die Kinder lagen oben drauf. Einmal ist die Mutter tatsächlich vergewaltigt worden. Sie war mit den Kindern in der Küche, ein Russe kam mit einem Schäferhund, die Kinder haben gedacht, es sei Spaß, die Mutter ist immer um den Tisch gelaufen. Die Kinder wurden rausgeschickt, danach war die Mutter aufgelöst, hat unheimlich viel geweint. Später bei Bekannten der Mutter viel über Vergewaltigung geredet... . Einmal erlebte sie einen Luftangriff auf einen Bahnhof, alle krochen unter die Waggons, nach der Entwarnung gingen die Türen nicht auf und alle mußten durchs Fenster in den Zug steigen. Schwester und Mutter waren schon drin, die Patientin nicht. Die Mutter hat furchtbar geschrien, als der Zug abfuhr, ein Soldat hat sie noch in den letzten Zugwagen reichen können, es hat Stunden gedauert, bis Mutter und Patientin wieder zusammen waren. Sie haben immer Angst vor den Russen gehabt, jeden Abend wurden Schränke vor die Tür gestellt. Einmal hatte sie mit anderen Kindern Konserven gestohlen, voller Angst; tatsächlich kamen zwei Russen zu Pferde, maßlose Angst. Aber sie reagierten ganz anders, als erwartet, einer weinte, er habe auch zwei Kinder. Die Kinder durften die Konserven behalten. Das Schwesternheim sei das Zuhause der Mutter gewesen (sie war Krankenschwester), sie hatte keine schöne Kindheit. Die Mutter hat einmal erzählt, im Schwesternheim hätten sie „Kein schöner Land..." gesungen. Und hätte dabei geweint. Einmal kam die Patientin von einer Klassenfahrt zurück, und erzählte — was aber gar nicht stimmte — sie hätten dort „Kein schöner Land" gesungen. Die Schwester sofort: Das stimmt doch gar nicht! Die Mutter: Hast du schon wieder gelogen! Sie fühlte sich ertappt, hat dann eine Wut gekriegt, die sie nicht ausdrücken konnte. Jetzt versteht sie diese „Lüge" als mißglückten Versuch, zur Mutter Kontakt zu bekommen.

Die Mutter heute: Sie rief an, „total pikiert", sie störe wohl. Als die Patientin erzählt, daß sie eine Reise machen wollte, sagt die Mutter, dann sei sie ja ausgebucht, sie wollte nicht länger stören und hat den Hörer aufgelegt. Wenn sie an die Kindheit denkt, hat sie ein Bild von einem dunklen Loch voller Kälte vor Augen. Es gab keine Gefühle, Schmerz war wohl das einzige, was sie gefühlt hat. Die Mutter hat sie nie in den Arm genommen; wenn sie mal geweint hat, spürte sie, daß es nicht angebracht sei. Als sie als Jugendliche einmal von einer Reise wiedergekommen ist, hat sie zwei Nächte geweint, weil der „ganze Mist" mit dem Vater wieder losgehen würde, die Mutter muß etwas gemerkt haben, hat aber nicht reagiert.

Die Mutter rief an, was denn los sei, sie melde sich nicht. Die Patientin hatte den Geburtstag des Vaters vergessen. Den Vater kann sie „abschalten", der ist für sie gestorben, an der Mutter beißt sie noch unwahrscheinlich herum. Sie ist zwischen Mitleid und Haß hin- und hergerissen. Etwas hat die Mutter doch sicher dazu gebracht, so zu sein. Sie will nicht wissen, ob die Mutter etwas geahnt hat. Vielleicht doch? Sie will nicht darüber nachdenken. Sie hat die Mutter jetzt nach der Kindheit gefragt: Die Patientin sei sehr wild gewesen, sie habe die Schwester zu allem Möglichen angestiftet. Wenn die Mutter wegging, hat sie beide Zwillinge an einen großen Eichentisch gebunden. Jetzt wird ihre Lebendigkeit, in der auch Protest enthalten war, als „niedlich" geschildert. Die Schwester konnte sich besser anpassen.

Identifikation mit der Mutter: Sie hat viel übernommen von der Mutter, was die Kindererziehung betraf. Den Sohn so früh wie möglich aufs Töpfchen, weil es die Mutter gesagt hat, oder die Kinder schreien lassen, ein Junge darf nicht weinen. Als die Patientin ungefähr 11 Jahre alt war, hat die Mutter oft gedroht, sie tue sich etwas an. Angst des Kindes, daß sie es wahrmacht. Den Grund für die Selbstmorddrohungen der Mutter weiß sie nicht mehr, sie war immer so ungezogen, sie sollte immer ins Erziehungsheim, vielleicht weil sie der Mutter widersprochen hat, wenn sie verprügelt wurde. Der Vater hat sie wieder in Schutz genommen, wohl, weil sie was über den Inzest hätte sagen können. (Die Patientin muß die Selbstmorddrohung der Mutter mit dem Inzest in Zusammenhang gebracht haben!)

Die Mutter hat nie etwas gemerkt, sie hat nie sprechen können über Kummer in der Schule, auch über den Inzest nicht; sie hat nicht einmal gemerkt, als sie schwanger war und die schlimmsten Abtreibungsversuche hat machen lassen, die schließlich zur Embolie und zum Krankenhausaufenthalt geführt hatten. Es war ihr lästig, sie hat abgeblockt. Oft hat die Mutter gesagt: „Geh' mal runter in den Keller, Vati helfen." Die Patientin wußte, was dann kam, draußen spielten Kinder ...

Als sie 2 Jahre alt war, hat die Mutter sich bei einem Waldspaziergang versteckt, beide Zwillinge allein stehen lassen. Sie (die Patientin) blieb unbeweglich stehen, sagte nichts und weinte nicht, die Schwester weinte und schrie. Als Kleinkind hat die Mutter sie abgeküßt, beim Waschen, das fand sie schon unangenehm! Die Mutter heute: Sie rief wieder an, käme sich verlassen vor, habe 14 Tage nichts gehört. Sie war sehr freundlich, weil sie wohl merkt, daß etwas nicht stimmt. Sie habe Ischias (Schmerzen!), muß den Urlaub absagen.

Wenn die Mutter sie erschreckt hat, indem sie auf allen Vieren mit einer Decke verhüllt angekrochen kam, war sie — die Patientin — starr, hat nichts an sich herangelassen, aus dem Fenster geguckt.

Späterer Traum: Ein Kind im Kinderbett, Geräusche erschrecken es, jemand kommt die Treppe herauf, wird immer größer, das Kind schlägt mit der Faust zu, die Gestalt fällt in sich zusammen, wie ein Tuch, das Kind versucht es wieder zum Leben zu bringen, indem es die Gestalt unter die Bettdecke nimmt, um es zu wärmen.

Traum: Ein Baby mit einer Windel rutscht über die Betten, die Patientin hinterher, voller Wut auf das Kind. Dann ist sie das Kind, das Gesicht vor ihr wird langsam zu dem der Mutter. Das Kind hat die Windel voll, seine Hände werden langsam zu den Händen der Mutter. Das Kind sagt: Die Imke (Vorname der Patientin) — wahnsinnig abwertend, verächtlich. (Hier also Introjektion der verfolgenden Mutter.)

Wartet ständig, daß die Mutter fragt, warum sie in Therapie sei. Als Kind hat sie ständig gewartet, daß die Mutter sie fragt, was mit ihr los sei.

Weitere Szene: Als Kleinkind mit der Mutter gespielt, Mutter hat sich plötzlich tot gestellt. Wieder hat die Schwester geweint, weil sie eine bessere Beziehung zur Mutter hatte, die Patientin hat der Mutter den Gefallen nicht getan, sie hat nur starr geguckt.

Vater und Vater-Tochter-Beziehung

Der Vater kam aus der Gefangenschaft, als die Patientin 8 Jahre alt war, sie war voller freudiger Erwartung, hat mit ihm angegeben, ist nicht mehr von seinem Schoß heruntergegangen. Der Vater war eifersüchtig auf ihre ersten Beziehungen, als sie Jugendliche war, er hat sich wie ein eifersüchtiger Ehemann benommen. Warum kann sie ihm keine 'runterhauen, ihn anschreien, die Beziehung abbrechen? Als der Vater Urlaub von der Front hatte: sie wollte ihn ganz für sich haben. Wenn sie Schmerzen hat, würde sie sich am liebsten in eine Ecke verkriechen, niemanden sehen. Wenn ihr Mann sich dann kümmert, denkt sie, sie belastet ihn, er kriegt auch prompt Asthma. Wie zwei Bedürftige, die sich gegenseitig nicht helfen können: Wie Vater und Tochter. Als der Vater aus der Gefangenschaft kam: Die Kinder sollten sofort kommen, der Vater käme. Er hatte einen Seesack, hat sie erkannt, ihr Glück kann man sich gar nicht vorstellen.

Der Vater tut bieder, ein Wolf im Schafspelz. Sie traut ihm nur zu, an Kinder zu gehen, andere Beziehungen traue er sich gar nicht. Er hat ihr ganzes Leben kaputt gemacht, fast auch die Ehe. Unverständlich, warum sie bisher keine Wut haben konnte.

Als sie 3 Jahre alt war, saß sie immer auf dem Schoß des Vaters, wenn er Urlaub hatte, auf jedem Foto. Sie war eine richtige Vater-Tochter.

Gestern hatte sie ein Pflegekind (4 Jahre) auf dem Schoß, ließ es immer wieder im Spiel hinten herunterfallen, den Kopf zurück. Sie denkt, das Gefühl kenne sie, nicht nur ein schönes Gefühl im Kopf, sondern auch ein anderes zwischen den Beinen, woran sie sich genau erinnert. Sie muß noch sehr klein gewesen sein,

2 oder 3 Jahre alt, sie hat mit dem Vater ähnlich gespielt, ein schönes Gefühl? Sie weiß es nicht. Später war es ihr unangenehm, so wie heute noch. Wer weiß, was er mit ihr gemacht hatte, sie konnte Berührung jedenfalls nicht vertragen.

Die Zeit nach dem Krieg war die schönste Zeit, an die sie sich erinnern kann, bevor der Vater wiederkam. Schöne Erinnerungen an Freundinnen, unbeschwert. (Das ist ein Widerspruch zu dem Gefühl, sie habe ständig auf den Vater gewartet!)

Sie sagt selbst, sie hat auf den Vater gewartet, weil sie von der Mutter nicht genug gekriegt hat. Aber daß der das so ausnutzt... Mit dem Ehemann ist alles wie früher: Wenn der Vater mal aufgehört hatte, sie zu befummeln, hat sie gedacht, sie könne sich ihm wieder nähern, aber dann ging es wieder los. Sie hat die Mutter anläßlich eines Besuchs gefragt, wie die Beziehung zum Vater gewesen sei. Die Mutter sagte, die Zwillingsschwester wäre die Lieblingstochter gewesen. Sie dachte, sie habe sich verhört. Aber irgendwie habe sie es gewußt, die Schwester war die Vernünftige. Sie selbst habe viel gelogen, war der Familienclown. All die Jahre hat sie es nicht wahrhaben wollen. Sie habe er nachts befummelt, gleichzeitig zur Schwester hingeguckt. Sie habe er nicht ernstgenommen. Eine Zeitlang hat sie versucht, die Schwester zu kopieren. Die konnte es sich ja leisten, ihm auf die Finger zu hauen.

Der Vater hatte eine Eisenbahn aufgebaut, mit einer Stadt und allem Drum und Dran, für den Bruder, der sich aber gar nicht dafür interessierte. Der Vater war beleidigt, sie hat sich dann für die Eisenbahn interessiert, damit er seine Ruhe hatte. Es hat ihr doch viel ausgemacht, zu erfahren, daß der Vater sie nicht so mochte. Bestimmt zieht sie sich so auf sich selbst zurück, seit die Mutter gesagt hat, der Vater habe sie gar nicht mehr gemocht. Sie will niemanden sehen, am liebsten den ganzen Tag im Bett liegen.

Der Vater ist reif! Der ist der Erste, dem sie es sagen will. Aber er ist feige, bleibt nicht mit ihr allein in einem Zimmer. Sie wünschte, ihn würde der Schlag treffen! Aber der überlebt alle! Sie hat dem Vater den Brief gegeben (in dem sie ihm vorwirft, wie sehr der Inzest ihr Leben zerstört hat), dazu gesagt, er hätte ja wohl schon Veränderungen an ihr bemerkt. Sie fühlte sich dabei ganz unbeteiligt und frei. Der Vater ruft an, weinerlich, sie solle ihn doch verstehen...

Inzestgeschehen

Der Vater hatte verlangt, daß sie sich selbst befriedigen solle. Es fing immer so harmlos an, mit Albereien, auf dem Ledersofa „hat er mich öfter gekriegt". Wenn der Vater sich selbst befriedigt hat, hat sie das immer mitgekriegt. Wenn sich jetzt irgend etwas bewegt, wacht sie auf, Herzklopfen, Ekel. Sie hat nie ein eigenes Zimmer gehabt, beide Zwillingsschwestern schliefen im Zimmer der Eltern, der Bruder im Wohnzimmer. Die Schwester auf einer Schlafcouch, die Patientin in den Ehebetten. Die Mutter wollte sie nicht auf ihrer Seite haben, sie sei zu unruhig! Jahrelang hat die Mutter als Nachtschwester gearbeitet. Die Patientin schlief auf der Seite der Mutter, wenn diese wiederkam, wechselte sie auf Vaters Seite. Das wurde geändert nach einem Umzug, vielleicht mit 14 Jahren. Richtigen Geschlechtsverkehr mit dem Vater hat es nicht gegeben. Das ist jetzt das einzige, was bei ihr klappt, ohne Vorspiel; alles andere, was der Vater mit ihr getrieben hat, kann sich nicht ausstehen; früher hat sie sich verstellt, doch das geht jetzt nicht mehr.

Als sie 13 Jahre alt war, hat sie mitgefeiert, etwas getrunken, der Vater: Du gehst jetzt besser ins Bett. Er ist dann hinterhergekommen und hat versucht, sie zu vaginalem Geschlechtsverkehr zu zwingen, sie hat sich gewehrt; der Bruder (4 Jahre alt) schlief im selben Zimmer. Dann hat der Vater sie gepackt und oralen Verkehr erzwungen. Sie hätte ihn erschlagen können. Danach hat sie Wut und Haß auf sich selbst gekriegt, weil sie gemerkt hat, daß sie selbst auch sexuelle Gefühle hatte, dann aber bekam sie Krämpfe während dieses Vergewaltigungsaktes, vom Bauchnabel bis zu den Beinen; sie hat nur noch auf diese Schmerzen geachtet, das hat sie abgelenkt. Danach der Vater: Siehste, hat dir doch gefallen! Sie hat ihn wie wild getreten. Sie lag 2 Tage lang mit Schmerzen im Bett, das waren die Schmerzen, die sie Jahre danach hatte, wie Wehen; sie ist nie darauf gekommen, erst jetzt erinnert sie sich und stellt den Zusammenhang her. Als sie schon verheiratet war, war sie wegen eben dieser Bauchkrämpfe zweimal im Krankenhaus. Oralen Verkehr hat der Vater öfter erzwungen. Einmal hatten sie einen Hund in Pflege, der Vater hat gesagt: Kannst ja mal den Hund 'ranlassen, wie schön das ist, was meinste. Während sie das berichtet, weint sie, will sich ganz zusammenkrümmen. Jahrelang hat sie davon geträumt, und das Schreckliche: Mit 16 Jahren hat sie tatsächlich einen Hund benutzt, um zu einem Orgasmus zu kommen.

Sie wäre so gerne Krankenschwester geworden, aber sie sollte lieber zu Hause bleiben, der Vater habe sie noch gebraucht, sagt sie sarkastisch. Mit 16: Sie ist in Urlaub gefahren, der Vater ist nachgekommen, hat versucht mit ihr zu schlafen, sie hat sich gewehrt, ein Sessel fiel um, sie hat gedacht, alle hätten es gemerkt. Sie hat sich ins Bett zu den Cousinen geflüchtet.

Der Vater hat am liebsten gesehen, wenn sie auf allen Vieren nackt durch die Wohnung kroch. Wenn er sie in eine Ecke des Ledersofas gedrängt hatte, konnte sie nicht mehr weg. Ein anderes Bild: Sie lag wie erstarrt nachts neben ihrem Vater, der onanierte, bis sie eingeschlafen war. Wenn sie morgens keine Schlafanzughose anhatte, wußte sie, was gewesen war.

Als sie ein Kind war, gab es kein Badezimmer, der Vater hatte einen kleinen Raum abgeteilt, der keine Tür hatte. Über einen Spiegel konnte er sehen, wenn sie auf der Toilette saß.

Beginn des Inzestagierens: Mit 10 Jahren, beengt gewohnt, sie mußte neben dem Vater schlafen. Sie hatte den Vater 1 Jahr lang nicht gesehen, weil er wegen einer Arbeitsstelle schon umgezogen war und die Familie erst nachkam. Der Vater hat sie berührt, an der Scheide, hat sich an sie gedrückt, sie sollte ihn anfassen. Ob sie das schön fände. Sie hatte abends immer Angst, ins Bett zu gehen. Sie ist nicht aufgeklärt worden. Mit 15 Jahren der erste Kuß von einem Freund: Sie dachte, sie würde schwanger! Mit 18 Jahren, als sie doch schon ein eigenes Bett hatte, war einmal nachts ein Gewitter. Sie ist wach geworden, weil jemand sie befummelte. Sie hat getreten und geschrien, wenn du mich noch einmal anfaßt, geh ich weg! Der Vater hat sie immer angeguckt, wenn sie abends nach Hause kam, ob sie schon einen Freund habe, als ob er Spuren suche. Einmal hat er ihre Unterwäsche kontrolliert, die alte Sau!

In den ersten 2 Monaten der Ehe hatte sie häufig morgens beim Aufwachen das Gefühl, daß sie den ganzen Körper nicht bewegen könne, der Kopf sei wie abgetrennt gewesen, sie habe selbst mit offenen Augen nichts gesehen, wie kurz vor einer Narkose. Sie hörte ihren Mann ins Zimmer kommen, konnte sich nicht rühren, war total ausgeliefert.

Der Vater hat immer durchs Fenster geguckt, wenn sie auf der Toilette saß. Er wollte, daß sie unbekleidet durch die Wohnung ging, danach ging er auf die Toilette, kam dann verändert, aggressiv heraus: Er hatte sich selbst befriedigt.

Nach 8 Monaten Therapie erinnert sich die Patientin anläßlich einer Spielsituation mit einem Pflegekind, daß der Vater sie bereits mit 2 oder 3 Jahren zwischen den Beinen berührt haben müsse. Nach einem Wochenendausflug mit Mann und Kindern hat sie sich erinnert: Mit ungefähr 12 Jahren war sie mit dem Vater allein wandern, Mutter und Schwester konnten nicht mitkommen. Es war die Zeit, als der Vater ziemlich zurückhaltend war, sie hat sich auf das Zusammensein mit ihm gefreut. Der Vater war gesprächig, hat von früher erzählt, ein Vater, wie sie sich ihn vorgestellt hat. Sie kamen an eine Waldlichtung mit einem Bach. Der Vater: Kannst dich schon mal ausziehen, den Badeanzug anziehen; er wollte sie „komisch" fotografieren: die Beine breit, Träger des Badeanzugs herabhängend. Dann „Spielen im Bach" mit ihr: Er hat sie so komisch angefaßt. Auf der Wiese: „Ein bißchen turnen..", sie sollte sich auf ihn legen, er hatte gierige Augen, sie haben Turnübungen gemacht. Jetzt erst dachte sie: Jetzt ist es wieder soweit. Sie weint, wenn sie daran erinnert: Sie hatte gedacht, er wollte mit ihr wandern! Sie konnte kaum glauben, daß er *das* wieder wollte, es war ein Schock. Dann sagte er: Komm' nach Hause! Er hat kein Wort mehr gesprochen, sie ist wie ein kleiner Hund hinter ihm hergelaufen.

Inzesttraum: Sie ist ungefähr 10 Jahre alt, die ganze Familie wohnt in einem Zimmer. Sie geht ins Bett, es schreit ein 2jähriges Kind, sie geht hinaus und sieht ihre Mutter Wäsche abnehmen. Das kleine Kind hält ihren Vater fest, sie sagt der Mutter: Halt ihn doch auch fest. Die Mutter: Interessiert mich nicht, ich gehe gleich weg, hab' die Koffer schon gepackt. Das kleine Kind wird vom Vater hinterhergezerrt, es wimmert. Die Patientin denkt, das Schwein kriege ich. Der Vater hat eine Unterhose in der Hand, das Kind sitzt auf der Erde, hat ein Spielzeug aus Glas in der Hand. Der Vater tritt auf das Glasspielzeug. Das Wimmern und die hündische Ergebenheit des Kindes sind das Schlimmste.

Die hündische Liebe (der Patientin zum Vater) war das Schlimmste. Sie glaubt, der Vater habe mit dem Inzestagieren angefangen, als sie 2 Jahre alt war. Sie ist davon überzeugt, das hat sie im Kopf, das läßt sie sich nicht nehmen. Sie kann sich erinnern, daß sie als Kleinkind empfindlich und ablehnend war, wenn die Mutter sie zwischen den Beinen gewaschen hat. Woher soll das denn kommen? Es hat ihr den Rest gegeben, daß der Vater sie doch nicht mehr mochte als die Schwester.

Traum: Sie steht vor einer Kellertreppe, sieht sich doppelt: Eine Hälfte von ihr sieht auf den Hof, wo Kinder spielen, die andere Hälfte ist nackt, schon entwickelt wie eine Frau. Die erste Hälfte will verhindern, daß sie an den Schlüssel kommt, um in den Keller zu gelangen, die erste Hälfte möchte lieber auf den Hof zu den anderen Kindern.

Realität: Als sie 11 Jahre alt war, gab es einen Keller, sie sollte dem Vater helfen, sie könnte es so gut, meinte die Mutter; die anderen Kinder spielten draußen.

Interpretation: Ein Teil von ihr wollte den sexuellen Kontakt mit dem Vater, so schlimm er auch war.

Sie hat die Schwester gefagt, was sie über das Inzestagieren des Vaters wisse.Er habe es auch mit der Schwester versucht. Wenn die Mutter nachts im Krankenhaus arbeitete, kam der Vater früh ins Bett, zeigte seinen Penis den Mädchen, die kicherten. Sie sollten den Penis anfassen. Sie wollten es der Mutter erzählen, taten es jedoch nicht, um sie nicht aufzuregen. Hörspiele im Radio, das Licht ausgemacht, ein Mädchen auf dem Schoß, ,,rumgebohrt'', bei der Schwester aber nur ganz kurz. Die Schwester versteht gar nicht, daß der Vater es mit der Patientin so lange hat machen können, sie hat doch damals eine ziemlich große Klappe gehabt, hat den Ton angegeben. Die Schwester hat nicht mehr daran gedacht, hat alles vergessen, hat keine Schwierigkeiten mit ihrem Mann.

Der Vater hatte auch etwas Hündisches, der geile Blick; er hat ihre Unterhose untersucht, fast daran geschnüffelt. Sie erinnert sich: Schon mit 10 Jahren hat er sie abgeküßt, Zungenkuß, das ist auch schon wie Geschlechtsverkehr, fürchterlich. Als sie Jugendliche war, sagte einmal der Vater: ,,Ich liebe dich so sehr; ich weiß, daß es verboten ist, aber ich komme nicht dagegen an!''

Traum: Mit dem Kegelclub zusammen, sie hat eine Möhre in der Hand. Sie sagt, sie ginge auf die Toilette, ein Clubkamerad lacht. Auf der Toilette zerschneidet sie die Möhre, die ganz biegsam ist, mit einem Messer, legt die Stücke auf das Fensterbrett, da können die Vögel sie holen. Es liegen schon zwei so zerschnittene Möhren dort. Regelrechte Phobie: Sie kann keine Möhren essen, sie denkt, sie erstickt daran.

Phantasie beim Onanieren, daß sie aus zwei Hälften besteht, die rechte Hälfte hat einen Penis, die linke fühlt sich kindlich, hat eine kindliche Vagina. *Interpretation*: Mit dieser Phantasie Vereinigung mit dem Vater (der immer rechts lag), ihre Reaktion: Oh Gott! Wenn der Vater an ihr gefummelt hat oder Oralverkehr hatte, war sie erregt, voller Schuldgefühle — dieser Widerspruch! —, daß sie es wollte und sich gleichzeitig so dagegen sträubte.

Inzesttraum: Sie ist mit einem kleinen Kind im Badezimmer, dachte, sie könnten eigentlich zusammen duschen. Sie wollte die Heizung anmachen, aus der aber statt warmer Luft (= mütterliche Wärme) stoßweise heißes Wasser kam. Wie kann ich das Kind vor dem heißen Wasser retten, dachte sie im Traum. — Sie sagt selbst: ,,Stoßweise'' ist gleich Samenerguß, d.h. statt mütterlicher Wärme bekommt sie die Sexualität des Vaters!

Familiendynamik und Familientradition

Früher war sie verantwortlich, daß Ruhe in der Familie herrschte, in ihrer eigenen jetzt auch. Wenn es ihr schlecht geht, geht es ihrem Mann auch schlecht (Asthma). Er regt sich auf, daß die Patientin ihrem Sohn und nicht ihm zugestimmt hat: Asthmaanfall. Ihr Mann ist eifersüchtig auf den Sohn (wenn er mit der Mutter in die Oper geht), fühlt sich eher mit der Tochter verbunden. Das Zimmer der Tochter ist nur durch einen offenen Durchgang vom Schlafzimmer der Eltern getrennt. Die Eltern schlafen meist nicht zusammen, einer stört den anderen (Schmerzen bzw. Asthma).

Die Schwester ist der Mutter noch ähnlicher, sie hat sie jetzt besucht: Die Kälte, die von der Schwester ausgeht, ist schlimm. Die Schwester wußte immer, was sie wollte. Sagte damals, als sich Frau D. einmal an sie wandte: Hau' ihm doch einfach auf die Finger! Daraufhin hat sich Frau D. sehr geschämt, vielleicht für den Teil in ihr, der es selber wollte. Ein sehr peinlicher Gedanke.

Ihr Mann ging zum Kegeln, aber: „Ich würd' am liebsten zu dir ins Bett gehen" — dann: „Andrea, geh doch zur Mutti ins Bett, damit sie nicht so allein ist!" Andrea soll endlich die Tür für ihr Zimmer bekommen, der Durchgang ist immer noch offen zwischen Elternschlafzimmer und ihrem Zimmer. Ihr Mann guckt durch die Scheibe, wenn Andrea im Bad ist.

Während die Patientin in der Therapiegruppe ist, sitzen ihr Mann und ihre Tochter im Auto, zwei Stunden, um sie abzuholen, ohne daß sie es weiß. Sie sind sich in ihrer Empörung, daß die Mutter zur Gruppe geht, einig. Nach Ende der Sitzung steht Frau D. noch ein wenig vor der Praxis mit anderen Gruppenmitgliedern, der Vater signalisiert empört mit dem Bremslicht, daß sie sofort kommen solle. Als sie in das Auto einstieg, hatte sie das Gefühl, in einem Spinnennetz zu sein. Daß Andrea im Nebenzimmer ohne Tür schlief, ist ihr erst jetzt in aller Dringlichkeit aufgefallen. Als schließlich der Durchbruch zu Andreas Zimmer geschlossen ist, wird sie, Frau D., ganz traurig, weil sie den Blick auf die Bäume durch ein Fenster in Andreas Zimmer nicht mehr hat, mit dem sie sich ablenken konnte, wenn ihr Mann zudringlich wurde. Ihr Mann ist extrem eifersüchtig, daß sie in die Therapiegruppe geht. „Ist wenigstens die Andrea da?" Früher hat er mit den Kindern geschmust, aber nur zu seinem Bedürfnis. Wenn sie Fragen gestellt haben oder vorschlugen, was er mit ihnen spielen solle, hat er sie stehen gelassen.

Ihr Mann klammert sich an sie; wenn sie zum Therapiewochenende gehe, sei die Ehe kaputt. Wenn sie einen tödlichen Unfall dabei erleide, bringe er sich auch um. Wenn sie eingeladen sind, hält er sich an ihrer Hand fest; er will schon mal abends ausgehen, aber nur mit ihr zusammen.

Partnerbeziehungen, Sexualität, sexuelle Angriffe

Traum, ganz realistisch: Der Vater will sie anfassen, sie hat Angst, hält die Schlafanzughose krampfhaft fest, wie früher. Früher hätte sie ihn morgens erschlagen können, sie hat sich gegen den Orgasmus gewehrt, Krämpfe bekommen, später ähnlich, immer dagegen gewehrt. Mit der Frau damals hat sie gern einen Orgasmus gehabt, ohne Schuldgefühle. Nachts ist sie verkrampft, beißt die Zähne zusammen, ballt die Fäuste. Ihr Mann weiß wenig, sie hat ihm von einem Onkel erzählt, was der „Onkel" gemacht hat: Der Mann überlegt, wer der Onkel ist (wie Freud!). Der Mann kommt mit Geschichten vom Inzest aus der Zeitung, redet dauernd davon. Seine Asthmasymptome hat er hauptsächlich nachts und am Wochenende, die Patientin sagt: Er ist allergisch gegen mich.

Ein älterer Nachbar, 68 Jahre (ihr Vater jetzt 70 Jahre) stellt ihr nach, wartet auf sie, er habe ein Geschenk für sie, sie solle mal 'runterkommen, seine Frau sei nicht da, er wollte sie festhalten („kriegen"), als ob er nicht ganz bei sich wäre. Das ist ihr so oft passiert, auch damals mit dem Chef. Solche Männer scheinen eine Antenne zu haben. Der Vater des früheren Chefs kam zu ihr nach Hause, er müßte mit ihr sprechen; sie konnte sich abgrenzen. Ihr Lehrherr, damals ca. 40 Jahre alt, hat ihr nachgestellt, die Brust angefaßt. Als sie es der Mutter erzählte, hat sich sogar der Vater aufgeregt, scheinheilig. In den Sohn des Lehrherrn war sie allerdings verliebt, das war anders; das war auch ein armer Junge, der unter seiner Mutter zu leiden hatte. Allerdings war er verlobt; die Patientin wurde von ihm schwanger, furchtbare, mittelalterliche Abtreibung. Sie hat dem Nachbarn jetzt klar gesagt, er solle seine Verfolgungen einstellen. Großer Erfolg für sie. Wie zu dem Sohn des Lehrherrn sind auch verliebte Gefühle zu gleichaltrigen Männern möglich; sie phantasiert, die Partner zu wechseln, kann die Gefühle zulassen, will es aber nicht ausagieren. Bei der leisesten Andeutung jedoch ist der Ehemann eifersüchtig, daran habe sie einen Anteil: Früher nämlich hat sie viel geflirtet, um ihn zu quälen, wenn er dann ganz unten war, verzweifelt, zerknirscht und klein, konnte sie mit ihm sexuell zusammensein. Wegen der Symptomatik ist ihr Mann ängstlich besorgt, sie solle sich schonen, er wolle nur ihr Bestes, sie empfindet das als Einschränkung. Am Anfang der Therapie wartete er häufig vor der Praxis im Auto. Auch auf die Therapie ist er eifersüchtig; wenn sie sich selbständig machen wolle, bekomme er Asthmaanfälle, dann habe sie Schuldgefühle. Er ist sogar eifersüchtig auf Bücher, die sie liest. Wie der Vater extrem eifersüchtig war, als sie erste Beziehungen zu Jungen hatte und häufig in den Sportverein ging. Nachdem sie das Elternhaus verlassen hatte, lernte sie einen Mann kennen, der sie jeden Abend besuchte. „Bis zum Exzeß haben wir das gemacht, vor dem Geschlechtsverkehr immer gezankt." Am liebsten wäre es ihr gewesen, wenn er sie geschlagen hätte. Sie konnte nicht vertragen, wenn ein Mann zärtlich wurde, sie wollte es ganz brutal. Wenn ihr Mann nachts kam (der Vater kam auch immer nachts), habe sie erstmal einen Krach angefangen, stundenlang gestritten. Ihr Mann kenne das, habe es aber nie begriffen. Mit dem Vater früher: Allein die Berührung habe Haß und Wut in ihr ausgelöst (d.h. Haß und Wut wurden zur Bedingung der Sexualität, fast wie ein Alibi für das, was sie auch will und selbst mit dem Vater teilweise wollte). In der letzten Zeit spielt ihr Mann nicht mehr mit. Das Streiten früher war grauenhaft, auch mit dem Ehemann. Wenn er seinen Tiefpunkt hatte, ist sie sexuell aktiv geworden. Sie hat ihn gern erniedrigt, wollte ihn schwach; andererseits wollte sie, daß er gar nicht fragt, sie einfach nimmt.

Das Onanieren der Tochter, schon eine leise Bewegung, erinnert sie an die Masturbationsbewegungen des Vaters. Nach der Abtreibung habe sie einen älteren verheirateten Mann kennengelernt, sehr sanft, freundlich. Dann zum ersten Mal in einem Hotel: er habe sich gebärdet wie ein Tier. Vergewaltigung. Sie hat sich öfter mit ihm getroffen. Diskussion mit einem Bekannten und ihrem Mann über eine Zeitungsnotiz: Eine Frau habe ihren Mann erschlagen, weil er sich an der 4jährigen Tochter vergangen hat. Sie solle ihm doch sagen, welcher „Onkel" das ist, er würde „das für sie erledigen", sie hat die Befürchtung, ihr Mann würde Selbstjustiz üben, er hat kein Verständnis für solche Täter. Wenn sie ihm sage, daß es der Vater gewesen sei, würde er sie nicht verlassen, würde es sie jedoch spüren lassen. Er würde nicht mehr mit ihr schlafen (obwohl ihr das z.Z. recht wäre).

Ihr Mann will mit ihr wegfahren, „damit wir mal alleine sind". Wie der Vater; sie befürchtet, daß er sie plötzlich packt. An diesem Wochenende war es klar, daß sich alles wiederholt, der Ehemann benimmt sich wie der Vater, grauenhaft. Nur das eine Thema, er bedrängt sie ständig, wann er wieder mit ihr schlafen könne. Sie fühlt sich andauernd beobachtet, ständig bedrängt.

Nach über 20jähriger Ehe hat sie es jetzt ihrem Mann gesagt. Die Reaktion war ganz anders als erwartet, er habe es sich schon gedacht, verständnisvoll. Er möchte aber den Kontakt zu den Eltern der Patientin nicht abbrechen. Nach der Totaloperation waren die sadistischen Gedanken ihrem Sohn gegenüber schlagartig verschwunden. Auch die sexuelle Beziehung zu ihrem Mann war viel besser (keine Angst mehr, ein Kind von ihrem Vater zu bekommen!). Ihre Entdeckung als Jugendliche, wie toll es ist, Männer anzumachen und nicht 'ranzulassen, dieses Machtgefühl! Exhibitionisten sind ihr schon als Kind dauernd begegnet; einmal hat sie die Polizei angerufen, er wurde tatsächlich festgenommen: Das hat ihr gut getan! Einmal bei Bekannten zu Besuch, Pornofilm: Männer interessieren sie weniger, sie sieht sich lieber die Frauen an, das männliche Glied stört sie, sie findet es beleidigend. Sie hatte eine Zeit, wo sie ihren Mann nicht nackt sehen konnte, hat ihm schicke Unterwäsche gekauft, wollte alles „verhängt" haben.

Immer fühlte sie sich genötigt; sie hat immer noch abartige, aggressive Vorstellungen, wenn sie mit ihrem Mann zusammen ist. Sie lehnt den ganzen Unterleib ab. Die Phantasien und die Schmerzen dort haben eine Doppelfunktion: Abgrenzung und gleichzeitig Verbindung.

Sexualität als Surrogat für Mütterlichkeit: Sie träumt einmal, in einem riesigen Keller mit der Schwester und vielen Menschen zusammen zu sein, dort ein Skilift und eine Art Bahnsteig. Hinter einem Vorsprung eine Nische, in der Gartengeräte abgestellt waren. Ein Schaf kommt hinter ihr her, stößt sie von hinten mit kleinen Hörnern, sie ist hinten unbekleidet; obwohl es schmerzt, findet sie es gut. Sie will das Schaf fangen, es hat ein weiches Fell, sie hat es im Arm, drückt es an ihre Genitalien, ist erregt, es ist ihr peinlich wegen der Leute, die Erregung wird größer. Plötzlich sind alle Leute weg, in einem Stall versucht sie mit dem Schaf Verkehr zu haben. Sie versucht, ihm das Fell herunterzuziehen. Sie hat den Penis in der Hand, das Schaf guckt vorwurfsvoll. Ein Auto fährt vor, sie bekommt einen Schreck; ein Mann mit Gummistiefeln sagt, er wolle nur mal das Schaf ausmessen, es ist ihr peinlich. Eine Frau hat einen Block in der Hand und schreibt, beide gucken mitleidig. Die Frau sagt, sie müsse in die Schweiz fahren und ein Referat über Sodomie halten, ob die Patientin ihr nicht helfen könne (als ob sie dem Therapeuten helfen solle, über Inzest zu schreiben!).

Der Chef hatte versucht sie zu befummeln, das erzählte sie einmal einer Kollegin, diese der Chefin, die empört war, sie, die Patientin, sei die Schuldige! Es findet ein Gespräch statt zwischen Chefin, Chef und Lehrmädchen, sie weint. Die Chefin benachrichtigt ihre Eltern; die Patientin muß sich daraufhin entschuldigen, auch die Eltern entschuldigen sich, daß ihre Tochter so etwas erzählt hat. Zum Schluß hat sie überlegt, ob alles überhaupt stimmt.

Noch ein Traum zur Oralität der Sexualität: Sie hat ihrem Sohn etwas zu essen gemacht; er meint, sie brauche nicht immer so gut zu kochen, es reiche doch. Sie dagegen: Noch ein bißchen Kräuterbutter? Sie hat die Rolle Butter in der Hand, schneidet etwas ab, die Rolle wird grün wie Schimmel, sie beißt ab, um Gottes willen, hoffentlich ist es nicht vergiftet. Der Mülleimer ist voll, sie spuckt es in den Spülstein.

Ein weiterer Traum: In einem Restaurant voller Leute, die kräftig gegessen haben, saß an einem Tisch ein befreundetes Pärchen, die Patientin sieht sie von draußen durchs Fenster, geht hinein, keiner beachtet sie. Die Freundin sagt dann: Komm', ich hab schon bestellt: Zwei Klöße und Gurkensalat mit weißer Brühe. Dann wieder auf der Straße, sie hat immer noch Hunger. Ein Indonesier gibt ihr eine Pechfakel und sagt, wenn er die anzündet, würde hier alles zusammenbrechen, die Leute ständen mit den Füßen in der Scheiße. Dann wieder im Lokal, der Mann, der mit der Freundin zusammen war, beruhigt sie, streichelt sie. Sie denkt: Komisch, er hat sich doch vorher nicht interessiert. (Die Butterrolle und die Gurke, beide zerschnitten, symbolisieren den Penis, grüner Schimmel und weiße Soße das Ejakulat.)

Beziehung zu Dr. K.: Seit zweieinhalb Jahren ist sie bei ihm, kannte ihn schon aus dem Krankenhaus, er hat sie damals operiert. Er hat sie wiedererkannt, war unwahrscheinlich freundlich und nett, sie hat wohl etwas zu viel Gefühle investiert. Sein Angebot, öfter wiederzukommen, hat sie gern angenommen. Sie war dankbar und etwas in ihn verliebt, hatte aber das Gefühl, die ,,Sache" wächst ihr über den Kopf. Peinlich, als sie merkte, daß sie Spritzen brauchte. Die Spritzen in die Leistengegend und direkt in die Vagina, die so schmerzhaft waren, schmerzhafter, als der Schmerz, den sie bekämpfen sollten. Aus Angst vor der Abhängigkeit von den Spritzen ist sie öfter vor der Praxis des Gynäkologen wieder umgekehrt. Sie hatte sich verrannt, die Gefühle waren machmal ganz enorm. Das hat sich geändert, als ich den Kollegen angerufen hatte. Sie wollte von mir die Erlaubnis (oder das Verbot), zur Spritze zu gehen. Oft war sie wütend, daß ich sie von der Spritze abhalten würde, obwohl davon gar nicht die Rede war. Als die zweiten, kleineren Therapieferien bevorstanden, ist sie unter dem Vorwand einer Vorsorgeuntersuchung wieder hingegangen, hat sich eine Spritze geben lassen, wahrscheinlich um sich an mir zu rächen.

Ein anderer Traum: Sie ist im Urlaub, alles ist verschneit, ein einzelner Pfahl ragt aus dem Schnee, der eine Schneekappe trägt. Sie leckt den Schnee ab. Eine Frau tritt aus einem Haus und sagt: Mein Gott, das haben Sie doch nicht nötig, kommen Sie doch 'rein. Das Haus ist wie eine Höhle, gemütlich und warm, die Zimmer sind ganz dunkel, weil das Haus ganz in der Erde liegt. (Die Mutter bewahrt sie vor dem Inzest.)

Sie hatte das Bedürfnis, die Haut ihres Mannes zu spüren, er wollte gleich mehr, sie hat es ihm erklärt (was sie früher nie konnte), er darauf: Na ja, dann habe ich ja gar nichts mehr. Wieso eigentlich, fragt sie sich und nimmt sich vor, nichts mehr gegen ihren Willen zu machen. Am Abend haben sie dann doch zusammen geschlafen, zwar wollte sie nicht, aber ihr Bedürfnis nach bloßem Körperkontakt konnte sie nicht gegen seine sexuellen Bedürfnisse durchsetzen. Sie hatte Schmerzen dabei, sagte sich aber, jetzt machst du weiter; Verzweiflung, aber die Schmerzen waren irgendwie gewollt oder genossen. Sie kriegte ihre sadomasochistischen Vorstellungen, dann hat sie gedacht, jetzt ist Schluß, hat einen Orgasmus vorgespielt, hatte ihre Ruhe. Wut, sie hätte ihren Mann erschlagen können. Er kann sich nicht vorstellen, daß Körperkontakt ohne Sexualität möglich ist. Nach dem Gespräch darüber war er gekränkt, hat den Märtyrer gespielt, wieder geraucht (Asthma: Terror!). Was dein Vater alles kaputt gemacht hat, sagt er. Er selbst aber übernimmt mit seinem narzißtischen Gekränktsein die Rolle des Vaters. Das kann sie ihm sagen und: Es ist fast, als ob du einen Säugling vergewaltigst, sagt sie zu ihm. Der Vater war auch immer gekränkt. Ihr Mann hört zwar zu, sagt aber, seine Bedürfnisse werden nicht erfüllt.

Alles wie früher: Wenn der Vater mal aufgehört hat, sie zu befummeln, hat sie gedacht, sie könne sich ihm wieder nähern. Mit dem Ehemann: Sie will Verständnis, und er denkt nur an sich. Immer wieder dasselbe Thema: Wann sie wieder bereit ist, mit ihm ins Bett zu gehen.

All die Jahre hat sie so getan, als ob sie teilhabe, wenn sie mit ihrem Mann schlief, jetzt ist sie innerlich absolut passiv, läßt es mit sich machen. Es ist das Einsamste, was es gibt. Ich sage ihr, vielleicht hat sie sich 20 Jahre lang etwas vorgemacht, um nicht so einsam sein zu müssen.

Therapeutischer Verlauf

Anfangs Beziehungen zu mir wie zu einem Arzt, dem man alles sagen kann: Einmal muß es gesagt sein. Sie hatte mehrere Adressen von Therapeuten, warum nicht zu einer Therapeutin? Ihr Mann wollte, daß sie zu einer Frau geht. Sie könnte es nicht. Sie fragt sich, ob sie die Wut loswerden könne, eine dumpfe Wut, sie könnte alles abräumen, aber so weit sei sie noch nicht. Gleich am Anfang der Therapie kann sie sich gegen die Mutter der von ihr betreuten Kinder abgrenzen, ihr Mann reagiert eifersüchtig und mit gehäuften Asthma-Anfällen, sie sagt nein zu der Forderung ihrer Eltern, dauernd zu Besuch zu kommen. Sie denkt noch einmal daran, aber ein letztes Mal, ob die Schmerzen nicht organisch sein könnten. Dr. K. macht jetzt vaginale Spritzen, für einen Tag haben sie gut geholfen.

In einer der ersten Sitzungen Wut auf mich, daß ich ,,als Mann hinter ihr sitze'', ihr nicht weiterhelfe (letzte Stunde mit ihrem Problem, ihrer Tochter nicht auf die Frage nach Onanie antworten zu können). Sie kommt auf ihre Macht über alte Männer, auf einen tollen homosexuellen Mann, der erstaunlicherweise nichts von ihr wollte; was der Vater von ihr (onanieren vor seinen Augen) verlangt habe: all das kann ich jetzt auf die therapeutische Beziehung beziehen. Sie hat Angst, ihrem Mann vom Inzest zu erzählen, denn er würde wütend auf ihren Vater sein (die beiden Männer verstehen sich sehr gut, ihr Mann hat keinen Vater gehabt). Und er würde fragen, warum sie sich das habe gefallen lassen, auch für die Kinder wäre es ganz schlimm, wenn sie es wüßten. Ich denke jetzt: Sie fragt damit, wie *ich* eigentlich reagiere. Ob sie von der Therapie abhängig werden kann, bei jeder Beziehung denkt sie gleich ans Ende. Sie will z.Z. niemanden ,,hautnah'' an sich heranlassen, wäre am liebsten in einer Gruppe.

Sie habe ihren Mann soweit, daß er sie von der Therapie nicht mehr abholt; wenn sie nach Hause kommt, wird sie von der ganzen Familie erwartungsvoll beobachtet. Sie berichtet, daß sie wütend war, weil ich ihr nichts erklärt und ihr nichts geraten habe: Wut, daß ich zu wenig aktiv bin. Sie will von mir wissen, was Triebtheorie ist. Ich kläre sie ausführlich auf. *Traum* von der Therapie, sie lag auf der Couch, von einem Federbett ganz bedeckt, nur die Augen waren frei. Ich habe Blumen gegossen, sie hat gesagt: Sie nehmen Sex zu wichtig, nehmen Sie mal was anderes dran.

Sie kommt sich ziemlich nackt vor in der Therapie; hat sonst nie über die Ehe gesprochen, letzte Woche fühlte sie sich ausgeliefert, entwickelte eine ziemliche Wut auf mich.

Gegenübertragung: Nach knapp 6 Monaten Therapie; Impuls, ihr zu sagen, sie wolle es doch auch. Die Schmerzen zeigen den Wunsch, den Sog doch geradezu an. Auch ihr Mann sagt zu ihr: Komm' doch her, wenn sie nachts vor Schmerzen aufwacht und hinuntergehen will, von ihmweg. Sie hat Angst, zu mir in Abhängigkeit zu geraten, das sei aber eigentlich schon passiert. Sie will nicht anrufen, sie könnte sonst nicht mehr damit aufhören. Bei Dr. K. auch Abhängigkeit; von den Spritzen, Schmerzen dabei und das Gefühl, daß sich einer um sie kümmert.

Sie hätte fast angerufen, aber gedacht, sie belästige mich. Sie möchte von mir den Vorwurf hören, daß sie sadistische Gedanken hatte.

Traum: Sie hat mich angerufen, ich sage ihr, sie solle sofort kommen, sie kommt mit ihrem Mann. Ich bin mit ihr in einen Raum gegangen, wie in ein Cafè, habe mich locker mit ihr unterhalten, Blödsinn gemacht. Dann ein Therapiezimmer, eher wie eine Turnhalle, sie hat auf einer Gummimatte gelegen, ich habe etwas höher gesessen, wie auf einem Siegerpodest. Sie hat sich wohl und geborgen gefühlt.

Gedanke dazu: Die Turnhalle war der einzige Ort, wo sie sich als Jugendliche wohl gefühlt hatte.

Übertragung: Idealisiertes Vaterbild. Ich soll sie rausholen, ihr Geborgenheit geben (Turnhalle). Sie träumt von einer ,,Couch auf Rädern'', mit der will sie der Mutter auf und davon fahren.

Sie fühlt sich so abhängig von diesen beiden Therapiestunden. Das sei doch wahnsinnig. Angst vor diesem Wunsch, bei mir geborgen zu sein: Sie hat ewig Angst, enttäuscht zu werden. Im Prinzip ist es dasselbe, wie sie ,,zur Spritze gerannt ist'', weil sie gemerkt hat, daß sich einer um sie kümmert. Und jetzt ist sie mit der Therapie in demselben Mist. Sie hat mich nicht angerufen, weil sie furchtbar abhängig ist, das will sie mir nicht zumuten. Es ist wie eine Sucht, grauenhaft. Kurz darauf ruft sie doch an, sie wolle mir mitteilen, daß sie das befreiende Gefühl aus dem Turnhallentraum fortsetzen konnte. Zur nächsten Stunde begrüßt sie mich lächelnd. Sie träumt und träumt (nach 3 Monaten Therapie fing sie an zu träumen). Wenige Sitzungen später: Sie ist jetzt sicher, daß sie endlich gefunden hat, was sie gesucht hat. Sie fühlt sich nicht abhängig, erlebt die Therapie als echte Hilfe. Nur anfangs hat sie mir nicht getraut, weil sie Ärzten gegenüber Vorurteile hatte. Wenn sie nichts Organisches hatte, wurde sie wie eine heiße Kartoffel fallengelassen (rückblickend kommt mir das sehr euphorisch, fast hypomanisch vor, die Sicherheit, in mir das gute mütterliche Objekt gefunden zu haben).

Nach ca. 7 Monaten Therapie ein *Traum*: Sie hat meine Praxis nicht wiedergefunden. Sie irrte umher, bis sie einen bekannten Weg fand, ein Aufgang zu einem Schloß, viele Zimmer, eine schwarze Couch, 7 Minuten zu spät, auf der Couch lagen Hemden und Socken wirr durcheinander. Sie stopft die Wäsche eilig in den

Schrank, tritt mit dem Fuß nach, „doch noch geschafft". Schritte vom Treppenhaus, ihr Mann.

Nach 2 Wochen Therapiepause *ein anderer Traum*: Sie hat mich umgebracht. Schloß, Innenhof, der Vater stand mit einer Pistole und einem Messer in der Hand, sie aber schoß auf eine Holzstatue. Der Vater hat einen Mann erschossen, der wie ich aussah. Sie ging mit dem Vater in einen kleinen Raum, legt sich auf eine Couch, öffnet die Beine, wie bei einer Geburt. Der Vater ist zwischen den Beinen, sie sagt: Er solle vernünftig sein, er sei doch verheiratet. Der Vater: Er könne nicht ohne sie leben. Durchs Fenster guckten zwei kleine Kinder. Die Patientin ist plötzlich wütend und enttäuscht.

Interpretation: Die Mutter vernachlässigt sie (Therapieferien), die Folge ist Sexualität mit dem Vater (auf der Couch!). In einem weiteren Traum war die Praxis geschlossen; sie ging in einen Keller, wo sie einen Mann traf, der erst mürrisch, dann ganz freundlich war. Sie solle mit in die Wohnung kommen, dort sei seine Frau, es sei gemütlich, er würde sie einladen. Träume mit dem Therapeuten und seiner Frau bedeuten den Wunsch nach einer vollständigen Familie, in der sie Kind sein darf.

Traum 4 Wochen vor den ersten Sommerferien: Bei Dr. K. auf der Liege, sie soll ihm die Stelle zeigen, wohin er spritzen soll. Er sitzt mit dem Rücken zu ihr und winkelt ihr Bein an, setzt die Spritze an, guckt dann in die Scheide, ob sie einen Orgasmus habe. Ihr ist es peinlich, ein Mann macht im selben Zimmer Eintragungen in Karteikarten, die Tür ist weit offen. Sie will Blickkontakt zu diesem Mann, er ist freundlich, wohlwollend. Sie entspannt sich, muß nicht mehr auf die Zähne beißen. — Das ist ein Traum vom Zeugen, den man sich wünscht (vgl. Khan 1976, S. 305; Kohut 1976, S. 197).

Sie schluckt dauernd Schmerztabletten vor den Ferien. Ein Nachbar, ein junger Mann, ist von der Brücke gesprungen, tot. Sie würde das anders machen, ganz langsam, damit sie richtig was davon hat. Die Therapie sei zwecklos für die kurze Zeit bis zum Selbstmord! Wut, Tabletten und Selbstmorddrohung 4 Wochen vor den Praxisferien. Die Beziehung zu den Ferien lehnt sie ab, ruft dann an, ich hätte recht gehabt, sie hatte nach der Stunde eine Wut und das Gefühl, mich erpreßt zu haben. Sie hatte die Idee, ich wollte die Therapie beenden (Projektion), aber ich müßte doch bemerkt haben, wie sehr sie die Stunden braucht. In den letzten Ferien ist sie wieder zu Dr. K. gegangen, sie wollte von mir die Erlaubnis (oder die Ablehnung), eine Spritze verabreicht zu bekommen. Sie war wütend, daß ich interpretiert hatte, ich gäbe ihr zu wenig. Daraus ist das Gefühl entstanden, ich lehne sie ab, wolle die Therapie beenden. Wut auch auf mich, weil ich nie etwas zu ihrem Hautgefühl gesagt habe, sie hat sich verlassen gefühlt. Sie möchte aufstehen, mich rütteln. Was sie jetzt machen solle? Nachdem sie mir das sagen konnte, stellte sich ziemlich schnell das Gefühl von „Freundschaft" ein, sie gab mir einen Ausschnitt aus einer Zeitschrift, ein Gedicht: Freundschaft.

Gegen diese Freundschaftsgefühle spricht ein *Traum*, in dem eine Couch umkippt und ein kleines Kind mit einer Windel droht, in zerbrochene Fensterscheiben zu stürzen, die auf dem Boden liegen. Sie nimmt das Kind auf den Arm, spürt Körperwärme, streichelt es, hat selbst ein unwahrscheinliches Bedürfnis nach Körperkontakt. Sie macht sich Sorge, ob sie das dürfe, ob sie ihre Aufsichtspflicht verletzt habe. Das Kind ist still, aber Blut fließt aus der Windel. Sie erzählt das besorgt der Mutter, die meint, es sei nicht so schlimm, man brauche wohl keinen Arzt (die Zuwendung durch die Therapie ist aprupt durch die Ferien unterbrochen: die Couch kippt um). Sie selbst hat Bedürfnisse nach Körperkontakt, die Aufsichtspflicht hat wohl der Therapeut verletzt. Das Blut weist auf die Genitalgegend hin, auf die die kindlichen Bedürnisse verschoben worden sind.

Ein weiterer Traum: Eine alte Frau quetscht ein Baby, das auf einer Couch liegt, versucht dem Kind zu trinken zu geben, das Kind kann die Milch gar nicht trinken. Sie kann die Interpretation, ich sei die alte Frau, nicht ganz annehmen, hat aber selbst das Gefühl, etwas Falsches gesagt zu haben, zieht sich dann ganz zurück. Sie hat Angst, mich zu verlieren während der 5wöchigen Pause, kann gar nicht glauben, daß es etwas Beständiges gibt. In den Ferien dann immer vom Essen geträumt, das man ihr hinstellt, aber gleich wieder wegnahm, bevor sie essen konnte. Das ist die Therapie. Diesmal habe sie sich im Urlaub erstmals in ihrem Leben auf zu Hause gefreut, daß sie hier wieder in ihr ,,Kinderbett", die Couch, kann! Am ersten Urlaubstag kam sie sich von mir völlig verlassen vor. Sie klammerte sich an den einen Satz, mit dem ich ihr einen schönen Urlaub gewünscht hatte. Sie weint, völlig verlassen. Sie hatte das Gefühl, onanieren zu müssen, das ging aber überhaupt nicht, dann wurde sie wütend.

Traum: Meine Praxis, viele Leute wie Pappfiguren. Ich komme in den Raum, weine, ich möchte Körperkontakt haben, alle bleiben starr. Sie denkt, sie könnte es machen, umarmt mich, ist auch starr, wie tot.

Wenn ich mit ihr spreche, hat sie jetzt das Gefühl, als ob es ihre Haut aufnähme. Vor dem Urlaub sei sie in mich verliebt gewesen, dadurch sei aber eine rote Lampe angegangen (Warnung), sie habe das Gefühl weggeschoben, Angst vor Enttäuschung. Auch bei Dr. K. war der Wunsch nach Zuneigung zu stark, die Enttäuschung um so größer. In der nächsten Sitzung schweigt sie lange, quält sich, weint. Angesprochen, zuckt sie mit den Schultern. Das geht so 40 Minuten lang. Dann sagt sie: ,,Ich bin verrückt!" Fühle sich beobachtet, wie unter einer Glasglocke, nichts interessiere sie. Sie ist in sich zurückgezogen, will nicht mit Leuten sprechen, beendet manchmal Sätze nicht, hört nicht zu. Ihr ist etwas eingefallen: Als Kind hat sie immer getanzt, auf der Spitze, alle Schuhe sind kaputtgegangen. Ein Jahr Ballettunterricht. Musik war vielleicht das einzige, was sie positiv erlebt hatte (der Vater hörte gern Operetten und Musik von Mozart). Als ob die Musik ihr alles ersetzt hätte, z.B. Körperkontakt, es war ihr jetzt so, als wäre die Musik eine Art Köperberührung. Ein Glück, daß es die Musik für sie gegeben hat, sonst wäre sie vielleicht verhungert. Es wird ihr alles so klar, daß sie überhaupt nichts gehabt hat.

Sie hat Stimmen gehört, von Leuten, die gar nicht im Zimmer waren. Zuerst, als sie gerade verheiratet war, dann, als Andrea 2 Jahre alt war: fürchterliche Krise. Sie hatte die Augen offen, aber niemand gesehen, obwohl jemand mit ihr gesprochen hat. Jetzt in den Sommerferien am Tag Stimmen gehört. Gefühl, als ob der Körper zerfließe, dabei Starre. Die folgenden kurzen Herbstferien waren schlimmer als die Sommerferien: Schwere Depressionen in den ersten 10 Tagen. „Verfolgungswahn": Ich hätte sie ständig verfolgt, besonders im Buchladen, als ob ich sie kontrollieren wollte (Sie hat ein Buch von Kafka gekauft). Sie habe gedacht, ich sei da und würde sie fragen, was sie da lese, sie habe gedacht, sie rieche nach Urin. — Der phantasierte Verfolger rettet sie wenigstens vor der völligen Einsamkeit. In der Buchhandlung wieder die Idee, daß ich da bin. Das muß irgendetwas mit ihrem Gewissen zu tun haben. Gestern eine halbe Stunde eine keifende Frauenstimme gehört. Sie fühlt sich beobachtet; die Straße, in der die Praxis liegt, kommt ihr verändert vor.

Eine Sitzung mußte verschoben werden, die Zeit zwischen zwei Sitzungen wurde dadurch länger; sie überlegte, ob sie in die Nähe der Buchhandlung gehen sollte. Am Tag der verschobenen Sitzung ist sie nicht gegangen, aber am nächsten. Sie will sich quälen, wie mit den Besuchen bei Dr. K. Sie hat sich meine Stimme vorgestellt, mich durch ihre Haut aufgenommen.

Traum von der Therapie: Im Keller der Praxis, Leute, meine Frau hat zwei Bücher „Leben nach dem Tode" und „Übersinnliche Kräfte". Frau D. hüpft in den Sessel, fühlt sich geborgen, ihr Hemd rutscht etwas hoch, sie schläft aber doch ein. Als sie aufwacht, kriegt sie einen Teller Suppe von meiner Frau. Ein Sturm draußen ist ihr Gewissen, welches da heult. — Sie sieht mich überall, sogar in der Stadtbücherei. Meine Idee: Ich könnte kontrollieren, ob sie in den Büchern keine Schweinereien sucht, sie sagt dazu: Ihre Tochter soll nicht „Kinder vom Bahnhof Zoo" lesen, die Eltern in der Schule regen sich auf, es seien zuviel Schweinereien darin. Ihr Mann ist natürlich auch dagegen, sie will es jetzt selber lesen. Die Ferien waren wieder schlimm (Weihnachten), als ob die Nabelschnur durchgeschnitten wäre, sie habe nur „von der Substanz gelebt". Sie denkt an eine Sitzung vor den Ferien, in der ich zu spät gekommen bin und die Stunde etwas gekürzt habe. Folgendes nennt sie „Zustand": Sie sieht mich überall, atmet mich ein, hat vaginalen Verkehr mit sich selbst, inklusive den Beckenbodenschmerz, den sie immer will, um allein existieren zu können.

Meine Gegenübertragungsgefühle in dieser Zeit: Müdigkeit. Gruppentherapeutisches Wochenende: Nach anfänglicher Angst fast zu gut, fühlte sich dazugehörig, nach dem Wochenende ging es ihr schlecht, laute Stimmen gehört, diffus. Sie ruft mich an. Ihr Mann ist nach dem Wochenende ganz anders, bescheiden, er weint. Sie wirft sich vor, zu wenig Mitleid mit ihm zu haben. Ich denke, daß sie zusammenbricht, wenn sie sich entfernt und ihr Mann sie nicht festhält. Sie braucht den Mann, das Mädchen „hat selbst was davon" (von der Verfolgung, vom sexuellen Kontakt). Wegen der Stimmen ab jetzt Therapie im Sitzen; und die geplante Gruppentherapie erlebt sie wie ein Verbot, über frühkindliche Bedürfnisse zu sprechen.

Sie kommt immer etwas zu spät, läßt die Wartezimmertür etwas offen: teils Widerstand, teils Bedürfnis nach Teilnahme an meinem Leben (Geburt meines zweiten Kindes). Sie berichtet endlose Träume von nackten Leibern, dumpfer Sexualität, diffus, ich kann nicht folgen. Meine Interpretation: Sie versucht, mit diesen Geschichten eine symbiotische Beziehung zu mir herzustellen — mit dieser dick aufgetragenen Karikatur von Sexualität. Durch diese Begrenzung sagt sie etwas pampig: Manche sind eben nicht zur Therapie geeignet! Sie denkt im Ernst daran, aufzuhören.

Beginn der Gruppentherapie: Erstaunlich schnell dazugehörig, der Inzest wird von der Gruppe relativ gleichmütig hingenommen. Eine Einzelsitzung pro Woche geht weiter, hier weiter mißtrauisch, versteckt aggressiv.

7 Vater-Tochter-Inzest

Von allen Inzestformen ist der Vater-Tochter-Inzest am häufigsten beschrieben, und seine Dynamik ist am besten bekannt, wenn er in der realen Häufigkeit auch nicht den Geschwister-Inzest erreicht. Der jedoch tritt noch weniger in Erscheinung, ist eher passager und wohl in der Regel weniger folgenreich, weil er meist unter gleichaltrigen, gleichberechtigten Partnern stattfindet, die nicht so voneinander abhängig sind.

Neben den Daten aus der Literatur steht mir das Material von 7 Patientinnen aus meiner psychoanalytisch-psychotherapeutischen Praxis zur Verfügung, die Inzest mit dem Vater in einem so späten Lebensalter erlebten, daß sie sich eindeutig daran erinnern können. Bei weiteren 3 Patientinnen wurde das inzestuöse Agieren des Vaters nicht als hartes Faktum erinnert, jedoch im Laufe der analytischen Arbeit mit derartiger Evidenz, z.B. durch Träume und Erinnerungen, erarbeitet bzw. in seiner emotionalen Qualität reproduziert, daß für mich kein Zweifel an der Realität besteht. Hier handelte es sich wohl eher um einmalige Ereignisse in relativ sehr früher Kindheit, die der Amnesie verfallen waren. Wie auch bei anderen Berichten aus der ambulanten Praxis (Westermeyer 1978; Rosenfeld 1979b) ließen sich die Inzestopfer nicht von anderen Patienten unterscheiden, ihre Symptomatik kam auch ohne Inzest vor. Die soziale Schichtzugehörigkeit war noch eher durchschnittlich als bei der Gesamtheit meiner Patienten: sämtliche Inzestopfer kamen aus bürgerlichen Mittelschichtfamilien, ihre Väter waren Handwerker, Facharbeiter, zum kleinen Teil Akademiker. Außerdem wurden hier und zur Erarbeitung der Psychodynamik und Familiendynamik Berichte von ehemaligen Inzestopfern herangezogen, die in dem eindrucksvollen Buch von Gardiner-Sirtl (1983) mit dem Titel „Als Kind mißbraucht" veröffentlicht wurden.

7.1 Das Inzestgeschehen

Für den Vater-Tochter-Inzest lassen sich einige äußere Charakteristika unterscheiden. Ohne tiefere familiendynamische Untersuchungen feststellbare soziale Merkmale haben zu der oft zitierten Einteilung in promiskuöse, endogamische und pädophile Familien durch Weinberg (1955) geführt. Obwohl Weinberg eine Gruppe von überführten Inzesttätern untersuchte, in der ein Überwiegen der „Asozialität" zu vermuten wäre, war doch in dieser Gruppe bereits ein zahlenmäßiges Überwiegen des „endogamischen" Inzests zu beobachten, während die des pädophilen Inzests den geringsten Teil darstellte. Weinberg (1955) beschreibt die verschiedenen Inzestfamilien mit besonderer Berücksichtigung der Persönlichkeiten des Vaters.

7.1.1 Promiskuöse Familien

Der Vater-Tochter-Inzest ist Teil allgemeiner sexueller Promiskuität, auch der Mutter und der Geschwister. Der Vater zwingt die Tochter in der Regel mit körperlicher Gewalt zur Befriedigung seiner sexuellen Bedürfnisse, wie auch darüber hinaus körperliche Gewalt und Mißhandlung häufig und üblich sind. Mangelnde Impulskontrolle des Vaters wird einerseits von Weinberg auf die desolaten allgemeinen sozialen Verhältnisse in seiner Kindheit zurückgeführt, andererseits bereits auf die fehlende Möglichkeit innerhalb seiner Sozialisation, sexuelle Grenzen und soziale Regeln des Familienlebens zu internalisieren. Neben der allgemeinen Gewalttätigkeit ist wichtigstes Unterscheidungsmerkmal zur nächsten Gruppe die sexuelle Aktivität des Vaters auch außerhalb der Familie.

7.1.2 Endogamische Familien

Die Familie diesen Typs ist in sich abgeschlossen, wie auch schon die Herkunftsfamilie des entsprechenden Vaters. Physische Gewalt ist nicht zu beobachten, außer bei typischen Eifersuchtsanfällen des Vaters, wenn die Tochter versucht, sich in der Adoleszenz zu lösen. Die Familie ist sozial unauffällig, die Aufdeckung des Inzests (wenn sie überhaupt geschieht) trifft die Umgebung völlig überraschend. (Das Hauptinteresse meiner vorliegenden Untersuchung ist auf diese Gruppe gerichtet, da in ihr die subtile inzestuöse Form der Kindesmißhandlung stattfindet, auf die es mir ankommt.)

7.1.3 Pädophile Familien

Nur wenige Inzesttäter haben pädophile Neigungen, Weinberg definiert diese Täter vage, er verwendet die Bezeichnung Pädophilie bereits, wenn der Beginn der Inzesthandlungen in das vorpubertäre Alter des Kindes fällt. Maisch (1968 S. 152) fand in seiner Untersuchungsgruppe von überführten Inzesttätern immerhin 9 % mit pädophilen Zügen. Für meine Begriffe hat die Pädophilie als Form der sexuellen Perversion primär nichts mit dem Vater-Tochter-Inzest zu tun, da dieser sich in vorbestehenden zwischenmenschlichen Beziehungen (eben zwischen Vater und Tochter) abspielt, zur Definition der sexuellen Perversion aber das Vorliegen unpersönlicher Objekte (also fremde Kinder außerhalb der Familie im Falle der Pädophilie) gehören.

Eine noch differenziertere Klassifizierung des Vater-Tochter-Inzests ist von Summit u. Kryso (1978) vorgenommen worden. Die beiden Autoren kommen Weinbergs Polarisierung der Täter nahe, wenn sie einmal fehlende Impulskontrolle (entsprechend dem promiskuösen Täter) und zum anderen eine Konfusion der Rollen (entsprechend der endogamischen Familie) zwischen Erwachsenem und Kind für das Inzestgeschehen verantwortlich machen.

Folgende 10 Gruppen haben die Autoren unterschieden:

1. Zufälliger sexueller Kontakt in der Familie, beim Stillen, Baden, in einem Bett schlafen, auch Angst vor sexueller Attraktivität des Kindes mit reaktivem emotionalen Rückzug, dann aber auch Zungenküsse, Untersuchung der Brüste, „Heim-Voyeurismus". Hier liegt nach Meinung der Autoren noch eine intakte Kontrolle vor; die Prognose, durch Beratung Änderungen zu erreichen, ist günstig. Hier würde ich jedoch anführen, daß insbesondere die letztgenannten Aktivitäten je nach Eltern-Kind-Beziehung und der Atmosphäre, in der sie stattfinden, sehr wohl traumatisch sein können.
2. Die Ideologie, sexueller Kontakt sei gut für das Kind: Hier dürfte die Motivation zur Veränderung schlecht sein, die Forderung nach Liberalisierung der Sexualität der Kinder (vgl. Abschn. 2.3.2) erscheint mir eine Art von Rationalisierung der eigenen ausbeuterischen Bestrebung zu sein.
3. Psychotische Reaktion der Erwachsenen: Es handelt sich um eine seltene Ausnahmeerscheinung, daß in der Regel singulärer Inzest innerhalb der Psychose eines Elternteils stattfindet.
4. Isolation von sozialen Gruppen: Von Anthropologen sind immer wieder ethnische Gruppen angeführt worden, sie spielen nach Meinung von Summit u. Kryso eine geringe Rolle.
5. Wahrer endogamischer Inzest: Das ist die weitaus am häufigsten vorkommende Form, um die es in diesem Buch geht und deren Dynamik noch ausführlich besprochen wird.
6. Frauenfeindlicher Inzest: Gewalt gegen Frauen; wie alle Frauen sind auch die Töchter Besitz, diese Gruppe entspricht Weinbergs promiskuöser Familie.
7. „Imperious incest": Offene karikaturhafte patriarchalische Beherrschung der Familie durch den Vater.
8. Pädophilie: Keine Gewaltanwendung, Jungen wie Mädchen sind gleich betroffen. Die Mutter ist in solchen Familien meist in der Lage, das Kind sofort zu schützen, deshalb tritt nur geringfügiger nachfolgender Schaden ein.
9. Vergewaltigung des Kindes in der Familie: Der Vater ist offen brutal aggressiv, die Mutter versagt dabei, das Kind zu schützen.
10. „Perverser Inzest": „Pornographische" Aktivitäten, in die mehrere Personen und auch die eigenen Kinder einbezogen werden.

Diese Klassifizierungen treffen bereits die Dynamik der Familie und ihrer Mitglieder. Es sind aber auch immer wieder einige äußere Details beobachtet worden, die das Inzestgeschehen charakterisieren. Hier soll mein eigenes Fallmaterial mit einbezogen werden (Tabelle 1).

7.1.4 Beginn des offenen Inzests

Das Alter des Kindes bei Beginn des manifesten Inzests wird verschieden angegeben. In Weinbergs Untersuchung lag es meistens nach der Pubertät (entsprechend seinem Untersuchungsmaterial), in einer Untersuchung von 15 Psychotherapiepatientinnen durch Herman u. Hirschmann (1977) lag der Häufigkeitsgipfel bei 8 Jahren; bei 4 der 7 Patientinnen in meiner Praxis, die sich an den Inzest eindeutig

7 Vater-Tochter-Inzest

Tabelle 1. Vater-Tochter-Inzest - Patienten aus eigener Praxis

Patientin	Soziale Schicht	Alter bei Beginn	Form des Kontakts	Dauer	Drohung Gewalt	Charakter des Vaters	Symptomatik	Alter bei Beginn	Dauer der Therapie
A	Mittelschicht	(Vorschul) 11 J.	aggress. Körperkontakt	4 J.	+	submiss.	Bezieh.-Stör. Psychosom. Depression	35	3 Mon.
B	Mittelschicht	5 J.	Masturb. Voyeur.	2 J.	+	submiss.	Bezieh.-Stör. Psychosom. Depression	28	18 Mon. hält an
C	Mittelschicht	10 J.	Streich. d. Genit.	5 J.	—	submiss.	Bezieh.-Stör. Depression Konversion	23	6 Mon. hält an
D	Mittelschicht	(Vorschul) 10 J.	oralgenital	4 J.	+	submiss.	Konversion Bezieh.-Stör.	19	2 J. hält an
G	Mittelschicht	12 J.	oralgenital	3 J.	subtile Gewalt	patriarch.	Bezieh.-Stör.	19	6 Mon. hält an
H	Mittelschicht	(Vorschul)	?	?	(2)	submiss.	Bezieh.-Stör. Suizidalität	40	7 J.
I	Mittelschicht	(Vorschul)	(oralgenital)	(einmalig)	(+)	patriarch.	Suizidalität Psychose	46	3 J.
K	Mittelschicht	(Vorschul) ?	?	(einmalig) ca. 12 J.	(+)	submiss.	Psychose	23	4 J.
L	Mittelschicht		Streich. d. Genit.		—	submiss.	Psychose	50	1 J. hält an
M	Mittelschicht	5 J.	Masturb.	?	+	patriarch.	Bezieh.-Stör. Psychosom. Autoaggress.	23	6 Mon.

erinnerten, lag der Beginn am Anfang der Pubertät, bei 3 Patientinnen im Vorschulalter. Allerdings stellte es sich bei 2 Patientinnen der ersten Gruppe im Laufe der Therapie als sehr wahrscheinlich heraus, daß bereits im Vorschulalter inzestuöse Handlungen vorgekommen sein dürften. In den 3 Fällen, in denen der Inzest durch die Therapie wahrscheinlich wurde, aber nicht als Tatsache erinnert werden konnte, fand er naturgemäß im Vorschulalter statt.

Nicht so sehr das Alter oder der Eintritt der Geschlechtsreife scheinen für den Beginn bestimmend zu sein, als vielmehr das Ansteigen der Bedürftigkeit des Vaters durch den Rückzug der Mutter (Kaufman et al. 1954, S. 276). Lustig et al. (1966) beschreiben einen Fall, in dem der Tod der Großmutter mütterlicherseits zum Rückzug der Mutter und zum Inzestbeginn führte. Das Inzestagieren, über das Rascovsky u. Rascovsky (1950) berichten, wird durch eine 6 Monate lange Reise der Mutter ausgelöst, die auch sonst ihre Aktivitäten aus der Familie heraus verlagert hatte.

Die Berufe der Mütter, in die sie typischerweise im Laufe der Entwicklung des Familienlebens wieder einsteigen, sind oft mit Nachtdienst verbunden, wie Krankenschwester oder Kellnerin (vgl. Eist u. Mandel 1968). Manchmal kommt der Vater aufgrund unterschiedlicher Arbeitszeiten regelmäßig früher nach Hause als die Mutter (Gardiner-Sirtl, S. 33) oder der Zeitplan der Eheleute ist in stillschweigender Kollusion so abgestimmt, daß gemeinsame Sexualität nicht möglich ist (Lustig et al. 1966), wohl aber zwischen Vater und Tochter in Abwesenheit der Mutter. Eine Krankheit der Mutter, die zu ihrem Rückzug führt, wird sehr häufig angegeben (Kavemann u. Lohstöter 1984; Gardiner-Sirtl 1983, S. 30, 57, 130, 131, 145, 154, 172). Weitere Auslöser, die den sexuellen Kontakt zwischen Vater und Mutter verhindern und Vater und Tochter Gelegenheit geben, allein zu sein, sind Schwangerschaft und Geburt jüngerer Geschwister (Rhinehart 1961); Gardiner-Sirtl 1983, S. 103) oder Beginn des Klimakteriums (Tuovinen 1972).Die Rückkehr des Vaters aus Krieg oder Kriegsgefangenschaft hängt manchmal mit dem Inzestbeginn zusammen. Bei einer Patientin (Frau H.) spielten wohl Fronturlaube des Vaters eine Rolle, bei zwei weiteren lagen zwischen Rückkehr des Vaters aus der Kriegsgefangenschaft und Inzestbeginn ca. 2 Jahre (Frau D. und Frau A.) Auch Gardiner-Sirtl (1963, S. 64 und 184) berichtet über ein solches zeitliches Zusammentreffen. Ebener (1937, zit. bei Weinberg 1955, S. 37) beobachtete ein starkes Ansteigen der Zahl der Inzestfälle nach Ende des Ersten Weltkriegs.

Am häufigsten ist die älteste Tochter das Inzestopfer (bei Weinberg 1955 in über 60%), bei den von mir gesehenen Patientinnen handelte es sich meist um die einzige Tochter, ein Vater mißbrauchte die eine Zwillingsschwester, die andere konnte sich wehren, in einem anderen Fall mißbrauchte der Vater beide Töchter. Die Form des sexuellen Kontakts hängt von der jeweils untersuchten Gruppe ab. Bei den überführten Tätern, die Maisch (1968) untersuchte, lag der Anteil des Koitus an den sexuellen Handlungen bei 51%, in der psychiatrisch-psychotherapeutischen Praxis, in der es eher um psychopathologische Spätfolgen geht als um aktuelle Strafverfolgung, liegt der Anteil naturgemäß weit darunter. In meiner Praxis trat kein Fall von vaginalem Geschlechtsverkehr zwischen Vater und Tochter auf, dagegen ein ganzes Spektrum von Handlungen, angefangen von exhibitionistischen und voyeuristischen Aktivitäten über Berühren der Brüste, der Genitalien, Küsse in sexualisierter Weise, vor den Augen des Kindes Onanieren, onanieren lassen vor den Augen des Vaters, Beischlaf zwischen den Eltern in Anwesenheit des Kindes, sich masturbieren lassen, interfemoraler Verkehr (zwischen den Schenkeln), oral-genitaler Verkehr (Fellatio und Cunnilingus) sowie Fotografieren von bestimmten sexualisierten Körperhaltungen, Urinieren und Defäzieren über dem nackten Körper des Kindes.

Vater-Tochter-Inzest in den „gut-bürgerlichen" Familien geht in der Regel über mehrere Jahre, ein Befund, der in der Literatur allgemein erhoben wurde (Kaufman et al. 1954; Lustig et al. 1966) und der auch von mir beobachtet wurde. Bei allen Patientinnen, die sich an den Inzest erinnern konnten, ging er über mehrere Jahre, durchschnittlich über fast 4 Jahre.

Zwei Variablen sollen zusammen dargestellt werden: die Persönlichkeit des Täters und seine offene Aggressivität einerseits und das Ausmaß an offener Gewalt andererseits, die mit dem Inzest verbunden ist.

Von allen Vätern meiner Patientinnen waren nur 2 offen „patriarchalisch", aggressiv-fordernd und über die Frauen der Familie dominierend (der Vater von Frau I., bei der das Inzestgeschehen in der frühen Kindheit vorgefallen sein muß, und der von Frau M.). Ein weiterer Vater (Frau G.) war dominierend und fordernd, aber auf sanft-bestimmte, gleichwohl keinen Widerspruch duldende Art, ein „moderner" Vater. Alle anderen müssen als submissiv bezeichnet werden, unterwürfig, oft wehleidig, voller Selbstmitleid (vgl. Abschn. 7.3.1). Trotzdem ist bei den meisten Inzestbeziehungen Drohung und Gewalt zur Durchsetzung der sexuellen Handlungen und um das Kind zum Schweigen zu veranlassen, angewandt worden. Darüber hinaus zeigten sich offene Aggressionen bei den meisten Vätern in Form jähzorniger Eifersucht, wenn die Töchter sich von ihm und der Familie zu entfernen drohten (vgl. besonders Frau A.). Geld und Geschenke, d.h. offene Bevorzugung vor den anderen Geschwistern und auch der Mutter des Opfers, werden selten beschrieben (z.B. Sloane u. Karpinski 1942); bei einer Patientin (Frau A.) wurde das Geld eher als Mittel der Erpressung benutzt, sonst spielten Vergünstigungen keine Rolle. Die Psychotherapie wurde in verschiedenem Alter begonnen, nicht unterscheidbar von anderen Patienten. Die Symptomatik ist durchgehend bestimmt von Depression und Beziehungs-(Partner-)Schwierigkeiten, auffallend häufig verbunden mit Konversionssymptomen.Die meisten Therapien dauern noch an, da die Fälle von Inzest in der Lebensgeschichte in meiner Praxis in den letzten 2 Jahren weit häufiger vorkamen als vorher; nach meinem Eindruck ein Zeichen dafür, daß Inzestopfer eher den Mut haben, ihr Geheimnis aufzugeben und sich um psychotherapeutische Hilfe zu bemühen als noch vor ein paar Jahren.

7.2 Psychodynamik der Tochter

„Alles auf dem Gebiet dieser ersten Mutter-Bindung erschien mir so schwer analytisch zu erfassen, so altersgrau, schattenhaft, kaum wiederbelebbar, als ob es einer besonders unerbittlichen Verdrängung erlegen wäre." Freud (1931, S. 519)

Psychodynamisches Schema der Tochter

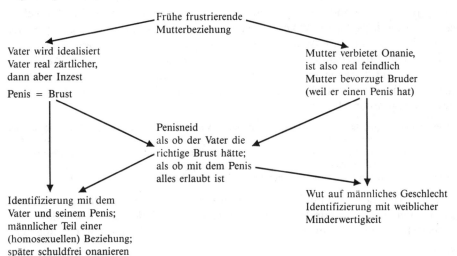

7.2.1 Die Beziehung zum Vater als Kompensation eines Defizits an mütterlicher Fürsorge

Die sexuelle Beziehung zwischen Vater und Tochter scheint mit übergroßer Deutlichkeit der ausagierte, d.h. real in Szene gesetzte Ödipuskomplex des Mädchens zu sein. Aber bis auf wenige Ausnahmen (z.B. Bender u. Blau 1937; Bender u. Grugett 1952), in denen der Ödipuskomplex für die Verführung des Vaters durch das Kind verantwortlich gemacht wird, sind sich alle Autoren in keinem Punkt der psychodynamischen Zusammenhänge des Vater-Tochter-Inzests so einig wie in dem, daß die scheinbar genitale Sexualität ein Surrogat für die Erfüllung frühkindlicher oraler Bedürfnisse ist.

In der frühen und beeindruckenden Arbeit von Kaufman et al. (1954) wird die Wendung von der Mutter zum Vater als Objekt, von dem man Mütterlichkeit erwartet, bei ihren Patienten so beschrieben (S. 276): „Diese Mädchen hatten sich schon lange von der Mutter als beschützendem Erwachsenen verlassen gefühlt. Das war ihre Grundangst. Eine Möglichkeit, mit dieser Angst fertig zu werden, war, nach einer Mutterfigur zu suchen, die für sie sorgen und sie beschützen könnte. ... In ihrer Einsamkeit und Furcht akzeptierten sie die sexuelle Annäherung des Vaters als Ausdruck von Zuneigung." In der Darstellung einer Inzestfamilie durch Gutheil u. Avery (1977, S. 112) versucht die Tochter das Defizit an mütterlicher Fürsorge beim Vater zu kompensieren, die Abhängigkeitswünsche sind als genitale Bestrebungen „verkleidet".

Häufig wird auf den Widerspruch der Patientinnen, die einmal Inzestopfer waren, hingewiesen: ihr offenes verführerisches Verhalten und die Angst und das Ausweichen vor genitaler Sexualität (Marmor 1953; Tompkins 1940). Trotz aller Promiskuität war die Patientin Gordons (1955, S. 282) „vaginal empfindungslos und genoß nur eine temporäre Illusion von Wärme im Kontakt mit Männern." Rhinehart (1961) beschreibt den Fall des Mädchens „Sonia", das vom Alter von 9 Jahren an von ihrem Vater sexuell mißbraucht worden war, nachdem die Mutter den promiskuösen und gewalttätigen Vater verlassen und das Kind bei ihm gelassen hatte, „weil die Luft dort besser" sei als in der Großstadt, in die sie zog. Sonia sagte nie etwas, um das Wenige an Zuwendung und Schutz, das der Vater geben konnte, nicht zu verlieren. Mit 18 Jahren erzählte sie der Mutter vom Inzest, die darauf bestand, daß sie zu ihr zog, obwohl sie sich all die Jahre nie gekümmert hatte. Kaum war sie zur Mutter gezogen, begann eine sexuelle Beziehung mit dem zweiten Mann der Mutter:

„Die Patientin sagte, sie wollte eine Mutter und einen Vater, die sie liebten und wollten, und daß sie es gern mochte, wenn der Stiefvater sie leidenschaftlich streichelte und knuddelte, aber daß sie den tatsächlichen Beischlaf nicht mochte. Das soll den infantilen prägenitalen Charakter der Bedürfnisse, die befriedigt werden wollen, demonstrieren, und der einzig offene Weg für diese Bedürfnisbefriedigung war, sie von Männern durch einen »genitalen« Kanal zu bekommen" (S. 343).

In vielen Träumen hat Frau D. in meiner ausführlichen Falldarstellung diesen Zusammenhang zwischen oraler, früher Bedürfigkeit, auch der nach Körperkontakt, dargestellt, auch in bezug auf die emotionalen Ansprüche an den Therapeuten:

Sie träumt z.B., sie sitzt in einer Höhle, einer Art Kellergewölbe auf einem weißen Stuhl und umarmt einen Mann, der ein bißchen arrogant wirkt, aber sehr sensibel ist. Beide haben intensiven Augenkontakt, sie fallen vom Stuhl auf den Boden, Frau D. hat ein Gefühl von Nähe, wie sie es noch nie erlebt hat, nichts sperrt sich dagegen. Sie ist beruhigt, daß der Mann keine Erektion hat, trotzdem schlafen sie zusammen, sie schämt sich nicht. Auch als sie seine Frau am nächsten Tag sieht, hat sie kein schlechtes Gewissen. Dann wechselt die Szene in die Praxis des Gynäkologen, wieder hat sie einen intensiven Augenkontakt, als ob sie sich in den Augen des Arztes spiegeln würde. Als er ihr die Hand gibt, hat sie wieder das durchdringende Körpergefühl. Der Arzt sagt ihr, sie solle in einer Stunde wiederkommen, sie kehrt aber nicht mehr in die Praxis des Gynäkologen, sondern in die Praxis des Psychotherapeuten zurück, fühlt sich erst wie zu einer Säule erstarrt, dann löst sich der Körper auf, wird warm, besonders die Haut ist beteiligt, auch besonders die linke Brust, die Finger ertasten einen Männerkörper, dann einen Frauenkörper, sie spürt die Wärme in den Fingerspitzen, dann auf der ganzen Haut, ein richtiges Urgefühl. Als sie aufwacht, hat sie starke sexuelle Gefühle, sie stellt sich vor, daß man als Säugling solche Gefühle haben kann. Ein anderer Traum stellt ebenfalls das notgedrungene Ausweichen auf genitale Sexualität dar, weil die eigentlichen oralen Wünsche nicht erfüllt werden: Sie träumt, es ist nichts zu essen im Haus, die Mutter sagt unfreundlich, sie solle doch auf der Toilette nachsehen. Dort findet sie drei Männer, die sich voller sexueller Anspielungen abfällig über ihren Körper äußern, dann erscheint aber ein Mann mit einer großen Kuchenplatte.

Ganz ähnlich stellt eine Patientin Gordons (1955, S. 287) das Ausweichen von der Mutter auf den Vater im Traum dar: Sie stand in einer langen Schlange in einer Selbstbedienungscafeteria. Als sie schließlich das Essen bekam, war die Milch sauer, so daß sie den Rotkohlsalat nehmen mußte. Helen (die Patientin) assoziierte zu dem Salat: Interesse ihres Vaters an gesunder Ernährung. Er hatte sie oft gezwungen, diesen Salat zu essen, weil er gut für sie sei. Sie mochte ihn nicht. Als Helen 3 Jahre alt war und ihr eine ödipale Beziehung zum Vater möglich war (der Vater hatte sich vorher nicht um sie gekümmert, erst mit der Geburt des Bruders, M.H.), erlebte das Helen als eine „Gesundheitsmaßnahme" und hätte die Fürsorge der Mutter vorgezogen.

Rosenfeld (1979 a) betont, daß die Beziehung zum Vater tatsächlich auch positive Aspekte haben kann, im Sinne einer echten Kompensation, und daß der sexuelle Anteil nur einer von vielen ist.

Auch bei einer anderen Patientin, Frau A. (vgl. Hirsch 1986 a), ist die positive emotionale Beziehung zwischen Vater und Tochter, in der auch versorgende Anteile enthalten sind, primär, denn die Mutter lebte nicht mit der Familie zusammen, seit die Patientin eineinhalb Jahre alt war, vorher sorgte eine Kinderfrau für sie, danach kam kein emotionaler Kontakt zur Mutter mehr zustande. Aber es ist in diesem Fall zu vermuten, daß die Tochter schon im Kleinkindalter dem Vater einiges von dem, was sie bekommen hatte, in sexualisierter Form hat zurückgeben müssen, sicher später von der frühen Pubertät an. Hier ersetzt die inzestuöse Beziehung die „mütterliche" der frühen Kindheit, Vater und „Mutter" sind eine Person. Schließlich ist auch Bender (1954), die wegen ihrer Ansichten, das Inzestgeschehen sei vom kleinen Mädchen wegen ihrer unbewußten ödipalen Bestrebungen initiiert, so häufig zitiert wird (Bender u. Blau 1937; Bender u. Grugett 1952), der Ansicht, daß beim Inzestopfer eine affektive Deprivation vorliegt und der sexuelle Kontakt als Versuch verstanden werden muß, ein unbefriedigtes Bedürfnis, und zwar ein nicht grundlegend genital-sexuelles, zu stillen (Bender 1954, zit. bei Rhinehart 1961, S. 346).

Mehrere Autoren haben versucht, den hier beschriebenen Befund des frühkindlichen Mangels des Inzestopfers mit der psychoanalytischen Theorie zu verbinden. Ausgegangen ist die Psychoanalyse im Frühwerk Freuds von der Realität des Inzests (Verführungstheorie); ein spätes Werk Freuds „Über die weibliche Sexualität" (1931) steht im Zentrum der Diskussion über den Zusammenhang von früher Deprivation und phantasierter oder realer Inzestbeziehung zum Vater bei hysterischen Charakterneurosen. Freud wendet sich in dieser Arbeit der Bedeutung der präödipalen Beziehung des Mädchens zur Mutter zu. Frauen mit starker Vaterbindung hätten regelmäßig eine starke Mutterbindung, die eine trete das Erbe der anderen an, auch in der Analyse hielten sie an der männlichen Vaterbindung fest, „zu der sie sich aus der in Rede stehenden (prägenitalen, M.H.) Vorzeit geflüchtet hatten" (S. 519). Die Wut gegen die Mutter, die „feindselige Einstellung zur Mutter (ist) nicht die Folge der Rivalität des Ödipuskomplexes", sondern stammt „aus der Phase vorher" (S. 524). Diese Wut stamme aus der Einsicht, daß die Mutter dem kleinen Mädchen keinen Penis mitgegeben habe und aus dem Verbot der (klitoridalen) Onanie, das in der Regel die Mutter verhängt habe. Die Formulierung des „Penisneids" als „organischer Minderwertigkeit" in dieser Arbeit ist zu recht häufig kritisiert worden, und warum soll auch das organische Anderssein des Mädchens a priori einen Mangel darstellen. Es ist vielmehr naheliegend, daß die starke gesellschaftliche und die individuelle Besetzung des Penis als Symbol für Männlichkeit sowie die Bevorzugung des männlichen Nachwuchses auch noch in unserer Kultur gerade durch die Mutter, die den Mythos der eigenen weiblichen Minderwertigkeit verinnerlicht hatte, dem Penis (und dem männlichen Geschlecht) überhaupt erst den Wert gegeben hat, der Neid erregen kann. Diese Voraussetzung des Penisneids kann Freud nicht sehen, aber er setzt den Vorwurf, die Mutter habe dem Mädchen keinen Penis mitgegeben, in dieser Arbeit parallel zu dem, die Mutter habe „dem Kind zu wenig Milch gegeben, es nicht lange genug genährt" (S. 527). Dies ist ein etwas isolierter Hinweis Freuds auf frühkindlichen Mangel, vorerst als Vorwurf des Kindes, nicht als Möglichkeit *realer* Unfähigkeit der Mutter (bzw. des mütterlichen Objekts) in Erwägung gezogen. Es geht Freud in dieser Arbeit ja auch um die Wege und Ziele der Libido. Beim kleinen Mädchen nun richten sich libidinöse Wünsche — für Freud an dieser Stelle überraschend — an die Mutter, und zwar entsprechend dem gerade vorliegenden Stand der psychosexuellen Entwicklung in oraler, analer und schließlich sogar phallischer Weise, jeweils in aktiv-aggressiver oder passiv-rezeptiver Form. Nun kommt ein weiterer Hinweis, daß Freud einen frühkindlichen Mangel in Betracht zieht, und zwar diesmal als realer Einfluß der Mutter:

„Die aggressiven oralen und sadistischen Wünsche findet man in der Form, in welche sie durch frühzeitige Verdrängung genötigt werden, als Angst, von der Mutter umgebracht zu werden, die ihrerseits den Todeswunsch gegen die Mutter, wenn er bewußt wird, rechtfertigt. *Wie oft diese Angst vor der Mutter sich an eine unbewußte Feindseligkeit der Mutter anlehnt, die das Kind errät, läßt sich nicht angeben*" (S. 531, Hervorhebung von mir, M.H.).

Der Gedanke der Realität der Verführung durch den Vater, der einen Mangel an Mütterlichkeit ausnutzen würde, liegt Freud jedoch fern. Ziemlich spekulativ erklärt er die „Phantasien", der Vater sei als sexueller Verführer in Erscheinung getreten, als Verschiebung von der Mutter, die bei den Reinlichkeitsprozeduren die Klitoris „unvermeidlich" reizt, auf den Vater, denn die aus obengenannten Gründen entstandene Wut auf die Mutter habe das Kind sich dem Vater zuwenden lassen.

Mir kommt es hier aber nicht auf Freuds abenteuerlich anmutende Konstruktion der Hinwendung des kleinen Mädchens von der Mutter zum mänlichen Liebesobjekt an, sondern auf die Parallele zwischen Penisneid und oraler Mangelsituation („zu wenig Milch"), die Freud aufzeigt. Nebenbei ist interessant, daß Freud auch die Möglichkeit eines realen Einflusses — die Feindseligkeit der Mutter dem Kind gegenüber — überhaupt in Erwägung zieht, geht es doch beim Inzest um reale Einflußnahme und ihre Integration in die psychischen Strukturen des Opfers.

Frühe Entbehrung, Penisneid und Inzest ist in der Falldarstellung der Helen von Gordon (1955) in Zusammenhang gebracht worden. Die frühen Frustrationen sind ebenso wie in Freuds Arbeit Grundlage des Neids auf den Penis des nachgeborenen Bruders: „Mutter gab dem Bruder den Penis und nicht mir, und so muß ich mir selbst einen besorgen!" (S. 286). Die Autorin versteht demzufolge Stehlen und Promiskuität in der Adoleszenz im Sinne des „Besorgens", das Mädchen stiehlt längliche Gegenstände, und mit Hilfe häufiger sexueller Kontakte leiht sie sich sozusagen den Penis des Partners. Erst anhand des oben zitierten Traums von der „gesunden Kost" des Vaters kommt heraus, daß der Vater nach der Geburt des Bruders für das 3jährige Mädchen sorgte, anscheinend freundlich zugewandt, aber „seine Verführung und Stimulation legte den Grund für ihr späteres deviantes Verhalten" (S. 276).

Tompkins (1940) berichtet von einer Patientin, die immer ein Junge sein wollte, auch später sehr männlich war. Trotz ihrer promiskuösen Neigung konnte sie keinen vaginalen sexuellen Kontakt haben und nur dann masturbieren, wenn sie sich intensiv vorstellte, einen Penis zu haben. Im Laufe der Therapie kam zum Vorschein, daß der Vater sie vom Alter von 2 Jahren an regelmäßig angehalten hatte, ihn zu masturbieren. Es war für das Mädchen das schönste Vergnügen, wenn er seinen erigierten Penis von hinten zwischen ihre Beine schob, so daß es aussah, als hätte sie selbst einen. Über die Qualität mütterlichen Fürsorge in der frühen Kindheit wird in dieser Arbeit jedoch nichts ausgesagt. Die Fallvignette von Tompkins erinnert an die wahnhafte Vorstellung meiner Patientin Frau D., tatsächlich einen Penis zu haben, denn nur mit dem Penis war es ihr gewissermaßen von der Mutter erlaubt, Sexualität zu genießen, wie sie auch glaubte, die Mutter würde dem Bruder sexuelle Aktivität erlauben, den sie ja auch sonst vorzog, sowie auch die inzestuösen Angriffe des Vaters als einem Mann mit Penis dulden.

Für die hysterische Charakterstörung fordert Marmor (1953) tiefsitzende orale Fixierungen, die von der genital-sexuell imponierenden Symptomatik überlagert wird. Bei allen Fällen von schwerer hysterischer Charakterneurose wurden gravierende orale Frustrationen festgestellt, in einem vorgestellten Fall wird neben übermäßigem Essen und Alkohol promiskuöse Sexualität — insbesondere Fellatio — zur Kompensation früher Entbehrungen verwendet, genitale Sexualität aber panisch abgewehrt.

Die Erklärung, warum bei diesen Patientinnen das sexuelle Agieren kompensatorisch verwendet wird, bleibt der Autor allerdings schuldig, er meint lediglich, orale Abhängigkeitswünsche seien gesellschaftlich bedingt eher weibliche Eigenschaften. Meine Vermutung wäre natürlich, daß zumindest ein erwachsener Mann, ,,allzu häufig'' der Vater, das bedürftige Kind darauf gebracht hat, Sexualität als Mittel, Zuwendung zu bekommen, zu benutzen.

Über einen Fall von realem Inzest hat das Ehepaar Rascovsky (1950) ausführlich berichtet. Auch hier wird Promiskuität als Versuch verstanden, orale Frustration zu kompensieren, der Penisneid wird auch hier genährt durch die Bevorzugung des Bruders durch die im übrigen emotional kalte, abweisende Mutter. Im Alter von 8 Jahren beginnt eine offen inzestuöse Beziehung mit dem Vater, der sich von der Mutter der Patientin ebenso verlassen fühlt. Über Jahre hinweg kam es vorwiegend zu oral-genitalen Aktivitäten, verbunden mit heftigen oralsadistischen, kannibalistischen Phantasien der Patientin. Ein Traum, in dem sie ihrem Verlobten die Genitalien abschneidet, führte sie zu dem Gedanken, daß sie ihre Mutter besitzen würde, wenn sie den Penis des Bruders hätte. Der Penis des Vaters kompensiert nach Ansicht der Autorin die primäre mütterliche Frustration, ersetzt sozusagen die Mutterbrust.

Alle diese Literaturzitate weisen darauf hin, daß der Penisneid auch als Hoffnung des kleinen Mädchens verstanden werden kann, daß der gesellschaftlich höher geschätzte starke, männliche Vater den Mangel, den die Mutter hinterlassen hatte, kompensieren kann. Hätte das Mädchen auch einen Penis, wäre der Mangel schon ausgeglichen oder gar nicht entstanden, denn häufig wird ein Bruder von der Mutter weit mehr geliebt und den Töchtern vorgezogen (bei meinen Patientinnen in fast jedem Fall, in dem ein Bruder existierte). Auch gestattet eine solche Mutter dem Sohn eher als der Tochter die kindliche Sexualbetätigung, wie sie auch die Sexualität des Vaters (als einem Mann) mit der Tochter stillschweigend duldet, während die der Tochter früh unterbunden wird, worauf unten noch eingegangen wird. Zu diesem Zusammenhang zwischen oraler Frustration und Penisneid träumte Frau D.:

Sie sitzt mit ihrem Bruder und ihrer Schwester in einem Café und hat das Tischbein genau zwischen ihren Beinen. Eine Frau bringt ein Stück verschimmelten Kuchens, den Frau D. essen soll. Sie weigert sich, steht auf, schämt sich aber wegen des kurzen Hemdchens, mit welchem sie bekleidet ist, und setzt sich wieder hin. — Frau C. setzte ähnlich in einem etwas resignierten Traum Brust und Penis gleich: Eine Frau hat kleine, aber sehr längliche Brüste; sie denkt im Traum, es nütze auch nichts, solche Brüste zu haben.

An sich ist es legitim, wenn die Beziehung des Kleinkindes zum Vater nach der Lösung aus einer wenig glücklichen Symbiose mit der Mutter auf einer anderen Ebene den Mangel kompensatorisch ausgleicht (vgl. Kohut 1977). Es mutet jedoch zynisch an, wenn der Vater das Defizit des Kindes für seine (sexuellen) Zwecke benutzt. Wegen der inzestuösen Qualität der Beziehung zum Vater fällt es dem Opfer so schwer, sich einzugestehen, daß es die Zuwendung des Vaters mit einem Teil von sich auch wollte, denn es blieb ihm keine Wahl, weil eine ersehnte nichtsexualisierte Beziehung zum Vater nicht zu erreichen war.

7.2.2 Beziehung zur Mutter

Es ist eine paradox anmutende Erscheinung, daß bei allen Aufzeichnungen und Materialsammlungen, die die Opfer des Vater-Tochter-Inzests betreffen, die Aussagen über die Mutter insgesamt den weitaus größten Raum einnehmen und ein Vielfaches der Mitteilungen über den Vater betragen. In den Berichten der Inzestopfer, die Gardiner-Sirtl (1983) veröffentlicht hat, findet sich kein anderes charakteristisches Detail so häufig wie die Klage, daß die Mutter vom Inzest gewußt haben muß oder der Tochter nicht geglaubt hat. Enttäuschung, stummer Vorwurf und teilweise Wut richten sich gegen die Mutter, die sie nicht beschützt hat. Dies ist der bewußte Grund, den auch Kempe (1978) anführt, die Tochter vergibt eher dem Vater als der Mutter, von der sie im Stich gelassen wurde. Kaufman et al. (1954) kamen bei den von ihnen untersuchten Familien zu demselben Ergebnis; obwohl sich die Opfer von beiden Eltern verlassen fühlten, war die Feindseligkeit gegen die Mutter stärker bewußt, der Vater wurde eher idealisiert.

Der Vorwurf gegen die Mutter hat aber eine tiefere — meist unbewußte — Dimension, die sich auf die mangelhafte frühe Symbiose bezieht. Er ist m.E. identisch mit dem Moment der „Rache an der präödipalen Mutter" (Gordon 1955), d.h. der Inzest mit dem Vater wird von seiten der Tochter als Rache für die defizitäre mütterliche Zuwendung agiert, etwa entsprechend der Formel: „Siehst du, der Vater ist eine viel bessere Mutter!" Schur (1955) berichtet aus der Therapie seiner an einem Ekzem erkrankten Patientin, die ein Inzestopfer war: „Jetzt trat ein früher Haß auf ihre Mutter zutage, der aus der frühesten Mutter-Kind-Beziehung stammte und für ihre Entwicklung mindestens ebenso wichtig war wie die Traumatisierung durch den Vater. Die Mutter der Patientin hatte deren Bedürfnisse in keiner Entwicklungsphase adäquat befriedigt" (Schur 1955, S. 137). Dieser Gedanke ist vielfach aufgegriffen worden (Rhinehart 1961; Weiner 1962; Lustig et al. 1966; Machotka et al. 1967) und auch auf die Promiskuität der Tochter bezogen worden (Gordon 1955), die ebenso die Bedeutung eines Vorwurfs gegen die Mutter haben kann. Frau A. reflektiert in der Analyse die Bedeutung des Inzests als Bündnis mit dem Vater gegen die Mutter. Die Patientin stellt sich in ihren promiskuösen Beziehungen die Männer anfangs immer stark vor, aber dann entpuppen sie sich als schwach und von ihren Müttern abhängig. Frau A. stellt an sich eine Tendenz fest, ein Bündnis mit ihnen gegen die jeweilige Mutter einzugehen.

Häufig richtet sich die Wut der dann erwachsenen Inzestopfer gegen die Neigung der Mutter, die Tochter an sich zu binden, sie zu veranlassen, häufige Besuche zu machen und sich um die alternde Mutter oder beide Eltern zu kümmern.

Die Hälfte meiner Patientinnen (Frau A., Frau B., Frau D., Frau K., Frau M.) hatte eine solche Mutter, die das beschriebene Ziel zu erreichen versuchte, indem sie mit dem Schuldgefühl und der Unfähigkeit der Abgrenzung der Tochter rechnete.

Die Gefühle der Töchter gegen die Mütter sind nicht eindeutig. Oft ist eine Hoffnung spürbar, daß die Mutter einmal weniger an sich denkt und das Kind an die erste Stelle setzt. Das Kind will dafür alles tun, es will der Mutter helfen, es will sie entlasten. Diese kindliche Haltung wird von Herman (1981, S. 45) beschrieben, und auch bei meiner Patientin Frau B. findet sich dieser Zug: Als Kind konnte sie die Tränen der Mutter nicht ertragen, wollte sie nie allein lassen und alles für sie tun. Noch heute fühlt sie sich verantwortlich und hat Schuldgefühle, wenn sie sie nicht besucht. Sie hat große Schwierigkeiten, nein zu sagen, wenn die Mutter sie bedrängt zu kommen.

Die Ambivalenz, die Unsicherheit der widerstrebenden Gefühle von Abhängigkeit, Angst, Schuldgefühlen, Wut, Enttäuschung und Protest der Mutter gegenüber machen es zur schwierigen Aufgabe, die Beziehung zur Mutter in der analytischen Therapie zu klären und aufzulösen. Die Beziehung zum Vater ist klarer, er hat ein Versprechen gemacht, für das Kind zu sorgen, und hat seine sexuellen Bedürfnisse an die erste Stelle gesetzt, ein eindeutiger Verrat, wenn auch für die Tochter die geheime Hoffnung bleibt, noch etwas dabei für sich zu gewinnen.

7.2.3 Schuldgefühle der Tochter

Es sind zum Aspekt der Schuldgefühle des Inzestopfers derart verschiedene Befunde erhoben worden, daß man sie nur mit der Verschiedenheit der Untersuchungsmethoden (einfache Befragung, ausführliches empathisches Interview bis hin zur langdauernden Analyse) und der Berücksichtigung ganz unterschiedlicher Gruppen (z.B. relativ junger Kinder, delinquente Adoleszenten bzw. dann erwachsene Patienten) erklären kann. Bender u. Blau (1937) konnten allgemein keine Schuldgefühle bei den 16 ihnen von Gerichts- oder anderen Institutionen zur kinderpsychiatrischen Untersuchung überwiesenen Kindern feststellen; bei einigen allerdings tauchten Anzeichen von Schuldgefühlen auf, nachdem sie von den Eltern getrennt waren. Das Fehlen von Schuldgefühlen paßt gut zu der leicht vorwurfsvollen Haltung der Autoren, die auch eher dem Opfer die Initiative für das sexuelle Agieren anlasten möchten. Nur geringe Schuldgefühle fanden Barry u. Johnson (1958) in ihren Fällen von jahrelangem sexuellen Zusammenleben auch von Müttern mit ihren Söhnen, die ich aber als untypisch ansehe und nicht auf die weitverbreitete Form des Vater-Tochter-Inzests, der uns hier beschäftigt, beziehen möchte. Auch die Erklärung der Autoren, das Fehlen von Schuldgefühlen läge an der vollen Zustimmung der Mutter, denn die Mutter sei für die Über-Ich-Bildung, die Ausbildung des Sexualtabus, verantwortlich, trifft auf den weit überwiegenden Teil der Fälle nicht zu. Es müßten dann auch alle Fälle von Mutter-Sohn-Inzest schuldfrei möglich sein, da die Mutter zustimmt, das Gegenteil aber ist der Fall; wie wir später sehen werden, sind dort Schuld und schädigende Wirkung noch größer als beim Vater-Tochter-Inzest. Die Kollusion der Mutter ist auch immer mit einem gleichzeitigen Sexualverbot, und zwar nicht so sehr im Sinne eine Inzesttabus, sondern als Unterbindung der Sexualität des Kindes gekoppelt, was bei der Behandlung der Beziehung zwischen Mutter und Tochter bereits eine Rolle spielte und weiter unten noch aufgegriffen wird. Die Ambivalenz und Verstrickung der Inzestbeteiligten wird auch von Kempe u. Kempe (1984) nicht berücksichtigt, wenn sie schreiben, daß Schuldgefühle beim Opfer nicht auftreten, solange die Familienhomöostase (die den fortdauernden Inzest einschließt) nicht durch Aufdeckung zerstört wird — eine Auffassung, der ich nicht zustimmen würde.

Schuldgefühle sind schließlich weit überwiegend als typisch für das Inzestopfer beschrieben worden. Die Inzestopfer, die Sloane u. Karpinski (1942) untersuchten, zeigten allgemein schwere Schuldgefühle, die nicht so sehr auf die sexuell ziemlich freizügige soziale Umgebung zurückgeführt wurden, sondern aus der Beziehung zur Mutter resultierten. Die Mädchen wollten von der Mutter Vergebung bekommen, auch wenn die Mutter, soweit erkennbar, nicht so sehr gegen die Inzesthandlungen eingestellt war. Die Autoren führen die Schuldgefühle auf ödipale Todeswünsche gegenüber der Mutter zurück. Es folgt eine Reihe weiterer Autoren, die Schuldgefühle bei adoleszenten Inzestopfern festgestellt haben (Kaufman et al. 1954; Lustig et al. 1966; Cormier et al. 1962; Gutheil u. Avery 1977). Es wird bei diesen Autoren betont, daß die Schuldgefühle erst entstehen, wenn der Inzest aufgedeckt wird und dadurch der Familienzusammenhalt gefährdet ist, bzw. der Täter strafrechtlich verfolgt werden könnte. Bis auf diesen äußeren Aspekt ist in der Inzestliteratur erstaunlich wenig über die Schuldgefühle der Opfer die Rede — von den Schuldgefühlen der Täter bzw. der anderen Familienmitglieder zu schweigen, weil sie in der Regel völlig verleugnet oder aufgrund besonderer psychopathologischer Struktur (partiell fehlendes Über-Ich) gar nicht vorhanden sind. Schuldgefühle der Opfer aber sind meiner Meinung nach fast selbstverständlich zu erwarten, da schon die ödipale Phantasie allein genügt, u.U. massive Schuldgefühle hervorzurufen. Beim Inzestagieren handelt es sich doch um etwas Verbotenes (die Sexualbetätigung ist schon per se in der Regel verboten, darüber hinaus die inzestuöse um so mehr), etwas Geheimnisvolles, das im ganzen Ausmaß der sozialen und psychologischen Konsequenz vom Kind gar nicht abgeschätzt werden kann, und insbesondere etwas, worüber das Kind nicht sprechen darf. Weiterhin ist es gegen die Mutter gerichtet, schließt sie zumindest aus oder bedeutet geradezu ein Bündnis gegen sie, so daß alle Aggressionen gegen die Mutter, die Schuldgefühle machen, vom Kind leicht im Inzestagieren mit untergebracht werden können.

Ich halte zwei Gründe für ausschlaggebend, daß Schuldgefühle im Zusammenhang mit dem Vater-Tochter-Inzest bisher so wenig berücksichtigt wurden:

1. Die Identifikation mit dem Opfer als einem Kind, mit dem etwas Furchtbares gemacht wurde, für das es nicht verantwortlich ist, verhindert, daß man den unbewußten Anteil des Kindes untersucht. Das ist das Gegenteil der extremen Haltung, dem verführerischen kleinen Mädchen die „Schuld" zu geben. Aber Opfer zu sein, und das ist das Kind in jedem Fall, bedeutet nicht, unbeteiligt zu sein.
2. In den allermeisten Arbeiten über Inzest handelt es sich um Untersuchungen aus der Gerichtsmedizin, Kinderpsychiatrie oder aus sozialarbeiterischen Interventionen, also meist um anamnestische Interviews, Kurztherapien oder um

familientherapeutische Arbeit. Ergebnisse von analytischen Langzeittherapien liegen praktisch nicht vor. Im Falle der Patientin von Rascovsky u. Rascovsky (1950), die sich eine längere Zeit in psychoanalytischer Therapie befand, war der Inzest derart Ich-synton und wurde auch noch nach der Heirat der Patientin und während der gesamten Therapiedauer voll ausagiert, daß verständlicherweise keine Schuldgefühle zu verzeichnen waren. Der andere mir bekannte Fall von langdauernder Psychotherapie ist die Patientin Schurs (1950), die ab dem Alter von 3 Jahren vom Vater masturbiert und vom 11. Lebensjahr an zu vaginalem Verkehr gezwungen wurde. Schur geht es in dieser Arbeit um die Genese psychosomatischer Symptome, Schuldgefühle der Patienten stellen sich als Selbstbestrafungstendenzen dar, die durch die Hauterkrankung ausagiert werden. Ein letzter mir bekannter Bericht über eine längere Psychotherapie betrifft einen Fall von Mutter-Sohn-Inzest (Margolis 1977), hier sind Selbstbestrafungstendenzen in Form von Suizidalität vorherrschend.

Schuldgefühle beim Opfer des Vater-Tochter-Inzests scheinen der seltenen Erwähnung in der Literatur entsprechend auch selten bewußt zu sein. Von den 87 Berichten, die von Gardiner-Sirtl (1983) veröffentlicht wurden, werden Schuld und Schuldgefühle nur bei 4 Fällen von Vater-Tochter-Inzest erwähnt, von diesen 4 Frauen befanden sich 2 längere Zeit in analytischer Psychotherapie. Die Schuldgefühle wurden verschieden begründet: Eine Frau warf sich vor, überhaupt mit in das Zimmer des Vaters gegangen zu sein (S. 77), eine andere, weil sie für Geldbeträge stillgehalten hatte, damit der Stiefvater sie berühren konnte, und ein anderes Mal durch die Lektüre von Pornoheften (die dem Stiefvater gehörten) so erregt war, daß sie unaufgefordert zu ihm gegangen war (S. 90). Bei beiden Frauen werden die Schuldgefühle also aus der Beteiligung am inzestuösen Geschehen z.T. an der eigenen Lust dabei, begründet. Frau C., eine Patientin aus meiner Praxis, erinnert sich ebenso an die eigene Beteiligung voller schuldbewußter, peinlicher Gefühle: „Das Fatale ist, daß ich selbst Lustgefühle hatte, also das, was mein Vater mit mir gemacht hat, gar nicht eindeutig abgelehnt habe." — Frau H. träumt:

Sie ist erwachsen und muß mit einem alten Mann, einem „hohen Tier" schlafen. Sie liegt neben ihm im Bett, ganz steif und hofft, daß er seinen Penis nicht an ihrem Körper reibt. Das tut er dann aber doch, da hofft sie, daß er sie nicht befleckt, damit sie „nicht feucht wird". Das passiert aber doch, ihr Nachthemd ist befleckt. Da kommt ihre Schwester und sagt ihr, sie solle doch ins Bad kommen. Sie will die Flecken verbergen, kann es aber nicht; auf dem Nachthemd, das sie nun auszieht, sind auch alte, eingetrocknete Flecken. Später ist sie mit der Schwester auf der Straße, sie haben eine Wohnung gefunden, in die sie zusammen einziehen wollen. — „Feucht werden" bedeutet, daß sie selbst sexuell erregt ist, also trotz allem auch selbst den Inzest will. Einerseits muß sie vor der Schwester den Inzest verbergen, andererseits soll sie ihr aus allem heraushelfen.

Bei den beiden anderen Frauen im Bericht von Gardiner-Sirtl scheinen die massiven Schuldgefühle auf den ersten Blick nicht so leicht verständlich. Der erste Bericht: Das Mädchen wächst in einer schlimmen Mangelsituation auf:

„Der einzige Körperkontakt waren Schläge, bis ich so ca. 11 Jahre alt war. Mein Vater, von meiner Mutter oft dazu angestachelt, nahm mich zu diesem Zweck in ein Zimmer mit, das eine besonders dicke Tür hat, durch die kein Laut dringen kann." Danach gestaltete sich der Körperkontakt durch den Vater folgendermaßen: „Von diesem Zeitpunkt an wurde ich für ihn zum Sexualobjekt ... Er kam oft an mein Bett, um mir »gute Nacht« zu sagen, aber nicht weil er mich mochte (was ich mir immer gewünscht hätte), sondern weil er mir wieder die Decke wegziehen, meinen Schlafanzug nach oben streifen und mich stöhnend in die Brust beißen wollte. Es war gräßlich. Ich weinte immer. Er warf sich einfach auf mich. Es lief immer gleich ab. Wenn ich weinte, sagte er nur: »Was ist denn, das ist doch nicht schlimm, ich tu dir doch nichts!« Damit meinte er wohl: Ich dringe doch nicht in dich ein. Dazu hatte er denn doch zuviel Angst. Das brauchte er auch gar nicht, es wäre auch nicht mehr Vergewaltigung für mich gewesen, als das, was er tat. Wenn ich mich wehrte, drückte er mich einfach wieder auf das Bett zurück, hielt meine Arme fest nach oben, damit mein Oberkörper schön frei war, und machte weiter'' (S. 142). Schuldgefühle wegen einer Beteiligung am oder gar Lust beim Inzestgeschehen sind hier schlecht vorstellbar. Sie sind aber vorhanden und scheinen genau dem zu entsprechen, was die Mutter von ihrer Tochter hielt: „Ich war ihr sowieso immer ein Dorn im Auge, weil ich auf die Welt kam. »Du bist Schuld, daß ich noch hier (beim Vater) bin«, sagte sie oft zu mir, »du solltest tot sein!'' (S. 143).

Der letzte Bericht:

„Als ich ungefähr 6 Jahre alt war, fing mein Vater an mit diesen Spielchen: Zwischen die Beine fassen im Bett, sein Glied zwischen meinen Beinen reiben. Damals ließ ich es geschen, weil ich glaubte, so etwas sei normal. So mit 8 oder 9 Jahren begriff ich, daß es etwas anderes sein mußte. Ich fing an, mich gegen meinen Vater zu wehren, doch mit Drohungen und Schlägen wurde ich wieder gefügig gemacht... . Meine Mutter war häufig krank und hörte es sicher nicht. Ich wollte es ihr auch nicht sagen, sie hatte Sorgen genug mit uns 7 Kindern. Als meine Regel eine Zeitlang aussetzte, erzählte ich es meiner Mutter. Sie reagierte hilflos und anders als ich dachte: Sie wollte weggehen und mich mit ihm allein lassen. Eine Welt stürzte für mich ein, schmutzig, abartig kam ich mir vor... . Heute mit 38 Jahren, habe ich Depressionen. Ich werde manchmal mit dem Alltag nicht fertig. Meine Mutter starb vor 4 Jahren plötzlich, bis heute komme ich nicht darüber weg. Ich hätte so gern mal mit ihr über alles gesprochen. Schuldgefühle, weil ich sexuell nicht fähig bin, meinen Mann so zu lieben, wie er es verdient, Schuldgefühle auch der Mutter gegenüber machen heute mein Leben aus'' (S. 154 f.).

Auch hier kann man die Schuldgefühle und ihr Ausmaß kaum verstehen, insbesondere auch gegenüber dem Ehemann nicht, wenn man sich vorstellt, daß er *wie der Vater* ein Mann ist, der Sexualität von ihr fordert, die sie nicht genug geben kann. Die Frau *identifiziert* sich mit den Forderungen, die denen des Vaters entsprechen, und darüber hinaus hat sie Schuldgefühle einer Mutter gegenüber, die doch die Tochter, als sie Hilfe brauchte, im Stich ließ und all die Jahre nicht vor dem Vater schützen konnte. Und es wird an der Mutter gelegen haben, nicht an der Tochter, wenn ein Gespräch bis zu ihrem Tod nicht zustande kam.

Sowohl die Frau, deren Mutter ihr die Schuld an ihrem Unglück durch ihre bloße Existenz gab, als auch dieses letzte Opfer haben die Schuldgefühle, die ihre Mütter und Väter eigentlich hätten haben müssen. Es handelt sich hier um den Mechanismus der Identifikation mit dem Aggressor, verbunden mit der Introjektion seiner Schuldgefühle, den Ferenczi (1933) so eindringlich erstmals beschrieben hat (vgl. Kap. 4.2).

Bei den Patientinnen meiner psychotherapeutischen Praxis, die Inzestopfer gewesen waren, hatten Schuldgefühle einen unterschiedlichen Stellenwert.

Frau A. hatte als Kind lange vor Beginn des Inzestgeschehens unbestimmte Schuldgefühle in Gegenwart der Mutter, die sie als ,,sanften Tyrannen'' beschrieb. Die Schuldgefühle dem Mann gegenüber, der durch sein sexuelles Agieren mit ihr ins Gefängnis kam, als sie 8 Jahre alt war, waren überdeckt von ihrem Gefühl des Triumphes und der Macht über ihn. Auch dem Vater gegenüber überwogen solche Gefühle, als sie als Jugendliche sich von ihm löste und ihn immer schwächer sah, hilflos vor Wut, weil sie ihn verließ. Hier waren keine Schuldgefühle wegen der Krise, in die zumindest der Vater, wenn nicht die ganze Familie geriet. Die Therapie dauerte nicht lange genug, um unbewußte Schuldgefühle im Zusammenhang mit der Loslösung vom Vater hervorzubringen, aber diese hätten doch nur denen entsprochen, die sie im gleichen Zusammenhang mit der Loslösung gegenüber der Mutter bis zum Abbruch der Therapie noch hatte: Schuldgefühle, die Mutter allein zu lassen, ein Leben im eigenen Recht zu führen.

Das Leben von Frau B. war von Schuldgefühlen bestimmt, die sich auf ihre Abgrenzungswünsche sozusagen gegen Vater und Mutter erstreckten. Wenn überhaupt, konnte sie sich gegen das übermäßige sexuelle Drängen der — oft verheirateten — Männer in den zahlreichen Beziehungen nur mit schweren Selbstvorwürfen erwehren, den Mann abzuweisen, obwohl sie die sexuelle Beziehung doch auch wollte. Auch fühlte sie sich für das Wohlergehen der Männer verantwortlich, genau wie noch heute für das der Mutter, für die sie eine Verantwortung übernommen hat, die sie nicht ausfüllen kann. Das bedeutet, daß sie alle diese Forderungen eigentlich akzeptiert, sie sich sozusagen zu eigen gemacht hat, denn sonst könnte sie schuldfrei — und voller Wut über die Unmäßigkeit der Forderungen — nein sagen.

Frau D. hat in ihrem Leben so viele Schmerzen erlitten, daß sie gewissermaßen genug gestraft ist und ihre Schuldgefühle lange unbewußt bleiben konnten. Jahrelang konnte sie nicht onanieren, jetzt kann sie es sich gestatten, was sie für einen Fortschritt hält, aber um sexuelle Gefühle oder gar einen Orgasmus zu bekommen, „brauche ich die Schmerzen", wie sie selbst sagt, die Schmerzen des Beckenbodens, die sich „hoffentlich" einstellen. Sie hat keine Schuldgefühle dabei. Nach gut einem Jahr der Therapie entwickelt sie eine psychosenahe Übertragung auf mich, ich verfolge sie, besonders in der Buchhandlung wache ich feindlich, was sie wieder lesen will. Das Schuldgefühl ist auf mich, ein verfolgendes Über-Ich, projiziert, sie selbst hat keine Schuldgefühle. Diese entstehen erst nach einem weiteren Jahr der Therapie, nun trifft es sie empfindlich, daß der Ehemann ihr Vorwürfe macht, auch wenn ihr die Tochter vorwirft, keine gute Mutter zu sein. Sie fühlt sich von allen Seiten überfordert. In diesem Moment fällt ihr ein, daß die Mutter sie wegen ihrer Lebendigkeit ein „raffiniertes Biest" genannt hat, als sie noch klein war, dieselbe Mutter, die ihre kindliche Sexualität verboten hatte und von der sie jetzt ganz sicher ist, daß sie ihr als „raffiniertes Biest" auch die Schuld am Inzest gegeben hat.

Die möglichen Quellen der Schuldgefühle des Inzestopfers lassen sich folgendermaßen gliedern:

1. Nicht so sehr die Verletzung des Inzesttabus, sondern vielmehr die eigene sexuelle Lust, die trotz aller Abwehr beim Opfer entsteht und auch bewußt sein kann, macht Schuldgefühle (besonders bei Frau B. und in den ersten beiden Berichten aus dem Buch von Gardiner-Sirtl), die durch die oft brutale Unterdrückung der Masturbation des Kindes wohl eher durch die Mutter determiniert sind. Wie die Bestrafung einer solchen „Schuld" aussehen kann, beschreibt Marmor (1955, S. 663): „Als sie 5 Jahre alt war, wurde sie von ihrer Mutter beim Onanieren überrascht. Sie wurde empfindlich ausgepeitscht und gewarnt, daß ihr Gehirn sich in Wasser verwandeln würde, wenn sie das wiederholen würde, und Gott würde sie mit dem Tode bestrafen. Die Patientin hatte keine Erinnerung, daß sie danach noch masturbiert hätte, außer für eine kurze, angstvolle Zeit während der Adoleszenz." Auch in dem von Rascovsky u. Rascovsky (1950) beschriebenen Fall greift die sonst so abwesende Mutter brutal in die harmlose Sexualität des Kindes ein — und man halte sich vor Augen, daß

in allen Fällen des Kind gleichzeitig von massiven sexuellen Angriffen des Vaters bedrängt wird. „Als sie 13 Jahre alt war und der Vater einmal abwesend war, traf die Mutter sie eines Tages im harmlosen Gespräch mit einem Jungen. Sie wurde geschlagen und angespuckt und zur Strafe in einem religiösen Internat untergebracht" (S. 42 f.).

Susan Forward beginnt ihr ausgewogenes, eindrucksvolles Buch über Inzest (Forward u. Buck 1978) mit dem schmerzlichen Eingeständnis, daß sie selbst Opfer der inzestuösen Handlungen ihres Vaters war, „aber noch schmerzvoller ist die Tatsache, daß ich die Aufmerksamkeiten meines Vaters genossen habe. Ich habe mich ungeheuer schuldig wegen meiner Teilnahme am Inzest gefühlt, als ob ich verantwortlich gewesen wäre" (S. 1). Die eigenen Lustgefühle bei dem doch so verabscheuten Inzest wahrzuhaben und zuzugeben ist sehr schwierig und mit z.T. schweren Selbstbestrafungstendenzen verbunden. Zwei meiner Patientinnen, Frau B. und Frau D., verspürten in der Adoleszenz den kaum widerstehbaren Drang, sich die Hand abzuschneiden, mit der Brotmaschine bzw. dem Brotmesser, das Frau B. bereits angesetzt hatte. Der Gedanke liegt nicht fern, daß es die Hand gewesen wäre, die den Vater masturbiert hatte, und diese Exekution anstelle der Mutter ausgeführt worden wäre. Bei Frau D. hatten die schmerzhaften Selbstbeschädigungen in der Adoleszenz darüber hinaus archaische Qualitäten der Herstellung von Körpergefühl, von „Körperkontakt mit sich selbst" (Hirsch 1985 a).

2. Verantwortung für die Familie: Dieser Aspekt wird uns noch unter dem Abschnitt „Familiendynamik" (vgl. Abschn. 7.5) ausführlich beschäftigen. Immer ist das Kind überfordert, ob es nun die sexuellen Bedürfnisse des Vaters befriedigen, die Rolle der Mutter in der Familie übernehmen soll, verbunden mit aller Sorge für Haushalt und die jüngeren Geschwister, oder die Familie vor dem Zusammenbruch retten soll. Und wenn es sich diese Forderungen zu eigen macht, entstehen Schuldgefühle, weil es sie nicht erfüllen kann. Kaufman et al. (1954, S. 275) haben als erste diesen Befund erhoben: „Alle diese Mädchen waren depressiv und hatten Schuldgefühle. Soweit wir in unserem klinischen Material feststellen konnten, stand ihre verbalisierte Schuld in Verbindung mit dem Zusammenbruch der Familie und entstand nicht aus dem Inzest selbst." Dieser Befund ist häufig bestätigt worden (Lustig et al. 1966; Gutheil u. Avery 1977). Cormier et al. (1962) fanden Schuldgefühle, weil der Vater verurteilt worden war, Steele u. Alexander (1981) berichten von den Schuldgefühlen eines Inzestopfers, den Selbstmord des Vaters nicht verhindert zu haben (S. 226). Diese Schuldgefühle entsprachen letztlich dem Verbot, sich gegen die verschiedenen Forderungen der Eltern abzugrenzen, und auch die späten Schuldgefühle gegenüber der fordernden Mutter, die ich oben angeführt habe, gehören in diese Kategorie. Ein Beispiel aus meiner Praxis, in dem kein offener Inzest, aber eine solche Familiendynamik wirksam war, zeigt, wie das Kind (als Jugendliche hier) für Vater und Mutter sorgen muß und verantwortlich gemacht wird, wenn es das nicht kann:

Sie war Weihnachten mit dem Vater in den Skiurlaub gefahren, weil sie sich sonst Sorgen gemacht hätte, daß er allein und depressiv im Hotel sitzen würde. Die Mutter fuhr natürlich nicht mit wegen ihrer chronischen Kopfschmerzen und dem Magengeschwür. Sie macht der Tochter später aber versteckte Vorwürfe, ist eifersüchtig auf die Reise und offen aggressiv, die Tochter fühle sich wohl als die Jüngere, Attraktivere.

Es ist also die Schuld der Tochter, daß sie es nicht schafft, dem Vater zu mehr Lebendigkeit zu verhelfen. Gleichzeitig hat sie Schuld daran, mit dem Vater überhaupt (und um so mehr, je mehr Sexualität dabei im Spiel ist) zusammen zu sein, was ihr die eifersüchtige Mutter feindlich vorwirft, die aber mehr oder weniger Vater und Tochter zusammengebracht hat.

3. Schuldgefühle, für die Krankheit der Mutter verantwortlich zu sein, spielen häufig eine Rolle, denn die Krankheit der Mutter trägt oft dazu bei, wie wir gesehen haben, daß der Vater Gelegenheit hat, mit der Tochter allein zu sein. Real wäre allerdings die Krankheit der Mutter ein ursächlicher Faktor und nicht als Folge des Inzests der Tochter anzulasten. Die zugrundeliegende Wut wegen der mangelhaften Symbiose nimmt aber die Krankheit der Mutter zum Anlaß, in Form von Schuldgefühlen an die Oberfläche zu kommen (vgl. Herman 1981, S. 191). Hier käme der dritte Hauptfaktor Ferenczis (1933), der „Terrorismus des Leidens" zum sexuellen Mißbrauch hinzu, der die Schuldgefühle noch verstärkt.

4. Wie wir weiter oben am Beispiel von Frau A., die die Tendenz hatte, sich mit den schwachen Partnern gegen deren dominierende Mutter zu verbünden, gesehen haben, ist in der inzestuösen Beziehung immer auch ein Bündnis gegen die Mutter enthalten. Die inzestuöse Beziehung hatte z.T. auch den Charakter des antiautoritären Protests gegen die zu realitätstüchtige, dominierende Mutter, die durch die Beziehung mit dem Ehemann aber selbst einmal gegen das Establishment der bürgerlichen Eltern hatte protestieren wollen.

Weiss et al. (1955) berichten von der Angst eines 8jährigen Mädchens, die Mutter könnte sterben, die in einigen spieltherapeutischen Sitzungen auf das Bündnis mit dem Vater zurückgeführt wurde, das dadurch zustande kam, daß der Vater den sexuellen Mißbrauch des Mädchens durch seinen engen Freund duldete. Ein solches Bündnis gibt dem Inzest die zusätzliche Dimension der Entfernung von der Mutter, die Tochter tut etwas ohne und sogar gegen sie, was dem Gebot, für sie da zu sein, widerspricht. Wird es übertreten, entstehen Schuldgefühle, ungeachtet der so häufigen Tatsache, daß die Mutter selbst stillschweigend zum Inzest beiträgt bzw. nichts zu seiner Verhinderung tut — eine weitere Quelle der Verwirrung des Kindes.

Allen diesen Motiven und Mechanismen der Entstehung der Schuldgefühle der Inzestopfer liegt die Entdeckung Ferenczis (1933) der Introjektion des Schuldgefühls, welches der Täter haben sollte, zugrunde. Die Identifikation mit dem Aggressor bedeutet auch, seine Forderungen als legitim anzuerkennen, so unmäßig und den Möglichkeiten des Kindes unangemessen sie real auch sind, um nur den Peiniger, den das Kind notwendig braucht, nicht zu verlieren. Da die Forderungen aber nicht erfüllt werden können, entstehen Schuldgefühle. Nicht der geliebte Erwachsene ist ausbeuterisch, seine Forderung weit übertrieben, sondern das Kind ist schlecht, unfähig; der Erwachsene hat Recht, wenn er es mißachtet und straft: So kann das Kind wenigstens bei ihm bleiben. Nach demselben Muster wird die Bindung aufrechterhalten, die dem Kind nicht gestattet, sich zu lösen, ihm die eigene, kindliche und harmlose Sexualität brutal verbietet, eifersüchtig über jeden eigenen Schritt des größerwerdenden Kindes wacht, insbesondere in der Adoleszenz versucht, jede zaghafte Bindung außerhalb der Familie zu verhindern. Eine solche Mutter hält ein basales Schuldgefühl aufrecht, sich von ihr zu lösen. Sie ist zwar nicht spezifisch für die Inzestfamilie, aber typisch.

Eng mit den Schuldgefühlen hängen mangelndes Selbstgefühl und die Unfähigkeit, nein zu sagen, also sich gegenüber anderen abzugrenzen, zusammen. Cremerius (1983) weist darauf hin, daß Ferenczi sich einer überspitzten Formulierung bedient, wenn er als Ergebnis der Mißhandlungen durch das geliebte Objekt und der darauf folgenden Abwehr der Identifikation mit dem Aggressor eine Persönlichkeitsform nennt, die nur „aus Es und Über-Ich besteht" (Ferenczi 1933, S. 309). Ferenczi will wohl sagen, daß das Ich unter solchen Umständen nicht vorhanden ist; wir würden heute vom Selbst sprechen, um einen umfassenderen Persönlichkeitsteil zu bezeichnen. Der Aspekt der Zerstörung des Selbsts wird von Ferenczi bereits eingeführt, er besteht in Fragmentierung und Spaltung, so daß gute und schlechte Objekt- und Selbstbilder unverbunden nebeneinander existieren, sowie aus einer Schwächung des Realitätsgefühls. Shengold (1979) arbeitet die Zerstörung des Selbsts durch destruktive exogene Einflüsse weiter aus, die in chronischen Traumen durch physischen und sexuellen Mißbrauch in der Familie bestehen. Einen solchen Mißbrauch bezeichnet er mit „Seelenmord" und vergleicht ihn mit Gehirnwäsche. Die „Seele" wird in diesem Zusammenhang von Shengold als grundlegendes Gefühl der eigenen Identität entsprechend einer primären Identität definiert. Steele u. Alexander (1981, S. 226) setzen fehlendes Urvertrauen an die erste Stelle der Beschreibung der spezifischen Folgen von sexuellem und auch physischem Mißbrauch (Prügel), begründet in einer armseligen Beziehung zur Mutter und einem Gefühl, daß sie sich wenig interessiert und engagiert. Aber wie im Zusammenhang mit dem Schuldgefühl erwähnt, ist die Literatur des Inzests meist mit Kindern und Jugendlichen befaßt und hat sich bisher wenig mit den Spätfolgen des Opfers beschäftigt. Kempe (1978) bemerkt allerdings, daß bei älterwerdenden Jugendlichen das Selbstwertgefühl schwer beeinträchtigt ist, während Rosenfeld (1979) noch sehr wenige Untersuchungen über spezifische Folgen der Opfer des Inzests sieht. In Berichten von erwachsen gewordenen Inzestopfern kommen häufig Beschreibungen des „Andersseins" (Finkelhor 1979, S. 185 ff.; Justice u. Justice 1979, S. 183; Herman 1981, S. 96) vor, die Frauen bezeichnen sich als „schlecht, schmutzig und verdorben" (Kavemann u. Lohstöter 1984, S. 68). Dieses Gefühl des Erwachsenen entspricht dem mit Schuldgefühlen verbundenen Ausgebeutetsein des Kindes (Justice u. Justice 1979, S. 182). Von meinen Patientinnen ist das fehlende Selbstgefühl besonders bei Frau B., aber auch bei Frau C., Frau D. und Frau M. vorherrschend: „Ich bin ein Nichts, ich habe Angst, daß die Therapie nicht weitergeht, daß sie schlagartig aufhören könnte. Ich habe das Gefühl, das ich schon immer gehabt habe: nichts wert zu sein. Wer weiß, was später mein Vater noch dazu beigetragen hat!'—Frau D. hatte einmal der Zwillingsschwester von den Angriffen des Vaters erzählt, die erstaunt antwortete: „Bei mir hat er das einmal versucht und nie wieder. Hau' ihm doch einfach auf die Finger!" Aber Frau D. konnte nicht nein sagen, weil sie sich ohne den Vater als Nichts fühlte, sie war doch das Vater-Kind, die Schwester hatte die Mutter auf ihrer Seite. — Frau C. berichtet: „Mein Hauptproblem aber ist die innere Leere und das Gefühl, anders zu sein, als die anderen Menschen. Wenn jemand sagt, ich bin schlecht, dann halte ich mich für schlecht, wenn mich jemand gut findet, dann glaube ich ihm das für eine Weile. Es könnte auch jemand sagen: »Bring' dich doch um!«, und ich würde es mir ernsthaft überlegen."

7.2.4 Die Tochter ist verführerisch

Sexuell mißbrauchte Kinder machen häufig einen „verführerischen" Eindruck auf Erwachsene. Der Ausdruck „Verführung" im Zusammenhang mit sexueller Kindesmißhandlung ist nicht ganz eindeutig, er kann bedeuten, daß das Kind tatsächlich die Initiative ergreift und den Erwachsenen verführt, er kann aber auch bedeuten, daß das Kind auf den Erwachsenen so „verführerisch" wirkt, daß dieser nicht an sich halten kann und das Kind „verführt". Diese Unklarheit meint Masson (1984), wenn er darauf hinweist, daß Freud bis zur Aufgabe der „Verführungstheorie" (vgl. Kap. 4) Begriffe gebrauchte wie Vergewaltigung, Mißbrauch, Verführung, Angriff, Attentat, Aggression und Traumen (gemeint sind reale sexuelle Traumen), um das reale traumatische sexuelle Geschehen zwischen Erwachsenem und Kind zu bezeichnen. Später sei davon nur noch der unglückliche Begriff der Verführung übrig geblieben, der gewissermaßen irgendeine Form der Beteiligung des Kindes impliziere (Masson 1984, S. 5). Das ist in der Tat der Fall, und gerade beim sexuellen Mißbrauch des Kindes, beim Inzest und bei der Vergewaltigung erwachsener Frauen besteht im gesellschaftlichen Denken — dessen wichtigster praktischer Niederschlag sich in Strafverfolgung und Rechtsprechung findet — die Neigung, zuerst einmal dem Opfer die Initiative, wenn nicht gar die Verantwortung für die „Verführung" zuzuschieben.

Am Anfang der Literatur über offenen Inzest — und zwar der psychotherapeutisch-psychoanalytischen, die frühe gerichtsmedizinische oder die der mehr soziologischen Sexualforschung habe ich nicht berücksichtigt — besteht eine Art Erstaunen darüber, daß das „Mädchen mehr oder weniger einverstanden war" (Sloane u. Karpinski 1942, S. 670). Bender u. Blau (1937) beobachteten, daß diese Kinder ungewöhnlich attraktiv und charmant waren und sehr leicht Kontakt zu ihnen herzustellen war. Bei den von ihnen untersuchten 16 Kindern, 11 Mädchen und 5 Jungen, die sich alle im vorpubertären Alter befanden, waren lediglich 3 Fälle von Vater-Tochter-Inzest vorgekommen, so daß es sich eher um eine Gruppe von durch Fremde sexuell mißbrauchten Kindern handelte. Die auf der kinderpsychiatrischen Abteilung beobachteten Kinder zeigten Interesse für „eher erwachsene Partner in ihren sexuellen Aktivitäten", d.h. sie „flirteten" mit dem gegengeschlechtlichen Pflegepersonal. Bender u. Blau (1937) vermuten zwar, daß die Kinder primär von Erwachsenen mit der Erwachsenensexualität in Berührung gebracht worden waren, auch daß frühe Deprivation vorgelegen habe, aber der naheliegende Schluß, daß das Verführerische der Kinder, ihre „charming personalities", hervorgerufen sein könnte durch eine primäre Verführung seitens eines Erwachsenen, wird nicht gezogen. Es bleibt folgender Satz in der Zusammenfassung der Arbeit stehen: „Das Kind war entweder aktiver oder passiver Partner in den sexuellen Beziehungen zum Erwachsenen, und in einigen Beispielen schien es der Initiator oder Verführer gewesen zu sein" (S. 517). Eine solche Aussage beeinflußt die Bewußtseinsbildung bei den mit sexuellem Mißbrauch von Kindern befaßten Berufsgruppen. Sie bestätigt den Vorwurf der Mutter eines Inzestopfers, das Kind sei ein „raffiniertes Biest" und habe den Vater verführt, sowie die gesellschaftlich bequeme Umkehr der Täter-Opfer-Relation.

Es ist eine Tatsache, daß vorpubertäre Mädchen (und Jungen) eine erotische Ausstrahlung haben können, mit der sie mehr oder weniger bewußt Kontakt herstellen, wie das auch bei jugendlichen und erwachsenen Menschen natürlich der Fall sein kann. Wie wir im vorigen Abschnitt gesehen haben, ist bei einem Teil der Inzestopfer die Ambivalenz dem Angriff und dem Täter gegenüber derart stark, daß die sexuelle Handlung ebenso gewollt wie verabscheut wird. Aber das alles ist keine Rechtfertigung für den Täter, irgendeine Form der Gewalt einem zwiespältigen, Ich-schwachen und emotional bedürftigen Kind gegenüber anzuwenden.

In diesem Sinne hat Rosenfeld (1979 a) das Verführerische des Kindes eindeutig definiert als ein „gelerntes Verhalten, mit dem Sexualität und sexuelle Erregung (des Erwachsenen) als Mittel benutzt werde, Fürsorge zu erhalten... . Es ist ein verzweifelter Versuch, sich an die (sexuellen) Bedürfnisse des Erwachsenen anzupassen, um die benötigte Zuneigung zu bekommen" (S. 408). Langdauernder Inzest kann sogar von seiten des Kindes als Sorge für den Vater empfunden werden, wie im Falle der 16jährigen Judy, deren Vater von Zeit zu Zeit schwer depressiv war. Im Interesse der ganzen Familie hielt Judy es für ihre Pflicht, dem Vater Erleichterung zu verschaffen (Lustig et al. 1966).

Der Lösung des Problems der Verursachung des verführerischen Charakters, den auch sehr häufig Inzestopfer entwickelt haben, kommt man näher, wenn man den Umgang der Familie, aus der diese Kinder kommen, mit der Sexualität beobachtet. Solche Untersuchungen lassen auch die Familientradition von inzestuösem Mißbrauch, auf die wir in einem späteren Abschnitt kommen werden, sowie die unglückliche Rolle der Mutter als „silent partner", als stillschweigend Beteiligter, besser genetisch verstehen. Heims u. Kaufman (1963) beschrieben Verhaltensmuster von Familien, in denen kein offener Inzest vorliegt, sondern entweder die inzestuösen Phantasien von Vater und Tochter ständig ausgetauscht werden und die Familieninteraktionen auf einer verbalen Ebene ausgesprochen sexualisiert sind, oder die stark vorhandenen Inzestwünsche stillschweigend abgewehrt werden durch sadistische Zurückweisung des Kindes oder Vermeidung jeden engeren Kontakts. In der ersten Gruppe entstehen eher konversionsneurotische Störungen, in der zweiten sexuelle Hemmungen und Ablehnung der weiblichen Rolle durch das Mädchen. Ähnliche Untersuchungen über den Interaktionsstil in bezug auf Sexualität von Familien von sexuell mißbrauchten Kindern haben Weiss et al. (1955) und Litin et al. (1956) durchgeführt. Von Weiss et al. wurden eine Reihe von Kindern untersucht, die Opfer sexuellen Mißbrauchs geworden waren und daran einen gewissen eigenen Anteil hatten erkennen lassen („participating") und verführerisch auf den männlichen Therapeuten wirkten. Es fiel auf, daß die Kinder in der Latenzzeit von beiden Eltern in vielfältiger Weise sexuell stimuliert wurden, verbal (auch durch übertriebene Warnungen), Striptease tanzen lassen, durch sexualisierten Körperkontakt mit dem Vater oder beim elterlichen Beischlaf zusehen lassen. In diesen Verführungen im Elternhaus, die unreflektiert, oft unbewußt abliefen, lag gleichzeitig etwas Verbietendes und Stimulierendes. Da beide Eltern oft uneinig waren, was dem Kind zumutbar war, hatte es die Möglichkeit, einen Elternteil gegen den anderen auszuspielen; das sexuelle Bündnis mit dem Vater oder mit fremden Männern gab dem Kind ein Gefühl von Unabhängigkeit. In der Eltern-Kind-Simultan-Therapie untersuchten Litin et al. (1956) die adaptiven Reaktionen des Ichs von Kindern, die in der Familie offen oder unbewußt-atmosphärisch Verführungen ausgesetzt waren. Auch hier wurden von seiten der Eltern keine Grenzen eingehalten, die körperliche (ständiges Berühren, ob das Kind das wollte oder nicht) und private (z.B. allein sein können auf der Toilette) Sphäre des Kindes nicht respektiert, eine Beobachtung, die auch Eist et al. (1968) machten. Das Kind entwickelt die Fähigkeit, sich dem Agieren verborgener Wünsche der Eltern anzupassen und so eine Kontaktmöglichkeit aufrechtzuerhalten. Solche Kinder sind meiner Meinung nach besonders gefährdet, wiederum Eltern von Inzestopfern zu werden, worauf später (vgl. Abschn. 7.5.5) noch eingegangen werden soll. Da die Kinder aus solchen Familien durch die sexualisierte Familienatmosphäre wie auch durch manifesten Inzest eine erotische Ausstrahlung entwickeln, sind sie mehr als durchschnittlich gefährdet, Opfer sexuellen Mißbrauchs durch Fremde zu werden und später als Erwachsene Opfer von Vergewaltigungen (vgl. Renvoize 1982, S. 150). Herman (1981, S. 29 f.) zitiert zwei Studien, aus denen hervorgeht, daß 18% der Frauen, die mehr als zweimal vergewaltigt worden waren, bzw. in einer anderen Gruppe 35% aller Vergewaltigungsopfer, eine Inzestgeschichte in der Kindheit hatten. Bei beiden Gruppen wird die Ursache aber in der fehlenden Möglichkeit dieser Frauen, sich zu schützen, gesehen, nicht in der verführerischen Ausstrahlung, die das Kind erworben hatte. Auch Promiskuität und Prostitution, die uns noch beschäftigen werden (vgl. Kap. 9), sind Folgen der internalisierten Erfahrung, mit Hilfe der Sexualität Zuwendung und — kaum je ausreichende — Kompensation frühen Mangels zu erlangen.

Wie wir gesehen haben, kann Inzest für das Opfer auch das Gefühl der Macht über den nicht aktiv beteiligten Elternteil, die Mutter, einschließen. Dazu gehört die Rache im Sinne von Gordon (1955) für die frühen Frustrationen, und Gordon unterlegt auch der Promiskuität teilweise diese Motivation: Die Mutter soll durch die ausufernde Sexualität der Tochter schockiert sein. In der oben angeführten Arbeit von Weiss et al. (1955, S. 11) wird von einem 8jährigen Kind, Kathleen, berichtet, in dem der Machtfaktor eine Rolle spielt, da Vater sowie Mutter um die Gunst des Kindes warben und im Bündnis mit dem Kind den anderen zu bekämpfen trachteten. Kathleen hatte es also in der Hand, wer von den Eltern stärker oder schwächer war. Auch die dem Kind übergestülpte Verantwortung kann, wie im Falle von Judy z.B. (Lustig et al. 1966), in ihm Machtgefühle, über das Wohlbefinden des depressiven Vaters bestimmen zu können, hervorrufen.

Bei einigen meiner Patientinnen war der Aspekt der Macht über Männer sehr deutlich. Frau A. hatte als 8jähriges Kind bereits Machtgefühle, den Freund ihres Kindermädchens ins Gefängnis gebracht zu haben, und diese Gefühle entsprachen ihrer ganzen Verachtung dem sich immer mehr an sie klammernden Vater gegenüber, als sie als Jugendliche begann, sich von ihm zu lösen. In der Adoleszenz erlebte Frau D. freudig überrascht, welche positiven Gefühle sie daraus gewinnen konnte, den Cousin, der sich in sie verliebt hatte, „ordentlich hochzubringen", zu quälen, nicht „ranzulassen und ihn dann abblitzen zu lassen."

7.2.5 Spezifische Abwehrmechanismen

Abwehrmechanismen im engeren Sinne sind eine Ich-Funktion, die gegen die Bewußtwerdung unbewußten unbequemen oder unerträglichen Materials gerichtet sind. Ich möchte hier von dieser Gruppe eine Art von Abwehrmechanismen abgrenzen, die eher die Bewältigung *realer* unerträglicher Reize — hier des sexuellen Angriffs durch den Vater — dienen. Aus der klinischen Beobachtung von Inzestopfern ist ein Phänomen bekannt, das als ,,Abschalten'' bezeichnet wird (,,tuning out'' bei Herman u. Hirschman 1977, S. 71). Eist u. Mandel (1968) beschreiben eindrucksvoll das Erleben des Opfers: ,,Ich kann es nicht aushalten ... dieser Wahnsinn ... und ich so klein ...kann es nur geschehen lassen ... Bruch ... Zerstörung des Schwachen'', das es mit einem ,,black-out'', in dem es seinen Sinnen nicht mehr trauen konnte (wie Ferenczi es auch formulierte), beantwortete. Der Vater sagte dazu bagatellisierend, er glaube, sie habe während des Inzests geschlafen. Auch Wassmo (1981) beschreibt in ihrem Roman den Schutzmechanismus: ,,Die einzige Hilfe ... bestand darin, daß sie Zeit bekam, wach zu werden, sich zu wappnen, sich demgegenüber gefühllos zu machen, von dem sie wußte, daß es kommen würde, und sich von ihrem Körper wie von einem benutzten Kleidungsstück im Bett zu trennen'' (S. 138). Drei der Patientinnen aus meiner Praxis beschrieben dieses ,,Abschalten'', Frau A. war ,,passiv und regungslos'' neben dem Vater, der sich an ihr zu schaffen machte, Frau D. ,,machte sich steif wie ein Brett''. Frau B. sagte: ,,Wenn die Not zu groß wurde, war ich auf eine komische Art ruhig und leer.'' Shengold (1979, S. 538) beschreibt diesen Zustand als Reaktion auf schwere traumatische äußere Einwirkung: ,,Wenn der psychische Apparat mit Angst überschwemmt wird, sind massive und das Seelenleben beeinträchtigende (mind-distorting) Abwehroperationen notwendig, damit das Kind weiter in der Lage ist, zu denken und zu fühlen. Bei akuten Ereignissen kann man ohnmächtig werden oder alle Gefühle abschneiden, bei wiederholt einwirkenden Traumen wird auch dieser Mechanismus chronisch. Was geschieht, ist so furchtbar, daß es nicht gefühlt werden darf und nicht registriert werden kann — eine massive Isolation der Gefühle, verbunden mit Konfusion und Verleugnung, wird bevorzugt.'' Ferenczi (1933, S. 309) deutet diesen Zustand an, wenn er von einem traumhaften Zustand spricht, einer traumatischen Trance, in der ,,der Angriff als starre äußere Realität zu existieren'' aufhört. Das Ergebnis ist ein ,,mechanisch-gehorsames Wesen''. Shengold bezeichnet diesen Zustand als ,,hypnotisches Lebendig-Tot-Sein, ein Leben »als ob«'' (Shengold 1979, S. 538).

Auf einer tieferen, unbewußten Ebene wird die andere Gruppe der Abwehrmechanismen notwendig. Es ist die der Objektbilder, d.h. der Repräsentanzen der Objekte, die wenigstens in der Vorstellung teilweise so wohlwollend sein müssen, daß die innere Angst, allein zu sein (weil die Objekte so böse sind, daß sie in keiner Weise für das Kind da sind), erträglich bleibt.

Diese inneren Objektbilder sind meiner Meinung nach Resultate aus der Interferenz der realen äußeren Objekte und ihren Beziehungen zum Kind mit den Phantasien, auch Wünschen und besonders den Abwehrmechanismen, die die äußeren Objekte subjektiv verzerren. So bleibt das Gefühl von den — lebensnotwendig gebrauchten — äußeren Objekten erträglich, das Kind kann bei ihnen bleiben, und übrigens bleiben auch die aus inneren (Trieb-) Kräften stammenden Phantasien und Gefühle, die dem äußeren Objekt gelten, erträglich. Wird die Kluft zwischen der Realität des Objekts und seiner benötigten Verzerrung, um das Objekt erträglich zu machen, zu groß, sind Spaltungen erforderlich, die ebenfalls der Abwehr dienen. Ferenczi (1933) entwickelt den Mechanismus der Spaltung am Beispiel des mißhandelten Kindes, wenn er ausführt, daß das Kind als Ganzes nicht als Liebendes und Betrogenes, als Unschuldiges und Schuldiges existieren, und auch den Vater nicht gleichzeitig als geliebten und mißhandelnden ertragen kann.

Die Spaltung kann sich auf mehrere Personen erstrecken, d.h. es kann z.B. ein „Splitting" zwischen einem nur guten und einem nur schlechten Elternteil notwendig werden. Weil es paradox anmutet, ist das Phänomen so überraschend, daß Inzestopfer häufiger die Mutter hassen und ablehnen als den Vater, der ihnen doch das Unrecht angetan hat. Der Vater wird in der Regel idealisiert, als wäre er tatsächlich (was er sozusagen versprochen und nie gehalten hat) der Retter vor der vollständig bösen Mutter. Frau D. hätte vielleicht nicht überleben können, wenn sie nicht die ganze Kindheit über von sich der festen Meinung gewesen wäre, das „Vater-Kind" zu sein. Sie verdrängte die frühen sexuellen Handlungen des Vaters an ihr und hielt an diesem Bild von sich und dem Vater noch fest, als das jahrelange Inzestagieren stattfand. Die Verdrängung wird hier in den Dienst der Idealisierung (des Vaters) gestellt. Erst nach ungefähr einjähriger Therapiedauer war sie in der Lage, nachzuforschen und der Realität in die Augen zu sehen. Auch Frau B. hat am Anfang der Therapie trotz aller schamlosen egoistischen Ausbeutung und trotz des Verlassenwerdens durch den Vater ein positives Bild von ihm bewahrt. Bei Frau H. dauerte es Jahre der Therapie, bis sie sowohl die „hexenhafte Mutter" als auch den völlig idealisierten Vater differenzierter sehen konnte. Zur Identifikation mit dem Aggressor, dem „männlichen" Teil der Inzestfamilie, gehört ebenso die Identifikation mit dem „weiblichen" Teil der Mutter. Ich habe überwiegend feststellen können, daß die Mütter der Inzestopfer selbst kein positives Bild von Weiblichkeit verinnerlicht hatten, mit dem sich die Töchter hätten identifizieren können (vgl. Abschn. 7.4).

Herman (1981, S. 103) schreibt: „Sie (die Inzestopfer) identifizieren sich mit den Müttern, die sie verachten, und reihen sich selbst unter die gefallenen und wertlosen Frauen ein." Ebenso im Dienste der ganzen Inzestfamilie steht die Verleugnung des Inzests durch die Tochter: Eist u. Mandel (1968) beschreiben, wie die Tochter ebenso wie die anderen Familienmitglieder innerhalb der Familientherapie je nachdem, was die Eltern aushalten konnten, den Inzest berichtete oder aber ihn verleugnete, als wäre er nicht geschehen.

Eine letzte Möglichkeit der Abwehr ist die perfekte Anpassung des Kindes an die Familie: „Ich verhielt mich zu Hause total angepaßt, und das aus gutem Grund — um mein Leben zu schützen" (Gardiner-Sirtl 1983, S. 144). Die allgemeine fassadäre Anpassung an die Forderungen bürgerlichen Lebens (Beruf, Ehe, Kinder) vieler früherer Inzestopfer führte zum Übersehen der dahinter verborgenen Defizite und Symptome. So wird nachdrücklich betont (Kaufman et al. 1954; Rosenfeld et al. 1977; Eist u. Mandel 1968), daß es sich nicht um Abwesenheit von Störung, sondern um ihr von einer Fassade Verdecktsein handelt.

7.2.6 Die spätere Beziehung der Tochter zum Vater

Die Ambivalenz, die sich mehr in der Beziehung zum Vater als — bewußt — in der zur Mutter ausdrückt, haben wir bereits kennengelernt. Es scheint mir auch weniger eine Ambivalenz im Sinne von gleichzeitigen gegensätzlichen Gefühlen zu sein, als vielmehr im Sinne einer Spaltung: Der Vater wird zwar geliebt, die Tochter steht ihm näher als der Mutter, im Zusammenhang mit dem Inzest aber kommt der abgespaltene negative Teil zum Ausdruck. Natürlich kann jeder der Teile den anderen weit übertreffen, oft sind überhaupt keine positiven Gefühle vorhanden, der Haß wegen des Inzests kann weit überwiegen. Im Fall des 11jährigen Mädchens June, über das Kaufman et al. (1954) berichten, war der Vater eifersüchtig, als das Kind mit einem Jungen auf der Straße sprach, und stellte es zur Rede. Daraufhin erzählte June ihrer Mutter vom Inzest mit dem Vater, was zur Scheidung, Anzeige des Vaters und seiner Verurteilung zu 5 Jahren Gefängnis führte. June war verzweifelt, sie sei immer Vaters „favorite" gewesen, könne nur mit ihm, nicht mit der Mutter sprechen. Sie wolle mit dem Vater zusammenleben. Sie wolle alles für den Vater tun, denn sie hätte sonst niemanden. — Auch Herman u. Hirschman (1977) bestätigen die zumindest ambivalente, wenn nicht weit überwiegend positive Haltung der Inzestopfer dem Vater gegenüber (S. 70). Unter Umständen herrscht eine gewisse Solidarität zwischen Vater und Tochter im gemeinsamen Gefühl, (von der Mutter) verlassen zu sein (Herman u. Hirschmann 1977, S. 71). In der Dokumentation von Gardiner-Sirtl (1983, S. 135) schreibt eine Frau, die vom Vater im Vorschulalter einmalig vergewaltigt worden ist: „Was aber dennoch bleibt und das mag manchen verwundern, ist auch die Liebe zu diesem Menschen, der als einziger innerhalb dieser Familie mir in seiner Art gezeigt hat, wie sehr er seine Tochter liebte."

Wenn es aber um den Inzest geht, zeigt sich ausbruchartig doch die ganze verborgene Wut. Oft wird diese Wut aber verschoben, etwa folgendermaßen: „Wenn mein Mann das mit den Kindern macht, was mein Vater mit mir gemacht hat, bring ich ihn um!" (Gardiner-Sirtl, 1983, S. 38, 70, 102, 155). Nur zwei Frauen aber sagten aus, sie hätten ihrer selbst wegen den Vater umbringen können. Das Ausmaß der Verzweiflung, das das Inzestopfer in sich tragen kann, ist aus solchen Berichten allerdings kaum zu erkennen; es ist ja auch tief in den Menschen verborgen, weil sie einmal so abhängig von dem Täter waren, real abhängig und emotional, wie wir oben gesehen haben. Wenn Wut und Verzweiflung plötzlich alle Kontrollen durchbrechen, können tatsächlich Morde geschehen, wahrscheinlich häufiger im Zusammenhang mit Inzest, als bekannt wird:

„So berichtete die 14jährige denn von ihrem Vater, der sie seit Jahren sexuell mißbraucht hatte. Sie erzählte, daß die Mutter davon gewußt hatte. Doch sie hatte nichts dagegen getan. In ihrer Verzweiflung hatte das Mädchen dann eines Abends den Revolver ihres Waffen sammelnden Vaters entwendet. Sie wollte ihrem Leben, das der Vater, als er sie mißbrauchte, und ihre Mutter, als sie sie im Stich ließ, zerstört hatten, ein Ende setzen. Sie wollte die Waffe mit in die Schule nehmen. Sie wollte sich dort erschießen. Doch als sie am Morgen ihren Eltern gegenüberstand, richtete sie die Waffe zuerst gegen ihren Vater und dann gegen ihre Mutter. Beide waren auf der Stelle tot. Das Mädchen werde alle Hilfe bekommen, die Behörden ihm geben können, versicherte der Staatsanwalt" (*Frankfurter Rundschau*, 1.2.1985).

Ein typisches Merkmal der inzwischen erwachsenen Inzestopfer entsteht häufig erst nach einer gewissen Therapiedauer: Der Wunsch, es dem Vater (und der Mutter) noch einmal ins Gesicht zu sagen, wie sehr er ihr Leben zerstört hat. Auch Herman (1981, S. 192) berichtet über dieses Bedürfnis vieler Patientinnen, ihre Hoffnung, daß die Eltern in der Lage sind, wenigstens die Realität zu bestätigen, oder sich zu entschuldigen. Diese Hoffnung wird in aller Regel enttäuscht; eine solche Konfrontation, die im Laufe der Therapie möglich wird, weil diese als Rückhalt erlebt wird, dient eher der längst nötigen Abgrenzung und Trennung vom verinnerlichten Familiensystem, das ein Nein-Sagen nicht erlaubte. Frau D. etwa, die immer relativ dicht an Gefühlen der Wut war, war nahe daran, es dem Vater zu sagen, unterließ es aber aus Rücksicht auf ihre Kinder, wie sie meinte:

„Wir waren zum Wochenende bei den Elter eingeladen, dieses Verstecken vor den Kindern ist furchtbar. Vater hat etwas gemerkt, er ist verlegen. Ich würde am liebsten hingehen und ihm eine kleben. Mutter ist wahnsinnig bemüht." Nach gut einem Jahr der Therapie: „Vater ist reif! Er ist der erste, dem ich es sagen will. Aber er ist feige, er bleibt nicht mit mir allein in einem Zimmer. Ich wünschte, ihn würde der Schlag treffen! Aber der überlebt uns alle!" Ein Vierteljahr später schreibt sie ihm einen Brief, in dem sie ihm mitteilt, was sie von ihm hält, und fühlt sich sehr erleichtert. Der Vater ruft an, was er sonst nie getan hat, seine Stimme versagt, er weint. Frau D. spricht über etwas Belangloses, sie hat Angst, daß er versucht, ihr Mitleid zu erregen und ihre Abgrenzung wieder rückgängig zu machen.

Aus den folgenden Aufzeichnungen von Frau I. nach ca. eineinhalb Jahren Therapie ist die ganze Wut, aber auch Bedürftigkeit eines Inzestopfers, auch in der Übertragung auf den Therapeuten abzulesen:

„Ich mußte versuchen, ihm zu gefallen, mit allen Mitteln seine Aufmerksamkeit zu bekommen. Ich mußte alle seine Wünsche erfüllen, auch wenn ich nichts verstand und begriff und furchtbare Angst hatte. Ich hatte große Angst vor ihm und mußte ihn trotzdem lieben, denn er war mein Vater. Ich lief ihm nach, ich bettelte um Liebe, Aufmerksamkeit, denn eine Mutter hatte ich nicht, eine liebende Mutter. Die, die ich hatte, hatte nichts zu geben; sie war zu jung, zu naiv, zu sehr überfordert. Und so blieb ich mein Leben lang auf der vergeblichen Suche nach der Mutterliebe, dem Schutz und der Geborgenheit. Ich werde sie nie mehr bekommen, nie mehr. Ich muß Abschied nehmen von der Vorstellung, Liebe von irgend jemand, außer von den Eltern, erwarten zu können.

Meine Verhältnisse mit Männern waren letztendlich alle unglücklich. Sie mußten unglücklich enden, weil ich suchte, was ich nie mehr finden kann. Ich bin den Männern nachgelaufen, habe geheult und gebettelt und gefleht, und wenn sie mit mir geschlafen hatten, war ich ihnen vollends hörig. Es mußte zu immer schlimmeren Trennungserscheinungen kommen, bis hin zum versuchten Selbstmord.

Ich glaubte, die Liebe und Zuneigung des Vaters verdienen zu müssen, durch Nettaussehen, schulische Leistungen, Brav- und Gehorsamsein. Eine schlechte Note in der Schule war eine Katastrophe für mich. Meine Welt drohte einzustürzen, nicht geliebt zu werden bedeutet den Untergang für ein Kind.

Heute bin ich durch die praktische Fahrprüfung gefallen. Ich bin nicht mehr als 50 m gefahren, da griff der Fahrlehrer mir ins Steuerrad. Die Prüfung war gelaufen. Es folgte der übliche katastrophale Zusammenbruch zu Hause. Anruf bei Hirsch. Selbstmordgedanken. Anpfiff von Hirsch. Endlose Heulerei, Selbstmordgedanken. Heillose Wut auf Hirsch. Ich hasse die Ausbeuter, diese verfluchten Kerle, siehe den Fahrlehrer! Mit freundlich lächelnder Miene hat er mir Stück für Stück mein Selbstvertrauen geklaut, mich immer kleiner gemacht, der große Meister, wie er sagt, auf meine Kosten stark gemacht, von mir in jeder Weise profitiert. Es ging mir immer miserabler. Und trotzdem konnte ich nicht Schluß machen, immer noch in der uneingestandenen Hoffnung, etwas von ihm zu bekommen: Liebe, Sex, irgendeine Art von Zuwendung. Aber er ist ein Nehmer: Fahrstunden en masse, noch und noch, mehrmals einen ausgegeben, Buch geliehen, zum Sekt eingeladen. Er will mehr haben, nichts geben, wie mein Vater. Ich weiß nicht, wo der Punkt in mir liegt, an dem ich derart manipulierbar bin: Mein ungeheures Bedürfnis nach Liebe, Zuwendung, Geborgenheit; Hörigkeit demgegenüber, der Macht und Sex ausübt in Wort und Tat? Ich weiß es nicht. Ich bin sehr alleine. Auch dem Hirsch bedeute ich nichts. Mein Ersatzvater, liebender zuverlässiger, verständnisvoller Vater. Ich bin eben alleine. Ich möchte gern Ruhe haben, endlich ein stilles Leben, klein und bescheiden führen. Ich habe keine Forderungen mehr ans Leben. Alle meine Chancen habe ich vertan. Und mein Mann schläft. Ich höre ihn schnarchen. Ich hasse ihn, seine schreckliche Art, nichts zu verstehen, aber auch gar nichts, nicht ein Zipfelchen zu verstehen. Ich möchte weg von ihm. Hoffentlich macht er Therapie, so daß sich das schließlich daraus ergibt. Ich hasse und verachte meinen Vater und meine tumbe Mutter. Ich hasse vor allem diesen Großkopfeten von Therapeuten, der den lieben Gott spielt und vorgibt, die Wahrheit gepachtet zu haben. Ich habe einen endlosen, furchtbaren, mörderischen Haß auf ihn. Heute hätte ich ihn lynchen können. Aber er lebt natürlich über den Abgründen, in den Sternen, erhaben über solch eine Gemeinheit, Kleinheit, über krankes Verhalten, Geborstenheiten und Kaputtheiten.

Ich hasse alle sich autoritär aufspielenden Gernegröße, diesen Prüfer heute mit den zarten Händen und dem zarten Ringlein am Fingerchen. Der brutal seine Überlegenheit ausspielte und kalt und knallhart dem Prüfling die Leviten las, diese anmaßende, traurig-arrogante, ekelhaft-spießerische, miese, kleine Kläfferhaltung. Diese miese Type, die schnell mal aus der Sicherheit seiner Position den Prüfling ins Bein beißt. Diese abscheuliche, ekelerregende Kreatur. Diese miesen Spießer, die nur auf die Gelegenheit warten, ihre Aggressionen los zu werden, wie die braven Biedermänner im Dritten Reich, die ohne Schwierigkeiten ein trautes Heim mit Filzpantoffeln und Bratkartoffeln, ,,fröhlichen'' Kindern und ,,liebender'' Gattin pflegen konnten, und gleich nebenan Millionen unschuldiger Menschen im KZ zu Tode quälten. Abschaum der Menschheit! Die meisten sind Abschaum, groteske und perverse Verdrehungen des Schöpferwillens, ekelhaft und widerwärtig. Ich kenne euch alle, die ihr euch auf meine Kosten mästet. Ihr Geschmeiß- und Otterngezücht. Ich bin ein Mensch: Ihr habt mich nicht gelassen, ein Mensch zu werden, so wie er gemeint ist vom Gott der Schöpfung: kreativ, voll Freude, Zufriedenheit, voller Phantasien und Pläne, lebenszugewandt, glücklich, frei von Haß, Eifersucht und Neid, nicht depressiv, optimistisch, froh, lächelnd, singend.

Ich liebe meine Katze, den Baum vorm Fenster, den Himmel, die warme Luft, den Kirchturm, Frau Hirschs Stimme und Mozarts Musik und Klees Bilder; die Menschen kotzen mich an. Ich bin froh, sie nicht zu sehen. Sie sollen mich in Ruhe lassen, ich bin einfach müde. Ich möchte nichts mehr wollen. Ich möchte nur einfach sein, solange es Grün gibt, es sehen, das Klavierspiel von unten hören. Und die warmen Augen meines Mannes. Er hat nicht zu geben, gar nichts. Ich liebe das Schöne, das Weiche, das Zärtliche. Ich werde gern umarmt und umarme gerne. Ich wäre so gerne zärtlich. Ich bin sehr einsam, aber doch nicht so unglücklich, wie vor einem Jahr. Wenn ich den Hirsch sehe, bekomme ich Aggressionen, unbändige Aggressionen, dieser anmaßende Typ auf Gottes Thron, der Herr Therapeut. Für meinen namenlosen Haß auf diesen unsäglichen Typen finde ich keine neuen Worte mehr. Ich hasse ihn 48 Jahre lang. Allen Haß, alle Aggressionen in mir häufe ich auf sein Haupt. Er hätte wissen müssen, als Menschenkenner, speziell des seelisch kranken Menschen, daß ich mit dieser Aufgabe überfordert war. Noch zu schwach. Das kleine Pflänzchen Selbstvertrauen fing an zu wachsen, ich wurde lebendiger, freier, fröhlicher, jünger, frischer.

Stück für Stück ist mir all das entrissen worden. Diese gemeine Sau hat mich ans Messer geliefert. Ich bin reingestolpert, blindgläubig. Das gemeine Miststück! Und natürlich ist nicht der Therapeut verantwortlich, sondern sein Klient ganz allein. Wie ich diese menschenverachtende Art hasse, seine Ironie, seinen Sarkasmus, seine überhebliche, dünkelhafte Art. Hätte ich einen Revolver, ich legte dich um, und ging für den Rest meines Lebens in den Knast oder brächte mich anschließend selber um.

Ich sitze vor dem Schreibtisch und sehe in den Spiegel. Ich sehe alt, welk, abgehärmt und grau aus, meine Augen verheult, meine Nase rot, mein Mund schief und offen, denn ich bekomme keine Luft durch die Nase. Ich habe viele Seiten geschrieben. Es geht mir etwas besser. Ich will die Seiten dem Hirsch geben, wenn er sie will. Er kann sie lesen oder gleich wegwerfen. Mein Seelenmüll!!!!''

7.2.7 Partnerwahl

Der Wiederholungszwang aufgrund der Identifikation mit dem Aggressor stellt das, worunter das Kind gelitten hat, auf zwei Wegen wieder her: Einmal kann das Opfer wieder zum Opfer werden und findet dann mit Sicherheit den entsprechenden Täter, oder das frühere Opfer wird zum Täter, ist mit ihm identisch, und mißhandelt sich selbst im neuen Opfer (vgl. Kap. 5). Für die Partnerwahl kommt in der Regel der erste Weg in Frage, sehr häufig werden in den Therapien der Inzestopfer verblüffende Parallelen zwischen der Beziehung zu einem Partner und der zum Vater deutlich.

Inzestopfer heiraten auffallend früh. Eine Patientin, über die Machotka et al. (1967) berichten, heiratete mit 15 Jahren, Lukianovicz (1972) beobachtete frühe Heirat sehr häufig, auch Rascovsky und Rascovsky (1950) sowie Gutheil u. Avery (1977) erwähnen sie. Von meinen Patientinnen haben fast alle bis auf die drei unverheirateten im Alter von 20 bis 23 Jahren geheiratet, eine von ihnen mit 19 Jahren. Die Erklärung fällt nicht schwer: Das adoleszente Mädchen möchte so schnell wie möglich aus dem Elternhaus gehen, ist aber nicht autonom genug, allein zu leben. Wenn die Partnerwahl nun dem Wiederholungszwang unterliegt, wird die Absicht zu fliehen nicht erfolgreich sein, das Mädchen wird sozusagen vom Regen in die Traufe kommen.

Bei ihren Untersuchungen zu den Folgen des Inzests bezeichneten Sloane u. Karpinski (1942) die promiskuösen Tendenzen eines Mädchens als kaum verhüllte zwanghafte Suche nach einem Vaterersatz. Auch die Patientin, über die Tompkins (1940) berichtete, fand ausschließlich Männer, die ihrem Vater entsprachen; die längsten Beziehungen hatte sie mit ihren verheirateten Vorgesetzten. Besonders eindringlich klingen die Berichte von Frauen, die Herman (1981, S. 100 f.) aus einer Gruppe von 40 in Therapie befindlichen Inzestopfern befragt hat. Z.B. Christine:

„Manchmal hat mich mein Mann vergewaltigt. Das mag komisch klingen, aber manchmal hat er das getan. Er wollte, daß ich mich selbst verkaufe als Zusatzverdienst. Überall übte er Druck aus, er machte mir Schuldgefühle, weil ich mich querstellte, weil ich nicht mitzog, nur weil ich es nicht mit jedem beliebigen Mann tun wollte... Er wollte auch, daß ich mit anderen Männern ins Bett gehe, damit er zugucken konnte. Ein paarmal habe ich es gemacht. Ich verstehe es selbst nicht, weil ich es doch eigentlich besser wissen müßte, aber ich habe ihn eben geliebt."

Ein weiteres Beispiel. Esther:

„Ich habe in sehr jungem Alter geheiratet, und ich habe es bitter bereut. Trotzdem schaffte ich es nicht, meinen Mann zu verlassen. Er ist ein Mann, den die meisten Leute für treusorgend einschätzen würden. Aber er ist unfähig, einen Job durchzuhalten oder die Familie zu unterstützen. Für die Kinder ist er ausgefallen. Ich sehe eine klare und definierte Beziehung zwischen meiner inzestuösen Beziehung und meinem Bedürfnis, mich selbst dadurch zu bestrafen, daß ich mit einem Mann zusammenbleibe, der mich so am Leben hindert."

Beispiele, in denen die Partner den Vätern entsprechen, finden sich auch bei Gardiner-Sirtl: „Nur ein Mann, den ich 3 Jahre kannte und sehr liebte, erreichte, daß ich mich richtig fallenlassen konnte. Aber ich holte ihn eines Nachts nackt vom Bett meiner schreienden Tochter (damals 16 Jahre alt) " (S. 80). Und ein anderer Bericht: „Ich vertraue keinem Menschen und warte eigentlich nur darauf, daß mir etwas angetan wird. Überhaupt scheine ich besonders auf verheiratete Männer anziehend zu wirken — weiß der Teufel, warum!" (S. 62).

Frau D. und Frau G. hatten Partner, die ständig „nur das eine" wollten. Während der Mann von Frau D. immer vorwurfsvoller, teils weinerlich, teils aggressiv sexuellen Kontakt forderte, stellte es der Freund von Frau G. ihr gegenüber als völlig normal dar, daß er sie von morgens bis abends berühren („betatschen") und mit ihr täglich sexuellen Verkehr haben wollte, ungeachtet ihrer zaghaften oder deutlichen Signale der Abgrenzung.

In allen diesen Beziehungen — und es handelt sich hier meist um Ehen, in den flüchtigeren Beziehungen dürfte es eher noch brutaler zugehen — ist Sexualität mit Gewalt verbunden, blind wird dieselbe Konstellation wiederhergestellt, die einmal so traumatisch war. Masochismus kann man mit Berliner (1947) als „Liebe zu einer Person, die nur Haß und Mißhandlung geben kann" oder als „Libidinisierung des Leidens, von oralem Bedürfnis nach Liebe motiviert" definieren. So ist es kein Wunder, daß die Gewalt, die mit der inzestuösen Liebe verbunden war, im späteren Leben immer wiederholt wird. Ferenczi (1933) stellt sich die Frage, wieviel vom Sado-Masochismus von introjizierten Schuldgefühlen herrührt und wieviel spontan in einem Menschen entsteht. Da sie am Ende seiner hier so viel zitierten Arbeit gestellt wird, darf man annehmen, er würde sich weitaus zugunsten der Introjektion des Schuldgefühls, d.h. also der Identifikation mit dem Aggressor entscheiden. Sadistische Phantasien und ihr Ausagieren sind dann nur die Kehrseite des Masochismus, sie muten wie ein hilfloser Rettungsversuch an, es dem Täter gleichzutun oder es ihm heimzuzahlen. So berichtet eine Frau in der Dokumentation von Gardiner-Sirtl (1983), die im Alter von 5 Jahren von ihrem Pflegevater sexuell mißbraucht worden war:

„Schon als 6jährige entwickelte ich regelmäßig Phantasien, in denen ich einen nackten, wehrlosen Herrn ... sadistisch quälte, und diese Phantasien taten mir unheimlich gut und befriedigten mich ... Noch heute ist es so, daß die Vorstellung, als Mann sexuelle Handlungen an einem kleinen Mädchen vorzunehmen, mich erregt. Die Vorstellung, als Frau mit einem Mann zusammenzusein, erregt mich nicht. Es ist so entsetzlich!"

Auch im Fallbericht meiner Patientin Frau D. wurden die Bedingungen, unter denen ihr sexuelle Befriedigung möglich war, bereits beschrieben. Aggression, Erniedrigung und körperliche Schmerzen repräsentieren genau die Gewalt, die Frau D. in ihrer ersten „sexuellen Beziehung" erlitten hat.

7.3 Psychodynamik des Vaters

7.3.1 *Äußere Charakteristika*

Lange Zeit standen keine Beispiele der direkten psychologischen Untersuchungen von Inzesttätern zur Verfügung. Kaufman et al. (1954) konnten keine Kontakte zu den Vätern der ihnen überwiesenen Inzestopfer bekommen, und tatsächlich scheinen Väter i. allg. am wenigsten motiviert zu sein, sich in Frage zu stellen oder sich ändern zu wollen. 1962 hatten Weiner u. Cormier et al. Gelegenheit, 5 bzw. 27 Fälle von überführten Inzesttätern psychiatrisch zu untersuchen; 1966 stand Cavallin eine ebensolche Gruppe von 12 Vätern zur Verfügung. Peters (1976) unterscheidet in seinem Überblick von 224 psychoanalytisch zumindest interviewten, oft behandelten Tätern nicht zwischen sexuellem Mißbrauch innerhalb und außerhalb der Familie, ordnet aber den Inzesttäter der Gruppe der „pädophilen" Täter zu (als nichtgewalttätige Täter gemeint, nicht etwa im Sinne der sexuellen Perversion im engeren Sinne), die gemeinsame Merkmale aufweisen. Westermeyer (1978) sah 5 Väter in der ambulanten psychotherapeutischen Praxis, die nach Aufdeckung und Beendigung des Inzests psychisch dekompensierten, selbst zur Therapie motiviert waren und nicht von Gerichten oder anderen Institutionen überwiesen worden waren. Peters (1976) beschreibt die Gruppe der Sexualtäter, zu denen auch die Inzesttäter gehören, in ihren allgemeinen Merkmalen folgendermaßen: „Sie hatten ihre Ehe als passive, emotional abhängige Ehemänner begonnen, versuchten, für die Familie zu sorgen, und schienen eifrig bemüht, die Anerkennung einer aktiven dominanten Ehefrau zu bekommen. In dem Maße, in dem die Ehefrauen nun von ihnen emotionale Zuwendung und Unterstützung forderten, trat eine Regression ein; die Ehefrauen waren frustriert und wandten sich Aktivitäten außerhalb der Familie zu. Sie zogen sich ihrerseits emotional zurück, einschließlich der Weigerung, eine sexuelle Beziehung weiter aufrechtzuerhalten.

Der Mann begann zu trinken und verführte ein kleines Mädchen, das zur Verfügung stand, in der Regel eines, über das er Autorität besaß und das ihn mit Sicherheit nicht zurückwies" (Peters 1976, S. 411).

Über die Schichtzugehörigkeit der Familien ist schon oben diskutiert worden, dementsprechend entstammen auch die Väter allen sozialen Schichten und haben eine sozial angepaßte Fassade (z.B. Cavallin 1966; Weiner 1962; Lustig et al. 1966; Herman 1981). Von den 12 Vätern, die Cavallin (1966) untersuchte, war nur einer einmal geschieden worden, es gab auch keine außerehelichen sexuellen Beziehungen, dafür war die Zahl der Kinder relativ groß (im Durchschnitt etwas über 5 Kinder pro Familie). Das Alter der Väter während des Inzests lag bei allen Autoren zwischen Mitte 30 und Ende 40, Vorstrafen spielten keine Rolle. Von den 5 Vätern aus der ambulanten Praxis waren 3 eng mit der Kirche verbunden, ein Geitlicher, ein Kirchenältester und ein Leiter des Kirchenchors. Der Alkohol spielte allerdings eine Rolle, jedoch fand sich bei allen Autoren kein alkoholabhängiger Vater; der überdurchschnittliche Alkoholkonsum führte jedoch zur Schwächung der Ich-Kontrolle. Lediglich Cavallin (1966) stellte bei 4 der 12 Inzesttäter erhöhten Alkoholkonsum fest. Manchmal wurde aber auch rationalisierend der Alkoholkonsum angeführt, um die Verantwortung für das Inzestagieren herunterzuspielen (Kaufman et al. 1954).

Ein auslösender Faktor besteht bei einem Teil der Väter anscheinend in einer langen Abwesenheit von der Familie. Cormier et al. (1962) referieren die frühere soziologische Literatur, in der betont wird, daß nach langen Jahren der Abwesenheit eine gealterte Frau und eine veränderte Familie vorgefunden wird, weshalb z.B. nach beiden Weltkriegen die Inzesthäufigkeit angestiegen sein soll. Auch Kaufman et al. (1954), Gutheil u. Avery (1977) sowie Weiner (1962) erwähnen diesen Aspekt. In der Dokumentation von Gardiner u. Sirtl (1983) finden sich zwei Berichte über Väter als Kriegsheimkehrer, ein Vater kam aus dem Gefängnis, ein weiterer war Kriegsversehrter. Nicht nur die veränderte Familie und die Konfrontation mit den aufgelösten Bindungen an sich dürften eine Kränkung darstellen, sondern auch die unvorstellbare Aggression und Entbehrung, die das Kriegserlebnis darstellen, dürften zu der besonderen Form der rücksichtslosen Inanspruchnahme Schwächerer beitragen, die weiter unten beschrieben wird.

Wie sehr die „gesteigerte Sexualität" des Inzesttäters auf einem Vorurteil beruht, zeigt sich an einem Fallbeispiel Weiners (1962, S. 620), in dem ein 52jähriger Vater ein einziges Mal mit einer Frau — seiner Frau — Geschlechtsverkehr hatte, der zur Schwangerschaft mit der Tochter führte. Die inzestuöse Sexualität bestand in Masturbation des Vaters abwechselnd durch die Mutter und die Tochter in jeweiliger Anwesenheit der anderen. Auch Maisch (1968) u. Männel (1980) konnten in ihren mehr soziologischen Untersuchungen keine erhöhte sexuelle Aktivität des Vaters feststellen.

Übereinstimmend findet sich eine etwas über dem Durchschnitt liegende Intelligenz bei der Gruppe der Inzesttäter. Die Diagnose lautet i. allg. Charakter- oder Persönlichkeitsstörung; es wird betont, daß keine psychotischen Erkrankungen vorliegen, wohl um der Vermutung vorzubeugen, daß das Inzestagieren Resultat eines psychotischen Kontrollverlustes gewesen sein könnte. Eine Ausnahme bildet hier Cavallin (1966), von dessen 12 Patienten 2 psychotisch reagiert hatten und weitere 3 präpsychotische Züge aufwiesen.

Der allgemeine Eindruck vom Inzesttäter ist der eines „verlorenen, gequälten und ängstlichen Mannes", der zwar zerknirscht gesteht, aber sich gleichzeitig als ein Opfer der Umstände darstellt, das sich nur geringfügig schuldig gemacht hat (Weiner 1962, S. 116). Ein solches Bild der Schwäche geben auch die meisten Väter meiner Patientinnen ab. Der Vater von Frau B. wird von der Mutter geschlagen, kniet vor ihr und weint. Der Vater von Frau C. weint zwar nicht über sein inzestuöses Agieren, als die Patientin ihn nach ihrer Vergangenheit fragt, dafür aber über das Schicksal, das die Eltern gezwungen hat, das Kind für 2 Jahre in Pflege zu geben; der Vater war existentiell abhängig von seiner Frau, kaum fähig zu sozialen Kontakten und schließlich der Patientin geradezu hörig.

„Und mein Vater, eigentlich nie der Herr im Hause, nur ein williges Werkzeug seiner Frau, hat nie ein klärendes, die Situation reinigendes Wort für sein Verhalten gefunden. Er blieb ein Schwächling, der bei allen hysterischen Ausbrüchen seiner Frau klein beigab" (Gardiner-Sirtl 1983, S. 58).

Das Bild eines „ineffektiven, nichtaggressiven abhängigen Mannes, der wenig Verantwortung für seine Familie aufbringt", zeichnen Raphling et al. (1967) vom Inzesttäter. Der Vater in einem Fall von Rhinehart (1961) wird als „schlecht gelaunt, irrational, abhängig und sporadisch beschäftigt" beschrieben. Kaufman et al. (1954) nennen die Väter „alles andere als Patriarchen".

Anscheinend wird sowohl die soziale Schicht, aus der der durchschnittliche Täter kommt, wie auch seine allgemeine Charakteristika so ausführlich in der Literatur dargestellt, um evtl. noch vorliegende Vorurteile vom asozialen Milieu und der promiskuösen Persönlichkeit zu widerlegen. Sicher ist es schwierig, von einem mehr oder weniger intensiven äußeren Eindruck auf die Persönlichkeit zu schließen. Zum Beispiel können gerade in ihrer Charakterstruktur beeinträchtigte Menschen wie die Inzesttäter sich auch in verschiedener sozialer Umgebung völlig entgegengesetzt verhalten, der draußen gütige Arzt sozusagen sich zu Hause in einen sadistischen Tyrannen verwandeln. So fanden Gebhard et al. (zit. bei Maisch 1968, S. 94) nur 10% aggressive, despotische, „promiskuöse" Väter, Maisch selbst dagegen unter seinen überführten Delinquenten 29%.

Väter im Untersuchungsgut von Maisch (es handelt sich wohlgemerkt um überführte Delinquenten) sind „sozial und psychopathologisch weitgehend unauffällige Familienväter" (S. 99), während ein Anteil von 9 % deutlich pädophile Züge zeigt. Nach einer Statistik des Institute for Rape Concern in Philadelphia (Pedigo 1984) handelt es sich bei den Vätern bei ca. 15 % um offen aggressive, „promiskuöse" Männer, bei ca. 85 % um „submissive" durchschnittliche Familienväter. Das aggressive Agieren der Väter ist obendrein als Kompensation (Gutheil u. Avery 1977) für ein schwaches Ich bezeichnet worden und von Lustig et al. (1966) als autoritäre Fassade.

7.3.2 Narzißtisches Defizit und Beziehung zur eigenen Mutter

Versucht man vom vereinfachten Täter-Opfer-Schema, das für den Inzest in der Regel nicht zutrifft (außer für seltene Vergewaltigung des Kindes in der Familie, Rosenfeld 1979 a), zu einem Verständnis der komplexen Zusammenhänge zu gelangen, wird man nicht umhinkommen, auch den Täter als „psychiatrischen Patienten", der Hilfe braucht (Westermeyer 1978), oder speziell auch als Opfer des

Inzests in der eigenen Herkunftsfamilie zu betrachten (Westermeyer 1978; vgl. Weiner 1962). Soweit psychologische Untersuchungen und psychotherapeutische Berichte vorliegen, sind die meisten Täter von vielfältigen Verlassenheitserfahrungen in der Kindheit geprägt (Lustig et al. 1966). Auch Männel (1980) stellte mit den psychiatrischen Untersuchungsmöglichkeiten bei 17 von 32 überführten Tätern „emotional gestörte elterliche Familien" fest. Die Lebensgeschichte dieser Männer war durch Trennungen und Verluste (Weiner 1962) sowie durch frühe Zurückweisung durch die Eltern (Gutheil u. Avery 1977) gekennzeichnet. Von den 12 Tätern, die Cavallin (1966) untersuchte, waren in 6 Fällen die Mütter entweder gestorben oder hatten die Familie verlassen. In zwei weiteren Fällen mußte die Mutter arbeiten und verbrachte die meiste Zeit außerhalb des Hauses. Von den anderen 4 Fällen wurde die Mutter in einem als gleichgültig, in einem anderen als sehr kritisch und engstirnig, in einem dritten als sehr religiös und streng beschrieben. Nur in einem Fall hielt sich der Patient selbst für das bevorzugte Kind der Mutter. In einem Fall, den Weiner (1962) mitteilt, starb die Mutter des Täters kurz nach seiner Geburt, mit 3 Jahren kam er in ein Heim. Ein anderer kam mit 5 Jahren in ein Heim, nachdem sein Vater wegen Inzest mit der Schwester des Patienten angeklagt worden war. Die Mutter des dritten beschriebenen Vaters erlitt eine schwere chronische Depression nach dem Tod zweier ihrer Kinder. Eine weitere Mutter eines Täters wird andererseits als sehr warmherzige Frau beschrieben, an die der Patient als Kind extrem gebunden war. Noch z.Z. der Untersuchung war er sehr an seine Mutter gebunden, wie auch ein Vater, über den Cavallin (1966) berichtet, der nach Verbüßung der wegen des Inzests verhängten Strafe seine Familie verlassen und zur Mutter zurückkehren wollte. Im zweiten von Cavallin mitgeteilten Fall verließ die Mutter die Familie, als der Patient 4 Jahre alt war. Cormier (1962) berichtet von einem Täter, der bis zum Alter von 36 Jahren bei der Mutter blieb, die ihn daran gehindert hatte, ein Mädchen zu heiraten, als er 19 Jahre alt war. Die Frau, die er dann heiratete, sei genauso dominierend wie die Mutter gewesen, aber ohne deren Wärme.

Weiner (1962) wendet den Gedanken Gordons (1955) der Rache der Tochter gegen die prägenitale Mutter auf den Täter an und versteht den Inzest als Rache an der Mutter des Täters für die frühe Zurückweisung. Wie schon in einem früheren Abschnitt dargelegt, ist die genital erscheinende Sexualität des Inzests als Versuch zu verstehen, frühkindliche Bedürfnisse zu kompensieren. Das trifft auch besonders auf den Täter zu; Rosenfeld (1979 a) hält die inzestuöse Aktivität für einen Ausdruck von Abhängigkeitswünschen, der Vater sei unfähig zu Beziehungen zu reiferen Frauen. Gutheil u. Avery (1977) beschreiben die Väter gerade wegen der frühen Zurückweisung als von den Müttern abhängig, sie fühlen sich in ihrer maskulinen Identität gefährdet und geben ihre Abhängigkeitswünsche als genitale Bestrebungen aus. Weiner (1962) stellte mit Hilfe von Persönlichkeitstests bei allen 5 untersuchten Vätern regressive Anteile und eine mangelnde männliche Identität fest.

Wenn die Wünsche des Vaters, mit Hilfe der inzestuösen Sexualität frühkindliche Bedürfnisse erfüllt zu bekommen, der Kern der Psychodynamik des Inzests von seiten des Vaters ist, liegt es nahe, daß die Tochter für ihn zu einem Mutterersatz wird. Es gibt einige Beobachtungen, die diese Annahme stützen. In dem erwähnten Fall der Kathleen (Weiss 1955) erlebt der Vater in der Tochter seine

Mutter und versucht sich mit ihr gegen die Ehefrau zu verbünden. Auch Heims u. Kaufman (1963) erwähnen, daß bei offenem Inzest der Vater häufig die Tochter als ernährende Mutter erlebt. In diesem Zusammenhang zitiert Cavallin Jones (1938), der diese Gleichsetzung von Tochter und Mutter beschrieb. Ein Mann, der eine abnorm starke Zuneigung für seine Tochter entwickelt, habe auch eine starke Mutterbindung. Er erzeuge seine Mutter und werde ihr Vater und komme so zu einer Identifikation seiner realen Tochter mit seiner Mutter. Cavallin bemerkt dazu, daß die positiven ödipalen Wünsche gegen die Mutter auch alte feindliche Gefühle gegen die Mutter, die Ehefrau und eben auch gegen die Töchter einschließen, daß eine Fusion oraler Aggression mit positiven genitalen Bestrebungen eingetreten sei. Wenn der Vater seine Mutter in der Inzestdynamik mit der Tochter erzeugt, könnte er sich als mit omnipotenter Macht über sie ausgestattet erleben. Die narzißtisch-symbiotische Qualität, die die Vater-Tochter-Beziehung annehmen kann und in der aggressive Kontrolle und narzißtische Selbsterschaffung enthalten sein können, werden wir bei der Besprechung des Narzißmus des Vaters kennenlernen.

Ein weiterer Faktor, den Cavallin anführt, würde die Wiederholung der Aggression, die er passiv von der Mutter in seiner Kindheit erlitten hat, an der Tochter bedeuten. Das wäre eine Form der Identifikation mit dem Aggressor. Es ist für Cavallin eindeutig, daß die Väter von ihren Müttern beträchtliche Feindseligkeit erlebt haben, und er stellt die Frage (die er nicht beantworten kann), ob diese reale Feindseligkeit, die in der Kindheit erfahren wurde, in der Mutter-Sohn-Beziehung nicht erotisierte Qualität gehabt haben könnte (S. 1137). In einem Fall von inzestuösem Mißbrauch zwischen Stiefvater und 4jähriger Stieftochter, über den Peters (1967) berichtet, gab der Stiefvater an, sich wegen der Untreue seiner Frau an das Kind gewandt zu haben, um sexuelle Befriedigung zu bekommen. Diese Dynamik wurde als eine Art sexueller Vergeltung verstanden und mit der Lebensgeschichte des Stiefvaters in Verbindung gebracht. Er selbst war ein uneheliches Kind gewesen, ein schwarzes Schaf in der Familie, dessen Vater ihn ständig brutal geschlagen hatte. Hier liegt offenbar eine Weitergabe der Kindesmißhandlung durch einen Vater, der selber einmal Opfer gewesen ist, in sexualisierter Form vor.

7.3.3 Beziehung zum eigenen Vater

Neben dem Defizit in der Beziehung zur Mutter in der frühen Kindheit wird von den Autoren, die die Psychodynamik der Väter untersucht haben, ebenso eine gestörte Beziehung zu den eigenen Vätern angegeben. Entweder hatten sie die Familie früh verlassen oder waren gewalttätig und gefürchtet (Weiner 1962, S. 625). In 5 von 12 Fällen, die Cavallin (1966) beschrieb, waren die Väter abwesend. In den Falldarstellungen Cavallins starb der Vater bei einem Patienten, als dieser 4 Jahre alt war, ein anderer Vater starb, als der Junge 7 Jahre alt war, ein dritter Vater war durchgehend brutal. In den beiden Fällen, die Cormier (1962) schildert, war einmal der Vater Invalide, versorgte den Haushalt und war sehr streng, die Mutter arbeitete; im zweiten Fall wurden über den Vater wenig Angaben gemacht, es schienen aber positive Indentifikationsmöglichkeiten gegeben zu sein. In einem Fall, den Weiner beschreibt, war der Junge mit 5 Jahren in ein Pflegeheim gegeben worden, weil der Vater wegen Inzest mit der Schwester des Jungen angeklagt worden war.

Es scheint aus diesen spärlichen Angaben zu den Vätern der Täter hervorzugehen, daß diese das fehlende mütterliche Defizit in keiner Weise kompensieren konnten. Lustig et al. (1966) geben an, daß Inzestväter i.allg. weniger Patriarchen sind, als sie es vielmehr nötig haben, als solche zu erscheinen. Die Autoren bringen das in Zusammenhang mit dem Fehlen einer männlichen Identifikationsmöglichkeit, so daß sie wegen der Unsicherheit ihrer männlichen Identität auf ein „männliches" Rollenverhalten zurückgreifen müssen.

In der Literatur scheint dem Fehlen einer Vaterfigur in der Kindheit des Inzesttäters eine gewisse unbestimmte Bedeutung beigemessen zu werden, ohne daß damit ein Faktor, der zum späteren manifesten Inzest beiträgt, bestimmt werden kann. Weder das häufige Fehlen des Vaters, noch die Ambivalenz in der Beziehung zu ihm, die zwischen Bewunderung und Furcht schwankt (Weiner 1962), noch gar die seltenen Fälle, in denen offener Inzest bereits in der Kindheit des späteren Inzesttäters vorkam, reichen für meine Begriffe aus, einen Beitrag für die Inzestgenese zu leisten.

7.3.4 Paranoide Züge und Eifersucht

In welchem Ausmaß auch immer die Mutter real ein verfolgendes und verlassendes Objekt gewesen ist, Paranoia ist jedenfalls die Projektion der eigenen Feindseligkeit auf ein neues, nun wieder verfolgendes Objekt. Ist die Tochter für den inzestuös agierenden Vater zum Mutterersatz geworden, wird sie auch allen Haß auf sich ziehen, wenn sie dem Vater nicht genug gibt und insbesondere, wenn sie beginnt, sich der inzestuösen Angriffe zu erwehren und sich aus der Beziehung zum Vater zu lösen.

Kein charakteristisches Merkmal der Inzestväter ist als so allgemein zutreffend beschrieben worden wie paranoide Charakterzüge und die ihr entsprechende Eifersucht. Bei allen 5 untersuchten Vätern fand Weiner (1962) paranoide Züge mit Hilfe von Persönlichkeitstests, ebenso Cavallin (1966) bei sämtlichen von ihm untersuchten 12 Vätern und Raphling (1967) bei dem Vater in der von ihm untersuchten Familie. Mit diesen Befunden wird der klinische Eindruck bestätigt, der teils aus der direkten Beobachtung (Gutheil u. Avery 1977; Eist u. Mandel 1968), teils aus dem Bericht der Patientinnen stammt. Die Paranoia der Väter entspricht der paranoiden „Familienfestung", die wir später noch darstellen werden. Eine solche paranoide Familie ist von Außenkontakten relativ isoliert, die Befriedigung aller Bedürfnisse findet innerhalb ihrer Grenzen statt, die des Vaters noch eher als die der Mutter, die noch mehr in der Lage ist, sich nach außen zu wenden. Die „Feinde" sind außerhalb der Familie, alle ihre Mitglieder schließen sich gegen die Außenwelt ab und halten zusammen. Ein eindrucksvolles Beispiel beschreibt Eist u. Mandel (1968): Der Vater machte zahlreiche Bemerkungen, die sein großes Mißtrauen ausdrückten und anscheinend für die Familie erzieherisch gemeint waren:

„Niemand kümmert sich um dich, außer der Familie; was du auch tust, ich halte zu dir, niemand sonst würde es tun, vergiß es nicht; heutzutage kannst du niemandem trauen; alles, was die Leute wollen, ist, dich auszunutzen."

Am meisten manifestiert sich die Paranoia des Vaters in seiner Eifersucht, wenn die Tochter sich anschickt, eigene Wege zu gehen. Ich verweise auf den Bericht über Frau A. (Hirsch 1986 a), in dem die Abhängigkeit, blinde Wut und Angst vor dem Verlassenwerden zu schwersten aggressiven Kontrollverlusten gegen Frau A. führten. Bei Frau D. war es nicht so sehr der Vater als vielmehr später sein Nachfolger, der Ehemann, der die Patientin auf Schritt und Tritt verfolgte, eifersüchtig auf jedes Buch war, welches sie las, über jede Minute Rechenschaft haben wollte, die sie später als angekündigt nach Hause kam, und natürlich auf die Therapie als einem Unternehmen, das darauf angelegt ist, relative Unabhängigkeit zu erreichen.

7.3.5 Abwehrmechanismen des Täters

Alle Sexualstraftäter leugnen die Tat, aber keiner so hartnäckig wie der Inzesttäter (Cormier 1962). In der Familientherapie, die Eist u. Mandel (1968) durchführten, gab der Vater den Inzest nach einigem Zögern zu (während ihn die Mutter gleichzeitig noch leugnete), beschrieb ihn auch detailliert, zog seine „Aussage" aber wieder zurück, man habe ihn manipuliert, sein Vertrauen in die Therapie mißbraucht. Der Vater meiner Patientin Frau G. leugnete empört jede inzestuöse Handlung, auch als er mit den Tagebuchaufzeichnungen der Tochter aus der entsprechenden Zeit konfrontiert wurde, und auch in Gegenwart des Psychologen der Institution, an die sich Frau G. gewandt hatte. Schließlich gab er auf weiteres heftiges Insistieren zu, daß er einmal geträumt habe, ein blondes Mädchen läge neben ihm, und als er aufgewacht sei, habe tatsächlich die 13jährige Tochter neben ihm gelegen.... Frau G. war mehr als 2 Jahre lang ständig vom Vater zu vielfachen sexuellen Handlungen bis hin zum gegenseitigen oral-genitalen Kontakt angehalten worden. Das Leugnen einer bewußten Tatsache geht über in das Verleugnen, wenn jemand diese Tatsachen nicht mehr wahrhaben kann oder ihre Bedeutung negiert, obwohl die Tatsache noch präsent ist. Ein solches seltsames Darüberhinwegsehen und Nichtwahrhabenwollen findet sich insbesondere bei der Mutter, die als „silent partner" die Tatsache des Inzests sieht, ohne sie richtig wahrzuhaben (vgl. Abschn. 7.4).

Rationalisierungen sind typische Abwehrmechanismen der Inzesttäter. Der Inzest sei eine Art Sexualerziehung zum Wohle des Kindes, eine Rationalisierung des Inzesttäters, die den Forderungen der „Pro-Inzest-Lobby" entspricht, die die Sexualität mit Kindern freigeben möchten, wenn sie „zustimmen". Inzest sei moralisch weniger bedenklich als Ehebruch (Cormier et al. 1962, S. 211); es sei „besser, Sex in der Familie als außerhalb zu suchen" (Westermeyer 1978), lauten einige Schutzbehauptungen. Ein Vater rechtfertigte seine sexuelle Beziehung zur Tochter: Sie sei immer etwas feindlich und zurückgezogen gewesen, und er habe versucht, sie dazu zu bringen, nicht mehr so wütend auf ihn zu sein (Weiner 1962, S. 618). Ein anderer Vater gab seine Angst vor Geschlechtskrankheiten an, die zum Inzest geführt habe (Westermeyer 1978, S. 645). Häufig sind auch heuchlerisch anmutende, aber durchaus dem egozentrischen Denken der Väter entsprechende Begründungen: Der Vater müsse „Beschützer der Tochter" sein, sie vor

Männern und der Sexualität mit ihnen schützen (Cormier et al. 1962), eine rationalisierte Begründung auch für die Eifersucht des Vaters.

Schuldzuweisungen sind eine weitere Möglichkeit für den Vater, durch die Abwehr sein Selbstbild aufrechtzuerhalten: Das Inzestagieren habe mit der Verführung durch die Tochter angefangen (Cormier et al. 1962) oder die Mutter sei Schuld, weil sie frigide sei (Weiner 1962, S. 620). Cormier bemerkt, daß manche Väter ihre Schuldgefühle über die ganze Familie verteilen können.

7.3.6 Narzißmus des Vaters

Die bisherigen Details der Psychodynamik der Väter sind recht dürftig geblieben und nicht ausreichend, um die spezifischen Hintergründe aufzudecken, die einen Vater zum offenen Inzest führen können. Inzest ist keine sexuelle Perversion, keine Pädophilie, bei der sexuelle Erregung durch ein bestimmtes unpersönliches menschliches Objekt (oder eine Sache) oder eine mit ihm verbundene Eigenschaft hervorgerufen wird, ohne daß eine interpersonelle Beziehung zu diesem „Objekt" besteht. Beim Inzest zwischen Vater und Tochter besteht eine Beziehung vor und gleichzeitig mit der sexuellen Beziehung, und man kann annehmen, daß die spezifische Vater-Tochter-Beziehung eine Bedingung der inzestuösen Sexualität für bestimmte Väter darstellt.

Der Vater ist zu ängstlich, Kontakt zu erwachsenen Frauen außerhalb der Familie zu suchen, er ist von der Ehefrau abhängig, wie sehr sie ihn auch zurückweist, ihm bedeutet häufige sexuelle Aktivität sehr viel für sein Selbstgefühl, auch für sein Gefühl der Männlichkeit, das immer wiederhergestellt werden muß. Auf diese innere Situation des Vaters trifft die stets vorhandene kindliche Liebe des Kindes, das voller Bewunderung für den erwachsenen, lebenserfahrenen, vergleichsweise omnipotenten Vater ist, ihn idealisiert und ihn — im vorpubertären Alter — noch akzeptiert, wie er ist. Die Liebe der Tochter ist eine so bedingungslose Bestätigung des selbstunsicheren, fassadären, bedürftigen Vaters, der noch dazu die Mitte des Lebens erreicht oder sie überschritten hat, wie er sie sonst nicht mehr findet. Er braucht nicht zu befürchten, von der Tochter abgelehnt, kritisiert oder zurückgestoßen zu werden, denn die Tochter will ihn gar nicht anders haben, und beide kennen sich schon Jahre. Der Vater, der doch so auf Bestätigung angewiesen ist, braucht von der Tochter also keine narzißtische Kränkung zu befürchten. Über die Tochter hat er darüber hinaus die Macht, die Stärke, die ihm sonst abhanden gekommen ist. Eines Tages scheint ein solcher Vater, der auf sexuelle Befriedigung soviel Wert legt, die letzte Kontrolle zu verlieren, die ihn noch hinderte, sich mehr von dieser Liebe zu nehmen, und zwar in einer Weise, die ihm paßt.

Der Vater nimmt sich die Tochter anstelle der Ehefrau als Sexualobjekt. Diese Tochter ist mit der Mutter des Vaters identifiziert, wie wir gesehen haben:

„Die Tochter war zugegebenermaßen sein am meisten geliebtes Kind, ein sehr attraktives Mädchen, das den Namen der Mutter des Vaters trug" (Cormier et al. 1962, S. 209).

Und ein anderes Beispiel:

„Sein bevorzugtes Kind war die älteste Tochter, die von einem sehr frühen Alter an als Ersatzmutter für die jüngeren Kinder herhalten mußte. Er fand sie heiter und gewitzt, sie erinnerte ihn an seine eigene Mutter, aber als Tochter war sie noch dazu gehorsam" (Cormier et al. 1962, S. 210).

Dann fügen Cormier et al. einen neuen Aspekt hinzu:

„Er hatte seine Tochter mit seiner jungen Frau aus einer Zeit identifiziert, als er ihr den Hof machte, außerdem mit seiner Schwester und obendrein mit seiner eigenen Mutter, dessen Namen sie trug. Obwohl er sich sehr schuldig fühlte, konnte er es kaum glauben, daß sie ihn nicht bereitwillig akzeptierte. Er beschrieb, wie hübsch sie war, und wie provokativ sie ihm erschien. Er war eifersüchtig, weil sie einen Mann sehr glücklich machen könnte, glücklicher als er mit seiner Frau war. Es war nicht sehr schwer, den nächsten Schritt (den des Inzestagierens) zu tun, als wäre er dieser junge Mann und nicht der Vater" (Cormier et al. 1962, S. 209).

Und im zweiten beschriebenen Fallbeispiel heißt es:

„Als die älteste Tochter jedoch ins Jugendlichenalter kam, erinnerte sie ihn nicht so sehr an seine Frau, sondern an das Mädchen, das er liebte, als er 19 war, und das er nicht heiraten durfte. In dieser ersten Liebe fand er die Wärme und Zugewandtheit der Mutter und suchte das wieder in seiner Tochter. Er hatte auch das Gefühl, daß durch seine Tochter seine Jugend wiederhergestellt wurde" (a.a.O., S. 211).

Die Tochter wird nicht zum Ersatz für die jetzige Ehefrau, sondern verkörpert die idealisierte Gestalt der jungen Braut, die der Vater — als Jüngling — heimführt. Das aber ist eine narzißtische Phantasie des Vaters, der durch die jugendliche Tochter zum starken, schönen Jüngling gemacht wird, entsprechend einer omnipotenten Einheit von Mutter und Kind. Ein starkes Motiv des Inzests auf seiten des Vaters ergibt sich also in der zweifach auftretenden narzißtischen Bestätigung des Vaters: einmal liebt ihn die Tochter noch immer unvoreingenommen, zum anderen phantasiert der Vater sich als narzißtische Einheit mit der jugendlichen Brautmutter. Wie dahinein auch oral-aggressive Bestrebungen, die Mutter (in Gestalt der Tochter) zu beherrschen, einfließen können, haben wir oben schon ausgeführt.

Die Verbindung von narzißtisch-symbiotischer Fusion von Mutter und Sohn mit aggressiver Kontrolle des letzteren kann in der Vater-Tochter-Beziehung wiederbelebt werden, wie es in der Beziehung des Vaters von Frau G. zu ihr deutlich wird.

Frau G. berichtet, der Vater habe sie so gemacht, daß sie wie er war, sie sprach so wie er, ihr Gang war dem seinen ähnlich, sie war fast sein Ebenbild. — Mit ungefähr 11 Jahren mußte sie vortanzen, bekam dazu ein Satinkleid, ganz durchsichtig. Ein Freund des Vaters packte sie an die Brüste, der Vater sagte nur: Das macht der bei jeder .... — Sie wurde bei jeder Gelegenheit vom Vater kleingemacht, ihr Körper häßlich gemacht, jede Geschicklichkeit wurde ihr abgesprochen, und immer hat sie ihm Recht gegeben. In seiner Gegenwart ließ sie ständig Sachen fallen, Gläser zerbrachen, damit er über sie herfallen konnte. Er erniedrigte sie ständig, indem er ihren Körper schlecht machte: die Brüste seien zu klein, der Hintern zu dick, der Bauch zu dick, die Haltung unmöglich, nur die Beine und den Rücken ließ er gelten!

Was die Patientin hier berichtet, wirft ein Licht auf die narzißtisch-symbiotische Qualität der Vater-Tochter-Beziehung. Einerseits erschafft sich der Vater in der Tochter (einem Teil seiner selbst) ein Liebesobjekt nach seinem Bilde, in dem er sich selbst — noch dazu in jugendlicher Gestalt — lieben kann. Im „Lexikon der Liebe" (Bornemann 1978) findet sich ein „Pygmalionkomplex, eine Form des Narzißmus, die darauf beruht, daß der Patient sich nur in diejenigen Menschen verlieben kann, die er selber »gemacht« hat" (S. 1162). Es sind damit Verhältnisse zwischen Künstler und Modell, Arzt und Patient (vgl. Abschn. 8.6), Regisseur und Schauspieler etc. gemeint, die für manche Menschen die Bedingung, sich verlieben zu können, darstellen. Eine Vater-Tochter-Beziehung wie die zwischen Frau G. und ihrem Vater erscheint als Kreation einer idealisierten Symbiose mit sich selbst, in der aggressive Machtausübung und Kontrolle erforderlich sind, damit der Vater sich nicht — wie mutmaßlich in der Symbiose mit der eigenen Mutter — erdrückt und verschlungen fühlt.

Übrigens entspricht diese Vater-Tochter-Beziehung genau dem Beziehungsmuster des so häufigen „Fremdgehens" in unserer bürgerlichen Gesellschaft: Der müde, alternde, in Beruf und Familie frustrierte Ehemann versucht seiner Depression zu entkommen, indem er ein junges, strahlendes, munteres Mädchen sucht, das es ihrerseits nötig hat, ihre Selbstunsicherheit mit einer klugen, gütigen, omnipotenten Vaterfigur zu kompensieren. An einer solchen Konstellation wäre eigentlich nichts auszusetzen, wenn sie nicht auf einer falschen Voraussetzung beruhte, die eine ständige Lüge, ein „Sich-etwas-Vormachen" erforderlich macht. Denn der bürgerliche Ehemann kann gar nicht auf Ehefrau, Familie und Eigenheim verzichten, weil er eine solche existentielle Basis braucht, eine Sicherheit nämlich, wie sie eine Mutter ihrem Kind gibt. Die Frustration, die er gleichwohl spürt, bekämpft er nicht, indem er die Situation verändert oder sich von ihr trennt, sondern dadurch, daß er sich aufspaltet, zu Hause der müde Pantoffelheld, mit dem Mädchen der lebendige Jüngling ist. Um beide Teile unverbunden parallel laufen zu lassen, bedarf es der zweifachen Lüge, die Ehefrau darf von dem Mädchen nichts wissen, und diesem muß er ständig versprechen, sich scheiden zu lassen, was nicht mehr lange dauern könne, aber die Kinder brauchten ihn noch, seiner Frau gehe es z.Z. so schlecht und so fort. Das Mädchen aber kann in dieser Beziehung zum so viel älteren Mann ihre Selbstunsicherheit kompensieren, ihre Bindungsangst wird nicht so groß — die Ehefrau steht sozusagen immer zwischen den beiden Liebenden —, und sie kann gleichzeitig ihr tiefes masochistisches Bedürfnis, ausgebeutet zu werden, nicht wirklich gemeint zu sein, ausleben.

Damit es zum Inzest kommt, müssen m.E. zum Narzißmus des Vaters noch Faktoren hinzukommen, die den Verlust der Kontrolle — wenn sie überhaupt einmal da war — oder ihr primäres Fehlen erklären. Einmal könnte es sich um einen eng umschriebenen Über-Ich-Defekt handeln, der dazu führt, daß die Grenzen der (sexuellen) Integrität der Tochter nicht respektiert sowie kleine Gesten der Abwehr der Tochter vom Vater übersehen und mißachtet werden, etwa wie in diesem Beispiel:

Frau H. bekommt Besuch von ihren Eltern. Sie möchte sie jetzt nicht sehen; es ist ihr zuviel hochgekommen, sie ist sich sicher jetzt, daß der Vater sie mißbraucht hat, denn sie hat gelernt, seine lockeren obszönen Sprüche einzuordnen, den Sinn der Postkarten mit den frivolen Zeichnungen zu verstehen, die sie als kleines Kind aus dem Krieg vom Vater bekommen hat, zu realisieren, daß seine Hand zu lange auf dem Oberschenkel ihrer Tochter, seiner Enkelin, ruhte, während sie Klavier spielte. Die Eltern kommen trotzdem, der Vater will sie zur Begrüßung auf den Mund küssen, es ekelt sie an, sie sträubt sich, versucht den Kopf zu drehen, er hält sie aber fest und folgt ihrem Mund, auf den er sie voll und feucht küßt, ihre Abwehr ist vergeblich, und sie kann kein Wort sagen.

Es ist ein seltsames Nicht-merken-Wollen, das in einem solchen Vater vorgehen mag. Es könnten dem ähnliche Erfahrungen in der Kindheit des Vaters zugrundeliegen, die auch Kinder verführerisch machen, ein ständiges unbewußtes oder unreflektiertes Sexualisieren der Kontakte mit dem Kind, von dem sich die Erwachsenen nehmen, was sie an sexualisierter Zuwendung brauchen, und das gleichzeitig lernt, daß es eines Tages auf dieselbe Art Zuwendung bekommen kann.

Außer diesem Über-ich-Defekt wäre ein weiterer zu fordern, der das Ich betrifft und einem partiellen Verlust der Realitätskontrolle gleichkommt, um dem Inzestgeschehen auf die Spur zu kommen. Es ist ja nicht nur die fehlende Kontrolle über die sexuellen Bedürfnisse, die im Kontakt mit dem eigenen Kind entstehen können und die man zu begrenzen als Erwachsener die Verantwortung hat. Es scheint mir darüber hinaus die Fähigkeit zu fehlen, das Inadäquate dieses ungleichen sexuellen Verhältnisses zu realisieren. Gerade bei den psychosenahen Ausbrüchen von Eifersucht des Vaters läßt sich erkennen, daß der Vater jedes Gefühl für die Realität verloren hat, wenn es um die Beziehung zur Tochter geht. Er handelt, denkt und fühlt, als wäre er tatsächlich ein legitimer, betrogener Liebhaber, als würde ihm großes Unrecht dadurch geschehen, daß die Tochter mit einem Jungen auf der Straße spricht. An dieser Stelle läßt sich noch weiter fortfahren, und ein neuer Ich-Defekt wird erkennbar: Der Vater ist unfähig, sich in die innere Situation der Tochter einzufühlen, die z.B. sein gewaltsames sexuelles Drängen (trotz aller Ambivalenz) nicht will oder hier eben das Bedürfnis nach Kontakt mit Gleichaltrigen hat. Der Vater kann von sich selbst und seinen Bedürfnissen nicht absehen; indem er diese wie selbstverständlich an die erste Stelle setzt, verliert er partiell den Kontakt zur Realität, denn die ist so beschaffen, daß er der Vater einer adoleszenten Tochter ist, die in Übereinstimmung mit der allgemeinen Auffassung von menschlicher Entwicklung und dem Zusammenleben der Menschen in unserer Kultur sich von den Eltern lösen will, was ihr im übrigen unter diesen Umständen schwer genug fallen dürfte. Bei diesem partiellen Verlust an Kontakt zur Realität handelt es sich um einen Empathiedefekt, eine Unfähigkeit, sich in die Bedürfnisse und Intentionen eines anderen Menschen hineinzuversetzen. Ein weiteres kleines Fallbeispiel soll das verdeutlichen:

Eine junge Frau mit erheblichen Störungen des Eßverhaltens und unsicherer sexueller Identität hatte im Alter von einem Jahr den leiblichen Vater verloren, weil die Mutter sich wegen seines Alkoholismus hatte scheiden lassen. Die Mutter hatte eine Zeit allein mit der Tochter gelebt und wieder geheiratet, als das Kind 5 Jahre alt war. Leider hat die Patientin nie zu dem kühlen, distanzierten Stiefvater einen guten emotionalen Kontakt bekommen können, obwohl sie es gerne wollte. Das führte sie als Kind darauf zurück, daß sie für den neuen Vater nicht gut genug sei. Mit 16 Jahren faßte sie den Entschluß, ihren leiblichen Vater zu finden, was auch gelang, so daß sie ihn besuchen konnte. Er hatte wieder geheiratet und war Vater von zwei weiteren Kindern. Die Patientin war überrascht, mit welcher Selbstverständlichkeit und geradezu überschwenglichen Herzlichkeit sie empfangen wurde, obwohl der Vater all die Jahre seinerseits nie Anstalten gemacht hatte, sie zu sehen. Eines Abends kam er in ihr Zimmer und bedrängte sie, sie solle doch mit ihm schlafen, sie sei doch Abbild ihrer Mutter, die er nie habe vergessen können, er liebe sie, sie sei doch immer seine Tochter gewesen, sie würden doch trotz allem zusammengehören. Das Mädchen konnte sich nur mit der Drohung, sie würde schreien, wehren, schloß ihr Zimmer ab und fuhr am nächsten Tag nach Hause. — Während der Therapie faßte sie Mut, den Stiefvater zu fragen, wie er denn die Distanz, die zwischen ihnen von Anfang herrschte, verstehe. Darauf eröffnete er ihr, daß er Angst gehabt habe, von einem so hübschen Mädchen, wie sie es gewesen sei, sexuell erregt werden zu können, so daß er absichtlich jeden herzlichen und auch Körperkontakt vermieden habe.

Beide Väter sind Inzestväter, der eine glaubt in fast wahnhafter Verkennung der Realität — und besonders der inneren Realität der Tochter —, die erste Frau wäre wiedererstanden und stände ihm zur Verfügung, als wäre inzwischen nichts geschehen. Und der Stiefvater fühlt sich derart bedroht von seinen inzestuösen Wünschen, daß er — zum Schaden für die Patientin — die Grenzen ganz starr dicht macht, was sich das Kind nur durch die eigene Minderwertigkeit erklären kann, weshalb es die Schuld an diesem Zustand der Beziehung auf sich nehmen muß.

Beispiele von direkten Äußerungen der Väter finden sich selten — sie sind in der Regel nicht in Therapie —, deshalb möchte ich hier Teile von Briefen und Mitteilungen an zwei Patientinnen, die Inzestopfer waren, Frau G. und Frau C., wiedergeben. Frau C. erhielt eines Tages als Jugendliche vom Vater folgende Mitteilung:

Kommentar: Meines Erachtens handelt es sich hier um eine Dokumentation einer — auf die Beziehung zur Tochter beschränkten — Realitätsverkennung. Denn die Empfängerin ist die Tochter des Verfassers, nicht seine Geliebte. Eine solche könnte bestenfalls im Zustand des Verliebtseins ein derartiges infantiles Durcheinander an sexueller Symbolik, augenzwinkernden Anspielungen auf Gemeinsamkeiten und kindlicher Albernheit ertragen. Nicht aber eine Jugendliche, die doch eigentlich vom Erwachsenen eine klare Definition seiner Identität und seiner Beziehung zur Jugendlichen erwarten darf, da sie ja schon genug zu tun hat, sich selbst zu finden.

Frau G. ist, wie wir schon gesehen haben, über Jahre extensiv vom Vater sexuell ausgebeutet worden. Sie hatte sich mit 18 Jahren von den Eltern völlig getrennt, ihr Kontakt beschränkte sich z.Z. der Psychotherapie auf Unterhaltsforderungen über den Rechtsanwalt. In welchem Ausmaß der Vater die Beziehung zur Tochter einschätzte, läßt sich aus dem Brief zu ihrem 20. Geburtstag erkennen. Aber auch die Briefe aus der Zeit, als das Mädchen noch mit den Eltern konform zu Hause lebte, sind nicht die Briefe eines Vaters an die Tochter, sondern eines Liebenden an die Geliebte. Der Brief zum Geburtstag:

„Liebe Barbara ... Es fällt mir schwer, ohne Dich, die 16 Jahre um mich war, die ich gerne hatte und noch habe, zu leben. Ich habe für mich nach neuen Wegen und Möglichkeiten gesucht und auch vieles Interessante erfahren, aber meine Gedanken drehen sich doch immer wieder um Dich, nein besser gesagt: Sie kommen immer wieder zu Dir. Vielleicht gibt es irgendwann wieder einen neuen Anfang für eine beidseitige, positive Beziehung, ich wünsche es uns.

Du empfindest, wie Du empfindest.
Du denkst, was Du denkst.
Du urteilst, wie Du urteilst.
Du handelst, wie Du handelst.
Du bist, was Du heute bist.
Du kannst all das und Vieles mehr.
Nur eins kannst Du nicht!
Mich zu hindern, Dich zu achten,
zu bewundern, auf Dich stolz zu sein,
für Dich da zu sein und mir doch
Deinetwegen Sorgen zu machen.

Zu Deinem 20. Geburtstag alles Gute
Dein Vater Pitti.   (Ich warte auf Dich.)

Als die Patientin 16 Jahre alt war und das manifeste Inzestagieren schon beendet war, erhielt sie mehrere Briefe vom Vater, als er einmal einige Monate auswärts arbeitete, die hier auszugsweise wiedergegeben werden.

„... Du müßtest die Musik hören, die hier aus der Box kommt: „Dich zu lieben, Dich berühren, mein Verlangen, Dich zu spüren. Du bist die Frau ..:' usw. Eigentlich schöne Worte, nur schade, wie sie von diesem Rülpser vorgetragen werden... Ich würde Dich gerne knuddeln, auf den Popo klopfen, die Nase drücken, so daß die Nasenwände kle..., na du weißt schon. Und weil ich es nicht kann, also fühle Dich geknuddelt, auf den Popo geklopft, die Nase gedrückt, so daß die Nasenwände kleb..., na Du weißt schon wie. Liebe Babsi, immer wenn ich Dir einen Brief schreibe, denke ich immer nur an Dich und vergesse die Menschen, die hier um mich herum sind?"

Im selben Alter war die Patientin wegen eines mehrmonatigen Schüleraustauschs im Ausland. Der Vater schreibt ihr: „... Ich frage mich immer, hat unsere Maus Heimweh?... Ich schreibe Dir so ein wirres Zeug ... Unsere Reise ins Ausland. Ich glaube, wenn die Organisation der Meinung ist, daß es nicht gut ist, wenn Eltern so früh schon ihre sich gerade einlebenden Kinder besuchen, werden sie bestimmt auf reichhaltige Erfahrungen zurückblicken können, wir sollten alle noch einmal nachdenken, ob es gut ist, daß wir dieses Verbot brechen oder umgehen wollen. Was würdest Du von Ostern halten? Ich möchte nicht so einfach halsstarrig sagen, wir kommen doch oder wir kommen nicht. Ich wünsche Dir alles Gute, sei feste gedrückt, wir denken oft an Dich, letzte Nacht habe ich von Dir geträumt, bin um 3 Uhr 15 wach geworden, durch die Wohnung getigert und dann um 4 Uhr 30 wieder eingeschlafen. Dein Papi Pitti ... Wenn Du abnehmen willst, achte darauf, daß Du nicht die Magersucht bekommst. Als Fotomodell nebenbei arbeiten? Na klar! Aber als Beruf? Naja ... Was soll Martin (der erste und langjährige Freund der Patientin) zwischen uns kaputtgemacht haben? Ich sehe da nichts. Höchstens Spannungen zwischen Heranwachsenden und Eltern. Dazu wäre es auch gekommen, wenn es keinen Martin gegeben hätte. Meinst Du nicht auch? Wichtig ist doch nur, daß man trotz der Spannungen sich ein Morgen oder ein Danach erhält, und das glaube ich, daß wir uns alle das erhalten haben. Für mich ist Martin ein Mensch, der sehr stark an seine Interessen denkt und sie auch mit allen Mitteln durchzusetzen versteht. Und sei es mit Blumen, Gedichten bis hin zu Tränen... Mein liebes, großes Mädchen! ... Aber am Telefon haben wir ja alles schon besprochen, darum will ich auch gar nicht in hoffentlich aber verheilten Wunden herumwühlen. Ich wünsche mir, daß Du Dich in der neuen Familie wohlfühlst. Aber sollte es auch nicht gehen, komm nach Hause. (Frau G. hatte in ihrer ersten Gastfamilie feststellen müssen, daß die Mutter Alkoholikerin war, und nachdem der Sohn des Hauses versucht hatte, sie sexuell zu belästigen, hatte sie den Wechsel in eine neue Familie durchgesetzt. — An dieser Stelle des Briefes machte der Vater einen Strich quer über das Blatt.) Dies soll ein Strich darunter sein und nun ein neuer Anfang. ... Ich habe den Nikolaus gespielt, einen Knecht Ruprecht hatte ich, auch einen Engel, der war der Star des Abends. Denk mal, wer es war. Mami? Falsch. Marita, sie sah ganz süß aus mit ihren großen Augen und dem runden Schmollmund und sonst auch noch ganz schön rund, was das Nachthemd kaum verbergen konnte. Zu Hause hatte sie bei der

Anprobe nichts unter dem dünnen Gewand an. Au weia! Wenn sie so gegangen wäre, ich glaube im Tennisclub würde man sich wünschen: Ach wäre doch jeden Tag Nikolaustag. Anita, die Du nicht kennst, sagte, als sie vor dem Nikolaus stand, habe ihr Herz bis zum Hals geschlagen. Ich glaube, man vergißt einfach, daß man groß ist und fühlt sich wieder als Kind. Ich war aber wieder ein lieber Nikolaus und alle haben sich gefreut.... Wir sprechen oft von Dir. Die Gedanken kreisen immer um Dich, und nachts Träume von Dir, aber ganz merkwürdig. Eigentlich ist es nicht wie ein Traum, sondern so wie Wirklichkeit. Ich habe das Gefühl, als sei ich wach und würde Dich sehen. Und als wir einen Monat keine Post von Dir bekamen, habe ich zur Mami gesagt: Du brauchst noch nicht zum Briefkasten zu gehen, es ist noch kein Brief da. Aber an dem Tag, als er kam, sagte ich früh morgens, heute bekommen wir einen Brief von Barbara, und ich hatte recht. Ich glaube, das kommt nur daher, daß wir oft an Dich denken und daß unsere Gedanken bei Dir sind. So, meine liebe Maus, ich glaube, ich habe reichlich geschwafelt und höre jetzt auf. Bestell Deinen Gasteltern viele liebe Grüße von uns. An Dich dicke Umarmungen und viele feste Küsse auf den Mund und auf die Backen, auf denen ja jetzt so viel Platz sein soll. Ich bin gespannt. Einen dicken Klaps auf den Popo, Dein Papi Pitti. — Meine Babsimaus! Aber nun zu Dir, wie geht es? Schreibe doch mal so Sachen, die für Dich belanglos sind, wie z.B. Wetter, Temperatur, Wasser, Luft, baden usw. Ich komme mir fast vor wie die Oma. Egal! Dann bin ich eben neugierig. Liegt es daran, daß Du nicht da bist, daß ich Deinen Begrüßungspfiff „Pfieieüüü" nicht mehr höre, oder werde ich nur alt. So zum Schluß meinem goldbraunen Mädchen viele Küsse Dein Papi Pitt."

Kommentar: Durch die Briefe ziehen sich ständig unverhüllte sexuelle Anspielungen sowie solche auf die vertraute, intime Beziehung zwischen Vater und Tochter. Meiner Meinung nach handelt es sich um eine geschickte Manipulation, wenn die eigenen Interessen, das Kind wiederzusehen, als seine ausgegeben werden (auch wenn das Kind Heimweh hat, könnte es anders damit fertigwerden, als daß der Vater nun gleich hineilt). Es wird eine Komplizenschaft hergestellt, ein Verbot gemeinsam zu übertreten. Sehr intrigant wird die eigene egoistische Haltung des Vaters auf den Freund projiziert, der Vater habe zwar gar nichts gegen ihn, die Spannungen seien ganz im Rahmen des Üblichen zwischen Heranwachsenden und Eltern, aber insgeheim warnt er vor dem Freund, der mit allen Mitteln — und zwar eben denselben Mitteln, die der Vater in den Briefen anwendet, Schmeicheleien, Vertraulichkeiten — angeblich versucht, seine egoistischen Interessen durchzusetzen. Besonders in den letzten Briefteilen wird zwischen den Zeilen das narzißtische Moment des Vaters deutlich („oder werde ich nur alt?").
Die Unfähigkeit der Einfühlung in einen anderen Menschen läßt mich an Winnicott (1963) denken, der die Fähigkeit des kleinen Kindes beschrieben hat, „concerned", besorgt zu sein, wie es wohl dem geliebten (und notwendig gebrauchten) Menschen gehen mag. Winnicott macht die Erlangung dieser Ich-Funktion von der genügend guten mütterlichen Fürsorge abhängig. Peters (1976, S. 410) spricht von fehlender Empfindungsfähigkeit („insensitivity") der Sexualtäter, die sie die Probleme übersehen läßt, die ihre Verführungen bei den Opfern hervorrufen, Opfer, die häufig Kinder sind, denen sie nahe sind und denen gegenüber sie bewußt Gefühle der Zärtlichkeit aufrechterhalten. Man kann nur vermuten, daß auf irgendeine Weise fehlende Empathie und wiederum erotisierte Gewalt in der Kindkeit des späteren Täters eine Rolle gespielt haben muß.

7.4 Psychodynamik der Mutter

In der Regel werden die Mütter der Inzestopfer nicht direkt gesehen, sondern im Rahmen der therapeutischen Intervention mit der Tochter bzw. in Familientherapien. Die Mutter ist als „Schlüsselfigur" (Kaufman et al. 1954; Machotka et al. 1967; Gutheil u. Avery 1977) und „Eckstein" (Lustig et al. 1966) der Inzestfamilie bezeichnet worden. Nach meinem Eindruck ist sie von allen Familienmitgliedern am besten untersucht worden, sie hat auch am meisten Aggressionen auf sich gezogen. Vielleicht steht diese Beobachtung im Zusammenhang mit der Entwicklung vom familiendynamischen Verständnis psychischer Krankheit in den 60er Jahren, in der im Zusammenhang mit der Kommunikations- und Schizophrenieforschung überwiegend der Mutter die Verantwortung für das Entstehen psychischer Krankheit gegeben wurde. Andererseits ist sie in der Tat wichtig; selbst ein Opfer der geschlechtsspezifischen Sozialisation („weiblich"- masochistisch, submissiv, andererseits aggressiv, zurückweisend, dominierend), trägt sie mit der Wahl des entsprechenden Partners und der Übernahme der spezifischen Rollenfunktion (vgl. weiter unten) zur Entwicklung des manifesten Inzests bei. Andererseits stellt sie in der Therapie der Opfer im Kindes- und Jugendlichenalter die einzige Hoffnung auf wirkliche therapeutische Veränderung dar: Ist sie zu einem Bündnis fähig, kann in der Regel der Inzest aufgehalten werden und die Familie erhalten bleiben. Manchmal erscheint die Beschreibung der Mutter paradox und unvereinbar: In der Regel wird sie als kalt, aggressiv und dominierend beschrieben, andererseits, besonders in der feministisch orientierten Literatur, werden teilweise dieselben Autoren herangezogen, um die Mutter als masochistisch, submissiv und unterdrückt darzustellen. Dieser Widerspruch findet sein Pendant in der ebenso widersprüchlichen Beschreibung des Vaters: ein weicher, identitätsunsicherer, weinerlicher Mann, andererseits aber patriarchalisch, despotisch, aggressiv-jähzornig. Diese Widersprüche lassen sich wieder nur vereinbaren, wenn die verschiedenen Ebenen der Persönlichkeit (offen nach außen sichtbare und verborgene) und die verschiedenen Situationen, in denen jeweils der eine oder andere Anteil in Erscheinung tritt, berücksichtigt werden.

7.4.1 Äußere und innere Charakteristika

In der Literatur über Inzest kommt die Mutter nicht gerade gut weg, das entspricht auch der Einstellung der Tochter zu ihr, die von weit mehr bewußter Aggression bestimmt ist als die zum Vater. Prinzipiell würde ich unterscheiden zwischen der Charakterisierung der Mütter, die durch direkten Kontakt in der Familientherapie gewonnen wurde, und der, die indirekt aus den Berichten der Töchter, die sich in Therapie befinden, entsteht. Deshalb sind hier die Details der Psychodynamik der Mütter überwiegend aus der familientherapeutischen Literatur über Inzest zusammengestellt, teilweise werden aber auch Verbindungen zu den Berichten der Patientinnen aus meiner Praxis gezogen.

Die eingehendste Beschreibung ist auch die erste aus der wegweisenden Arbeit von Kaufman et al. (1954), die auch die Lebensgeschichte der Mütter von Inzestopfern miteinbezieht und deshalb hier im Zentrum stehen soll. Typischerweise hatten die Väter der Mütter ihre Familien verlassen, so daß die Mütter der Inzestopfer früh mit ihren eigenen Müttern alleingelassen waren. Diese Mütter, also die Großmütter der Inzestopfer, waren überwiegend kalte, extrem feindliche Frauen, fordernd und kontrollierend, die ihre Töchter zurückwiesen und ihre Söhne vorzogen. Als Reaktion auf das Verlassenwerden durch ihre Männer suchten sich die Großmütter der Inzestopfer eine von ihren Töchtern, die dem Großvater ähnlich war und auf die alle feindseligen Gefühle, die eigentlich dem verschwundenen Großvater galten, gerichtet wurden. Dieser ausgewählten Tochter, die später zur Mutter des Inzestopfers wird, wird außerdem jedes Attribut weiblicher Identität verweigert, statt dessen ständig betont, wie jungenhaft sie sei. Die Großmütter der Inzestopfer sind hart und maskulin, tragen mehr Verantwortung für die Familie als die Väter und versorgen ihre Kinder materiell ausreichend, jedoch ohne Wärme und Verständnis. Die Mütter der Inzestopfer verlassen dann — wie ihre Väter — früh die Familie, ein Detail, welches auch von Eist u. Mandel (1968) und von Lustig et al. (1966) berichtet wird. Kaufman et al. (1954) charakterisieren die Mutter als hart, nachlässig in der äußeren Erscheinung, infantil, extrem abhängig. Diese wenig schmeichelhaften Eigenschaften werden von anderen Autoren mehr oder weniger bestätigt; von Machotka et al. (1967) wird die Abhängigkeit berichtet, Eist u. Mandel (1968) bestätigen die Kälte und Distanziertheit. Auch Cavallin (1966) beschreibt die Mütter als fordernd und dominierend, bei 2 der 12 Inzesttäter setzten die Frauen eine Sterilisation durch. Peters (1976) beschreibt die Mutter ebenfalls als dominierend und das Familienleben „managing", Rhinehart (1961) beschreibt sie ebenso als aggressiv zurückweisend, versteht diese Eigenschaften aber nicht als Ergebnis der Identifikation mit ihren Müttern wie Kaufman et al. (1954), sondern im Gegenteil als Reaktion auf ihre passiv-submissiven Mütter. So sind auch die Mütter selbst nicht durchgehend als aggressiv-dominierend beschrieben. Eist fand in der von ihm behandelten Familie ein unterwürfige, gehemmte Mutter, ebenso Raphling (1967) in seinem allerdings bizarren Fall von multiplem Inzest über drei Generationen.

Da der Vater eine sexuelle Beziehung zur Tochter eingeht, liegt die Fragestellung nahe, ob die Mutter durch sexuelle Zurückweisung daran beteiligt ist. Lustig et al. (1966) fanden in allen 6 untersuchten Familien sexuelle Zurückweisung, Machotka et al. (1967) fanden in beiden beschriebenen vergleichbaren Familien Frigidität der Mutter, auch Westermeyer (1978) bei allen 5 von ihm interviewten Müttern von Inzestopfern. Die Mütter, die Kaufman et al. (1954) sahen, erlebten ihre schlechten Eheerfahrungen als „sich selbst wegwerfen", was als Identifikation mit dem Verhalten ihrer eigenen Mütter ihnen gegenüber verstanden wird. Diese Identifikation mit dem Aggressor mache die therapeutische Arbeit mit den Müttern so schwer; dieselbe Identifikation scheint sich auch auf die nächste Generation zu erstrecken: Meiner Erfahrung nach leiden die Inzestopfer im späteren Erwachsenenalter wiederum an dem Mangel eines verinnerlichten Akzeptiertseins, sie fühlen sich wertlos.

Bei den Müttern der Inzestopfer wird dieses Gefühl der Wertlosigkeit auch besonders auf die weibliche Identität bezogen gefunden: Machotka et al. (1967) beschreiben eine der beiden vergleichbaren Mütter als sich als Frau und Mutter wertlos fühlend, auch Gutheil u. Avery (1977) finden geringes weibliches Selbstgefühl, verbunden mit der Vorstellung, Männer seien bevorzugt und könnten sich alle ihre sexuellen Wünsche erfüllen, während Frauen nur Angst haben müßten, verlassen zu werden (S. 112).

Die Entbehrungen der Mütter in der Kindheit, die von Kaufman et al. beschrieben wurden, werden von anderen Autoren durchgehend bestätigt, wenn auch nicht immer so komplex beschrieben. Mit einer Ausnahme (Rhinehart 1961, der zwei passiv-submissive Mütter der Mütter von Inzestopfern fand) waren die Mütter in der Kindheit zurückgewiesen worden (Gutheil u. Avery 1977), an die eigene Mutter gebunden (Machotka et al 1967). Verlassenheit in der Kindheit fanden Lustig et al. (1966) in zwei ihrer Fälle, auch Eist u. Mandel (1968) beschreiben die Kindheit der Mutter des Inzestopfers als von einer bösartigen, abweisenden Mutter bestimmt, die gerade immer soviel für die Tochter da war, daß diese die Hoffnung nie aufgab, daß sich die Mutter einmal ändern würde. Auch hier verließ der Vater früh die Familie, die spätere Mutter des Inzestopfers wurde in ein Heim gegeben. Entsprechend der erfahrenen defizitären Mütterlichkeit wird bei den Müttern Angst vor emotionaler Nähe gefunden (Lustig et al. 1966; Eist u. Mandel 1968).

Als einzig typische Abwehrmaßnahme der Mütter wird von fast allen Autoren, die hier zitiert wurden, die Verleugnung genannt, besonders im Zusammenhang mit dem Inzestgeschehen, welches wahrzunehmen die Mütter den größten Widerstand entgegensetzen können.

Der überwiegende Eindruck der Gefühlskälte und der teilweise sadistisch agierten Aggression findet sich bei der Mehrzahl der Mütter meiner Patientinnen, allerdings werden sie durch die Berichte der Töchter charakterisiert. Zwei Mütter waren mehrere Jahre abwesend in der frühen Kindheit (Frau A. und Frau C.), die Mütter von Frau A., Frau D., Frau B., und Frau H. prügelten teilweise sadistisch. Die Mütter von Frau G. und Frau K. hinterließen keinen definierbaren Eindruck; die Mutter von Frau I. war entsprechend ihrem partiarchalischen Ehemann submissiv und unscheinbar. Es fällt auf, daß gerade die aggressiven Mütter sich im späteren Alter die am wenigsten geliebten Töchter, nämlich die Inzestopfer, aussuchen, um zu fordern, daß sie sich ständig kümmern und sie nicht allein lassen, was die Töchter entsprechend ihren tiefen Schuldgefühlen in der Regel auch lange Jahre befolgen.

7.4.2 Die Rolle der Mutter als „silent partner"

Einige der in der allgemeinen Charakteristik der Mütter von Inzestopfern verwendeten Fragestellungen implizierten bereits die spezifische Kollusion der Mütter mit dem Inzestgeschehen, wie die Frage nach der emotionalen Distanz und besonders der sexuellen Zurückweisung. Aber der Inzest entsteht nicht einfach dadurch, daß die Mutter den Vater emotional zurückweist und er wie selbstverständlich auf die Tochter ausweicht. Ebenso wie beim Vater und bei der Tochter ein komplexes psychodynamisches Geschehen abläuft, dürfte auch die Rolle der Mutter dabei mehrfach determiniert sein. Das Mitspielen der Mutter kann einmal auf der Handlungsebene gesehen werden. Die Mutter kann subtile Anzeichen des Inzestgeschehens ignorieren, übersehen oder ihre Bedeutung verleugnen.

Frau G. lag sonntagsmorgens häufig im Bett des Vaters, die Mutter lief geschäftig vor ihnen hin und her, und der Vater rief z.B. aus: „Sieh mal, Babsi hat schon Schamhaare", was die Mutter gleichgültig zur Kenntnis nahm.

Das heißt, die Mutter ist — nicht ohne innere Gründe — zu arglos, und die Beziehung der Tochter zur Mutter ist in der Regel nicht so, daß sie ihr alles sagen kann. Die Frage, ob es die Mutter gewußt hat, ist nur relevant für das Abschätzen des Ausmaßes des bewußten Mitspielens der Mutter, nicht aber für das Ergebnis, denn für den Schutz der Tochter ist es unwichtig, ob die Mutter wie blind war und nichts tat oder ob sie es wußte und nichts tat. Kempe (1978) geht mit den Müttern hart ins Gericht, es sei ihm kein Fall vorgekommen, in dem die Mutter es nicht gewußt habe (S. 385). Wenn die Tochter in der Lage ist, es der Mutter zu sagen, reagiert die Mutter oft stumm oder glaubt es nicht, oder bagatellisiert das berichtete Geschehen.

„Ich lief ihr weinend entgegen — was vorgefallen war, konnte sie ja erkennen. Sie tröstete mich und versuchte mich zu beruhigen, indem sie meinte, es sei ja alles nicht so schlimm, und ich solle es am besten schnell vergessen und niemandem davon erzählen" (Gardiner-Sirtl 1983, S. 89).

Fast dieselben Worte fallen in einem Beispiel von Forward u. Buck (1978, S. 39):

„Jane erzählte schließlich der Mutter über den Inzest. Die Mutter reagierte unverbindlich und sagte nur: »Das ist alles nun Vergangenheit. Laß es hinter dir.« Diese Nonchalance war für Jane grausam und mitleidlos."

Fassen die Opfer später einmal den Mut, die Eltern zu konfrontieren, kommen gleichgültige Reaktionen, oder es stellt sich heraus, daß die Mutter längst alles wußte. Frau H. konfrontierte die Mutter nach langem Ringen mit ihren Erinnerungen an den sexuellen Mißbrauch in ihrer Kindheit, und die Mutter sagte nur: „Ja, ja, man kann nicht immer dabeisein .." — „Meine Mutter wußte es die ganzen Jahre und hat nie ein einziges Wort gesagt" (Gardiner-Sirtl 1983, S. 104) — „Das Makabre an der Sache ist auch, daß meine Mutter und die Familie meines Vaters von alledem wußten und nichts dagegen taten" (Gardiner-Sirtl 1983, S. 147).

Manchmal ist der Vorwurf gegen die Tochter auch die erste Reaktion. Frau B. berichtet:

„Meine Mutter muß vom Inzest gewußt haben. Sie muß froh gewesen sein, daß Vaters Sexualität von ihr abgelenkt wurde, so verklemmt, wie sie immer war. Sie muß doch gesehen haben, was los war, wenn sie unmittelbar dazukam, als ich auf dem Schoß des Vaters saß. Sie hat aber nicht nur darüber hinweggesehen, sondern mir später, als alles herausgekommen war, den Vorwurf gemacht, daß *ich* sowas Schmutziges gemacht habe!"

Eine noch stärkere Mitwirkung der Mutter schließt nicht aus, daß der Inzest noch immer nicht in ihr Bewußtsein dringt.

Frau H. besuchte ihre Eltern, die Mutter stand plötzlich auf, um Wein aus dem Keller zu holen, nötigte Vater und Tochter sitzenzubleiben, bediente sie dienstfertig, dieselbe Mutter, die sonst den Vater herumkommandierte und nichts freiwillig für ihn tat. Nach dem Essen schlug sie Vater und Tochter vor, tanzen zu gehen, sie selbst bliebe gern zu Hause.

Als ob die Mutter von Frau D. genau gewußt hätte, was der Vater mit der Tochter im Keller zu tun pflegte, sagte sie schon mal zur Tochter: „Geh' mal in den Keller, Vati helfen!"

Ein Inzestopfer berichtet:

„Bei mir fing alles an, als meine Mutter aus heiterem Himmel sagte, ich müßte ihn küssen, wenn er von der Arbeit kam. Das war vorher nicht üblich... Und dann kam meine Mutter aus dem Krankenhaus wieder und ich war schon 11. Und dann sagte sie zu mir: »Geh' zu Papa ins Bett«, so daß diese Gewohnheiten nie endeten. Das sagte sie mir mehrere Male. Ich weiß nicht, was meine Mutter sich dabei gedacht hat" (Kavemann u. Lohstöter 1984, S. 45).

Ein anderes Beispiel aus der Literatur (Gutheil u. Avery, 1977, S. 110): Sicher *wußte* die Mutter nicht, was sie tat, als sie die Tochter häufig mitten in der Nacht weckte, damit sie mit den Vater spreche („go talk to father!"), weil sie, die Mutter, Angst vor ihm hatte, wenn er betrunken war. In der von Kaufman et al. (1954) beschriebenen Familie ging die Mutter bei jedem Streit aus dem Haus (zur eigenen Mutter) und ließ die Tochter mit dem Vater allein.

Die Mutter kann auch bewußt den Inzest auslösen, indem sie z.B. die Tochter zwischen sich und den Ehemann legt, um von seinem sexuellen Drängen entlastet zu sein (Peters 1976, S. 412). Ein haarsträubendes Beispiel wird von Lustig et al. (1966, S. 34) berichtet:

„Die Mütter spielten auffallenderweise eine Rolle, die sexuellen Energien der Ehemänner gegen die Tochter zu richten. Ein Beispiel einer solchen Transaktion betrifft Mrs. R., die an dem Abend, als der Inzest geschah, ihren heimkehrenden Mann in einer Weise bekleidet begrüßte, die er als ihre schärfste „sexy"-Ausstattung bezeichnete. Sie machte während des Abendessens zahlreiche sexuelle Anspielungen und war sehr verführerisch. Sie bereitete zwei Cocktails und brachte schließlich eine ganze Flasche für ihn. Und das, obwohl sie in der Vergangenheit zahlreiche Streitereien gehabt hatten, wegen ihrer Zurückweisung, sexuelle Kontakte mit ihm zu haben, wenn er getrunken hatte. Sie fand das abstoßend. Sergeant R. wurde in ein zunehmend heftiges sexuelles Vorspiel verwickelt an diesem Abend, bis ihn, was man hätte voraussagen können, seine Frau daran erinnerte, daß er trank, daß sie das nicht mochte und darüber hinaus an diesem Abend ein Clubtreffen hatte. Darauf verließ sie den Raum, um sich umzuziehen. Sergeant R. war sexuell erregt und frustriert und gerade dabei, ins Schlafzimmer zu gehen, um seine Wut auszudrücken, als seine Frau herauskam und ihre 10 Jahre alte Tochter, Linda, auf seinen Schoß setzte mit den Worten: „Ihr zwei paßt aufeinander auf, wenn ich aus dem Haus bin". Sergeant R. hatte zu diesem Zeitpunkt zumindest eine partielle Erektion. Mrs. R. erklärte später, sie habe von den beiden Töchtern Linda ausgewählt, weil sie „wärmer, lebendiger war und meinem Mann besser Gesellschaft leisten konnte."... Innerhalb von 30 Min., nachdem Mrs. R. das Haus verlassen hatte, entwickelten sich offene inzestuöse Aktivitäten, die Linda später ihrer älteren Schwester erzählte, die sich ausgeschlossen fühlte von dem Spiel, welches Linda und ihr Vater gespielt hatten."

In Freuds frühen „Studien über Hysterie" (1895 a, S. 175) findet sich eine Bemerkung, die treffend auf die eigentümliche Art der Verleugnung dieser Mütter anzuwenden ist. Freuds Patientin, Lucy R. antwortet auf die Frage, ob sie nicht gewußt habe, daß sie den Direktor liebte: „Ich wußte es ja nicht, oder besser ich wollte es nicht wissen, wollte es mir aus dem Kopfe schlagen, nie mehr daran denken, ich glaube, es ist mir auch in der letzten Zeit gelungen." Freud bemerkt dazu in einer Fußnote: „Eine andere und bessere Schilderung des eigentümlichen Zustandes, in dem man etwas weiß und gleichzeitig nicht weiß, konnte ich nie erzielen. Man kann das offenbar nur verstehen, wenn man sich selbst in solch einem Zustande befunden hat!".

Auf einer psychodynamischen Ebene muß der Inzest auch für die Mutter einen Gewinn bedeuten; ihre Kollusion, ihre Verleugnung oder gar ihr bewußtes Mitspielen hätten dann einen Sinn. Die Mutter ist abhängig, wie ich oben zu zeigen versucht habe, hat aber gleichzeitig Angst vor Nähe, die sexuelle Beziehung zum Ehemann wird zunehmend lästig. Die inzestuöse Beziehung zwischen Vater und Tochter käme ihrem Interesse, sich von der sexuellen Aktivität mit ihm zurückzuziehen, entgegen, die Familie bliebe stabil, die sie braucht, um nicht allein zu sein, und diente als Ausgangsbasis für die nun möglichen außerfamiliären Aktivitäten. Dazu käme die im Abschn. 7.5 „Familiendynamik" noch zu besprechende zentrale Dynamik der Rollenumkehr, d.h. Mutter und Tochter vertauschen die

Rollen, typischerweise übernimmt die älteste Tochter die Sorge für den Haushalt und die jüngeren Geschwister sowie für die sexuelle Befriedigung des Vaters, während die Mutter sich nach außen wenden kann. Wie oben — besonders durch das von Kaufman et al. (1954) mitgeteilte psychodynamische Schema — dargestellt, wird für die Mutter diese älteste Tochter, das Inzestopfer, zu einer Mutterfigur, von der sie einerseits versorgt wird, die aber andererseits als Aggressionsobjekt dient. *Die Mutter stellt sich ebenso wie der Vater* (vgl. Abschn. 7.3) *in der Tochter ein ambivalent geliebtes mütterliches Objekt her, das sie gleichzeitig aggressiv beherrschen kann, wie sie auch von ihrer Mutter beherrscht worden ist.*

Aber es kommt noch eine weitere Komponente hinzu, auch ähnlich der Dynamik des Inzestvaters, nämlich die des seltsam frivolen Umgangs mit der Sexualität in der Familie, in dem ein ziemliches Maß an Aggression gegen die Tochter enthalten sein kann: Weiss et al. (1955) beschreiben das sexuell stimulierende Verhalten von Eltern, die unbewußt oder jedenfalls unreflektiert das Kind vorzeitig mit der Sexualität der Erwachsenen in Berührung bringen: ,,Einige Mütter ermutigen ihre Töchter direkt, »sexy zu sein«, z.B. hatte eine Mutter wiederholt ihre 6jährige Tochter angehalten, in Gesellschaft Striptease zu tanzen. In einigen Fällen wirkte der Vater auf die Tochter sehr verführerisch ein und stimulierte sie körperlich durch Küssen, Streicheln und Ringen. Eine Anzahl von Opfern (sexuellen Mißbrauchs durch Fremde), die ein gewisses Zutun hatten erkennen lassen, waren sexuell stimuliert worden durch die Gelegenheit, ihren Eltern beim Geschlechtsverkehr zuzusehen'' (S. 7). Die Mütter dreier meiner Patientinnen ließen die Töchter in vorpubertärem Alter, teilweise im Vorschulalter, in Gesellschaft bei Einladungen oder Familienfesten vortanzen. Frau C. erinnert sich an das mit Rüschen verzierte Kleid, das ihr für einen solchen Zweck geschenkt worden war. In der Sammlung von Gardiner-Sirtl (1983) berichtet eine Frau: ,,Meine Mutter, eine bildschöne, herrische (und wie sie mir später einmal sagte, gefühlskalte) Frau, zwang mich als Kind, soweit ich zurückdenken kann, bei jeder passenden und unpassenden Gelegenheit, mich vor meinem Vater, vor Bekannten und wildfremden Leuten am Strand oder sonstwo völlig auszuziehen'' (S. 118). Als Frau G. ihren ersten Freund hatte, fragte die Mutter sie interessiert: ,,Wie küßt ihr euch denn, mit der Zunge?''

Sexualität wird hier deutlich aggressiv von der Mutter — und ebenso vom Vater, der in diese vorbereitete Gelegenheit hinein sein sexuelles Bedürfnis ausagiert — an das meist kleine Kind herangetragen, ebenso wie schon in den Beispielen mehr oder weniger bewußten Auslieferns des Kindes an den inzestuösen Vater ein aggressives Moment enthalten war. Es liegt nahe, zu vermuten, daß die Mutter das von der eigenen Mutter übernommene Gefühl der Minderwertigkeit des weiblichen Geschlechts (vgl. das psychodynamische Schema von Kaufman et al. 1954, hier ziehen die Mütter der Mutter des Inzestopfers die Söhne vor, die Mutter hat im Zusammenhang mit der Heirat das Gefühl, sich ,,weggeworfen'' zu haben) auf die Tochter überträgt. Die Mutter würde in der Identifikation mit der eigenen Mutter die ebenfalls weibliche Tochter ,,wegwerfen''.

In welchem Ausmaß die Mutter gezwungen ist, die Tochter zu opfern, oder wieweit sie ohne Rücksicht auf die dann geringere Abhängigkeit vom Ehemann in der Lage ist, zur Tochter zu stehen, zeigt sich an der Reaktion der Mutter, wenn der Inzest aufgedeckt wird. Alle Abstufungen sind denkbar, entweder glaubt es die Mutter nicht, beschuldigt die Tochter oder stellt den Vater zur Rede und trennt sich schließlich von ihm.

Wie schon bei der Besprechung der Psychodynamik des Vaters ist auch die der Mutter bisher nur indirekt aus Interviews, Familientherapien immerhin und aus den Berichten der Töchter zu rekonstruieren. Verläßlichere Hinweise werden wir erst durch langjährige therapeutische Arbeit mit den Müttern selbst bekommen.

7.4.3 Eifersucht und Rivalität der Mutter

Wir haben gesehen, daß die Mutter einen beträchtlichen Anteil am Inzestagieren hat und daß sie auch Gewinn daraus zieht. Das schließt aber keineswegs aus, daß sie gleichzeitig auch eifersüchtig ist auf die Jüngere und auch Attraktivere und mit der Tochter heftig rivalisiert — nicht nur um die Gunst des Vaters. So kann auch die Mutter extrem eifersüchtig werden, wenn die Tochter beginnt, erste Kontakte zu Gleichaltrigen aufzunehmen:

Frau B. berichtet, daß die Mutter ihr einmal, als sie vom Tanzen nach Hause kam, wortlos ins Gesicht geschlagen habe. Der einzige Grund war, daß die Tochter mit einem jungen Mann befreundet war, während die Mutter zu dieser Zeit keinen Mann hatte. In der Dokumentation von Gardiner-Sirtl (1983, S. 32) berichtet eine Frau:

„Als ich so 13, 14 Jahre alt war, begann sie mich »Hure« zu schimpfen und mich wie eine Hure zu behandeln. Ich glaube, sie hat mich gehaßt. Ich wußte nie, warum. Heute denke ich: Dumm und eitel wie sie war, konnte sie mir wohl nie verzeihen, daß ein Mann mir etwas »gegeben« hatte, was sie eigentlich für sich wollte.''

Wenn die Mutter — kaum bewußt — den Inzest gebilligt oder gar stillschweigend mitagiert hat, muß die gleichzeitig bestehende Eifersucht im Kind Verwirrung und Realitätsverlust hervorrufen, zumal kein Dritter zur Verfügung steht, der die Realitätskontrolle gewährleisten könnte.

Aber auch nach Aufdeckung des Inzests kann die Mutter auf die Tochter im Zusammenhang mit der Inzestbeziehung eifersüchtig werden. Aus der Sammlung von Gardiner-Sirtl (S. 57):

„Mutter stand im Türrahmen. Vater kniete noch an meinem Bett, ich schob ihn zurück. Ich glaube, erst zu diesem Zeitpunkt wurde mir bewußt, daß hier etwas Unrechtes geschehen war. Meine Mutter war schon vorher als krankhaft eifersüchtig in der ganzen Familie gefürchtet. Aber jetzt hatte sie ja einen handfesten Beweis. Szenen über Szenen spielten sich nun ab: »Guck deinen Vater nicht so verliebt an, ich bin die Frau!«'' — „Plötzlich richtete sich der Haß meiner Mutter auch gegen mich: Sie war eifersüchtig'' (S. 175).

Zu einem regelmäßigen Eifersuchtswahn steigerten sich die Gefühle der Mutter in einem Fall, den Lustig et al. (1966, S. 35) beschrieben hatten:

„Als ihre Tochter das Alter von 8 Jahren erreicht hatte, begann Mrs. L. den Verdacht zu äußern, daß Ann eine Affäre mit ihrem Mann hätte, und fing an, offen mit ihr zu rivalisieren. In den nächsten 2 Jahren steigerte sich dieses Verhalten; aus dem Verdacht wurden offene Anschuldigungen, die in einem körperlichen Angriff des Kindes durch die Mutter gipfelten. Diese Anschuldigungen waren wahnhaft, weil offener Inzest erst 5 Jahre später auftrat. Mrs. L. verlor diesen begrenzten Wahn, als Ann 11 Jahre alt war''.

Obwohl hier noch kein manifester Inzest begonnen hatte, wird die Mutter doch gespürt haben, daß sie in den Augen des Vaters hinter der Tochter hatte zurückste-

7.4 Psychodynamik der Mutter

hen müssen. Eine Variante der Eifersucht läßt sich als Erleben der Demütigung beschreiben, die Mutter fühlt sich von der Tochter gedemütigt und schlecht behandelt. In einer von Machotka et al. (1967) beschriebenen familientherapeutischen Sitzung muß die Tochter schwer gegen den hartnäckigen Widerstand der Mutter kämpfen, die Realität des Inzests zur Kenntnis zu nehmen. Als die Mutter schließlich nicht mehr umhin kann, die Tatsache anzuerkennen, reagiert sie mit einem Vorwurf gegen die Tochter:

Tochter: (Wütend) Wir gingen zur Müllkippe! Wir gingen in den Wald! Einfach 'raus auf die Kuhweide! Okay, du bist ja weggegangen! Jeder war außer Haus! Wir taten es in deinem Bett! Wir taten es in meinem Bett! Wir taten es im Badezimmer auf dem Fußboden!
Mutter: (läßt ein lautes Stöhnen hören)
Therapeut: Okay, Mary —
Tochter: Tut mir leid.
Therapeut: (zur Mutter) Wie, wie wirkt das auf Sie! (Pause) — Ich, ich kann mir vorstellen —
Tochter: Du willst nicht glauben —
Therapeut: Ich kann mir vorstellen, wie es auf Sie wirkt, aber was haben Sie für Gefühle?
Tochter: (emphatisch) Es ist natürlich *dein* Mann, nicht meiner!
Mutter: (zitternd) Ich kann es einfach nicht glauben, ich kann nicht, ich kann nicht —
Tochter: Mama —
Mutter: (mit zitternder Stimme) Ich kann überhaupt nicht verstehen, wie irgend sowas passieren konnte, und wie du mich so behandeln konntest.
Tochter: Weil ...
Mutter: (schreiend und weinend) Nach allem, was ich für dich getan habe! Ich habe versucht, eine Mutter für dich zu sein, ich habe versucht, eine *gute* Mutter zu sein, und du beschuldigst deinen Vater für etwas, was so furchtbar ist, was —
Tochter: (schreiend) Mutter, es ist wahr! Begreif' das endlich!
Therapeut: (beruhigend) Mrs. Carlson, Mary —
Mutter: (schreiend) Sie ist meine Tochter und ich liebe sie, aber ich kann es nicht glauben!

Diese Haltung läßt sich für mich wiederum nur als ein Mangel, als fehlende Fähigkeit, sich in ein Kind einzufühlen, verstehen. Der erste Gedanke ist nicht: „Wie schrecklich war es für mein Kind", sondern: „Was hat mir das Kind angetan!" Dieselbe Einstellung findet man auch in der autobiographischen Erzählung einer Mutter, die nach der Aufdeckung des Inzests in einer Auseinandersetzung mit dem Täter ausschließlich an das ihr angetane Unrecht, in keiner Weise aber an das Kind denken kann.

„Nun, da die Grenzen meiner Gedankenwelt zusammengekracht waren, fiel es mir nicht schwer, ein Mosaiksteinchen an das andere zu setzen. Erschreckende Szenen fielen mir ein, sie bekamen im Nachhinein einen auf mich zutiefst demütigenden Sinn, das Schlimmste daran war, daß mir alles geplant erschien. Sah ich dann Freddy vor mir, blaß und jetzt eher ausgelaugt als aufgeschwemmt, konnte ich nicht fassen, was ihn bewogen hatte, mir das alles anzutun. Was hatte ich nur getan? Ich war weiß Gott kein Scheusal, ich war mit 40 noch eine attraktive Frau, und manche Männer Beachtung schenkten, und sicher nicht, weil sie ein kleines Dummchen war. Ich bekam eine ungeheure Wut, stellte ich mir vor, was Freddy mir alles gesagt hatte, wie er zu mir liebevoll gewesen war und in den Nächten davor und danach vor dem Bett »meiner Tochter« gekniet hatte, seine Tochter hatte er in ihr nicht gesehen... . Mir fielen mitunter Szenen ein, die mir die Wut und den Abscheu hochtrieben, ein doppelbödigeres Spiel hätte niemand treiben können, und gutgläubiger und naiver als ich hätte niemand sein können. Ich konnte es nicht fassen. Hätte ich solche Szenen in anderen Familien erlebt, wäre mir unweigerlich ein Licht aufgegangen, aber so hatte ich nichts gesehen.... . Ich beschimpfte ihn auf Teufel komm raus, ich nahm Worte in den Mund, die ich noch nie ausgesprochen hatte. Freddy stand da, wie ein geprügelter Hund, was mich noch wütender machte. ... »Ich war wie verrückt, ich war wie von Sinnen, und ich war so froh, als alles vorbei war«, sagte er. »Also doch junges Fleisch«, sagte ich. Ich wollte ihm weh tun, denn er verstand immer noch nicht, was er mir angetan hatte!"

Das „junge Fleisch" ist nicht eine Tochter, das ist eine jüngere Rivalin. Die Mutter macht sich auch weniger selbst den Vorwurf, blind gewesen zu sein, als vielmehr Vater und Tochter, sie in einem Komplott hinters Licht geführt zu haben. Auch nach einer Aussprache mit der Tochter fragt die Mutter nicht, warum die Tochter kein Vertrauen zu ihr hatte, sondern ist nur vorwurfsvoll enttäuscht, daß sie keines hatte.

„Irenes Erklärungen leuchteten mir ein, aber irgendwo blieb ein Rest des Nichtverstehenkönnens zurück. Es war zuviel auf einmal, einzusehen, daß meine vermeintliche Vertraute, oft meine Verbündete, meine älteste Tochter mir nicht vertraut hatte, daß sie sich als Waffe gegen mich hatte benutzen lassen, daß sie es aber nie so gesehen hatte" (a.a.O., S. 100).

Die Ehrlichkeit, mit der die Autorin über ihre Gefühle schreibt, ist ihr hoch anzurechnen, aber es scheint ihr in ihrem Gefühl des Gekränktseins nicht möglich zu sein, von sich abzusehen — wieder ein Zug, der mit der egoistischen Haltung des Inzestvaters zu vergleichen ist.

Die Rivalität der Mutter mit der Tochter ist im Zusammenhang mit der „Rollenumkehr", d.h. der Zuteilung der Mutterrolle auch durch die Mutter des Inzestopfers, verständlich, die Mutter würde mit der eigenen rivalisieren, wie sie sich auch tatsächlich in der Kindheit von ihrer realen Mutter hatte demütigen lassen müssen. Die Rivalität der Mutter geht über die Beziehung zum Vater hinaus und erstreckt sich besonders auf die schulische und berufliche Entwicklung der Tochter.

Die Mutter von Frau D. war Altenpflegerin, sie selbst wollte Krankenschwester werden, aber die Mutter redete es ihr aus, sie würde die Ausbildung mit Sicherheit nicht schaffen. — Einmal war es wegen einer banalen Meinungsverschiedenheit zu einer heftigen Auseinandersetzung zwischen Frau B. und ihrer Mutter gekommen, beide hatten sich angeschrien, schließlich schlug ihr die Mutter links und rechts heftig ins Gesicht mit den Worten, sie würde sich wohl was darauf einbilden, daß sie aufs Gymnasium gehe, deshalb sei sie noch lange nicht klüger als sie!

Eine weitere Variante der feindlichen Anteile der Beziehung zwischen Mutter und Tochter, die in der Literatur m.W. nicht erwähnt wurde, läßt sich als eine merkwürdige Solidarität der Mutter mit der Tochter bezeichnen. Sie ist aber nicht ein Bündnis von Mutter und Tochter *gegen* einen Gegner, der so besser gemeinsam bekämpft werden könnte, sondern eine bestätigende Zustimmung, daß die Verhältnisse nun einmal so seien, und man als Frau gegen die Männer und ihre Sexualität doch nichts tun könne. Auch hier wieder liegt eine Identifikation der Mutter mit dem Aggressor vor, die Mutter ist im Grunde konform mit der seit Generationen weitergegebenen Meinung, das männliche sei das überlegene Geschlecht, Frauen als Angehörige des minderwertigen Geschlechts hätten sich ihnen und ihren (auch sexuellen) Bedürfnissen anzupassen.

Darin liegt etwas merkwürdig Bestätigendes, als wolle die Mutter die Tochter zwar trösten, aber sagen, daß es nun einmal so sei, daß man nichts ändern könne, und eben als Frau gegenüber Männern stillhalten müsse.

Auch Frau C. vermutet: Die Mutter dürfte eine geheime Befriedigung aus dem Inzest gezogen haben, nämlich die Genugtuung, daß die Tochter auch schmutzig ist. Ebenso könnte man das resignierte: „Ja, ja, man kann nicht immer dabei sein..!', das die Mutter von Frau H. der Mitteilung des sexuellen Mißbrauchs entgegensetzte, als Ausdruck der Haltung des Sich-Fügens, keineswegs als ein Vorbild des Protests und der Abgrenzung für die Tochter verstehen. Ein anderes Beispiel zeigt eine ähnliche Doppelbödigkeit der Mutter einer Patientin, die zwar einerseits lautstark gegen die promiskuöse Neigung der jugendlichen Tochter wettert, wenn es aber in ihre (Familien-) Politik paßt, mit dem Mißbrauch der Tochter durchaus einverstanden ist:

> Die Patientin hatte in dem Dorf, in dem sie aufgewachsen war, keinen guten Ruf, sie habe etwas „Nuttenhaftes" gehabt, sagte man. Mit 13 Jahren schon wurde sie als Flittchen bezeichnet. Mit 16 hatte sie ihren ersten Freund, dann gab es eine ganze Reihe von Beziehungen mit meist älteren Männern. Die Mutter regte sich immer furchtbar auf über die häufig wechselnden Beziehungen. Einmal jedoch war sie ganz anderer Meinung: Die Patientin mußte zu einer ärztlichen Routineuntersuchung, der Arzt lud sie gleich zum Essen ein und meinte, es fehle ihr Bewegung, ob sie nicht mit ihm schwimmen gehen wollte ... Die Patientin habe solche Ansinnen empört abgelehnt und es der Mutter erzählt. Die habe jedoch ganz erstaunt gefragt, warum sie denn der Einladung nicht gefolgt wäre, es handele sich doch um einen Arzt! Ganz offensichtlich meinte sie, daß ein Vertreter eines Berufes mit einem derartigen Sozialprestige sich ruhig sexuelle Grenzüberschreitungen herausnehmen können, da er doch eine „gute Partie" darstelle.

Die Identifikation der Mutter mit diesem System schließt nicht aus, daß ein beträchtliches Maß an Aggression in ihr ist, weil sie selbst ein Opfer des Systems ist, im Gegenteil, die Identifikation dient ja zur Abwehr der Aggression. Da diese irgendwohin gerichtet werden muß, bietet sich die Tochter als Vertreterin des eigenen Geschlechts an, in der „Solidarität" im Leiden ist ein aggressives Moment enthalten. Alle diese Beobachtungen scheinen zu bestätigen, daß die Mutter an der Emanzipation der Tochter nicht interessiert ist, sie im Gegenteil verhindern möchte, damit es der Tochter nicht besser geht als ihr selbst und die Gefahr, daß sie sie verläßt, geringer wird.

7.5 Familiendynamik

„Inzest kann entweder tatsächlich oder in der Phantasie vorkommen ..., in unserer Kultur ist das Muster der Familiendynamik dafür verantwortlich, ob es Phantasie bleibt oder Realität wird."
Heims u. Kaufman (1963, S. 311)

7.5.1 Äußere Charakteristika der Inzestfamilie

Das äußere Erscheinungsbild der uns interessierenden „endogamischen" Inzestfamilie wird als unauffällig und durchschnittlich beschrieben. Besondere äußere Merkmale sind deshalb auch kaum festzustellen. Eine Schichtenspezifität gibt es nicht, manchmal werden gewisse Merkmale in einzelnen Beschreibungen hervorgehoben, anscheinend nur deshalb, weil sie nicht von vornherein bei einer Inzestfamilie erwartet werden, z.B. die Religiosität der Familie (Forward u. Buck 1978, S. 148; Westermeyer 1978; Peters 1976, S. 406).

7 Vater-Tochter-Inzest

Familiendynamisches Schema

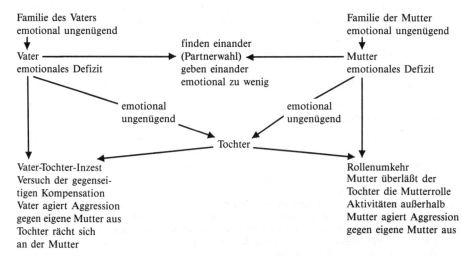

Das einzige Merkmal, das m.E. beobachtet werden kann, ist das der sozialen Isolation — wenn nicht auch das von einer sozialen Fassade verdeckt wird —, die Familie ist eine „paranoide Festung", umgeben von Feinden; innerhalb ihrer Grenzen werden alle Bedürfnisse ihrer Mitglieder befriedigt, die sich eng zusammenschließen. Diese Festung entsteht aber nicht erst durch das Inzestgeheimnis, wie Justice u. Justice (1979) meinen, sondern ist das Ergebnis der paranoiden Persönlichkeit meist beider Eltern, die kaum in der Lage sind, vielfältige soziale Kontakte aufrechtzuerhalten.

Von meinen 10 Patientinnen stammen immerhin 3 aus Flüchtlingsfamilien, die sich in der Zeit der Kindheit der Patientinnen noch nicht hatten völlig integrieren können (Frau A., Frau D., Frau K.). Die Familie, in der Frau B. heranwächst, zieht ständig um, ihre Mitglieder bleiben „Fremde". Frau F. (ein Opfer von Großvater-Enkelin-Inzest) berichtet von ihrer Familie als von einer sozialen „Insel". Frau C. ist praktisch mit der Mutter allein, die ausschließlich über ihre Arbeit Kontakte zu Menschen hat, alle anderen Bedürfnisse von der Tochter und deren Vater, der überdies nur selten anwesend ist, erfüllt haben will. Frau C. mußte als Kind das Gefühl haben, in einer besonderen „Familie" zu leben, da die Existenz des Vaters vor der sozialen Umgebung stets geheim gehalten werden mußte — denn er war bis zum Zeitpunkt der Therapie der Tochter mit einer anderen Frau verheiratet, hatte eine weitere Tochter — Fakten, die die Tochter erst in der Adoleszenz auf ihre drängenden Nachfragen hin erfuhr. Nichtsdestoweniger kam der Vater mehrmals in der Woche zu Besuch, verbrachte meist das Wochenende mit der Patientin und ihrer Mutter, darauf achtend, daß er von den Nachbarn nicht gesehen wurde. Die Familie von Frau E., einem anderen Opfer von Großvater-Enkelin-Inzest, unterhielt Kontakte lediglich zur weitläufigen Verwandtschaft. Von den Familien der übrigen 5 Patientinnen liegen keine Mitteilungen über eine besondere Isolation der Familie vor. Von den familiendynamisch orientierten Autoren beschreiben besonders Eist u. Mandel (1968, S. 221) diese paranoide Familienstruktur und führen sie auf die Trennungsangst aller ihrer Mitglieder zurück.

7.5.2 Trennungsangst der Inzestfamilie

Das Inzesttabu und entsprechend das Gebot, außerhalb der Familie zu heiraten, schließt die Notwendigkeit ein, sich von der Familie zu trennen und eine eigene zu gründen. Ein Faktor, der zu ausagiertem Inzest führt, könnte in der zu großen Angst, eine solche Lösung zu vollziehen, bestehen. Inzest ist deshalb auch unter dem Aspekt der Trennungsangst nicht nur der Opfer, sondern aller Beteiligten untersucht worden.

Inzest ist spannungsreduzierend und verringert die Gefahr der Auflösung (Lustig et al. 1966, S. 36), er stabilisiert die Familie. Neben der Trennungsangst des Opfers (Lustig et al. 1966), wird auch die der Eltern durch das Inzestagieren gering gehalten; es hat also eine Funktion für die Familienhomöostase, die auch sein meist jahrelanges Fortdauern erklären würde. Selten aber ist die Trennungsangst den Opfern bewußt, so daß sie nicht in ihren Berichten erwähnt wird, sondern in der Regel erst im Laufe langdauernder Therapien. Bereits Kaufman et al. (1954, S. 269) sahen „Verlassenheit und die Reaktion darauf als die erste gemeinsame Quelle der Angst, die das Handeln aller in den Inzest verwickelten Personen bestimmt." In dem von Rascovsky u. Rascovsky (1950) beschriebenen Fall begann der offene Inzest zwischen Vater und Tochter, als beide sich von der Mutter verlassen fühlten, weil diese für 6 Monate eine Auslandsreise machte. Rosenfeld et al. (1977) berichten von 2 Fällen ziemlich chaotischer Familien, in denen die Kinder (ein 9 Jahre alter Junge in einem Fall von Stiefvater-Stiefsohn-Inzest und ein Mädchen im Vorschulalter) sich dem Ansinnen der Stiefväter fügten, um sie, wie es die Autoren verstanden, bei der Familie zu halten, damit sie nicht wie durch ihre leiblichen Väter wieder verlassen würden.

Einen Fall von multiplem Vater-Tochter-Inzest, in dem der Vater sexuelle Beziehungen zu 5 seiner 7 Töchter unterschiedlichen Grades und Dauer unterhielt, beschrieben Gutheil u. Avery (1977) ganz unter dem Aspekt der Trennungsangst aller Familienmitglieder. Die Autoren sehen die Wurzeln der Trennungsangst in dieser Familie in der emotionalen Zurückweisung, die beide Eltern in den eigenen Familien erfahren hatten, in denen nichtsdestoweniger aber starke Widerstände auftraten, die Kinder gehen zu lassen. Weder der Wunsch des Vaters, sich mit Hilfe des Militärdienstes zu lösen, noch der der Mutter, zu heiraten, wurden von den Familien akzeptiert. Die paranoide Struktur dieser Inzestfamilie wurde im Verlauf der Familientherapie deutlich. Die Familie unterschied streng zwischen „außen" und „innen", die Menschen draußen waren in den Augen der Familie anders, hatten andere Regeln des Zusammenlebens, waren generell schlecht. Wut auf die Eltern zu haben, war gegen die Regel der Familie; wenn z.B. die Mädchen rauchen wollten, war das ein „Bündnis mit dem Feind". Fast wahnhaft wurden Außenkontakte der Töchter von den Eltern erlebt als gleichbedeutend mit Drogensucht, Alkoholismus, Sexualität mit verheirateten Männern (!), und es wurde versucht, die Töchter mit Schuldgefühlen zu Hause zu halten. Insbesondere nachdem die Mutter vom Inzest erfahren hatte, legte sie eine Haltung an den Tag, die mit der Formel bezeichnet werden könnte: „Wenn ich bei diesem Mann bleibe, der mir solche Ungeheuerlichkeit angetan hat, müßt ihr erst recht bei mir bleiben, da ich soviel für euch getan habe!" Während das älteste und jüngste der Inzestopfer mit diesen Regeln der Familie konform waren, rebellierten die mittleren häufiger, was mit den Worten „Wenn's dir nicht paßt, kannst du ja ins Erziehungsheim gehen!" quittiert wurde. Eine allmähliche Loslösung war den Eltern nicht vorstellbar, entweder gehörten die Töchter ganz dazu oder es gab keinerlei Kontakt mehr. Ebenso hatte der 18. Geburtstag Qualitäten einer magischen Grenze, hatte eine Tochter sie erreicht, gehörte sie nicht mehr dazu, war sie „außen". Das Schlüsselereignis dieser Familie war die Flucht der Ehefrau, die plötzlich wortlos mit allen Kindern das Haus verlassen hatte (es konnte in der Therapie nicht geklärt werden, was der Anlaß dieser Reaktion war), entsprechend dem „Alles-oder-Nichts-Gesetz", entweder ganz aufzugehen in der Familie oder völlig getrennt zu sein. Die Eheleute arrangierten sich wieder, aber kurz darauf begann das Inzestagieren des Vaters mit der ältesten Tochter. In der Familientherapie wurde erarbeitet, daß ein Motiv des Inzestvaters gewesen sei, die Töchter mit den sexuellen Beziehungen so an sich zu binden, daß die Mutter eine solche Flucht nicht hätte wiederholen können.

Von den Familien meiner Patientinnen kommt die von Frau B. einer solchen Familiendynamik am nächsten, insbesondere die Sorge des Inzestopfers um die Familie und seine Verantwortung für das Bleiben des Vaters sind sich ähnlich. Die Familie zog von einem Ort zum nächsten, nichts war sicher, immer wieder mußte der Vater die Stelle wechseln, weil er es, wie er vorgab, nicht aushielt, mit den anderen, feindlichen Menschen zusammenzuarbeiten. Frau B. wollte *alles* tun, damit der Vater bei der Familie blieb, trotzdem verließ er sie einmal für einige Zeit.

Das Selbstgefühl der heranwachsenden Kinder bedeutet eine Trennungsdrohung für die Eltern, so kann man ein Ergebnis einer 3jährigen Familientherapie durch Eist u. Mandel (1968) bezeichnen, die wir schon im Zusammenhang mit der paranoiden Struktur des Vaters weiter oben erwähnten. Sowohl Nähe als auch Trennung konnten nicht ertragen werden, den Kindern wurde gesagt, sie sollten das Haus verlassen, ihre Ansprüche seien zu hoch, aber wenn sie dazu Anstalten machten, wurden sie mit Drohungen oder moralischem Druck zurückgehalten.

Eine Anzeige des Inzests bei Institutionen erfolgt meist durch Außenstehende, nicht durch Familienmitglieder. Töchter zeigen die Väter höchstens an, wenn jüngere Geschwister betroffen sind, für die sie das tun können, was ihnen für sich selbst nicht möglich war. Eine plötzliche Aufdeckung, die reale Trennung durch Gefängnisstrafe oder Heimunterbringung zur Folge haben kann, bedeutet immer eine Verlassenheitsdrohung und damit eine schwere Krise für die Familie. Man muß aber berücksichtigen, daß die wenigsten Inzestfälle angezeigt werden (vgl. die hohe Dunkelziffer), so daß die Trennungsbedrohung über Jahre hinweg gehen kann und in dem Lösungsbedürfnis des Opfers enthalten ist (so auch bei allen meinen Patientinnen). Ein plötzliches Aufdecken kann schwere Dekompensation nach sich ziehen, ein Vater unter den von Weiner (1962) untersuchten Inzesttätern reagierte psychotisch, auch Rascovsky u. Rascovsky (1950) schrieben in ihrem Fall dem Inzest eine vor dem psychotischen Zusammenbruch schützende Funktion zu. Auffallend häufig kommen im Zusammenhang mit Trennung in den Beziehungen der Inzestopfer Selbstmorde oder plötzliche Todesfälle vor. Steele u. Alexander (1981) berichten vom Selbstmord eines Inzesttäters, als die Tochter 13 Jahre alt war. Der Vater von Frau A. starb an Krebs 1 Jahr, nachdem die Tochter aus dem Haus gegangen war, ihr zweiter Mann brachte sich nach der Scheidung um. Der Vater von Frau M. erschoß sich in Anwesenheit seiner Frau und der Tochter, als diese 20 Jahre alt war, ihre Ausbildung beendet hatte und das Elternhaus verlassen wollte. In der Dokumentation von Gardiner-Sirtl (1983), wird zweimal vom Selbstmord des Ehemannes nach der Trennung von ihm berichtet (S. 33, S. 54), einmal vom Selbstmord der Mutter nach Wegzug der Tochter (S. 46) und einmal von einem ungeklärten Unfalltod der Mutter (S. 147) nach Anzeige des Inzests (die Mutter wäre die einzige Zeugin gewesen).

7.5.3 Rollenumkehr

Im Zusammenhang mit der Psychodynamik sowohl des Vaters wie der Mutter, die beide auf die Tochter Bedürfnisse und Feindseligkeit, die eigentlich ihren jeweiligen Müttern gelten, übertragen, habe ich bereits erwähnt, daß die Tochter in der Inzestfamilie in eine Mutterrolle hineingedrängt wird. Dieses Merkmal ist von Kempe (1978) geradezu als sicheres diagnostisches Zeichen für die Inzestfamilie bezeichnet worden. Bereits Freud machte diese Beobachtung im Falle der Rosalia H., einem der beiden Inzestfälle in den „Studien zur Hysterie" (1895 a): „Als die Tante (nicht die Tante, sondern die Mutter, entsprechend der Fußnote von 1924: „Auch hier war es in Wirklichkeit der Vater, nicht der Onkel.") starb, wurde Rosalia die Schützerin der verwaisten und vom Vater bedrängten Kinderschar. Sie nahm ihre Pflichten ernst, focht alle Konflikte durch, zu denen sie diese Stellung führte, hatte aber dabei die größte Mühe aufzuwenden, um die Äußerungen ihres Hasses und ihrer Verachtung gegen den Onkel (Vater!) zu unterdrücken" (S. 238).

Auch für die physische Kindesmißhandlung (Prügel) wurde dieser Mechanismus von Steele u. Pollock (1968, S. 210) beschrieben. Im Zusammenhang mit der Psychodynamik des nicht mißhandelnden Ehepartners schreiben die Autoren: „Dieselben Gefühle unbeachteter Sehnsüchte nach Fürsorge, Gefühle der Minderwertigkeit und Hoffnungslosigkeit... finden sich auch bei ihm, verbunden mit der tiefen Überzeugung, daß Kinder die Bedürfnisse der Eltern befriedigen sollten. Somit ist die Ehe, ohne daß es den Partnern zum Bewußtsein kommt, fast zu einer Geheimabsprache geworden, die Kinder in einer bestimmten Weise zu erziehen. Ein Elternteil spielt die Rolle des Täters, der andere steht als Mitverschwörer hinter den Kulissen... . Das Kleinkind wird gewissermaßen zum Sündenbock für Konflikte zwischen den beiden Gatten. Die Unfähigkeit, über ihre enttäuschten Abhängigkeitsbedürfnisse hinwegzukommen und zwischen ihnen bestehende Gegensätze aufzulösen, führt dazu, daß sie sich dem Kind zuwenden, um von dort eine Tröstung zu erfahren. Kann das Kind diese Bedürfnisse nicht befriedigen, wird es mißhandelt."

Es ist klar, daß der Aufmerksamkeit der Beobachter beim Inzest noch weniger als bei der Kindesmißhandlung die Erwachsenenrolle, die dem Kind zugeteilt wird, entgangen ist, denn mit dem sexuellen Teil einer Inzestbeziehung ist das ja offensichtlich schon geschehen. Alle familiendynamisch orientierten Autoren haben dann auch die Rollenumkehr zwischen Mutter und Tochter gefunden und beschrieben. Am Anfang stehen wieder Kaufman et al. (1954), die als ursächlichen Faktor des Inzests bereits die Reaktion des Kindes auf den unbewußten Wunsch der Mutter verstehen, die Tochter in eine mütterliche Rolle zu drängen. Auch Gutheil u. Avery (1977) sowie Machotka et al. (1967) sprechen von den Wünschen der

Mutter, bemuttert zu werden (bzw. von solchen der infantilen Abhängigkeit der Mutter, die an die Töchter gerichtet sind). Lustig et al. (1966, S. 34) betonen die Ambivalenz der Mutter, die zwischen Gefühlen von Abhängigkeit und Feindseligkeit der Tochter gegenüber schwankt. Ihrem Befund, daß die Mutter in der Identifikation mit den Töchtern diese habe in den ersten 4 Jahren gut versorgen können, widersprechen aber die sonst übereinstimmenden Meinungen von der frühen Deprivation der Töchter. Und auch in meiner Praxis konnten nur bei 2 von 10 Inzestopfern (Frau G. und Frau K.) keine schweren Entbehrungen an Mütterlichkeit in der frühen Kindheit gefunden werden. Die Übernahme der mütterlichen Rolle durch die Tochter ist ja auch keine Ich-Funktion, die auf einer starken Identität beruht, sondern ein Zeichen von Pseudoreife (Kaufman et al. 1954), notwendigerweise, denn die Rollenübernahme fällt bereits ähnlich wie der Beginn des Inzests in ein relativ frühes Alter; im Falle von Lustig et al. (1966, S. 34) wurde das Mädchen „zur weiblichen Autorität im Haushalt im Alter von 8 Jahren." Eine Patientin von Eist u. Mandel (1968, S. 221) spricht angesichts der Rollenkonfusion in ihrer Familie ihre Schwierigkeit an, ihre Rolle zu finden, wenn sie sagt: „Es ist kaum möglich, irgend jemand oder irgend etwas in unserer Familie zu sein!" Denn „beide Eltern fühlten sich sowohl in der Eltern- als auch in der Ehepartnerrolle inadäquat, und beide berichteten, sich unreif zu fühlen. Das war die Grundlage ihrer starken Forderungen, die Kinder sollten die Elternfunktionen übernehmen, die die Eltern entweder abgegeben oder nie voll akzeptiert hatten. Die Eltern griffen die Kinder extrem wütend und auch neidisch an, wenn diese Forderungen stellten, und sie wurden fast genauso gewalttätig, wenn die Kinder die elterlichen Forderungen zurückwiesen" (Eist u. Mandel 1968, S. 220). Die Autoren nennen es „Parentifikation", wenn das Kind vernünftiger („mehr als reif") als die Eltern sein muß, die Wutausbrüche des Vaters besänftigen und die Mutter vor ihm schützen muß. Die Rollenumkehr betrifft also nicht nur die Aufgabe, anstelle der Mutter Sexualpartnerin für den Vater zu sein, sondern schließt die Haushaltsführung und die Sorge um die jüngeren Geschwister ein, oft in einem so frühen Alter, daß die unter diesen Umständen entwickelten Fähigkeiten sich als wenig dauerhaft erweisen und bei Belastungen oder nach Trennungen wieder aufgegeben werden. Die Verantwortung für die Familie liegt also nicht nur darin, stillzuhalten und kein Wort der Mutter oder jemandem sonst vom Inzest zu verraten, weil sonst die Auflösung der Familie droht, sondern schon früher in viel größerem Umfang in der Übernahme der Rolle der Mutter durch das Kind. Bei Gardiner-Sirtl (1983) finden sich zwei Beschreibungen der Rollenumkehr:

„Mama kam in immer kürzeren Abständen ins Krankenhaus. Ich mußte den Haushalt führen, jeden zweiten Tag besuchte ich meine Mutter" (S. 130). Und ein zweites Beispiel: „Als ich 11 Jahre alt war, wurde meine Mutter sehr krank und mußte in ein Sanatorium. Ich war mit meinen Brüdern (damals 2 und 9 Jahre alt) und meinem Vater allein. Ich versorgte den Haushalt und meine Brüder. Nach ein paar Wochen — jedesmal wenn ich ins Bett ging — kam mein Vater und sagte, er möchte noch ein bißchen zu mir. Er fing an, mich zu streicheln, bis er richtig mit mir schlafen wollte. Ich habe mich gewehrt, aber irgendwie tat er mir unheimlich leid, weil ich wußte, wie sehr ihm meine Mutter fehlte" (S. 131).

Von meinen Patientinnen traf diese Konstellation innerhalb der Familie am meisten bei Frau B. zu, die immer die Rolle „Retter der Familie" habe spielen müssen.

Besonders für den jüngeren Bruder fühlte sie sich verantwortlich, wie auch Frau G. stolz war, für den Bruder zu sorgen und für die ganze Familie kochen zu können, solange sie noch mit dem Familiensystem identifiziert war. Frau M. fielen bereits früh die Aufgaben einer die jüngeren Geschwister schützenden Mutter zu, die die größten Katastrophen, die der brutale Vater auch bei ihnen anrichtete, milderten. Sonst allerdings kommt eine ausgeprägte Umkehr der Mutterrolle bei meinen Patientinnen nur noch bei Frau F., einem Opfer von Großvater-Enkelin-Inzest, vor.

7.5.4 Bündnisse

Bündnisse kann man eingehen, um einen Vorteil (gegen einen Dritten) zu haben, man kann auch in ein Bündnis gedrängt werden und in ihm von jemandem mißbraucht werden. Der erste Fall scheint vorzuliegen, wenn man den Aspekt der ödipalen Rivalität beim Inzest vonseiten der Tochter sieht: Sie geht dann mit dem Vater ein Bündnis gegen die Mutter ein, triumphiert über sie, rächt sich darüber hinaus für frühkindliche Entbehrungen (Gordon, 1955). Auch die langjährige gegenseitig bedürftige Inzestbeziehung, über die Rascovsky u. Rascovsky (1950) berichten, hatten eine solche gegen die Mutter gerichtete Bündnisqualität. Ein Aspekt der Beziehung von Frau B. zu ihrem Vater war das Bündnis gegen die Mutter, welches sich später in vielen Beziehungen zu entsprechenden Männern wiederholte, die von ihren beherrschenden Müttern noch sehr abhängig waren (vgl. Abschn. 7.2).

Umgekehrt kann der Vater die Tochter gegen die Mutter benutzen und gegen sie ausspielen, wie das an einem von Gardiner-Sirtl (1983, S. 173) wiedergegebenen Beispiel deutlich wird.

„Gegen 19.00 Uhr mußten meine Geschwister ins Bett. Mich zitierte er feierlich ins Wohnzimmer. Da standen eine Flasche Kirschlikör und Salzstangen. Er sagte, daß ich nun so langsam eine Frau würde, eine sehr schöne, und ob ich schon bemerkt hätte, daß die Jungen nach mir schauen. Dabei ermunterte er mich, viel zu trinken — »wegen Mutter würde ich sowas Gutes nicht kaufen« (sie lag wieder einmal wegen Abtreibung im Krankenhaus). Dann sagte er mir noch, daß er gewohnt sei, eine Frau zu haben. Aber meine Mutter sei für ihn nicht mehr begehrenswert mit ihrer Leidensmiene und ihrem Dauerwellenkopf."

Dieses Benutzen der Tochter durch den Vater nicht nur zur sexuellen Befriedigung, sondern als Werkzeug der Aggression gegen den Ehepartner entspricht genau dem Gefühl der Mutter, maßlos vom Ehemann verraten worden zu sein, über das Dorpat (1982) in ihrer autobiographischen Erzählung schreibt (s. auch Abschn. 7.4).

Ein Bündnis zwischen Mutter und Tochter nach Aufdeckung der inzestuösen Beziehung läßt auf jeden Fall erwarten, daß diese ein Ende findet, und ist deshalb in Beratung und Therapie von Inzestfamilien durchaus anzustreben. Ein solches Bündnis kann aber auch sozusagen über das Ziel hinausschießen. Gutheil u. Avery (1977) berichten von einem „sexistischen" Bündnis, wie die Autoren es nennen, das im Laufe der Familientherapie zwischen Mutter und Tochter gegen den Vater entsteht und das dazu dient, den eigenen Teil der Verantwortung, besonders den der Mutter, zu verleugnen, und vollständig dem Vater als Sündenbock der Familiengruppe anzulasten.

Schließlich sind Bündnisse zwischen Geschwistern denkbar, aber es wird kaum über ein positives Bündnis von Geschwistern gegen die mißhandelnden Eltern berichtet. Anscheinend ist eine solche Solidarität von Geschwistern um so schwerer aufzubringen, je bedürftiger sie aufgewachsen sind. In der Familie von Frau B. lag ein Bündnis der älteren Schwester, selbst ein Opfer inzestuöser Handlungen des Vaters, *gegen* die Patientin in der Identifikation mit dem ganzen Familiensystem vor. Anstatt die jüngere Schwester in ihren Abgrenzungsversuchen zu unterstützen, wiegelte sie die Inzesthandlungen ab, zog zur Mutter, als der Vater nicht mehr lebte, und ging Beziehungen zu Männern ein, von denen sie wiederum geschlagen und ausgebeutet wurde, ohne sich über die Möglichkeiten im klaren zu sein, sich von solchen Abhängigkeiten zu befreien. Die Schwester benutzte auch in der Identifikation mit dem Vater (dem Aggressor) in sadistischer Weise die Sexualität, um die jüngere Schwester im Kindesalter zu verunsichern und bloßzustellen. Auch Gutheil u. Avery (1977) beschreiben die Möglichkeit der Identifikation des Opfers mit der Inzestfamilie, die zwei der fünf Töchter wählen, während die drei mittleren in der Adoleszenz in der Lage sind, wenigstens zu protestieren.

7.5.5 Familientradition des Inzests

Häufig sind Eltern von Inzestopfern selbst Opfer sexuellen Mißbrauchs in der Kindheit gewesen, der die Entwicklung ihrer Fähigkeit, reife sexuelle Beziehungen aufzubauen und Kinder gut genug begleiten zu können, geschwächt haben kann (Rosenfeld et al. 1977). In den Falldarstellungen ist in meist untypischen, bizarren Inzestfällen auch in der Kindheit eines oder beider Elternteile inzestuöses Agieren gefunden worden. So berichten Raphling et al. (1967) von drei betroffenen Generationen, in deren Zentrum ein Vater stand, der in seiner Herkunftsfamilie Vater-Tochter-Inzest und eigene sexuelle Beziehungen zu den Schwestern und zu seiner Mutter erlebt hatte, mit allen seinen Töchtern Geschlechtsverkehr hatte und überdies seine Frau anhielt, mit dem einzigen Sohn sexuellen Kontakt einzugehen; auch dieser Sohn hatte sexuelle Beziehungen zu seinen Schwestern. Eine Familie, in der multipler homosexueller Inzest über drei Generationen auftrat, wurde von Raybin (1969) beschrieben. In einem von Weiner (1962) beschriebenen Fall war der Vater, der inzestuöse Beziehungen sowohl zu seiner Tochter wie zu seinem Sohn eingegangen war, Zeuge sexueller Handlungen zwischen seinem eigenen Vater und seiner Schwester gewesen, als er 5 Jahre alt war.

Aber auch über diese meist ungewöhnlichen Fälle hinaus gibt es einen Zusammenhang zwischen manifestem Inzest in aufeinanderfolgenden Generationen. Goodwin et al. (1982) fanden bei 3% unausgewählter Mütter Inzest in der Kindheit, dagegen bei 24% der Mütter von mißhandelten Kindern, und zwar sowohl Mütter von körperlich wie von sexuell mißhandelten Kindern. Die Autoren erweitern das Dreigenerationenmodell von Kaufman et al. (1954) (zurückweisende Großeltern, bedürftige Eltern, mißbrauchtes Kind) um eine vierte Generation: Das inzestuös mißbrauchte Kind ist wiederum nicht in der Lage, das eigene Kind vor sexuellem oder körperlichem Mißbrauch zu schützen. Die psychoanalytische Untersuchung von 6 Opfern nichtinzestuöser Vergewaltigung in der frühen Kindheit, die sich später einer Psychotherapie durch Katan (1973) unterzogen, ergab die Tendenz, die eigenen Kinder derselben Erfahrung auszusetzen; die früheren Opfer waren in ihrer Fähigkeit, mütterlich zu sein, eingeschränkt.

Wir haben die Bedeutung einer sexualisierten Atmosphäre in der Familie für die Entwicklung verführerischer Züge beim Kind ausführlich kennengelernt (vgl. Abschn. 7.2). Wie oben ausgeführt, besteht für ein in einer solchen Familienatmosphäre aufgewachsenes Kind eine große Wahrscheinlichkeit, aktiver oder passiver Elternteil eines Inzestopfers zu werden, da die Grenzen von Privatsphäre, Körperlichkeit und Sexualität des Kindes nicht eingehalten wurden und so im Sinne einer Über-Ich-Störung nicht internalisiert werden konnten. Eine Ich-Störung läge bei den entsprechenden Eltern vor, die keine Grenzen setzen können und die unfähig zur Empathie mit dem Kind unbewußte eigene aggressive und sexuelle Bedürfnisse an die erste Stelle setzen. Heims u. Kaufman (1963) haben gezeigt, wie die inzestuöse Dynamik einer Familie vielfältig abgestuft in Erscheinung treten kann, und auch die nichtmanifeste inzestuöse Beziehung Wirkungen auf die Psychopathologie des Kindes hat. Neben Weiss et al. (1955) und Litin et al. (1956) haben auch Barry u. Johnson (1958) auf die unbewußten Kommunikationskanäle hingewiesen, mit denen Eltern den Kindern Verhaltensmuster mitgeben und mit deren Hilfe das Gebot des Einhaltens der Inzestschranke oder die Erlaubnis ihres Übertretens weitergegeben werden. In den Fallberichten von Inzestopfern finden sich subtile Hinweise auf den Defekt der Grenzen. Der Ehemann von Frau D. war einmal eifersüchtig, daß Frau D. in ihre Therapiegruppe ging. Er konnte nicht verhindern, daß sie ging, und die Frage entglitt ihm: „Ist wenigstens die Andrea (die Tochter) da?" Frau D. fällt an dieser Stelle ein, daß er früher mit den Kindern zwar geschmust und getobt habe, aber nach ihrem Eindruck nur aus eigenem Bedürfnis. Wenn sie Forderungen an ihn hatten, habe er sie stehengelassen. Auf die seltsame Häufung des Vortanzenmüssens in der Kindheit meiner Patientin habe ich hingewiesen, Frau D. träumte einmal einen entsprechenden Traum:

Sie wird von zwei Zuhältern aus dem Bett geholt, sie muß nackt tanzen, immer weiter, immer schnellere Pirouetten. Dann befindet sie sich auf einer Terrasse mit einem Swimmingpool, dort sind einige Leute aus dem Tennisclub, die hämisch zusehen, wie sie sich umzieht.

Auch in der Familie von Frau G. wurden Grenzen übertreten, ständig wurden obszöne Witze gemacht — schon als Frau G. ein ganz kleines Kind war — und dies in einem Ausmaß, daß es Bekannten aufgefallen ist, die es ihr später erzählt hatten. In einem Fall, den Lewis u. Sarrel (1969) mitteilen, haben die Eltern eines 2jährigen Mädchens, das an chronischem Fieber erkrankt war, welches schließlich auf eine Vaginitis zurückgeführt wurde, aus der Applikation des Antibiotikums in die Vagina ein „Spiel" gemacht. Der Vater hielt das Kind an beiden Beinen nach oben, während die Mutter das Medikament in die Vagina einführte. Dieses „Spiel" wurde über mehrere Wochen fortgesetzt; das Kind spielte anschließend mit ihren Puppen ein ähnliches, das sie „Baby verletzt" nannte. Die aggressive Komponente zeigte sich auch in der Überlegung der Eltern, die in der Adoleszenz auftauchenden abdominellen Schmerzen sollten bei dem 15jährigen Mädchen mit einer Hysterektomie (Entfernung des Uterus) bekämpft werden.

Im Zusammenhang mit der emotionalen Ausbeutung des Kindes, der körperlichen Kindesmißhandlung und bei der Besprechung der Psychodynamik der Mutter des Inzestopfers, habe ich die Bedeutung der Identifikation ausführlich besprochen. Wie an diesen Stellen beschrieben, führt die Identifikation mit dem Aggressor zweifach zu einer Wiederholung des selbst erlittenen Traumas: Einmal läßt der Wiederholungszwang das Opfer immer wieder Opfer sein, die Identifikation gibt dem früheren Täter also Recht für seine Mißhandlungen. Die andere Form der Identifikation: Das Opfer ahmt den Täter nach und findet neue Opfer, in denen es sich selbst, den abgelehnten Teil des eigenen Selbst, mißhandelt. Für die über Generationen fortgesetzte Mißhandlungsdynamik ist der Mechanismus der Identifikation mit dem Aggressor der entscheidende.

8 Andere Inzestformen

8.1 Großvater-Enkelin-Inzest

Das inzestuöse Geschehen zwischen Großvater und Enkelin ist dem zwischen Vater und Tochter von allen anderen Inzestformen am ähnlichsten. Es kann diesem völlig entsprechen, wenn das Kind bei den Großeltern aufwächst. Die Beziehung zwischen Großvater und Enkelin kann für das Kind eine kompensatorische Funktion für bei den Eltern erlittene Mängel haben und andererseits für den Großvater eine letzte Quelle narzißtischer Bestätigung darstellen, wenn mit fortschreitendem Alter immer weniger befriedigende Kontakte und Tätigkeiten möglich sind.

Einige Zahlen über die Häufigkeit von Großväter-Enkelin-Inzest sind veröffentlicht worden und sollen hier im Vergleich zu der entsprechenden Häufigkeit des Vater-Tochter-Inzests wiedergegeben werden. Während in Weinbergs (1955) Untersuchung kein Fall von Großvater-Enkelin-Inzest vorkam, fand Maisch (1968) unter den Inzest-Tätern 5% Großväter (bei 85% Vätern und Stiefvätern). Meiselman (1979) beschrieb in einer Gruppe von 47 weiblichen Inzestopfern 6% an Großvater-Enkelin-Inzest Beteiligte, dagegen waren 66% Opfer von Vater-Tochter- bzw. Stiefvater-Stieftochter-Inzest. Auf etwas höhere Zahlen kam Forward (1978), die den Anteil auf ca. 10% schätzt. In einer von Tsai u. Wagner (1978) untersuchten Gruppe von in der Kindheit sexuell (nicht nur inzestuös) mißbrauchten Frauen waren in 49% die Väter (bzw. Stiefväter), in 11,1% die Großväter die Täter, zu diesem Ergebnis (10%) kamen auch Goodwin et al. (1983). Eliminiert man aus der Gesamtgruppe die Nicht-Verwandten, so ergibt sich ein Anteil von 66% Väter (bzw. Stiefväter) und 14% Großväter.

Wenige Autoren haben versucht, Besonderheiten der Psychodynamik des Großvater-Enkelin-Inzests aufzuzeigen. Forward (1978) unterscheidet zwei Typen, von denen der erste völlig dem Vater-Tochter-Inzest entspricht: Der Großvater ist relativ jung, die Enkelin lebt bei den Großeltern, in deren Beziehung ein gravierender Bruch stattgefunden hat. Die Schuldgefühle des Opfers entsprechen denen beim Vater-Tochter-Inzest, das Kind glaubt, das Inzestgeschehen sei auf seine Initiative zurückzuführen, es wirft sich vor, mit der Großmutter zu rivalisieren, und schließlich sind die Schuldgefühle immens, wenn der Inzest vom Kind wegen der eigenen Lustgefühle auch gewollt war. Forward vermutet, daß solche Großväter vielleicht schon inzestuöse Wünsche ihren Töchtern, den Müttern der Enkeltöchter, gegenüber gehabt hatten, die sie aber wegen des stärkeren Tabus nicht realisiert, sondern auf die Enkelin verschoben hatten. Diese Möglichkeit ist im Einzelfall nicht auszuschließen, gibt es doch Berichte über ausagierten Inzest über mehrere Generationen, von dem sowohl die Tochter als auch die Enkelin betroffen sind (Lukianowicz 1972; Justice u. Justice 1979). Alle 10 von Goodwin et al. (1983) mitgeteilten Fälle von Großvater-Enkelin-Inzest wurden von den Müttern angezeigt, von denen 6 selbst als Kind Opfer ihres Vaters geworden waren. Umgekehrt allerdings kann die Rolle der Mutter als „silent partner" eine besondere Qualität annehmen: Forward berichtet von einem Fall, in dem die Mutter die Tochter regelmäßig einmal in der Woche zu ihrem Vater, dem Großvater des Kindes schickte, obwohl sie selbst von ihm als Kind inzestuös belästigt worden war.

Am häufigsten scheint das zweite von Forward (1978) beschriebene Muster des Großvater-Enkelin-Inzests zu sein, das sich auf das durch das Alter des Großvaters aktualisierte narzißtische Defizit zurückführen läßt. Der Großvater befindet sich sozusagen auf dem Abstellgleis, bekommt in seinem Alter keine narzißtische Bestätigung mehr — ein weit mehr als bei anderen Inzestformen gesellschaftlich determinierter Faktor. Die Enkelin jedoch hält ihn noch für stark und bewundert ihn — ich möchte noch hinzufügen, daß sie selbst die Zuwendung und freundliche Wärme des Großvaters als Ausgleich für den eigenen narzißtischen Mangel sehr gebrauchen kann. So ist der inzestuös agierende Großvater „keineswegs senil, psychotisch, geistig behindert oder betrunken", wie auch Meiselman (1978) anhand der Darstellung ihrer drei Fälle folgert, vielmehr zeichnet er sich durch Freundlichkeit aus, verwendet keine Drohung oder Einschüchterung und versucht beim vorpubertären Mädchen keinen vaginalen Verkehr. Auch Groth u. Burgess (1977, S. 258) berichten über die Erfahrung einer Patientin mit einem solchen Großvater:

„Er setzte mich immer auf seinen Schoß, hielt meine Beine etwas geöffnet und streichelte die Innenseiten meiner Oberschenkel, die Genitalgegend und die Schamlippen. Ich empfand das als lustvoll. Mein Rücken war gegen seinen Körper gerichtet, mein Kopf lag auf seiner Brust, und manchmal schlief ich ein. Er war immer warm und freundlich und erzählte Geschichten."

Diesem Bild widerspricht andererseits ein eindrucksvoller Bericht des ehemaligen Inzestopfers (Leon, „Einfacher Bericht", 1982), das den Großvater als Patriarchen der Familie beschrieb, vor dem es Angst hatte, wenn es auch die häufigen, sogar vaginalen inzestuösen Aktivitäten zunehmend genoß und schließlich selbst initiierte.

Zwei Patientinnen in meiner eigenen Praxis waren Opfer inzestuösen Agierens ihrer Großväter gewesen; ich möchte ihre Geschichte unter Berücksichtigung des Charakters der Kompensation eines Defizits in der Eltern-Kind-Beziehung durch die inzestuöse Beziehung zum Großvater wiedergeben (vgl. auch Hirsch 1985 b).

Frau E. wurde in den beiden ersten Lebensjahren von verschiedenen Verwandten aufgezogen, weil die Mutter im 7. Monat der Schwangerschaft mit ihr einen Schlaganfall erlitten hatte und sich monatelanger klinischer Behandlung unterziehen mußte. Die Beziehung zur Mutter, die sich dann entwickelte, wurde nach 1 Jahr durch die Geburt des Bruders fast völlig unterbrochen, da die noch immer behinderte Mutter sich ganz dem Jungen widmete, der auch später maßlos vorgezogen worden war. Seit dem Grundschulalter mußte Frau E. überdies ständig auf ihn aufpassen, woran sie sich voller Wut erinnerte. Sie beschreibt die Mutter folgendermaßen: „Eine ungerechte, launische, friedlose Frau, die das Geschäft der emotionalen Erpressung mit ihrer Krankheit bestens verstand." Der Vater habe keine Kinder gewollt und kümmerte sich nicht um sie. Er war emotional verschlossen, dabei jähzornig. Die Mutter verachtete ihn, weil er aus sozial niedrigem Milieu kam und nie genug Geld nach Hause brachte. Zwischen den Eltern herrschte oft offene körperliche Aggression. Außer zu Verwandten hatte die Familie keine Kontakte. Zum Großvater mütterlicherseits entwickelte Frau E. eine zärtliche Beziehung, die vom 7. Lebensjahr an gegenseitigen Körperkontakt und regelmäßige manuelle Befriedigung des Mannes durch das Kind einschloß. In der trostlosen und auch bedrohlichen Familienatmosphäre sehnte Frau E. den nächsten Besuch beim Großvater herbei, schrieb ihm kindliche Liebesbriefe und verbrachte bald die ganze Ferienzeit bei ihm. Die sexuelle Beziehung zum Großvater dauerte bis zu ihrem 20. Lebensjahr, zu einem vaginalen Verkehr kam es jedoch nicht. Die Mutter starb, als die Patientin

14 Jahre alt war, der Vater richtete seine mürrische Aggressivität, häufig verbunden mit körperlichen Strafen, nun ganz gegen sie. Mit 18 Jahren verließ sie den Vater und zog zum Großvater; das enge Zusammenleben und die immer stärker werdenden sexuellen Forderungen des Großvaters ließen allerdings die Ambivalenz eher manifest werden, es kam zu heftigen Auseinandersetzungen. Kurze Zeit nach einem heftigen Streit, der auch körperliche Aggressionen einschloß und in dem Frau E. dem Großvater wütend den Tod wünschte, stürzte er so unglücklich, daß er nach einigen Wochen an den Komplikationen einer Oberschenkelfraktur starb. Nun erst zog Frau E. in eine eigene Wohnung; der erste Koitus mit einem Mann war ihr nun möglich, wurde allerdings bedrohlich und gewaltsam erlebt, danach erst setzte die Menstruation ein. Als Frau E. mit der Therapie begann, bestanden seit Jahren Depressionen, Suizidalität, „chaotische Partnerbeziehungen", und nach der Trennung von einem Mann traten herzneurotische Beschwerden auf. Schwere Schuldgefühle steigerten sich zu der wahnhaften Gewißheit, den Tod des Großvaters verursacht zu haben. Der Abbruch so vieler Partner- und auch therapeutischer Beziehungen konnte als Ausdruck ihrer Angst vor der eigenen übermächtigen Aggression und als Flucht vor ihr verstanden werden.

Frau F. begann im Alter von 28 Jahren nach einem abgebrochenen Studium wegen Depressionen, Depersonalisationsgefühlen und diffusen Angstzuständen eine analytische Psychotherapie. Bisher hatte sie Partnerbeziehungen ausschließlich zu erheblich älteren, verheirateten Männern eingehen können, von denen sie regelmäßig nach kurzer Zeit wieder verlassen worden war. Frau F. berichtet über die Großeltern mütterlicherseits, daß die Großmutter still, unterwürfig und ihrem Mann ergeben, der Großvater sehr streng und patriarchalisch war. Er habe die Mutter von Frau F. immer für dumm gehalten und daraus kein Hehl gemacht, und sie habe ihm ihr Leben lang das Gegenteil zu beweisen versucht. Mit 16 Jahren begann die Mutter eine Friseurlehre, im Jahr darauf wurde sie von ihrem Chef verführt. Seitdem habe sie einen „Männerhaß" gehabt, von dem nur der Vater der Patientin ausgenommen war, weil er „kein richtiger Mann, zu weich und zu großzügig" sei. Die Eltern der Patientin heirateten wegen der ersten Schwangerschaft, die Patientin dagegen sei ein Wunschkind gewesen. Sie war nur ganz kurz gestillt worden, weil sie stark in die Brust gebissen habe, wie die Mutter erzählt hatte. Sie war gerade ein Jahr alt, als die Mutter Zwillinge, zwei Jungen gebar, seitdem verweigerte sie die Flaschennahrung, was zu einem mehrwöchigen Krankenhausaufenthalt führte. Wegen der Eßstörungen sei sie mit 5 Jahren noch einmal für 6 Wochen in ein Kinderheim gekommen. Frau F. beschreibt ihre Mutter folgendermaßen: „Sie beherrscht die Familie, hat ständig Magengeschwüre, ist nervös, gereizt, arbeitet zuviel. Sie fängt immer wieder an zu rauchen und gibt den Kindern die Schuld dafür." Der Vater sei ganz im Beruf aufgegangen und häufig auf Geschäftsreisen gewesen. Mit den Kindern habe er sich nur über Dinge unterhalten, die ihn interessierten, sonst ließ er sie allein. Die Familie hatte wenig Bekannte, was Frau F. mit den häufigen Umzügen erklärt; die Familie war eine „Insel für sich". Zum Großvater väterlicherseits flüchtete sich die Patientin als Kind, wenn sie sich unter den vielen Geschwistern zu kurz gekommen fühlte. Als sie 10 Jahre alt war, begann der Großvater zunehmend sexuellen Kontakt zu ihr aufzunehmen, sie auszuziehen, sie zu berühren, sich schließlich über Jahre hinweg masturbieren zu lassen. Frau F. empfand keine Schuldgefühle, erzählte aber niemandem etwas, weil ihr das Inzestgeschehen eine Art Sicherheit gab, auf die sie zurückgreifen konnte, wenn sie sich zu verlassen fühlte. Gleichzeitig war es ihr eine Bestätigung, daß Ehefrauen die Männer vernachlässigen, die Großmutter den Großvater wie die Mutter den Vater; es war ihr ein Triumph über die Mutter, wie ein geheimer Sieg in ihrem Konkurrenzkampf.

Bei beiden Patientinnen läßt sich die Dürftigkeit der Beziehung zwischen Mutter und Kleinkind gut nachweisen, schwere Krankheit der Mutter, ihre Aggressivität, baldige Geburt männlicher Geschwister (bei Frau F. obendrein Zwillinge), die typischerweise von der Mutter bevorzugt werden, weisen auf ein Defizit an Mütterlichkeit hin, das wir so häufig auch beim Vater-Tochter-Inzest gesehen haben. In den beschriebenen Fällen von Großvater-Enkelin-Inzest werden die Kinder wohl auch Hoffnungen in den Vater gesetzt haben, beide Väter allerdings hatten — im Gegensatz zum Vater-Tochter-Inzest — wenig für die Töchter übrig und entzogen sich ihnen. Die immer intensiver werdende Beziehung zum Großvater fügt sich wie selbstverständlich in diese Lücke ein, zumal beide Großväter, wie auch oben von Meiselman (1978) sowie Groth u. Burgess (1977) beschrieben, sanfte, weiche Männer waren, denen die Kinder sehr positive Gefühle entgegenbrachten. Die

Konflikte im Kind, verbunden mit Angst und Schuld, entsprechen zwar beim Großvater-Enkelin-Inzest denen beim Inzest mit den primären Bezugspersonen, erscheinen aber in der Regel in abgeschwächter Form. Liebe und Aggression des Kindes haben ihr Objekt in größerer Entfernung von den Eltern, denen sie ursprünglich galten, gefunden. Mehr noch als beim Vater-Tochter Inzest würde ich deshalb die Ursache für spätere psychische Störungen und für die entsprechenden Konflikte in der frühen Beziehung zu den Eltern sehen, nicht so sehr im Inzest selbst, obwohl durch diesen auch hier wieder das Kind eindeutig ausgebeutet wird.

8.2 Mutter-Sohn-Inzest

Es herrscht allgemeine Übereinstimmung, daß Inzest zwischen Mutter und Sohn mit der größten Abscheu bedacht und am meisten tabuiert wird (Raphling et al. 1967; Barry u. Johnson 1958; Margolis 1977; Shengold 1980). Andererseits läßt die Gesellschaft der Mutter dem Sohn gegenüber einen viel größeren Spielraum an Zärtlichkeit als dem Vater gegenüber der Tochter, Körperkontakt, in einem Bett Schlafen und intensive Maßnahmen der Körperpflege werden eher als Erweiterung der mütterlichen Fürsorge gesehen als daß der Verdacht inzestuöser Aktivitäten aufkäme (Barry u. Johnson 1958; Kempe 1978). Diese Kombination von größtem Schrecken und gleichmütigem Geschehenlassen entspricht der Haltung der Trobriander (Malinowski 1927), die in größter Ruhe verneinen, vom Mutter-Sohn-Inzest als stärkstem Tabu auch nur zu träumen, während die Reaktion auf die vorsichtige Frage nach Träumen von Geschwisterinzest Aufregung, Ärger und indigniertes Zurückweisen ist. Mutter-Sohn-Inzest ist also so außerhalb aller Vorstellung, daß eine besondere Abwehr nicht erforderlich ist, während die Möglichkeit des Geschwisterinzests viel eher denkbar ist und deshalb um so mehr abgewehrt werden muß.

Andererseits besteht ein derart absolutes Tabu der genitalen Sexualität zwischen Mutter und Sohn, daß ein solches Geschehen sehr schnell mit Hilfe der Diagnose „Psychose" oder „Schizophrenie" für einen der Beteiligten oder beide ausgegrenzt wird (Frances u. Frances 1976). Sicher trifft für einen Teil der vom Sohn initiierten Fälle zu, daß in einem psychotischen Kontrollverlust verborgene inzestuöse Wünsche mit der im übrigen unbeteiligten Mutter ausagiert werden. Das Bedürfnis nach klarer Unterscheidung zwischen einmal vom Sohn, zum anderen von der Mutter initiierten Inzest ist verständlich, aber m.E. nicht realistisch. Bei beiden von Wahl (1960) beschriebenen Fällen war beim Sohn lange vor Bekanntwerden der Inzestbeziehung die Diagnose Schizophrenie gestellt worden. Im ersten Fall war der Jugendliche häufig Zeuge sexuellen Kontakts der Mutter mit oft wechselnden Männern. Zum einmaligen inzestuösen Verkehr kam es, als der nun 26jährige Sohn die Mutter nackt und stark alkoholisiert antraf, als er nach Hause kam. Meiselman (1979) referiert noch zwei weitere entsprechende Fälle aus der Literatur sowie zwei Fälle, bei denen die sichere Diagnose eines organischen Hirnschadens vorlag. Im anderen von Wahl (1960) beschriebenen Fall eines 27jährigen als schizophren diagnostizierten Patienten ging die Initiative zum vielfältigen inzestuösen Agieren einschließlich häufigen vaginalen Verkehrs offenbar seit Jahren von der Mutter aus, was anfangs völlig unbekannt blieb. Jedesmal wenn der Sohn aus der Klinik Urlaub bekam, den er bei der Mutter verbrachte, kam er in desolatem, schwer katatonem Zustand zurück. Als die Urlaube deshalb eingestellt wurden, schrieb die Mutter empört an ihren Kongreßabgeordneten und die American Legion und beschuldigte die Klinik, sich in ihre „Mutterliebe" einzumischen. Erst nachdem auf der Station massives inzestuöses Agieren zwischen Mutter und Sohn beobachtet worden war, wurde die langjährige sexuelle Aktivität bekannt. Die Mutter hatte regelmäßig dem Sohn gedroht, er würde homosexuell, wenn er ihr „special training" nicht bekomme. In beiden von Wahl beschriebenen Fällen hatte der Vater die Familie vor langer Zeit verlassen.

Die Diskussion, ob der Sohn oder die Mutter Initiatior ist, erscheint auch deshalb müßig, weil sie nur den manifesten offenen Inzest betrifft. Sie erinnert an die ähnliche Frage, ob beim Vater-Tochter-Inzest nicht auch das Kind den Vater verführt haben könnte. Denn die Beziehung zwischen Mutter und Sohn muß immer so beschaffen gewesen sein, daß sich aus ihr heraus das Inzestgeschehen hat entwickeln können. Auch die psychotische Erkrankung des Sohnes kann nicht losgelöst von der langjährigen Mutter-Kind-Beziehung für ein plötzliches Inzestgeschehen verantwortlich gemacht werden, da die Familienbeziehungen und besonders die zur Mutter zur Entwicklung späterer psychischer Störung zumindest im Sinne eines wesentlichen Faktors beitragen. Aufgrund der Befunde von Fleck et al. (1959) innerhalb der Untersuchungen von Familien schizophren Reagierender von Lidz und seinen Mitarbeitern müssen wir annehmen, daß gerade mehr oder weniger ausagierten inzestuösen Bestrebungen — und besonders zwischen Mutter und Sohn — eine große Bedeutung für die Schizophreniegenese zukommt. Die enge sexualisierte Beziehung zur Mutter kann eine Verlängerung der frühen Symbiose bedeuten, so daß eine Differenzierung von Selbst und Objekt nicht stattfindet, auch die Grenzen zwischen den Generationen verwischen. Andererseits verursacht zu große Nähe jedoch Panik gerade wegen ihres inzestuösen Charakters.

In bezug auf die Psychopathologie der Mütter verwendet Shengold (1963) in Anlehnung an Fliess (1973) eine weitgefaßte Definition von Psychose, in der die Verführung der eigenen Kinder bereits ein Symptom einer partiellen Psychose ist, in der zusammen mit der notwendigen massiven Verleugnung der Kontakt zur Realität nicht mehr gewährleistet ist. Die Verleugnung der Mutter kann tatsächlich Ausmaße annehmen, die sie in die Nähe des Wahnhaften rückt: Die Mutter spricht von „besonderer Liebe", nennt den Sohn „Liebster" (Margolis 1977). Als Grund für das von ihr initiierte sexuelle Agieren gibt sie an, der Sohn solle nicht homosexuell werden (Margolis 1977) oder: „Der Hausarzt hat empfohlen, mit deinem Penis zu spielen, damit er nicht krank wird" (Meiselman 1979, S. 308). Dieselbe Mutter empfiehlt dem Sohn, als er impotent bleibt, er solle sich vorstellen, sie sei „ein Mädchen in seinem Alter und nur für diese Nacht!" Eine andere Mutter inspiziert den Penis des Sohnes regelmäßig, um zu sehen, „ob er auch richtig wächst" (Berry 1975). Auch beim Vater-Tochter-Inzest habe ich auf die entsprechenden Realitätsausblendungen beim Vater hingewiesen (vgl. Abschn. 7.3). Fliess (1973) spricht von einer unglaublichen Häufigkeit „ambulatorischer Psychosen" und nimmt die Realität eines Mißbrauches durch in dieser Weise psychotische Eltern in der Kindheit jedes mehr als nur leicht erkrankten Patienten an: „Man muß zur Kenntnis nehmen, daß ein Patient, der eine lange und tiefgehende Analyse braucht, im großen und ganzen als jemand erscheint, der von psychotischen Eltern geschädigt wurde und sich mit ihnen identifiziert hat.... . Das Kind solcher Eltern wird zum Objekt entmischter Aggression (mißhandelt und geschlagen, fast in jeder Minute seines Lebens) und einer perversen Sexualität, die kaum eine Inzestschranke kennt (es wird in höchst bizarrer Weise von den Eltern oder auf ihre Veranlassung von anderen verführt)" (Fliess, 1953, zitiert in Fliess 1973, S. 205).

8.2.1 Manifester Mutter-Sohn-Inzest

In Ermangelung eines Falles von manifestem Mutter-Sohn-Inzest aus der eigenen Praxis möchte ich hier den von Margolis (1977) mitgeteilten Fall referieren. Der Autor konnte den als „borderline state" diagnostizierten, aber nicht psychotisch reagierenden Patienten über 9 Jahre psychotherapeutisch begleiten und darüber berichten — eine Arbeit über eine derartig lange Psychotherapie ist in der gesamten Literatur über Inzest einschließlich Vater-Tochter-Inzest einmalig.

John B. wurde mit 27 Jahren wegen der Klage der Mutter, er habe sie vergewaltigt und ihr mit Mord gedroht, psychiatrisch untersucht. Er war von einer Verabredung nach Hause gekommen, hatte die Mutter angetrunken mit einem Mann auf dem Bett gefunden und voller Wut von der Mutter sexuellen Verkehr gefordert, nachdem ihr Freund die Flucht ergriffen hatte. Seit 3 Jahren bestand eine manifeste sexuelle Beziehung zwischen Mutter und Sohn, die Initiative ging aber abwechselnd von beiden aus, der Sohn forderte sexuellen Kontakt besonders dann, wenn er sich von der Mutter vernachlässigt fühlte oder wenn es Streit gegeben hatte, in dem sie seine Männlichkeit angezweifelt hatte. Nach dem Geschlechtsverkehr fühlte er sich oft als „king of the world", was in Zerknirschung umschlug, wenn sie ihm Vorwürfe wegen seines sexuellen Drängens machte.

John war als Frühgeburt zur Welt gekommen; daß er überlebte, machte ihn im Familienmythos zu etwas Besonderem, zu einer „Ausnahme". Der Vater war patriarchalisch und trank zunehmend, er prügelte hemmungslos, einmal tötete er die Katze der Familie. Die Scheidung erfolgte, als John 6 Jahre alt war; die Trennung machte ihm sehr zu schaffen, denn er mochte trotz allem den Vater sehr. Die Mutter mußte nun arbeiten, die Kinder kamen in ein Heim; wenn John am Wochenende Urlaub bekam, schlief er im Bett der Mutter, eng umschlungen streichelte er sie, war sexuell erregt, erst wenn er ihre Genitalien berührte, grenzte sich die Mutter ab. Als der Junge ca. 18 Jahre alt war, kam es zum ersten Geschlechtsverkehr; nach Angaben der Mutter fügte sie sich seinen mit Drohungen verbundenen Forderungen.

In der stationären Therapie wurden anfangs die Besuche der Mutter eingeschränkt, was John nicht einsehen konnte, er wollte mehr von der Mutter, nicht weniger! Die Mutter versuchte ihn mit Hilfe des Telefons zu bewegen, zu ihr zu kommen, da sie so allein sei. John konnte sich aber zunehmend abgrenzen, da eine gute therapeutische Beziehung hergestellt werden konnte, so daß das sexuelle Agieren — bis auf Rückfälle in den Therapieferien — mit der Mutter aufhörte. Das Gefühl eine „Ausnahme" zu sein, konnte auf den Mythos seines Überlebens als Neugeborenes und die Verwöhnung durch die Mutter zurückgeführt werden. In Trennungssituationen entstand eine enorme Wut, die bis zu Mord- und Selbstmordimpulsen führte. Diese Wut hatte bereits die Mutter veranlaßt, für den Sohn psychiatrische Hilfe zu suchen. Sie entstand wieder seiner Frau gegenüber (er hatte inzwischen geheiratet), die er zusammenschlug, als sie sich nach kurzer Ehe von ihm trennen wollte, weil John unmäßig fordernd war, wie seiner Mutter gegenüber. Die Mutter wurde als extrem selbstbezogen, abhängig und depressiv beschrieben. Sie gab weder das ganze Ausmaß an sexuellem Agieren zu, noch übernahm sie auch nur einen Teil der Verantwortung dafür.

Margolis faßt die Psychodynamik seines Patienten folgendermaßen zusammen: „Seine zentralen Konflikte sind prägenitaler Natur, trotz der scheinbaren genitalen, ödipalen Natur seines Hauptsymptoms. Der Koitus diente ihm als Kanal für Ärger und Wut einer Mutter gegenüber, die er als zurückweisend und wenig mütterlich erlebte. Die sexuelle Beziehung zur Mutter förderte auch Phantasien von

Omnipotenz und diente wahrscheinlich auch dazu, Wünsche nach Nähe zu befriedigen" (S. 282). Ursächliche Faktoren für Mutter-Sohn-Inzest finden sich bei mehreren Autoren übereinstimmend: Wer immer auch die Inzesthandlung initiierte, die Bindung zur Mutter war vorher schon sehr eng und oft von früher Kindheit an erotisiert (Forward 1978; Meiselman 1979; Margolis 1977; Shengold 1980; Kempe u. Kempe 1984). Ähnlich wie beim Vater-Tochter-Inzest liegt ein relativ früher emotionaler Mangel zugrunde, und zwar sowohl bei der Mutter wie beim Sohn. Die Beziehung zum Vater, der in 95% aller Fälle (Forward 1978) von manifestem Mutter-Sohn-Inzest räumlich mehr oder weniger entfernt ist, ist für die Mutter in keiner Weise befriedigend. Auch für den Sohn bietet der Vater keine Identifizierungsmöglichkeit (Meiselman 1979) oder im Falle von Margolis (1977) lediglich in bezug auf seine aggressive Impulsivität. Während die Dynamik des Vater-Tochter-Inzests vom Dreieck Vater-Mutter-Tochter bestimmt wird, handelt es sich beim Mutter-Sohn-Inzest eher um eine dyadische Beziehung.

Die Mutter wird als extrem abhängig und als unfähig, allein zu sein, beschrieben. Anders als der inzestuöse Vater ist sie sehr wohl in der Lage, außerhalb der (Rest-)Familie gerade auch promiskuös-sexuelle Kontakte zu haben. Die Mutter in einem von Yorukoglu u. Kemph (1966) beschriebenen Fall war in einer großen Familie aufgewachsen, die von einem Vater mit „eiserner Hand" beherrscht wurde, der sich andererseits ganz der Arbeit in der religiösen Gemeinde widmete, „Fegefeuer und Verdammnis predigte und Seelen rettete". Mit den Kindern sprach er nie ein persönliches Wort, verbot aber rigide jede Aktivität, die ihnen Freude gemacht hätte, ebenso erstickte er jede sexuelle Regung des Kindes mit Prügeln im Keime. Als die damals 12jährige Mutter des späteren Inzestopfers von einem Schwager vergewaltigt wurde, wurde ihr verboten, darüber zu sprechen, um die gesellschaftliche Stellung der Familie nicht zu gefährden. Später auftretende hetero- und homosexuelle Promiskuität und Sexualisierung aller Beziehungen führte bei der Mutter zur Diagnose „hysterische Persönlichkeit"; sie selbst und auch der Sohn klagten über ihre Spaltung zwischen „Dr. Jekyll und Mr. Hyde": Wenn sie nicht getrunken habe und ihre sexuellen Bedürfnisse gering seien, sei sie eine gute Mutter, sonst eine böse, verfolgende. Unbewußt hatte für die Mutter das Inzestagieren mit dem Sohn den Charakter einer gegen den eigenen Vater gerichteten Rache, der ihr die harmlosesten Vergnügungen so streng untersagt und sie andererseits mit einem peinlichen Schweigen allein gelassen hatte, als sie vergewaltigt worden war.

Margolis (1977) beschreibt die Mutter in seinem Fallbeispiel als „extrem selbstbezogen und tendenziell depressiv". Aufgrund nicht näher ausgeführter persistierender psychischer Verletzungen in ihrer Kindheit konnte sie immer nur höchst ambivalente Beziehungen zu Männern eingehen, die zerbrachen, sobald sie nur etwas an Tiefe erreicht hatten. In den typischen Fällen von Mutterinzest ist der Sohn schließlich das Objekt der ambivalenten, sexualisierten Abhängigkeit der Mutter, sowie gleichzeitig Ziel ihrer gegen Männer gerichteten Aggression. Die Mutter verhindert jede Ablösung und benutzt sexuelle Stimulation bis hin zum Geschlechtsverkehr, um die enge Bindung bis ins Erwachsenenalter des Sohnes aufrechtzuerhalten. Ihr Verhalten wird von früher Kindheit an als überbehütend und verwöhnend (Forward 1978, Meiselman 1979, S. 308) beschrieben, die enge Bindung wird aber immer wieder unterbrochen. In beiden von Meiselman mitge-

8 Andere Inzestformen

teilten Fällen geschah das durch plötzliche Wutausbrüche der Mutter, verbunden mit Prügeln, die in krassem Gegensatz zur verwöhnenden sexualisierten Haltung dem Kind gegenüber standen. Meist erfolgt ein abruptes Verlassenwerden des Sohnes durch eine sexuelle Beziehung der Mutter zu einem Mann (Forward 1978; Margolis 1977), in einem von Shengold (1963) beschriebenen Fall durch die Rückkehr zum Vater. Dieses Verlassenwerden setzt ein ungeheures Maß an narzißtischer Wut im Sohn frei, hervorgerufen durch die extreme Kränkung, mit der er plötzlich vom Platz des „einzigarten" Liebhabers verdrängt wird. Diese Wut kann sich bis zum Mord an der Mutter steigern (Brown 1963: „Murder rooted in incest"), wie auch der Patient von Margolis mörderische Wut gegen die Mutter und später die Ehefrau entwickelte, vor der alle Beteiligten geschützt werden mußten. Über Mordimpulse beim Inzestopfer berichten auch Litin et al. (1956, S. 48). Ein 13jähriger Junge in dem von Yorukoglu u. Kemph (1966) beschriebenen Fall hatte Angst, sich selbst umzubringen. Auch in anderen Fällen richtete sich die Wut gegen die eigene Person, so im von Forward (1978) beschriebenen Fall in Form migräneartiger Kopfschmerzen, im ersten von Kempe u. Kempe (1984) berichteten Fall durch Anorexie und paranoische Vergiftungsängste, in ihrem zweiten Fall durch Heroinabhängigkeit. Hier war es ein Fall von Großmutter-Enkelsohn-Inzest, bei dem die Großmutter seit dem 10. Lebensjahr des Jungen Mutterstelle angenommen hatte.

Shengold (1963, S. 741) siedelt die Wut des Sohnes auf zwei Ebenen an. Auf der bewußten Ebene liegt einerseits die Wut über die fehlende Liebe und Fürsorge der Mutter, andererseits schafft die sexuelle Verwöhnung eine enge, lustvolle Beziehung, die aber abrupt beendet wird, wenn sich die Mutter wieder dem Vater oder anderen Männern zuwendet. Die Mutter provoziert und stimuliert und läßt das Kind dann fallen. Die tiefere Ebene aber entspricht der körperlich-archaischen Angst, die durch sexuelle Überstimulation des jungen Kindes hervorgerufen wird: „Er wird überstimuliert bis zu einem Punkt, an dem er fast bewußtlos wird und das Gefühl hat, irgendwie explodieren zu müssen, ein Zustand, der von überwältigender »traumatischer« Angst begleitet wird. Zusammen mit diesen Erinnerungen brach (in der Analyse, M.H.) die Wut gegen die Mutter in ihrer ganzen kannibalistischen Intensität heraus: »Ich wünschte, ich hätte eine Schere, ein Messer — ich würde ihr die Wange aufschlitzen, ich könnte das Kainszeichen aus ihrem Gesicht herausschneiden«. Wut derartig überwältigenden Ausmaßes hatte der Patient gewöhnlich gegen sich selbst gerichtet" (S. 742).

Das Ausmaß an Wut ist so groß, weil der Sohn in seinem Hochgefühl, sich in einer einzigartigen engen symbiotischen Beziehung mit der Mutter zu befinden, so abrupt enttäuscht wird. Der Patient von Margolis fühlte sich nach dem sexuellen Kontakt als „king of the world", der Sohn im Fall von Forward (1978, S. 67) drückt es so aus:

„Wir schliefen fast jede Nacht zusammen. Ich fühlte mich unglaublich; ich war im siebten Himmel (on top of the world). Hier war ich, der 12jährige Junge, der diese wundervolle sexuelle Beziehung mit einer schönen Frau hatte, der sie in die Stadt begleitete — ich spielte Papa. Ich war der Herr des Hauses. Während andere Kinder noch die Kleidung ihres Vaters anprobierten, war ich tatsächlich in seine Fußstapfen getreten."

Auch in dem Bericht von Shengold (1980) über seinen Patienten („My patient was neurotic, like us", S. 462), der in der Adoleszenz genitalen Koitus mit der Mutter hatte, spielt der narzißtische Triumph eine große Rolle. Wie Oedipus, der durch die Heirat mit Jokaste, seiner Mutter, zum „King", zum König wurde, fühlte er sich als „Sohn Fortunas" (s. weiter unten, S. 144), auch er erinnerte sich an seinen „geheimen Stolz, mit 12 Jahren eine erwachsene Frau zu besitzen, während seine Freunde über Sex bestenfalls Tagträume haben konnten" (S. 468).

Auf der bewußten Ebene kommt das Hochgefühl zwar dadurch zustande, daß der Vater verdrängt und seine Stelle eingenommen worden war (ödipale Ebene), was auch Shengold (1963, 1980) z.T. anerkennt. Die bedeutendere Ebene scheint mir aber die der präödipalen Symbiose mit der Mutter zu sein. Die durch die körperlich-sexuelle Nähe repräsentierte „gute" Symbiose schafft das manische Hochgefühl grenzenloser Omnipotenz im frühen Alter, solange die Stimulierung lustvoll erlebt wird, im späteren Alter, wenn der Sohn der „einzige" sexuelle Partner bleibt, und überdies der sexuelle Kontakt mit der Mutter intensiv orgastisch ist. Im frühen Alter würde die Überstimulierung, im späteren das abrupte Verlassenwerden eine traumatische Trennung darstellen, die zu narzißtischer Wut oder Depression führt.

Die inzestuöse Mutter-Sohn-Dynamik läßt Shengold (1963) das Ödipusdrama mit neuen Schwerpunkten versehen. Die Lösung des Rätsels der Sphinx: „Welches Wesen bewegt sich zu Zeiten auf drei, manchmal auf zwei und wieder auf vier Beinen und ist am schwächsten, wenn es vier Beine hat?" ist der Mensch, weil er als Säugling auf allen Vieren krabbelt, als junger Erwachsener auf zwei Beinen steht und sich im Alter auf seinen Stab stützt. „Das ganze Rätsel geht um Fortbewegung — Trennung von der Mutter —, und durch die Lösung begründet Ödipus seine Identität und Männlichkeit" (Shengold 1963, S. 728). Es handelt sich um die Wandlung des Kindes vom symbiotischen Teil der Mutter zu einem getrennten Individuum, das eine ödipale Beziehung zu ihr hat. Wie die Sphinx ist auch Jokaste, die Mutter des Ödipus, feindselig, wenn es um Trennung geht: Sie ist verantwortlich für das Durchstechen der Fersen des Kindes, was es am Fortbewegen hindert. Shengold betont den Wunsch des Ödipus in Sophokles Drama, die Mutter zu schonen und den Vater verantwortlich zu machen. Die Wahrheit, daß Jokaste den Säugling damals aussetzte, kommt ans Licht, ihr Selbstmord bewahrt sie davor, Lüge und Verleugnung aufgeben zu müssen. Ödipus' Blendung versteht Shengold als Ausdruck der Übernahme der Schuld der psychotischen Eltern, wie das verführte Kind, das seine Fähigkeit zu *sehen*, was mit ihm gemacht wird, aufgibt, um Lüge und Verleugnung der Eltern zu übernehmen (S. 732).

Mir scheint für die inzestuöse Mutter-Sohn-Dynamik das feindselige Aufrechterhalten der Symbiose aus den Bedürfnissen der Mutter heraus charakteristisch zu sein. Durch die Schuld stellt die Mutter eine enge Bindung her (vgl. auch Abschn. 7.2), ebenso durch die sexuelle Lust des Sohnes, die überdies dazu dient, die sexuellen Bedürfnisse der Mutter zu befriedigen. Anders als beim Vater-Tochter-Inzest ist die Mutter-Sohn-Beziehung eine direkte Fortsetzung der Symbiose — die Trennung auf der Körperebene hat nie stattgefunden. Die Vater-Tochter-Beziehung als Wiederauflage der Symbiose enthält mehr Distanz, noch mehr die Großvater-Enkelin-Beziehung, so daß die symbiotische Nähe nicht so bedrohlich ist. Deshalb ist meiner Meinung nach der Mutter-Sohn-Inzest so oft mit psychotischen Reaktionen verbunden, weil eine Abgrenzung, ein Aufbau von Ich-Grenzen partiell nicht erfolgen konnte. Weiterhin fällt auf, daß beim offenen

Mutter-Sohn-Inzest — bewußte — Schuldgefühle offenbar eine geringe Rolle spielen — die Über-Ich-Mutter selbst gibt sozusagen die Erlaubnis, ein (ödipaler) Vater ist nicht relevant. Damit scheint mir auch zusammenzuhängen, daß die Sexualität mit der Mutter weitaus eher lustvoll und befriedigend erlebt wird als die der Tochter mit dem Vater.

Im Inzestopfer, dem Sohn, fanden wir eine starke Spaltung sowohl des Mutterbildes („Dr. Jekyll und Mr. Hide"; „Sie war eine gute Mutter, wenn sie nicht betrunken war.") als auch des Selbstbildes („king of the world" bzw. depressiv und wertlos). Beides hängt zusammen, das manische Hochgefühl entsteht aus der Fusion beider guter Imagines, die Depression aus dem Verlassensein, welches das Aufgeben des guten Bildes bedeutet. Kein Wunder, daß Shengold auch diese Spaltung des Mutterbildes im Ödipusdrama findet: Kurz vor Jokastes Selbstmord, als Ödipus sie als seine Mutter bereits erkannt haben müßte (das ist das schlechte Mutterobjekt), beschwört er in grandioser Verleugnung seine Herkunft: „Doch ich, der ich mich für den Sohn Fortunas halte, werde nicht entehrt — *sie* ist die Mutter, von der ich komme ..." (Shengold 1963, S. 733). Je „böser" die realen Eltern sind, desto mehr braucht das verführte und mißhandelte Kind ein idealisiertes Elternbild („Fortuna"), um sein Gleichgewicht zu erhalten, wie wir es bisher schon so oft gesehen haben (vgl. Kap. 5).

8.2.2 Sonderformen des Mutter-Sohn-Inzests

Einige untypische Sonderformen des Mutter-Sohn-Inzests seien hier der Vollständigkeit halber angeführt. Es kann vorkommen, daß die Beteiligten in offenbarer Harmonie in einem eheähnlichen Verhältnis zusammenleben, weder Mutter noch Sohn grob auffällige psychopathologische Symptome erkennen lassen und frei von Schuldgefühlen erscheinen, wie Barry u. Johnson (1958) berichten.

In der Literatur gibt es zwei Mitteilungen über Jungen im frühen Schulalter, die versuchten, ihre Mutter zu „vergewaltigen". Der von Bender u. Blau (1937) beobachtete 6jährige Junge machte wiederholt den Versuch, mit der Mutter, in deren Bett er gewöhnlich schlief, Geschlechtsverkehr zu haben. Er war die ersten 4 Lebensjahre von der Mutter getrennt gewesen, sein frühes sexuelles Interesse wurde auf die sexuelle Stimulation durch einen Onkel zurückgeführt. Arroyo et al. (1984) sahen einen ähnlichen Fall, in dem der Knabe seit dem 6. Lebensjahr vielfältigen sexuellen Kontakt zu Gleichaltrigen, seinen Geschwistern, Babysittern, und schließlich zur eigenen Mutter suchte, mit der er zweimal versuchte, morgens, als sie noch schlief, vaginalen Koitus zu erreichen. Die Familie war allgemein chaotisch und promiskuös, auch hier wurde die sexuelle Aktivität des Kindes auf vorhergehenden, nicht näher bekannten sexuellen Mißbrauch durch Erwachsene (den Vater?) zurückgeführt. Diese Annahme stimmt überein mit einer Beobachtung von Yates (1982), die einen 2 1/2jährigen Jungen wegen heftiger sexueller Aktivitäten, die der Kontaktaufnahme mit Erwachsenen dienen sollten, behandelte. Die Pflegemutter konnte sich z.B. nicht hinlegen, ohne daß das Kind versuchte, unter ihren Rock zu kriechen. Der verwahrlosten 16jährigen Mutter war das Kind mit 18 Monaten weggenommen worden, weil entdeckt worden war, daß Mutter und Kind Fellatio und Cunnilingus ausübten.

In der Regel ist der Vater beim Mutter-Sohn-Inzest nicht beteiligt, es gibt aber auch Fälle, in denen er als Initiator angesehen werden muß. Tramer (1955) berichtet von einem Vater, der seine beiden 13- bzw. 16jährigen Söhne zum ständigen Koitus mit der Mutter zwang und dabei zuschaute. Der als „hebephren mit starker neurotischer Überlagerung" diagnostizierte Vater gab selbst an, daß sein Motiv Rache gewesen sei. Er wollte die Mutter dafür bestrafen, daß sie vor der Ehe eine sexuelle Beziehung gehabt habe, von der er zufällig erfahren habe. Eine ähnliche Motivation, nämlich kaum verdrängter Haß auf Frauen, bewog einen Vater, der im Zentrum eines multiplen Inzestgeschehens, das über drei Generationen ging, stand, über das Raphling et al. (1967) berichten, seinen 13jährigen Sohn zu sexuellem Kontakt mit dessen Mutter zu zwingen. Er selbst war einmal mit 14 Jahren von seiner Mutter verführt worden, ihre Genitalien zu manipulieren, was er mit großem Widerwillen tat. Seine anderen inzestuösen Aktivitäten — mit seinen Schwestern als Jugendlicher und später mit seinen Töchtern — kamen ihm weit selbstverständlicher vor. Die psychiatrische Diagnose war „paranoide Charakterstruktur", es lagen keine Anzeichen einer psychotischen Desintegration vor.

Ich selbst konnte in meiner Praxis einen Fall von Stiefmutter-Stiefsohn-Inzest sehen, der vom Vater induziert worden war.

Ein 15jähriger Jugendlicher meldete sich zur Psychotherapie an wegen schwerer depressiver Zustände und extremer Angst vor Kontakt zu Gleichaltrigen, besonders zu Mädchen. Nachdem sich die Eltern früh hatten scheiden lassen, war er bei der Mutter des Vaters aufgewachsen, bei der er zum Zeitpunkt des Therapiebeginns noch lebte. Die Großmutter war Psychotherapeutin und fand das Einhalten einer größeren Distanz zu ihren Patienten offenbar nicht notwendig, denn sie hatte regen gesellschaftlichen Kontakt mit ihnen, einige wohnten längere Zeit in ihrem Haus, mit einem ihrer Patienten lebte sie ständig zusammen. Der Vater des Jugendlichen, Professor der Psychologie an einer Universität, forderte den Jungen seit dem 14. Lebensjahr immer wieder auf, wenn er zu Besuch war, mit seiner zweiten Frau zu schlafen, da es natürlich sei, wenn Menschen, die sich mögen, auch sexuellen Kontakt hätten, und es für den Jungen Zeit wäre, erwachsen zu werden.

Bei diesem Vater dürften ebenfalls Wut und Verachtung gegenüber Mutter und Ehefrau vorliegen, die durch Rationalisierung und Ideologisierung abgewehrt und auf Kosten des Kindes ausagiert wurden.

8.2.3 Mutter-Sohn-Inzest im weiteren Sinne

Manifester Mutter-Sohn-Inzest, um den es hier bisher ging, ist relativ selten, denn das Tabu der genitalen Beziehung zwischen Mutter und Sohn ist das wirksamste überhaupt. In unserer Gesellschaft aber ist jeder andere Körperkontakt viel eher zwischen Mutter und Sohn erlaubt als zwischen Vater und Tochter, bei welchen die Inzestdefinition offenbar viel umfassender ist. „Das strikte genitale Tabu ermöglicht weitergehende partielle (polymorphe) sexuelle Verführung" (Barry u. Johnson 1958, S. 492), was aber nichtsdestoweniger eigene pathologische Prozesse in Gang setze. Das heißt, verführerisches Verhalten, eine inzestuöse Atmosphäre, verlängerte übertriebene Körperpflege durch die Mutter, übermäßiges Interesse für die körperliche Entwicklung und für beginnende Kontakte des Jungen zu gleichaltrigen Mädchen sind symptomatisch für eine ubiquitär vorkommende Mutter-Sohn-Beziehung, in der sexuelle Verführung von seiten der Mutter in verschieden offener Form eingesetzt wird, um den Sohn an sich zu binden. Die Anzeichen für die sexuelle Qualität der Beziehung können so verborgen sein, daß sie der Umgebung gar nicht auffallen und auch in einer späteren Psychotherapie nur schwer erinnert oder rekonstruiert werden können.

Besonders Forward (1978) erweitert die Definition des Mutter-Sohn-Inzests auf solche Beziehungsqualitäten, sie nennt die Beziehung bereits inzestuös, wenn gar kein besonderer Körperkontakt stattfindet, Mutter und Sohn vielleicht zusammen baden oder in einem Bett schlafen, verbunden mit „subtle flirtation" seitens der Mutter. Eine zweite Stufe besteht in eindeutig sexuellen Handlungen, z.B. gegenseitige Masturbation. Beide Grade inzestuöser Beziehung führen zu späteren gravierenden sexuellen Störungen und Beziehungsstörungen zu weiblichen Partnern.

Einen Fall von Mutter-Sohn-Inzest gemäß einer solchen erweiterten Definition aus meiner Praxis möchte ich hier anführen:

Ein 18jähriger Jugendlicher war akut psychotisch desintegriert in eine psychiatrische Klinik aufgenommen worden, nachdem er im Dezember nackt durch die Straßen zum Friedhof gelaufen war, um sich auf das Grab der Großeltern zu werfen und sich mit ihnen wieder zu vereinigen. Nach der relativ kurzen Klinikbehandlung begann er eine analytische Gruppenpsychotherapie, in deren Verlauf die Lösung aus einer engen Bindung an die Mutter möglich wurde. Die Mutter hatte ihn noch bis nach dem Klinikaufenthalt regelmäßig gebadet, ihm die Haare gewaschen, die Nägel geschnitten und sich mit Hilfe eines Schwammes auch intensiv um die Reinlichkeit der Genitalgegend des Sohnes gekümmert. Alle sozialen und schulischen Aktivitäten des Sohnes begleitete die aktive, dominierende Mutter ständig mit Interesse oder auch Sorge; zu Kontakt mit Mädchen war es bisher nicht gekommen. Der Vater war ein zurückgezogener „Bastler", der wenig Identifikationsmöglichkeit für den Jugendlichen zur Verfügung stellte. Die Lösung aus dem Elternhaus gelang durch die Beziehung zu einem älteren, freundlichen Lehrer, der enttäuscht von einer Ehe mit einigen halberwachsenen Schülern zusammenlebte. Nach diesem Übergang und nach dem Abitur zog der Jugendliche in eine andere Stadt, um Medizin zu studieren, ein Rückfall in die Psychose ist seit 6 Jahren nicht wieder aufgetreten.

Lewis u. Sarrel (1969) berichten von einem 4jährigen Jungen, der mit einer aktuen phobischen Reaktion (Spinnen wären unter seinem Pyjama) nachts in die Klinik gebracht wurde. Die Symptome verschwanden bald, nachdem in Elterngesprächen die sexuelle Qualität der Beziehung der Mutter zum Jungen aufgedeckt wurde und die Mutter ihr Verhalten änderte. Der Junge schlief mit der Mutter in einem Bett (der Vater im Nebenraum), streichelte oft die Brüste der Mutter, diese war darüber besorgt, daß er „eine Erektion bei der leisesten Berührung bekommt" (S. 611). Die Angst vor Spinnen führte dazu, daß der Junge keine Kleidung tragen wollte, was als Ausdruck seines Wunsches verstanden wurde, wegen der Kastrationsangst ständig die Unversehrtheit seines Penis zu kontrollieren. Ich würde hinzufügen, daß die Spinnen Symbol für die mütterliche Verführung selbst waren und die Phobie ein Abgrenzungsversuch darstellte. Die Autoren sind der Meinung, daß bestimmtes verführerisches Verhalten, welches an das Kind herangetragen wird, entsprechende Phantasien intensiviert, deren Wiederholung sich später als sexuelle Perversion oder immer wiederholtes Muster sexuellen Verhaltens manifestiert. Bereits früher hatten Litin et al. (1956) 7 Fälle von sexueller Perversion bei Kindern bzw. Frühadoleszenten mit dem pathogenen Einfluß der realen Verführung durch die Mutter und die unreflektierte oder unbewußte Erlaubnis oft beider Eltern, sexuell pervers zu agieren, berichtet. Zeichen elterlicher Verführung waren in einem Bett schlafen, zusammen baden, erotisierter Körperkontakt etc. Im Falle eines 13jährigen Jungen, der derart voyeuristisch agiert hatte, daß er von der Polizei aufgegriffen worden war, wurde der Mechanismus, der zur Perversion führte, folgendermaßen beschrieben: „In diesem Fall verführte die Mutter den Jungen, indem sie ihm ihr Genitale zeigte, körperliche Vereinigung jedoch verweigerte, dafür aber den Voyeurismus (peeping) dadurch bestärkte, daß sie nichts tat" (S. 46). Ebenso wird bei der Entstehung des Fetischismus der Vorenthaltung der Befriedigung (sofern diese bei einem Kind überhaupt möglich ist, M.H.) durch die Mutter besondere Bedeutung beigemessen: „In Fällen von Fetischismus haben wir eine ambivalente Haltung bei der Mutter gefunden, die ihr Kind verführte, eine Befriedigung aber verweigerte und dann den Gebrauch des Fetisch als Ersatz für elterliche Liebe bestärkte" (S. 46). In einem Fall von Transvestitismus bei einem 5jährigem Jungen gelang es, die unbewußten Motive der Mutter zu entdecken. Die Mutter war von ihrem Vater inzestuös belästigt worden, sie haßte es, ein Mädchen zu sein und wünschte sich zum 5. Geburtstag sehnlich einen Fußball anstelle der versprochenen Puppe. Ihr Sohn wünschte sich zu seinem 5. Geburtstag eine Waschmaschine trotz des schüchternen Vorschlags des Vaters, daß ein Fußball doch angemessener wäre. Die Mutter richtete ihren Haß, der dem Vater und allen Männern galt, auch auf den Sohn, exponierte sich verführerisch vor ihm und unterstützte unbewußt seinen Transvestitismus.

Ich möchte hier bemerken, daß es nicht auf das sichtbare Verhalten der Mutter mit ihrem Kind ankommt, es ist keineswegs unbedingt schädlich, mit dem Kind in einem Bett zu schlafen oder es zu baden, von der Nacktheit der Eltern vor dem Kind zu schweigen, zumal sich die Gewohnheiten seit den 50er Jahren doch etwas geändert haben. Vielmehr kommt es auf die Beziehung an, die Funktion und die unbewußte Bedeutung des oberflächlich sichtbaren „verführerischen" Verhaltens. Das Verhalten muß als Ausdruck einer bestimmten Haltung der Mutter und als Symptom ihrer Beziehung zum Kind verstanden werden. Litin et al. (1956, S. 41) fassen ihre Beobachtungen folgendermaßen zusammen: „Das Verhalten der Mutter während der prägenitalen und frühen genitalen Periode des Kindes ist besonders wichtig. In diesen Phasen kann den arglosen, polymorphsexuellen Interessen des Kindes eine besondere Richtung durch die Art der Konflikte der Mutter gegeben werden. In der prägenitalen Periode sind die Probleme der Mutter die bedeutenderen Determinanten, der Einfluß des Vaters ist stärker während der ödipalen und späterer Perioden. Das kann ein wichtiger Grund für das häufige Vorkommen gewisser Arten von Perversion bei Jungen sein."

Ausgehend von der Darstellung des Mutter-Sohn-Inzests sind wir auf weit verbreitete Phänomene in der Beziehung zwischen Mutter und Sohn gestoßen, die m.E. eine große Bedeutung für die Entstehung geschlechtsspezifisch in ihrer Häufigkeit verschieden verteilter psychischer Erkrankungen haben. Sexuelle Perversionen (Homosexualität ausgenommen) werden fast ausschließlich bei Männern beobachtet, hysterische Erkrankungen umgekehrt viel häufiger bei Frauen als bei Männern. Es ist vorstellbar — und bedarf weiterer Forschung —, daß in aufeinanderfolgenden Generationen auf den einen pathogenetischen Mechanismus der andere folgt, wie es im Fallbeispiel von Litin et al. (1956) deutlich wurde: Die in ihrer Kindheit vom Vater sexuell mißbrauchte Mutter wird ihrem Sohn mehr oder weniger subtil sexualisiert Aggressionen entgegenbringen, der Sohn müßte dann später wieder seiner Tochter gegenüber „als pervers beschuldigt" (Freud 1950) werden und könnte Aggressionen, Rache und Ausbeutung an das

Kind herantragen. Das heißt, der von der Mutter in enger sexualisierter Symbiose gehaltene Sohn könnte später als der die eigene Tochter verführende Inzestvater in Erscheinung treten. Er würde von der Tochter wieder die narzißtisch-sexualisierte Zuwendung erwarten, die er von der Mutter erhalten hatte, und die beherrschende Aggression aus der früheren Mutter-Sohn-Beziehung gegen die Tochter wenden. Einen solchen „Generationenwechsel" hatte bereits Freud (1950, vgl. Kap. 4) konzipiert.

In bezug auf die männlichen Opfer subtil sexualisierter Mutter-Sohn-Beziehung schließt sich der Kreis zu der in Kap. 5 beschriebenen häufigen Dynamik des Partnerersatzes, in die der kleine Junge gedrängt wird, weil die Mutter die Realität, daß der Vater der eigentliche Partner ist, und der Sohn ein Kind, welches sich je nach Entwicklungsstufe trennen möchte, aus den Augen verloren hat. Auch diese im weiteren Sinne inzestuöse Dynamik hat die narzißtische Spaltung zwischen Grandiosität und Depression, zwischen Omnipotenz und Nichtigkeit zur Folge, je nachdem, ob der Sohn sich der Fusion mit der idealisierten Mutter sicher sein kann oder sie verloren hat.

8.3 Homosexueller Inzest

8.3.1 Vater-Sohn-Inzest

Seit Anfang der 60er Jahre sind in der Literatur einige wenige Fälle von Vater-Sohn-Inzest mitgeteilt worden (Rhinehart 1961; Weiner 1962; Medlicott 1967; Langsley 1968; Raybin 1969; Berry 1975; Awad 1976; vorher schon Bender u. Blau 1937). Aus diesen Einzelfällen ergab sich vom — selten eingeschätzten — Vater-Sohn-Inzest ein relativ zum Vater-Tochter-Inzest gutartiges Bild der Dynamik dieser Inzestform, das von Meiselman (1979) zusammengefaßt wird, wobei sich die Autorin besonders auf den von Raybin (1969) berichteten Fall stützt und zwei eigene Fälle wiedergibt. Dieses Bild vom Vater-Sohn-Inzest läßt sich folgendermaßen zusammenfassen: Der Vater ist meist seit der Pubertät mit seiner nicht völlig akzeptieren Homosexualität involviert, manchmal in vorpubertärem Alter durch den Vater stimuliert (Raybin 1969), manchmal auch durch die verführerische enge Beziehung zu einer dominanten Mutter (Langsley et al. 1968). Nach der Adoleszenz kommen keine offen homosexuellen Kontakte mehr vor, die soziale Anpassung gelingt gut. Der Vater hat eine gute Beziehung zu dem Sohn, mit dem es im Alter von ca. 12 - 14 Jahren zu meist masturbatorischen Kontakten unter Alkoholeinfluß des Vaters kommt. (Die Homosexualität des Vaters wird also nur innerhalb der Familie ausagiert.) Im von Langsley et al. berichteten Fall sollte offenbar der Sohn nachträglich konfliktfreier als der Vater selbst homosexuelle Kontakte haben: Der Vater arrangierte, daß der Sohn mit dem Sohn des Cousins, mit dem der Vater in der Adoleszenz homosexuellen Kontakt hatte, in einem Bett schlief und ermunterte ihn zu sexuellen Handlungen. Andererseits gab der Vater an, eigentlich nur deshalb (spät) geheiratet zu haben, um einen Sohn bekommen zu können, dem er den Namen gab, den ein 8jähriger Junge hatte, in den der damals 15jährige Vater verliebt gewesen war, ohne näheren Kontakt zu ihm zu bekommen. Der Sohn sollte also von Anfang an diese Liebe wiederbeleben. In den

8.3 Homosexueller Inzest

typischen Fällen der mehr benignen Form des Vater-Sohn-Inzests willigt der Sohn dem Vater zuliebe zuerst ein; nach einiger Zeit jedoch bekommt er Schuldgefühle, ist dann in der Lage, sich abzugrenzen, was der Vater ohne weiteres Drängen akzeptiert, um dann selbst mit heftigen Schuldgefühlen in eine Depression zu fallen. Die Symptomatik des Sohnes in der späteren Adoleszenz wird fast durchgehend von der Angst, homosexuell zu sein, bestimmt. Auffallend häufig kommen psychotische Zusammenbrüche vor: In den 12 Fällen, die hier referiert werden, reagierten vier der Söhne psychotisch, bei drei von ihnen nach LSD-Konsum (Langsley et al. 1968; Raybin 1969; Meiselman 1979), der vierte dieser Patienten beging Selbstmord in der Psychose (Medlicott 1967). Langsley et al. (1968) hatten den Eindruck, daß der Vater-Sohn-Inzest eher durch die innerpsychischen Konflikte des Vaters herbeigeführt wird, im Gegensatz zum Vater-Tochter-Inzest, der mehr als Ausdruck der ganzen Familiendynamik zu verstehen sei. Dieser Meinung schließen sich Awad (1976) und Forward (1978) an, wenn auch Awad bereits den jahrelangen Verfall der Kommunikation der Eltern und die Verleugnung des Inzests durch die Mutter bemerkt. Auch Raybin (1969) betont in seinem Fall von homosexuellem Mehrgenerationeninzest, daß die Mutter des Indexpatienten sowie auch die Mutter des Vaters, der von seinem eigenen Vater früh sexuell stimuliert worden war, über die inzestuösen Aktivitäten (die auch Cousins und Geschwister einschlossen) hinwegsahen und in stiller Kollusion ihren Anteil hatten.

Schon die schwere Symptomatik (psychotische Reaktion) der Inzestopfer läßt an dem bisher geschilderten Eindruck der Gutartigkeit des Vater-Sohn-Inzests zweifeln. Forward (1978, S. 113 f.) schildert in einem Fallbeispiel, wie sehr es ein Vater, der unter seiner eigenen extrem dominierenden, Identität verbietenden Mutter gelitten hatte, nötig hatte, mit inzestuöser Gewalt beide Kinder, Tochter und Sohn, zu beherrschen, anstatt die Wut gegen die Mutter zu richten. Als die Geschwister sich auch mit einer inzestuös-sexuellen Beziehung gegen den Vater verbünden und sich auch als körperlich stärker erweisen, bringt er sich schließlich um.

Bisher handelte es sich um in der späten Adoleszenz auffällig gewordene Inzestopfer. Ein anderes Bild — und man muß befürchten, ein realistischeres — vom Vater-Sohn-Inzest zeichnen Dixon et al. (1978) mit sechs Familien, bei denen die Inzestopfer Kinder oder Frühadoleszente (5 - 16 Jahre) waren. Hier sind die Täter eher gewalttätig oder Alkoholiker, jeweils mehrere Geschwister werden brutal zu analem Koitus gezwungen. Die Charakteristika der Familien werden folgendermaßen zusammengefaßt (S. 837): Fünf der Opfer in den sechs Familien waren die ältesten Söhne, die Väter hatten allgemein eine Vorgeschichte von Alkoholismus und/oder „Soziopathie", vier Väter waren bekannt dafür, daß sie gewalttätig waren und ihre Kinder schlugen, bei keinem war homosexuelle Aktivität außer mit den Söhnen bekannt geworden.

Die Mütter schienen in mehreren Fällen von der sexuellen Aktivität offen oder insgeheim gewußt zu haben, oft über Jahre, bis Jugendämter davon erfuhren oder die älter werdenden Opfer sich entschiedener zur Wehr setzen konnten. Die Mütter schweigen, weil sie allgemein nicht in der Lage waren, die Kinder zu schützen. Anders als beim Vater-Tochter-Inzest, bei dem die Opfer eher noch größere Wut der Mutter gegenüber empfinden, die sie nicht beschützt hat, richtete sich die Wut der Opfer des Vater-Sohn-Inzests ausschließlich gegen den Vater. Das Ausmaß dieser Wut war sehr groß und ging bis zu Mordwünschen dem Vater gegenüber, richtete sich jedoch bei allen auch gegen die eigene Person: Selbstmordvorstellungen bei vier der sechs Jungen, bei drei Patienten manifestierte sich die Selbstdestruktion durch Selbstverstümmelung, gehäufte schwere Unfälle oder massiven Drogenmißbrauch. Keines der Inzestopfer war psychotisch. Nach dem Aufdecken des Familiengeheimnisses verließ zumindest einer, Vater oder Sohn, die Familie, sei es, daß die Mutter die Trennung durchsetzen und die Kinder mit sich nehmen konnte, sei es, daß der Vater verschwand oder der Sohn in einer Institution untergebracht wurde. Die Autoren haben den Eindruck, daß die Vater-Sohn-Inzest-Dynamik der der Vater-Tochter-Inzest-Familie viel ähnlicher ist, als der des Mutter-Sohn-Inzests.

Um zu illustrieren, welche destruktiven Ausmaße das Inzestagieren annehmen kann, möchte ich den Teil einer langen Falldarstellung Forwards (1978) hier einfügen, in dem das Opfer in der Gruppentherapie mit Adoleszenten erstmalig von der Vergewaltigung durch seinen Vater sprechen konnte.

„»Ich hasse Dich! Ich hasse Dich! Wie konntest Du das tun! Ich hasse Dich! Du ekeliges, dreckiges Schwein! Ich habe Dir vertraut! Wie konntest Du! Du warst alles, was ich hatte! Alles, was ich hatte ...«, und schließlich brach er auf dem Fußboden in Tränen zusammen. Einige Gruppenmitglieder gingen zu ihm, umarmten ihn und trösteten ihn. Nachdem er sich beruhigt hatte, erzählte er zögernd seine Geschichte. Er hatte seinen Vater in den Weihnachtsferien besucht. Am Weihnachtsabend begann der Vater früh zu trinken. Am späten Nachmittag war er betrunken und sagte Michael, daß er ein bißchen mit ihm herumtoben wollte. Als Michael das verweigerte, holte der Vater ein Rasiermesser. »Du bist ein wirklich hübscher Junge«, sagte er. »Ein wirklich hübscher Junge. Dein Gesicht ist wirklich hübsch geworden, seit ich dich das letzte Mal gesehen habe. Wirklich hübsch. Du willst doch nicht, daß ich es dir kaputtschneide, oder?« Der Vater zwang Michael auf den Boden, brachte ihm oberflächliche Schnittwunden im Gesicht und an den Händen bei und vergewaltigte ihn anal, während er das Rasiermesser dicht an seine Kehle hielt. Es war eine dreckige, schmerzvolle Vergewaltigung, die überhaupt keine Zärtlichkeit oder Liebe enthielt" (S. 120).

Für mich ist die Tatsache, daß so wenige, und zwar relativ benigne Fälle von Vater-Sohn-Inzest berichtet werden — es handelt sich bei der von mir überblickten Literatur um ganze 18 Fälle in einem Zeitraum von ungefähr 20 Jahren (die Arbeit von Bender u. Blau 1937 nicht mitgerechnet) —, ein Indiz dafür, daß die Existenz des Vater-Sohn-Inzests noch eine weitaus größere Schwelle zu überwinden hat, ins Bewußtsein zu dringen, als die des Vater-Tochter-Inzests. Denn von den 18 Fällen sind immerhin ein Drittel, also 6 über einen Zeitraum von nur 4 Jahren in einer einzigen kinderpsychiatrischen Klinik gesehen worden, diese Zahl entspricht immerhin 0,4% aller männlichen Patienten der Klinik (Dixon et al. 1978). Ein Beitrag zu dem mangelnden Bewußtsein von der Bedeutung des Vater-Sohn-Inzests dürfte auch die größere Unfähigkeit von Jungen sein, Hilfe zu suchen, da sie in ihrer Sozialisation eher Werte wie Stärke, Durchhalten, Gefühle verbergen vermittelt bekommen haben als Mädchen. Sexuell mißbrauchte Jungen schämen sich in der Mehrzahl, weil sie annehmen, es würde von ihnen erwartet, daß sie sich selbst hätten helfen können (Nasjleti 1980). Finkelhor (1984) meint in diesem Zusammenhang, man würde auf männliche Inzestopfer erst aufmerksam, wenn sie psychotisch reagieren würden. Es ist zu vermuten, daß der Vater-Sohn-Inzest ein viel größeres Problem darstellt, als bisher angenommen, und zwar sowohl quantitativ wie auch in seiner destruktiven Qualität.

8.3.2 Mutter-Tochter-Inzest

Es gibt wenige berichtete Fälle von Mutter-Tochter-Inzest. Eine erschöpfende Übersicht geben Goodwin u. di Vasto (1979), die auch einen eigenen Fall beschreiben, Forward (1978) berichtet über zwei Fälle, Thomas (1976) über einen Fall von Mutter-Tochter-Inzest. Es scheinen einige Gemeinsamkeiten vorzuliegen. Die Ehe der Eltern ist desolat, die Mutter wendet sich mit Wünschen nach Körperkontakt an das präpubertäre Mädchen. Gegenseitige masturbatorische Aktivitäten sind die Regel. Im Fall von Goodwin u. di Vasto (1979) hatte die Mutter homosexuelle Beziehungen, nachdem die Tochter sich geweigert hatte, weiter mit der Mutter in einem Bett zu schlafen. Dieselbe Tochter hatte später manifest homosexuelle Beziehungen. Auch in dem von Thomas (1976) berichteten Fall waren starke homosexuelle Tendenzen festzustellen. Das Hauptsymptom der Patientin von Goodwin u. di Vasto (1979) waren starke migräneartige Kopfschmerzen, auch ein Patient Forwards (1978) litt unter diesem Symptom, ebenso in einem von Medlicott (1967) beschriebenen Fall. Bei allen Opfern des Mutter-Tochter-Inzests bestand eine enge Bindung an die Mutter, die durch die Bedürftigkeit (Einsamkeit) und Krankheit der Mutter noch verstärkt wurde; Trennungsbestrebungen der Tochter sind mit immensen Schuldgefühlen verbunden. Die Rollenumkehr im Falle des Mutter-Tochter-Inzests scheint von der Tochter eine präödipale Mütterlichkeit für die Mutter zu fordern.

Eine Patientin aus der eigenen Praxis paßt sehr gut in das geschilderte Bild des Opfers des Mutter-Tochter-Inzests, wenn auch direkte sexuelle Aktivitäten nicht bekannt wurden.

Die Mutter war eine aggressive, fordernde, dominierende Frau, die von ihren Kindern die spätere Patientin am meisten ablehnte, auch für mehrere Jahre in einem Heim unterbrachte. Trotzdem legte sich die Mutter in das Bett dieses Kindes, wenn sie es brauchte; noch als die Patientin über 40 Jahre alt war, benutzte die Mutter ihre Angst vor Gewitter, um in das Bett der Tochter zu kriechen. Um zu verhindern, daß die damals 18jährige Tochter sich selbständig machte, suchte die Mutter einen Mann für sie aus, der in den Haushalt von Mutter und Tochter aufgenommen wurde und mit dem die Mutter noch zusammenlebte, als die Tochter sich endlich getrennt hatte. Das Kind der Patientin, das geboren wurde, als sie 19 Jahre alt war, nahm ihr die Mutter weg und sorgte für es, bis es 15 Jahre alt war. Nach dramatischen Versuchen, sich von der Mutter und vom Ehemann zu trennen, ging die Patientin eine homosexuelle Beziehung zu einer älteren Frau ein, mit der sie jahrelang zusammenlebte. Die Therapie wurde wegen phobischer Ängste und der Angst, von Medikamenten abhängig zu sein, begonnen.

Goodwin u. di Vasto (1979) stellen fest, daß ähnlich wie beim Mutter-Sohn-Inzest der mütterliche Körperkontakt schlecht vom ausbeuterisch-sexuellen zu differenzieren ist. Nützlich erscheint die Frage, ob der Eindruck, es handele sich um Inzest, eindeutiger wäre, wenn es sich um eine Vater-Tochter-Beziehung handelte. Als Risikofaktoren für Mutter-Tochter-Inzest werden chronische Krankheit der Mutter, bei der die Tochter die Rolle der Pflegerin übernimmt, genannt, ferner Schlafen von Mutter und Tochter in einem Bett und Homosexualität bei Mutter und/oder Tochter.

8.4 Bruder-Schwester-Inzest

In der Hierarchie des Inzesttabus rangiert das des Geschwisterinzests an letzter Stelle (Frances u. Frances 1976), d.h. er sollte am wenigsten Angst oder Schuldgefühle verursachen. Nach meiner Erfahrung spielt er in der psychotherapeutischen Praxis eine sehr geringe Rolle, was nicht so sehr am geringen Vorkommen liegen muß, sondern an den geringen oder fehlenden Folgen (vgl. auch Meiselman 1979, S. 263). Weiner (1962) hält Geschwisterinzest für am häufigsten vorkommend, er werde jedoch kaum mitgeteilt.

In der Diskussion ethischer Probleme der Sexualität zwischen Erwachsenen und Kindern stellt Finkelhor (1979 a) die Frage, ob nicht auch Inzest zwischen Geschwistern deshalb schädlich sein müsse, weil die Kinder (wie das Opfer beim Inzest zwischen Erwachsenem und Kind) nicht wissen können, was Sexualität bedeutet, also auch nicht frei einwilligen können. Finkelhor (1979 a) befürwortet aber sexuelle Aktivitäten zwischen Gleichaltrigen, solange das Moment der Gewalt fehlt, da es sich dann um praktisch Gleichberechtigte handelt. In den meisten Fällen von Geschwisterinzest wird es sich auch um harmlose sexuelle Erkundungen handeln, und Initiative wie Lust werden unter den Beteiligten gleichmäßig verteilt sein.

In vielen Fällen allerdings ist die Dynamik zwischen den Geschwistern nicht so harmlos, und der Inzest bleibt nicht ohne Folgen. Auch ohne Gewalt und mit bewußter Zustimmung beider Geschwister können schwere Schuldgefühle entstehen, wie in einem Fallbeispiel von Thomas (1976), bei dem der Bruder mit beiden Schwestern über längere Zeit genitalen Verkehr hatte; die Schuldgefühle werden durch die Verschiebung der Inzestwünsche, die der Mutter galten, auf die Schwester erklärt. Wenn der oft ältere Bruder Gewalt und Drohung anwendet, ist Dynamik und Wirkung nicht mehr weit vom Vater-Tochter-Inzest entfernt. Hier treten auch dieselben Mechanismen auf, die Schuldgefühle hervorrufen und das Selbstwertgefühl beeinträchtigen. Sehr häufig ging dem Geschwisterinzest Vater-Tochter-Inzest voran (Weinberg 1955; Eist u. Mandel 1968; Raphling et al. 1967). In dem von Argelander (1977) mitgeteilten Fall von Geschwisterinzest war der sonst „stock-katholische" Vater auf der Seite des Bruders, der die Schwester lange Zeit zwang, ihn zu masturbieren; der Vater meinte, es sei nichts dabei, man könne das biologisch erklären. Eine ähnliche Doppelbödigkeit lag bei einer Patientin vor, über die Meiselman (1979, S. 266) berichtet, die von einem Geistlichen einer Sekte adoptiert worden war, der zwar Sexualität als teuflisches Übel anprangerte, ebenso wie seine Frau, aber promiskuöse homosexuelle Kontakte hatte, die den Geschwistern völlig gegenwärtig waren. In dieser Atmosphäre von Heuchelei und Stimulation probierten alle Geschwister sowohl homo- wie auch heterosexuellen Inzest aus.

Westermeyer (1978) versteht Bruder-Schwester-Inzest als Kompensation einer kalten Familienatmosphäre. Weinberg (1955) beobachtete häufig die Abwesenheit des Vaters, der für ihn offenbar das Familienmitglied ist, das für geeignete Aufsicht und Erziehung sorgen soll. Meiselman (1979) dagegen betont die häufige Abwesenheit der Mutter, oft durch frühen Tod, darüber hinaus wurde aber auch eine auffallende Mischung aus Zurückhaltung der Mutter in der Sorge um die Kinder und einer streng puritanischen Haltung beobachtet. In beiden von Steele

u. Alexander (1981) mitgeteilten Fällen war der Bruder älter und aggressiv, die späteren Folgen waren schwere Probleme des Mädchens in Beziehungen zu Männern. Promiskuität als Folge auch des Geschwisterinzests sahen Weinberg (1955), Sloane u. Karpinski (1942) und Steele u. Alexander (1981).

Eine andere Variante des Geschwisterinzests, die vom Muster des Vater-Tochter-Inzests abweicht, aber seine Folge ist, besteht im aggressiven Verführen eines jüngeren Bruders durch das Opfer des Vater-Tochter-Inzests. Ein solches Verhalten fand sich bei Frau G., die mit 12 Jahren ihren 6 Jahre jüngeren Bruder stimulierte, bis er eine Erektion bekam, worauf sie versuchte, vaginal mit ihm zu verkehren. Die Aggression, die eigentlich dem Vater galt, wurde — mit seinen Mitteln — gegen das schwächere Familienmitglied gerichtet.

8.5 Inzest in anderen Verwandtschaftsverhältnissen, bei Adoptiv- und Pflegekindern und multipler Inzest

Es sind alle Arten verschiedener Verwandtschaftsbeziehungen denkbar, in denen sexuelle Beziehungen vorkommen können. Am häufigsten unter den bisher nicht besprochenen Beziehungen ist wohl die zwischen Onkel und Nichte, die dem Vater-Tochter-Inzest nahekommt, während die sexuelle Beziehung zwischen Cousins und Cousinen, die auch zu den tabuierten Formen gehört (Finkelhor 1979 b), dem Geschwisterinzest entspricht.

Die Bedeutung der inzestuösen Beziehung und das Ausmaß der evtl. Folgen hängen m.E. mehr von folgenden Faktoren ab als vom Verwandtschaftsgrad:

1. Vorbestehende Beziehung zwischen Täter und Opfer: Auch ein naher Verwandter kann so entfernt von der Familie des Opfers gelebt haben, daß der Inzest wie ein sexuelles Attentat durch einen Fremden wirkt; andererseits kann ein relativ entfernter Verwandter lange Zeit mit dem Opfer zusammengelebt haben oder sogar Vater-(Mutter-)Stelle eingenommen haben. Dann wird das Inzestgeschehen nicht mehr von dem zwischen Eltern und Kind zu unterscheiden sein.

2. Reaktion der Familie: Je nach bestehender Beziehung des Täters zur Familie des Kindes wird diese entweder völlig loyal mit dem Opfer sein, das die Möglichkeit hat, zu kommunizieren und Unterstützung zu bekommen, oder aber die Familie ist auf der Seite des Täters, glaubt dem Opfer nicht, hält das Geschehen für ,,normal" etc.

3. Anwendung von Gewalt: Auch in diesem Punkt lassen sich Extreme vorstellen, zwischen denen das einzelne Geschehen angesiedelt sein kann; es läßt sich sowohl eine Liebesbeziehung zwischen Verwandten vorstellen, der beide relativ schuldfrei zustimmen, als auch die Vergewaltigung eines Kindes durch einen verwandten Erwachsenen.

Sexueller Mißbrauch von Kindern in Adoptiv- oder Pflegefamilien ist ein dunkler Bereich, in den einzusehen ich wenig Gelegenheit hatte. Es liegt aber nahe, anzunehmen, daß es vorkommen kann, daß Pflegeeltern aus anderen als altruistischen Motiven fremde Kinder zu sich nehmen. Innerhalb meiner eigenen Erfah-

8 Andere Inzestformen

rung liegen einige Fälle, in denen die Kinder für die Pflegeeltern eine bestimmte Funktion hatten, allerdings sexueller Mißbrauch, außer in einem Fall, anscheinend nicht manifest agiert wurde.

Die Pflegemutter einer Patientin im Kindesalter hatte neben ihren zwei eigenen Kindern drei Pflegekinder, von deren Unterhaltszahlungen und allen denkbaren staatlichen Unterstützungen, die aufzuspüren die Mutter sehr geschickt war, die ganze Familie einschließlich des invaliden Pflegevaters sehr gut leben konnte. — Eine erwachsene Patientin war im Alter von 6 Jahren von einem kinderlosen Pfarrerehepaar aus dem Heim geholt und adoptiert worden. Das Kind mußte extreme körperliche Mißhandlungen, deren Folgen bis zum Schädelbruch gingen, und an Folter erinnernde Grausamkeiten durch die Adoptiveltern ertragen, bis es mit 16 Jahren in der Lage war, sich Hilfe zu holen und die „Eltern" zu verlassen. Die in der Folge des Schädelbruchs aufgetretenen epileptischen Anfälle wurden als psychogen erkannt und verschwanden nach der Trennung von den Adoptiveltern. — Ein 11jähriges adoptiertes Mädchen wurde wegen der großen Sorge der Eltern, das Kind sei frühreif und sein sexuelles Interesse sei zu groß, zur Therapie angemeldet. Im Laufe der kurzen Kindertherapie, die von den Eltern abgebrochen wurde, stellte sich eine große Angst der Eltern vor der Sexualität des am Beginn der Pubertät stehenden Mädchens heraus, die z.B. dazu führte, daß Jugendbücher von der Mutter gelesen wurden, bevor das dann 12jährige Kind sie lesen durfte — oder auch nicht. Sei es durch die im Heim erworbenen Vorerfahrungen, sei es als Reaktion auf die Angst der Eltern, das Mädchen setzte in verführerischer Weise seine erotische Ausstrahlung ein, um Kontakt zu bekommen, auch Körperkontakt und auch in der therapeutischen Situation. — Ein 13jähriger Junge mit schweren Verhaltensstörungen, verbunden mit hypomanischen Zügen und Enuresis war als Säugling von einem kinderlosen Ehepaar adoptiert worden. Die Mutter war ständig ernstlich krank, und der Vater war weich, er konnte sich schlecht durchsetzen. Die Mutter war ein Opfer des inzestuösen, sehr aggressiven Agierens ihres Vaters gewesen. Wenn die Adoptivmutter sich einer Krankenhausbehandlung unterziehen mußte, was häufig vorkam, holte der Vater sich den Jungen in den Jahren vor Therapiebeginn ins Bett. Im Laufe der Therapie kam die ständige Beschäftigung der Phantasie des Jungen mit Sexualität und besonders Homosexualität zum Vorschein, er brachte die Pornohefte mit in die Therapiegruppe, die der Vater versteckt hatte, verächtlich lachend über den „Wichser", der die Hefte nicht einmal so verstecken konnte, daß der Junge sie nicht finden konnte. Die Therapie wurde von den Eltern vorzeitig abgebrochen, der Junge sollte sich wegen der Enuresis einer urologischen Operation unterziehen. — In einem Fall konnte der homosexuelle Inzest zwischen Pflegevater und Pflegesohn verifiziert werden, da er dem Jugendamt bekannt geworden war und der Pflegevater die Auflage bekommen hatte, sich einer Therapie zu unterziehen, so daß er für kurze Zeit und kaum motiviert bei einem Kollegen eine Psychotherapie begann. In meiner Praxis kam es nur zu einem Gespräch, in dem der Vater sich wegen der massiven Verhaltensstörungen des Kindes nach Möglichkeiten der Kindertherapie erkundigte, die aber nicht begonnen wurde.

Die besondere Tabuisierung von Mißhandlung oder gar sexuellem Mißbrauch von Pflegekindern, d.h. die Vermeidung einer öffentlichen Diskussion dieses Problems, ist zwar bedauerlich, ihre Ursache aber nachzuvollziehen. Denn die das Pflege- oder Adoptivkind vermittelnde Institution ist mit der kaum lösbaren Aufgabe konfrontiert, potentielle Pflegeeltern zu beurteilen, wie sie voraussichtlich mit dem Kind umgehen, und darüber hinaus die unbewußten Motive, ein fremdes Kind zu übernehmen, einzuschätzen. Wenn ein Mißbrauch geschieht, ist das Interesse aller Beteiligten natürlich nicht besonders groß, eine relative Öffentlichkeit herzustellen. Aber auch hier gilt: Die einzige Möglichkeit der Prävention besteht im Wachsen des öffentlichen Bewußtseins und der Sensibilität für die Anzeichen der verschiedenen Arten des Mißbrauchs von Kindern.

8.6 Sexuelle Beziehung zwischen Therapeut und Patient

Bei der sexuellen Beziehung zwischen Therapeut und Patient handelt es sich zweifelsohne um ein inzestuöses Geschehen, und auch hier ist in den allermeisten Fällen der weibliche Teilnehmer der abhängige schwache und der männliche, der Therapeut, der starke. Die Parallelen der Arzt-Patienten-Beziehung zu der zwischen Eltern und Kind sind rein äußerlich schon augenfällig, denn es besteht ein Gefälle zwischen mächtig und hilflos, gebend und nehmend, wissend und unwissend. Der Patient kommt zum Arzt oder Therapeuten, um Hilfe, Anleitung, Begleitung und Rat zu bekommen, wie ein Kind von den Eltern erwarten kann, daß sie primär für es da sind, was nicht heißt, daß eines Tages nicht auch das Kind (der Patient) den Eltern (dem Therapeuten) etwas zurückgeben kann, wenn es selbst das Bedürfnis hat. Es ist im Therapievertrag implizit enthalten, daß der Therapeut seine emotionalen Bedürfnisse zurückstellt und ganz im Sinne der Bedürfnisse des Patienten handelt und nichts bekommt außer Geld — was mir als Ausdruck einer klar definierten therapeutischen Beziehung sehr wichtig erscheint. Darüber hinaus aber nähert sich die innere, emotionale Konstellation zwischen Therapeut und Patient nun noch viel weiter einer Eltern-Kind- (Vater-Tochter) Beziehung, denn die Übertragungsgefühle können eine Intensität erreichen, die den existentiellen des kleinen Kindes den Eltern gegenüber in keiner Weise nachstehen; im Gegenteil, ihr offener Ausdruck ist in der analytischen Therapie oft noch eher möglich, da man sich bemüht, sie weniger zu unterdrücken, wie es die Eltern in der Kindheit des Patienten nötig hatten.

Man könnte einwenden, es handele sich aber nicht um Vater und Tochter, sondern um zwei erwachsene Menschen, deren sexuelle Beziehung nicht schädlich sein kann, wenn ihr beide aus freien Stücken zustimmen. An diesem Punkt ergibt sich wieder eine Parallele zum Inzest, denn ein Argument einer „Pro-Inzest-Lobby" ist, daß das Kind doch — abgesehen von seltenen Fällen der Gewaltanwendung durch den Vater — in die freundlich-zärtliche Sexualität mit dem Vater eingewilligt hat. Finkelhor (1979 a) nennt zwei Bedingungen für eine wirkliche Zustimmung: Das Kind muß wissen, in was es einwilligt, und es muß tatsächlich frei sein, nein oder ja zu sagen. Die erste Bedingung ist beim erwachsenen Patienten weitgehend erfüllt, er weiß eher als ein Kind, was Sexualität sein kann, wenn er auch natürlich nicht vorhersehen kann, was ihm an größerer Abhängigkeit, Ausbeutung, Schuldgefühlen und Verlassenwerden bevorsteht. Die zweite Bedingung aber, die der wirklichen Freiheit, erfüllt ein Patient ebenso wenig wie ein Kind, denn eine therapeutische Beziehung ist per definitionem immer eine emotional abhängige. Darüber hinaus hält Finkelhor wegen der stets vorliegenden Asymmetrie der Beziehung sexuellen Kontakt zwischen Patienten und Therapeuten ungeachtet einer Zustimmung, auch wenn kein Schaden entsteht oder auch wenn der Patient davon einen gewissen Gewinn hat, prinzipiell für moralisch bedenklich, „a moral wrong had been committed" (S. 696).

Das Problem der Abstinenz des Therapeuten ist so alt wie die Psychoanalyse selbst. Es stellt sich gerade bei hysterischen Patientinnen, die auf den männlichen Therapeuten sexuelle Übertragungsgefühle richten und diese von ihm auch befriedigt haben wollen. Breuer war von seinen sexuellen Gegenübertragungsgefühlen in der Behandlung der Anna O. so erschreckt, daß er die Therapie abbrach und „entsetzt das Weite" suchte (Jones 1960 I., S. 267). Die Forderung der Abstinenz entstand aus dem Phänomen der Übertragungsliebe, und zwar bedeutet sie „zuerst die Versagung von Triebwünschen im Arzt dem Patienten gegenüber" (Cremerius 1984, S. 771). Diesen Ursprung der Abstinenzforderung nennen Körner u. Rosin (1985) „defensives Konzept" der Abstinenz, das den Analytiker davor schützen soll, „Technik und ärztliche Aufgabe über ein schönes Erlebnis zu vergessen" (Freud 1915, S. 319). Trotzdem ist das Prinzip der Abstinenz bei den frühen Analytikern auch umgestoßen worden: Jung z.B. hatte eine Liebesbeziehung zu seiner Patientin Sabina Spielrein (vgl. Cremerius 1984), Ferenczi mußte sich im Zusammenhang mit seiner aktiven Technik, die Umarmungen, Küsse, Auf-dem-Schoß-Sitzen einschloß, die Ermahnung Freuds gefallen lassen, er könnte mit diesen „sexuellen Spielereien" zu seinem unseriösen Agieren in „voranalytischer Zeit" zurückkehren (Masson 1984, S. 159 und 230).

Die „Übertragungsliebe" spielt bei weiblichen Patienten mit konversionsneurotischer Struktur eine große Rolle. Freud (1896) war eine Zeitlang der Meinung, sexueller Mißbrauch in der Kindheit habe notwendigerweise vorgelegen, wenn es zur Entwicklung hysterischer Symptome gekommen sei. Der Analytiker wird durch die Übertragung vom Patienten in eine Reihe mit den Personen seines Lebens gestellt, an die er einmal Bedürfnisse — insbesondere auch sexuelle Wünsche — gerichtet hatte (Freud 1912). Heute würde man die Personen hinzufügen, mit denen noch unbewußte Konflikte aktuell sind, bzw. unter deren traumatischen Einwirkungen man gelitten hatte. Das Inzestopfer ist deshalb besonders gefährdet, wieder Opfer sexuellen Mißbrauchs zu werden (vgl. Abschn. 7.2), und davon ist die therapeutische Beziehung nicht unbedingt ausgenommen. Die Reihe der traumatischen Beziehungen könnte dann folgendermaßen aussehen: Inzest mit dem Vater, sexueller Mißbrauch durch Fremde in der Kindheit, entsprechender Ehepartner, sexueller Mißbrauch durch Arzt oder Therapeuten. In der Dokumentation von Gardiner-Sirtl ist ein entsprechender Bericht eines Inzestopfers enthalten:

„Ich war 11 oder 12 Jahre alt, als ich von einem Onkel zum Geschlechtsverkehr gezwungen wurde, und zwar mehrere Male..... Als ich mit 20 Jahren ... zu einer ärztlichen Untersuchung mußte, wurde ich vom behandelnden Arzt auch mißbraucht .... Später, vor 1 Jahr, wurde ich sogar von meinem eigenen Ehemann zum Geschlechtsverkehr gezwungen" (Gardiner-Sirtl 1983, S. 105).

Die verführerischen Tendenzen des Inzestopfers sind ein Versuch, die ursprüngliche Beziehung wieder herzustellen, das wurde in einer von Rosenfeld (1979 a) referierten unveröffentlichten Arbeit von Krieger et al. auch als Test verstanden, ob in einer neuen Beziehung (z.B. in der therapeutischen) wieder — wie früher — Sexualität notwendig ist, um Zuwendung zu bekommen oder nicht. Man kann vom Therapeuten nicht verlangen, keine Gegenübertragungsgefühle — d.h. hier der Übertragungsliebe entsprechende sexuelle Wünsche — zu haben, wie es das frühe „defensive" Abstinenzkonzept forderte. Im Gegenteil, die Gegenübertragung stellt nach der heutigen Auffassung ein wertvolles diagnostisches Instrument dar, die ursprünglich traumatische Beziehung zu rekonstruieren. Aber Gefühle zu haben und sie in die Tat umzusetzen, sind nun einmal zwei sehr verschiedene Dinge. Gerade den positiven Gefühlen der Gegenübertragung nicht nachzugeben, die Spannung, einen „Hiatus" auszuhalten, mit deren Hilfe der Wiederholungszwang durchbrochen werden kann, ist eine schmerzliche Frustration für den Analytiker (Körner u. Rosin 1985).

Im Zusammenhang mit ihrer Arbeit über die Inzestschranke haben Barry u. Johnson (1958) auch die inzestuöse therapeutische Beziehung untersucht. Auch wenn in der Entwicklung des Patienten ein genitales Niveau erreicht wurde, würde eine reale Beziehung zwischen Patient und Therapeut nicht „Glück und Erfüllung" bedeuten. Denn es bestehe die Gefahr der Regression in eine frühere Abhängigkeit, in die Wurzeln der therapeutischen Beziehung. Diese Regression sei unvereinbar mit Wachstum oder Reife, das treffe nach Meinung der Autoren für alle inzestuösen Beziehungen zu. Verschiedene Arten der Übertragungs-Gegenübertragungs-Beziehung könnten zum sexuellen Mißbrauch führen: das Stadium der Abhängigkeit, das ödipale und auch das Stadium reifer Genitalität. Aber auch hier vermeide der Therapeut eine Trennung, er bleibe eine omnipotente Autorität.

Barry u. Johnson (1958) weisen noch auf eine andere Möglichkeit der Abwehr der inzestuösen Gefühle des Therapeuten hin. Es ist die autoritäre Interpretation, durch die die entstandene Beziehung allein zum Problem des Patienten gemacht wird; der Analytiker verleugnet seine eigenen Gefühle, auch wenn der Patient sie spürt.

Zum Verständnis der Psychodynamik des die Gegenübertragung ausagierenden Therapeuten schlägt Marmor (1976) einerseits vor, eine unbewußte sadistisch-feindselige Haltung Frauen gegenüber anzunehmen, mit der Neigung, sie an sich zu binden und dann fallen zu lassen. Andererseits vermutet Marmor einen Don-Juan-Komplex, dem eine Reaktionsbildung gegen Gefühle männlicher Unzulänglichkeit oder gegen pseudo-homosexuelle Ängste zugrunde liegt. Durch die sexuellen Beziehungen muß sozusagen ständig die Männlichkeit bewiesen werden. Das viel stärkere Motiv liegt m.E. aber genau wie beim Inzestvater in der Sucht, von einer jugendlichen Frau, die ihn bewundert, zu ihm aufblickt, narzißtische Bestätigung zu bekommen. Wie der Vater in der Inzestbeziehung Schwierigkeiten hat, ein erfüllendes soziales Leben außerhalb der Familie zu führen, greift der entsprechend verführende Analytiker auf die abhängigen Frauen seiner Praxis zurück, weil es ihm an befriedigenden sozialen Kontakten mangelt (vgl. auch Zelen 1985).

In der Literatur über Inzestdynamik ist oft über eine reale sexuelle Beziehung zwischen Therapeut und Patient berichtet worden. Rascovsky u.Rascovsky (1950) verstehen die promiskuöse Sexualität ihrer Patienten mit Ärzten und Lehrern als Suche nach einem Mutterersatz. Gordon (1955) übernimmt eine Patientin von einem jungen Analytiker, der ihrer „Verführung erlegen ist". Kavemann u. Lohstöter (1984) geben ein Beispiel schlimmer sexueller Ausbeutung eines Inzestopfers durch einen Alkoholtherapeuten wieder.

In meiner Praxis waren 2 Patientinnen, die in vorausgegangenen Psychotherapien sexuellen Kontakt mit dem Therapeuten hatten.

In einem Fall hatte der Psychotherapeut, der keine durchorganisierte psychotherapeutische Ausbildung abgeschlossen hatte, die Ausübung von Fellatio durch die Patientin zynischerweise damit begründet, daß sie „zu wenig Muttermilch" bekommen habe und nun eine Möglichkeit oraler Kompensation habe. Im anderen Fall hatte der Therapeut beteuert, daß die Patientin die Erste und Einzige sei, daß er völlig abhängig von ihr sei und es sich um eine tiefe Liebe handle. Er bat sie häufig um Rendezvous in Cafés oder Restaurants, wo er sich seine Sorgen von der Seele redete. Die häufigen sexuellen Kontakte fanden in der Praxis statt, für diese Begegnungen nahm er weiter das vereinbarte Honorar, weil der Sex ja auch für sie gut sei. Der Therapeut war verheiratet und hatte Kinder; an eine weitergehende Beziehung mit der Patientin wurde nicht gedacht. Der Anteil der Patientin war in diesem Falle jedoch auch nicht zu unterschätzen, sie genoß nicht so sehr den koitalen Kontakt als vielmehr, ihren Therapeuten in den langen Gesprächen schwach zu sehen. Seine depressive Abhängigkeit, mit der er so häufig bat, sie sehen zu können, gab ihr ein Gefühl der Macht über ihn. Die Therapie wurde beendet, beide sahen sich danach noch über 1 Jahr lang sporadisch.

In den USA — wo sonst — gibt es durch Umfragen ermittelte Zahlen über die Häufigkeit sexueller Beziehungen zwischen Therapeut und Patient. Kardener et al. (1973) erhielten von 460 Ärzten, von denen 25% Psychiater waren, Fragebögen zurück, in denen nach sexueller Beziehung zu Patientinnen gefragt worden war. 10% von den Psychiatern gaben an, sexuelle Kontakte, von ihnen die Hälfte, also 5% der Therapeuten, koitalen Kontakt gehabt zu haben. Holroyd u. Brodsky (1977) wiederholten die Befragung an Psychologen, 10,9% der männlichen und 1,9% der weiblichen Therapeuten hatten sexuellen, 5,5% der männlichen und 0,6% der weiblichen Therapeuten hatten koitalen Kontakt mit Patienten. 10% bzw. 5% ist eine beträchtliche Zahl, und das fehlende Bewußtsein in der Bundesrepublik Deutschland — von einer Diskussion zu schweigen — läßt auch dieses heikle Gebiet als praktisch vollständig tabuiert erscheinen. Daß es sich keineswegs um ein zu vernachlässigendes Problem handelt, ist auch an der Tatsache abzulesen, daß die American Psychiatric Association 1976 ein Symposium und auf ihrer Jahrestagung 1984 ein Seminar zu diesem Thema veranstaltete. In Texas existiert eine Association of Psychological Abused Patients, in New York ein National Committee for Preventing Psychotherapy Abuse, in Washington ein Verein „Stop Abuse by Counselors". In Boston nahmen 1984 an einem Workshop 15 Frauen teil, die meisten als „late teens" oder im Alter von Anfang 20 von ihrem Therapeuten mißbraucht, von denen fast die Hälfte „incest survivors" waren. Es ist geplant, ein spezielles Beratungszentrum einzurichten (Disch 1984).

Neben den destruktiven Folgen für die Patientin, die in der Regel anzunehmen sind, kann das sexuelle Agieren auch verheerende Folgen für den Therapeuten haben. Er verstößt gegen Standes- und zumindest in den USA auch gegen gesetzliche Normen, muß mit Entzug der Lizenz und strafrechtlichen Konsequenzen rechnen, zu denen auch z.B. die zwangsweise Durchführung einer Psychotherapie bei einem voll ausgebildeten Kollegen gehören kann.

Es existiert ein Konflikt zwischen zwei ethischen Normen für den Psychoanalytiker, den Stone (1983) aufzeigt: Nach den Principles of Ethics for Psychoanalysts der American Psychoanalytic Association ist der Analytiker natürlich an eine strenge Schweigepflicht gebunden, andererseits ist er verpflichtet, ohne Zögern unethisches oder illegales Verhalten eines Kollegen anzuzeigen, von dem er Kenntnis erhält. Meist wird nichts geschehen, denn selbst wenn die Patientin den Therapeuten von der Schweigepflicht entbindet, ist es unvermeidlich, daß sie als Zeuge auftreten muß, um die Anzeige zu unterstützen. Ähnlich wie ein Inzestopfer müßte sie sich öffentlich exponieren, und in diesem Fall geht es nicht einmal um die eigenen, sondern um Standesinteressen. Stone (1983) schlägt als Möglichkeit, dieses Dilemma zu umgehen, vor, daß ein dritter Kollege (consultant) hinzugezogen wird, der den Patienten ermutigt, auf der Realitätsebene geeignete Maßnahmen zu ergreifen, während der Therapeut weiter die innere Realität des Patienten vertreten kann.

Natürlich ist es möglich, daß zwischen Analysand und Analytiker eine „wirkliche" Liebesbeziehung entsteht, und sicher sind häufig analytische Beziehungen zu realen Liebesbeziehungen geworden. Zu verurteilen sind die Heuchelei, die Verlogenheit und die haarsträubenden Rationalisierungen (wie oben in meinen Fallbeispielen), die die Abhängigkeitsbeziehung aufrechterhalten sollen. Therapeuten, die das Bedürfnis entwickeln, sexuelle Gefühle mit der Patientin auszuagieren, sollten sich therapeutische Hilfe holen (Marmor 1976; Stone 1983), und zwar rechtzeitig. Sollte es sich nicht um Ausbeutung, sondern um eine ernsthafte, „reife" Liebesbeziehung handeln, sollten Analytiker und Patient — heiraten (Schindler 1982).

9 Die Folgen

Wenn auch in den vorangegangenen Kapiteln die Symptomatik im Zusammenhang mit der Besprechung der Psychodynamik des Inzestopfers teilweise bereits erwähnt wurde, sollen hier die typischen Folgen des in der Kindheit stattgefundenen sexuellen Mißbrauchs dargestellt werden. Dafür gibt es zwei Gründe: Einmal sollen in der frühen Literatur über Inzest immer wieder auftauchende Berichte über folgenlosen inzestuösen Mißbrauch kritisch diskutiert werden. Zum anderen soll der Blick des Kinderarztes, Kinderpsychiaters und für das Erwachsenenalter des Psychotherapeuten für die Möglichkeit vergangenen oder aktuellen sexuellen Mißbrauchs als Hintergrund psychischer Störung geschärft werden.

Rasmussen (1934, zit. bei Meiselman 1979) fand bei 12 Opfern von Vater-Tochter- bzw. Stiefvater-Stieftochter-Inzest ca. 20 Jahre nach einer entsprechenden Gerichtsverhandlung keine groben Auffälligkeiten; diese Ergebnisse stützten sich allerdings auf die oberflächliche Beurteilung der sozialen Anpassung und konnten nichts über verborgene psychische Störungen aussagen. Diese Untersuchung nahm aber anscheinend Einfluß auf weitere Arbeiten. Obwohl Bender u. Blau (1937) bei allen ihren Fällen von präpubertären Kindern, die sexuellen Kontakt zu Erwachsenen hatten, darunter drei Fälle von Vater-Tochter- und ein Fall von Mutter-Sohn-Inzest, schwere Verhaltensstörungen feststellten, wurden diese weniger auf die sexuellen Erfahrungen als vielmehr auf die jeweilige allgemein deprivierende und chaotische Familiensituation zurückgeführt. Obwohl gerade bei den Inzestopfern Angstzustände und Verwirrung in bezug auf soziale Kontakte (S. 516) festgestellt wurden, findet sich in der Zusammenfassung der Arbeit der Satz: „Ihre emotionalen Reaktionen waren bemerkenswerterweise frei von Schuld, Furcht oder Angst in bezug auf die sexuelle Erfahrung. Es war deutlich, daß das Kind einige emotionale Befriedigung aus der (sexuellen) Erfahrung zog" (S. 517). Die später durchgeführte katamnestische Untersuchung (Bender u. Grugett 1952) ergab bei drei der vier Inzestopfer eine „mäßig erfolgreiche Anpassung" (S. 827) nach jeweils mehrjährigen Aufenthalten in Institutionen; ein früheres Inzestopfer entwickelte eine chronische Psychose. Die Abwesenheit grober psychischer Krankheit bei drei von vier Inzestopfer und Aussagen wie „Mary, zufrieden verheiratet seit einigen Jahren, hatte ein Kind" führten zu dem Schluß, daß „die Konsequenzen inzestuöser Beziehungen keineswegs derart unausweichlich katastrophal sein müssen, wie sie gewöhnlich eingeschätzt werden" (S. 827).

Während Rasmussen (1934) und Bender u. Blau (1937) Kinder in vorpubertärem Alter untersuchten, berichteten Sloane u. Karpinski (1942) über eine Vielfalt von Symptomen wie Promiskuität, psychosomatischen Beschwerden, Schuldgefühlen, Depression sowie hysterischem und delinquentem Ausagieren bei jugendlichen Inzestopfern. Die Diskrepanz zu den geringen Befunden bei jüngeren Kindern bei den oben erwähnten Autoren ließ sie den Schluß ziehen, daß sexueller Mißbrauch in der Latenzperiode wenig schädlich sei, in der Adoleszenz dagegen wegen des Bewußtseins, daß es sich um Sexualität handele, zu Schuldgefühl und schwerer psychopathologischer Symptomatik führe. Yorukoglu u. Kemph (1966) fanden auch bei zwei adoleszenten Inzestopfern keine groben Auffälligkeiten, die sie auf die warmherzigen Anteile in der Beziehung zu dem entsprechenden Elternteil zurückführten sowie auf die bewußte Übernahme einer sorgenden Funktion für diesen Elternteil durch die Kinder. Die Auffassung, sexueller Mißbrauch in der Latenzzeit führe nicht zu psychischen Störungen, beruht m.E. auf der oberflächlichen Beurteilung der akuten Symptomatik bzw. ihrer Abwesenheit und sagt nichts über eine mögliche schwere Beeinträchtigung aus, die erst später in Belastungs- und Trennungssituationen auftreten kann, insbesondere auch in solchen Situationen, in denen die sexuelle Identität des früheren Inzestopfers gefordert wird. Eine solche oberflächliche Bewertung sagt auch nichts über die Abwehrmechanismen, die ein Kind zur Verfügung hat, aus, insbesondere die der Verleugnung und Anpassung. Trotzdem hat sich die Meinung, Abwesenheit lautstarker Symptomatik bei jungen Inzestopfern bedeute auch geringe Schädigung, lange erhalten, besonders bei Pädiatern (Sarles 1975; Kempe 1978; Schönfelder 1970). Die gegenteilige Auffassung dominiert inzwischen allerdings deutlich, denn Langzeittherapien erwachsener Inzestopfer lassen eher die komplizierten Zusammenhänge von Objektbeziehung, Trauma, bewußten und unbewußten Konflikten, Abwehrmechanismen und eventueller Symptomatik deutlich werden.

Finkelhor (1984) ist der Meinung, daß Inzest als solcher pathogen ist, im Sinne einer traumatischen Einwirkung. Rosenfeld et al. (1977) weisen besonders auf die hinter einer angepaßten Fassade möglicherweise liegenden schweren Defizite eines Inzestopfers hin. Meiselman (1979) fand bei ihrer Untersuchung von 26 Inzestopfern gerade umgekehrt bei 37% der Frauen, bei denen der Inzest vor der Pubertät stattgefunden hatte, schwere psychische Störungen, dagegen nur bei 17% der Frauen, bei denen er in der Adoleszenz vorgekommen war. Meiselman kommt zum umgekehrten Schluß, daß der Inzest um so schädlicher ist, je früher er stattgefunden hat (S. 207), was sich mit den Befunden Shengolds (1979) und Steeles u. Alexanders (1981) deckt.

Shengold, ein Psychoanalytiker, der sich mit realen traumatischen Einflüssen auf die kindliche Entwicklung beschäftigt hat, meint in realistischer Bescheidenheit: „Wir haben wenige klare Anhaltspunkte in den komplexen Mysterien der Pathogenese" (Shengold 1979, S. 551). Die psychoanalytische Neurosentheorie legte den Schwerpunkt auf den unbewußten Konflikt zwischen letztlich biologischem Triebwunsch und gesellschaftlichen Forderungen, ihn zu unterdrücken. Das äußere Trauma — gerade das der sexuellen Verführung — nahm durch Fixierung an bestimmte Phasen der psychosexuellen Entwicklung eher Einfluß auf die Gestaltung der späteren Neurose (vgl. Kap. 4). Dieses Modell wurde bereits durch Berliner (1947) verlassen, der Masochismus nicht mehr als Ausdruck des Schicksals der innerpsychischen Entwicklung ansah, sondern als Ergebnis realer Erfahrung mit einer sadistischen Bezugsperson. Shengold (1979) nahm den Begriff Schrebers, anhand dessen „Denkwürdigkeiten eines Nervenkranken" Freud die Psychodynamik der Paranoia entwickelte, vom „Seelenmord" auf, um schwere traumatische Einwirkungen zu bezeichnen, die die „primäre Identität" eines Menschen vernichten können. Ein solches äußeres Trauma ist Shengold zufolge so überwältigend, „daß der geistige Apparat (mental apparatus) mit Erregung überflutet wird" (S. 538). Derselbe Zustand kann als Reaktion auf zu große Deprivation eintreten. Um die Kontinuität des Denkens und Fühlens aufrechtzuerhalten, bedarf es massiver Abwehroperationen, denn das Gefühl der Identität, die Aufrechterhaltung der Selbstrepräsentanzen, ist bedroht. Das mißhandelte Kind muß mit extremem Schmerz, Angst, Erniedrigung und besonders Wut fertig werden, und der einzige, an den es sich um Hilfe wenden könnte, ist der Peiniger selbst, wenn es sich um einen Elternteil handelt. Solche Einwirkungen im Sinne eines Seelenmords können in jedem Alter zu schweren Persönlichkeitsschäden führen; je jünger ein Mensch ist, desto verheerender ist die Wirkung. Solche Traumen sind Deprivation, Überstimulierung (Prügel und sexueller Mißbrauch), im späteren Alter Vergewaltigung, Folter, KZ-Haft. Sie treffen auf eine jeweils verschieden Ich-starke Persönlichkeit, bei einem Kind darüber hinaus auf eine bestimmte Phase der psychischen Entwicklung. Weder ein rein intrapsychisch orientiertes Neurosenmodell noch eine reine Theorie der äußeren traumatischen Einwirkung sind allein ausreichend, die Integration beider ist nötig. Solche Integrationsversuche sind zahlreich. A. Freud (1981) maß dem Inzest größere pathogene Bedeutung bei als Verlassenwerden, Vernachlässigung und körperliche Mißhandlung, denn die ödipalen Phantasien würden durch eine Realität ersetzt, auf die das Kind in keiner Weise vorbereitet sei. Die fehlende Versagung der ödipalen Wünsche stelle eine schwere Entwicklungsbehinderung dar und führe zu enger Bindung zwischen Verführer und verführtem Kind. Lewis u. Sarrel (1969) wenden Greenacres (1956) Gedanken auf inzestuösen Mißbrauch an, daß die Übereinstimmung von sexuellen und aggressiven Phantasien des Kindes mit der traumatischen Einwirkung von außen ein Maß an (Kastrations-)Angst erzeugt, das das Ich zu überwältigen droht. Hier wäre nicht so sehr die Stimulation selbst, sondern die von ihr erzeugte Angst das pathogene Agens. Katan (1973) sieht den Hauptmechanismus in der fehlenden Fusion von sexuellem und aggressivem Trieb (fehlende Triebmischung) als Folge der mit dem sexuellen Angriff immer verbundenen Aggression. Es erfolge keine Regression der psychosexuellen Entwicklung, sondern eine fatale frühreife Progression, in der aggressive und sexuelle Anteile unverbunden nebeneinander existieren (vgl. auch Ferenczi 1933). Die Wirkung eines sexuellen (oder sonst traumatischen) Angriffs hängt ab von der Beziehung zwischen Täter und Opfer. Es ist eine häufige Beobachtung, daß ein sexueller Angriff durch einen Fremden weit weniger traumtisch ist (Peters 1976; Rosenfeld 1979 b; Rosenfeld et al. 1977; Landis 1956). Denn es wird sich dabei eher um ein einmaliges Ereignis handeln; die Beziehungen zur Familie werden eher so beschaffen sein, daß das Kind sich Hilfe holen kann. Die Familie wird stützend reagieren, und je weniger Beziehung zum Täter existierte, desto weniger kann das Vertrauen in ihn verraten werden. Geschieht der sexuelle Angriff in der Familie, kann er von den bestehenden Beziehungen nicht isoliert werden, auch nicht in seiner traumatischen Wirkung: „Das Familienklima, in dem der Inzest geschieht, ist traumatisch, nicht so sehr der Inzest selbst" (Steele u. Alexander 1981, S. 224). Und auch innerhalb der Familie wird ein vergleichbarer Angriff verschiedene Wirkung haben, je nachdem, wie weit z.B. die Mutter beim Vater-Tochter-Inzest in der Lage ist, die Tochter wirksam zu schützen, Hilfe von außen zu holen oder sich vom Täter zu trennen. Ist das nicht der Fall, ist das Kind mit dem unerträglichen Widerspruch allein gelassen, daß das Trauma von den Menschen ausgeht, die ihm am wichtigsten sind, die es liebt und die vorgeben, es zu lieben. Nicht nur Überstimulation und Angst, sondern eine Konfusion der Wahrnehmung (Ferenczi 1933), eine Schwächung der Realitätsprüfung und des Urvertrauens entfalten weitere pathologische Wirkungen.

9.1 Typische Folgen des Inzests

In der Geschichte der Psychiatrie und auch der Psychoanalyse sind immer wieder Anstrengungen gemacht worden, abgrenzbare psychopathologische Erscheinungen auf spezifische Ursachen zurückzuführen. Es sollten also definierbare Symptome und Symptomenkomplexe, die bei verschiedenen Menschen immer wieder angetroffen wurden, als Folge ganz bestimmter entweder biologischer (Vererbung, Stoffwechselstörung, anatomische Schädigung) oder psychischer (Trauma, Familiendynamik) Störungen verstanden werden. Abgesehen von der Schulpsychiatrie, die per definitionem einem solchen medizinisch-kausalen Denkmodell folgt, sind auch bei verschiedenen psychodynamischen Richtungen solche Bestrebungen zu beobachten. Ich möchte hier die Anfänge der psychodynamischen Formulierungen Freuds erwähnen, der in der Hysterieforschung gerade das sexuelle Trauma, das als Körpererfahrung wieder Körpersymptome bewirkt, vorerst als pathogenes Agens annahm (vgl. Kap. 4). Alexander (1950) versuchte, verschiedenen psychosomatischen Krankheitsbildern spezifische pathogenetische Muster zugrundezulegen, und die frühe Familienforschung (Bateson et al. 1956) wollte spezifische familiendynamische Faktoren finden, die die Entstehung der Schizophrenie begünstigten. Ursächliche Faktoren erweisen sich aber in der Regel als zu komplex und sind oft der direkten Beobachtung entzogen, als daß direkte Verbindungen zu definierten Symptomenkomplexen gezogen werden könnten. Im Falle des Inzests ist die Versuchung, eine kausale Kette zwischen Trauma und Symptomatik aufzufinden, so groß, weil die inzestuöse Handlung ein scheinbar so abgegrenztes und wohldefiniertes Phänomen darstellt. Wir haben aber gesehen, daß das nicht der Fall ist, sondern das Auftreten des offenen Inzests Ergebnis eines komplexen Familiengeschehens ist. Trotzdem lassen sich *typische Symptomkonstellationen* mit vorangegangenem Inzest in Verbindung bringen, ohne daß sie absolut spezifisch wären und nicht auch ohne manifesten Inzest vorkommen könnten. Aber der Verdacht des Therapeuten hat in der beginnenden und das Gefühl der Evidenz in der laufenden Therapie m.E. eine große Bedeutung, denn ,,treating soul murder means first of all discovering it'' (,,Seelenmord zu behandeln, bedeutet zuerst, ihn aufzudecken'', Shengold 1979, S. 554). Wenn auch die meisten typischerweise anzutreffenden Symptome unspezifisch sind, ist m.E. der Bereich der Sexualisierung von Beziehungen, die Neigung zu Promiskuität, teilweise Prostitution, häufig in Verbindung mit Frigidität noch am ehesten als spezifische Inzestfolge aufzufassen (vgl. Hirsch 1985 b und 1986 a).

9.2 Allgemeine Symptomatik

Wenn auch Steele u. Pollock (1968) den Eindruck haben, daß vor dem Alter des Opfers von 3 Jahren aggressiver körperlicher Mißbrauch weitaus überwiegt und erst danach sexueller Mißbrauch eine Rolle spielt, kommt er doch auch im frühen Säuglingsalter vor, teilweise mit schrecklichen körperlichen Verletzungen bis hin zur Todesfolge (Trube-Becker 1982). Lewis u. Sarrel (1969) beobachteten als Folge von sexueller Überstimulation in diesem Alter unspezifische Angstzustände, verbunden mit Anklammerungsverhalten, Ernährungsstörungen, Erbrechen, Verdauungsstörungen, später mit Sprachstörungen. Manchmal ist frühe Masturbation zu beobachten, manchmal liegt auch keinerlei akute Symptomatik vor. Setzt sich die sexuelle Überstimulation in die ödipale Zeit hinein fort, sind unspezifische regressive Symptome vorherrschend wie Daumenlutschen, Nägelkauen, verschiedene Phobien, aber auch Enuresis, Enkopresis, Stottern, Schlafstörungen und bereits Verhaltensstörungen wie Lügen und Stehlen (Lewis u. Sarrel 1969, S. 610).

In der Latenzperiode sind neben Angstzuständen auch Zwänge, Tics, Formen von Delinquenz und psychosomatische Symptome Folge inzestuöser Stimulation (Lewis u. Sarrel 1969), auch konversionsneurotische Symptome und massive Gewichtsabnahme bzw. -zunahme (Kempe 1978) werden beobachtet. Alle Autoren berichten von Lern- und Verhaltensstörungen in der Latenzperiode (Lewis u. Sarrel 1969; Kempe 1978; Rosenfeld et al. 1977). Wenn der inzestuöse Mißbrauch jedoch länger dauert, können sich besonders jüngere Kinder völlig zurückziehen, verstummen und sich emotional verschließen. Johnston (1979) fand bei 3 von 10 Kindern ein solches Verhalten, das auch Spiel- und projektive Tests völlig unergiebig werden ließ. Summit (1983) spricht vom „child sexual abuse accommodation syndrome", das im wesentlichen aus einem notdürftigen schweigenden Anpassen und hilflosen Bewahren des Inzestgeheimnisses besteht.

In der Adoleszenz führt oft verführerisches Verhalten zu promiskuösen, oft gleichzeitig panisch gefürchteten sexuellen Kontakten (Lewis u. Sarrel 1969). Offene Rebellion, meist gegen die Mutter (Kempe 1978), andererseits Rollenumkehr und Anpassung an die Funktion der Mutter sind ein diagnostisches Zeichen (Kempe 1978). Auch in dieser Zeit können wieder Schulversagen und Verwahrlosungstendenzen auftreten. Das am häufigsten im Zusammenhang mit Inzest genannte Symptom in der Adoleszenz ist des Weglaufen. Robey et al. (1963) bezeichnen das Weglaufen als letzten Versuch, einer unerträglichen Familiensituation zu entkommen, die meist in einer unbewußten Inzestdynamik besteht, die allerdings in nur 3 von 42 Fällen der Autoren manifest ausagiert wurde. Andererseits waren alle 6 Inzestopfer, über die Goodwin et al. (1979) berichten, „run aways". Kempe (1978) glaubt, daß es sich bei 30 - 50% der weglaufenden jugendlichen Mädchen um Inzestopfer handelt. Carper (1979) betrachtet ebenfalls das Symptom des Weglaufens als häufiges Indiz für inzestuöse Beziehungen in der Familie. Kavemann u. Lohstöter (1984) zitieren Butler (1978), die sexuellen Mißbrauch als eine der Hauptursachen für das Symptom des Weglaufens ansieht, ebenso auch Steele u. Alexander (1981), die noch den physischen Mißbrauch als Ursache hinzufügen.

Die allgemeine Symptomatik im Erwachsenenalter aufgrund von Inzesterfahrungen in der Kindheit ist von Lindberg u. Distad (1985) unter dem Gesichtspunkt der posttraumatischen Störungen verstanden worden. Inzest als ursächlicher Faktor für psychische Störungen ist damit in eine Reihe gestellt mit Erfahrungen wie Terrorismus, Vergewaltigung, Kriegsereignissen. Die Autoren fanden bei allen 17 erwachsenen Frauen, die Inzestopfer gewesen waren, gleichermaßen Symptome, die als „posttraumatic stress disorder" eingeordnet werden können. Es waren insbesondere Angstzustände, Alpträume, angstmachende Tagträume, Schlaflosigkeit, Depression, Wut, Schuldgefühle, Mißtrauen, emotionaler Rückzug, Gefühle der Wertlosigkeit. Da jedoch das Trauma des sexuellen Mißbrauchs längere Zeit zurückliegt, nehme ich — anders als die o.g. Autoren — an, daß es Auslösesituationen — wiederum oft spezifisch sexueller Art — bedarf, um akute Angstzustände hervorzurufen. Alpträume allerdings fand ich häufig — oft kaum entstellte Darstellungen der inzestuösen Angriffe, die im Traum wie in der Realität meist im Keller oder in einem Fall (bei zugezogenen Übergardinen) stattfanden. In 3 Fällen von sehr wahrscheinlichem Inzest in früher Kindheit gaben im Laufe der Therapie Träume die entscheidenden Hinweise auf das Inzestgeschehen.

Frau A. hatte in der Kindheit wiederholt einen Alptraum von einem großen Mann in einem grünen Ledermantel, der sie verfolgte, sie flüchtete sich in die Toilette, der Mann drückte die Tür auf, das Kind wachte in Panik auf. Frau H. träumte von einem Schuppen, der real bereits abgerissen war, als sie den Vater mit dem wahrscheinlichen Inzestgeschehen konfrontierte. Und Frau I. rekonstruierte die orale Vergewaltigung durch den Vater im Keller anhand eines Traumes. In den Berichten, die Gardiner-Sirtl (1983) herausgegeben hat, finden sich fast zwei identische Träume: „Als Kind hatte ich immer den gleichen Traum: Etwas Dunkles, Schmutziges, Unförmiges legt sich über mich und droht mich zu ersticken. Davon bin ich oft schreiend aufgewacht" (S. 63). Und: „Regelmäßig tauchen Träume auf, daß sich etwas Schwarzes, Unförmiges auf mich legen will und mich zu ersticken droht. Ich wache immer schreiend davon auf" (S. 102). Der Traum von Frau D. von der großen Gestalt, die die Treppe heraufkommt, bedrohlich ins Kinderbett steigt, um klein und schlaff, wie tot dazuliegen, nachdem das Kind (Frau D.) zugeschlagen hat, kann man auch als Darstellung der Bewältigung der Bedrohung verstehen, zumal die große Gestalt an einen erigierten, die leblose an einen ungefährlich erschlafften Penis denken läßt.

Eine andere ubiquitär anzutreffende Angst des Inzestopfers betrifft die Sorge, die eigenen Kinder nicht vor denselben Traumen bewahren zu können, die man selbst als Kind erlitten hatte (Herman u. Hirschman 1977; Steele u. Alexander 1981; Goodwin 1982, S. 87). Auch körperliche Mißhandlung der eigenen Kinder von ehemaligen Inzestopfern ist häufig; von 100 mißhandelnden Mütter waren 24 Inzestopfer, während bei der gleichen Befragung unter den Frauen der Gesamtbevölkerung nur 3% Inzestopfer waren (Goodwin et al. 1982). Katan (1973) schreibt: „Einige meiner Patientinnen (die in der Kindheit vergewaltigt worden waren) hatten die Tendenz, ihre eigenen Kinder derselben Erfahrung auszusetzen, meist dadurch, daß sie sie nicht beschützten, wenn sie hätten beschützt werden müssen" (S. 220). Summit u. Kryso (1979) drücken es folgendermaßen aus: „Wer selbst mißbraucht wurde, sucht sich einen Partner, der wieder mißbraucht, und kann das Kind nicht schützen" (S. 248). Rosenfeld et al. (1977) berichten von der Angst eines Inzestopfers, die Tochter könnte dasselbe erleiden, weil sie, die Mutter, sich von jedem sexuellen Kontakt mit ihrem Mann zurückgezogen hatte, als die Tochter in das Alter kam, in dem sie selbst mißbraucht worden war. Die Angst war zwar in der Realität unbegründet, drückte aber auch den entsprechenden Wunsch dieser Mutter aus und ließ auf die unbewußte Identifizierung mit der eigenen Mutter schließen, die sie nicht beschützt hatte.

9.3 Symptome aufgrund von Schuldgefühlen

Allgemeine Depression und fehlendes Selbstwertgefühl sind bereits in den Abschn. 7.2 und 9.2 besprochen worden. Suizidalität, insbesondere bei jugendlichen Inzestopfern, ist ubiquitär (Kaufman et al. 1954). Goodwin (1982, S. 109 f.) berichtet über 8 Fälle von Selbstmordversuchen bei Inzestopfern, die alle im Alter von 14—16 Jahren waren. Auslösende Situationen waren folgende:

1. Nach Aufdecken des Inzests fühlten sich die Jugendlichen von der Institution verlassen, sie hatten das Gefühl, man glaubte ihnen nicht, man vertraute dem Vater wieder mehr.
2. Erinnerung an den Zusammenbruch der Familie, z.B. durch Besuche des Vaters.
3. Anniversary reactions (Jahrestag-Reaktionen), wenn sich z.B. der Tag der Aufdeckung des Inzests jährte.

Auch unter den Patientinnen meiner Praxis kamen schwere Suizidversuche vor. Frau D. versuchte sich in der Adoleszenz mehrfach umzubringen, Frau A. sowohl mit 19 Jahren als auch mit Mitte dreißig. Frau I. unternahm einen Selbstmordversuch, nachdem sie eine sexuelle Beziehung zum Freund ihrer Tochter eingegangen war, als die Tochter im Urlaub war. Frau H. kam wegen schwerer Suizidalität in die Therapie, weil sie das Gefühl hatte, als Mutter versagt zu haben. Zu diesem Zeitpunkt dachte sie noch gar nicht daran, einmal Inzestopfer gewesen zu sein.

9.3.1 Selbstverstümmelung

Ein oft extremer Selbsthaß liegt der Selbstverstümmelung zugrunde, die auch das Element der Selbstbestrafung und damit die Verminderung von Schuldgefühlen mit einschließt. In der Adoleszenz besonders wird dieses Symptom darüber hinaus häufig eingesetzt, um Zustände der Spannung und der Leere zu beseitigen, die durch Trennung und Alleinsein hervorgerufen wird, um einen Kontakt mit sich selbst wie mit einem mütterlichen Objekt herzustellen (vgl. Hirsch 1985 a). Ein Inzestopfer aus meiner Praxis, Frau M., deren Vater alle Kinder prügelte, sie z.T. mit der geladenen Pistole bedrohte, die Patientin sexuell mißbrauchte und sich schließlich erschoß, als die Patientin 20 Jahre alt war, brachte sich in solchen Zuständen schwere Verletzungen mit Glasscherben, Rasierklingen oder einem heißen Bügeleisen bei. Ich habe unter dem Aspekt verschiedener Formen psychogenen Schmerzes, die bei Frau D. auftraten und zu denen auch Selbstverstümmelung gehörte, über die Funktion der Selbstverstümmelung als Herstellung eines Muttersurrogats im Sinne eines Übergangsobjekts (Winnicott 1953) berichtet (Hirsch 1985 a). Frau B. hatte ganz ähnlich wie auch Frau D. zeitweilig heftige Phantasien, sich mit dem Brotmesser (bzw. mit einer Brotschneidemaschine) die Hand abzuschneiden; hier ist die spezifische Strafe für die sexuelle Handlung (Masturbieren des Vaters) ähnlich wie im islamischen Recht enthalten. Beide Komponenten, die surrogathafte Herstellung von Körperkontakt und die Bestrafung, fanden sich auch im Ekzem der Hand bei Frau A., welches immer auftrat, wenn sie sexuellen Verkehr mit einem ihr bisher unbekannten Mann gehabt hatte. Wenn sie warmes Wasser über die erkrankte Hand laufen ließ, empfand sie ein wohliges, fast sexuelles Gefühl. In einer Arbeit über stationär psychotherapeutisch behandelte adoleszente Mädchen, deren auffallendstes Symptom in Selbstverstümmelungsaktivitäten bestand, stellte Sachsse (1985) fest, daß es sich bei Zweidrittel dieser Patientinnen um Inzestopfer gehandelt hatte. Bei keiner anderen abgegrenzten Gruppe habe ich einen derart hohen Anteil an Inzestopfern gefunden; Flügel (1921) berichtete von 51% unter Prostituierten, Giarretto (1976) von 44% von einer in einer New Yorker Beratungsstelle betreuten Anzahl von weiblichen Drogenabhängigen. Selbstverstümmelung wird in der Literatur manchmal erwähnt; Litin (1956) berichtet über ein Inzestopfer, bei dem psychogener Rückenschmerz und Selbstverstümmelung in Zusammenhang gebracht wurden mit den sexualisierten Züchtigungsmaßnahmen durch den Vater, die bei ihm zum Orgasmus geführt hatten. Renvoize (1982) zitiert einen Bericht eines Inzestopfers (Barbara Myers), das sich in vielfältiger Weise zu zerstören suchte, mit Drogenmißbrauch, Selbstmordversuchen, Selbstverstümmelung, verbunden mit Weglaufen in der Adoleszenz, bis es adäquate Hilfe finden und in einem Selbsthilfezentrum auch anderen Opfern helfen konnte. Thomas (1976) berichtet über einen Fall von Mutter-Tochter-Inzest, bei dem extremes Nägelkauen bis ins Erwachsenenalter hinein auftrat; bei einem von den sechs Fällen, über die Goodwin et al. (1979) berichten, kam ebenfalls Selbstverstümmelung vor.

9.3.2 Psychogener Schmerz

Auffallend häufig wird von nichtorganischen Schmerzen bei Inzestopfern berichtet. Es handelt sich meist um abdominelle, Rücken-, migräneartige Kopf- und Schmerzen im Genitalbereich. Wie im Falle von Litin (1956, s. oben) können psychogene Schmerzen auch mit Selbstverstümmelung kombiniert auftreten (ein Fall von Vater-Sohn-Inzest, über den Dixon et al. (1978) berichten; meine Patientin Frau D. (Hirsch 1985 a)). Da die Schmerzsymptomatik ebenfalls einen Selbstbestrafungsaspekt beinhaltet, handele ich sie in diesem Kapitel ab, obwohl Bezüge zur Konversion (z.B. Migräne, Schmerzen im Genitalbereich) und zur Psychosomatik gegeben sind.

Die von Tompkins (1940) beschriebene Patientin litt unter anfallsweise auftretenden Schmerzen der unteren Extremität einer Seite und migräneartigen Kopfschmerzen. Kaufman et al. (1954) berichten über ein jugendliches Mädchen, das akute abdominelle Schmerzen entwickelte, die eine Appendizitis imitierten, jedoch als hysterisch diagnostiziert wurden. Von den von mir behandelten Patienten mußte sich Frau G. aufgrund ähnlicher Schmerzen einer Appendektomie unterziehen, die Diagnose einer Appendizitis konnte nach der Operation nicht aufrechterhalten werden. Auch bei einem von Lewis u. Sarrel (1956) mitgeteilten

Fall führten die Schmerzen zum Öffnen der Bauchhöhle; die Eltern dachten daran, bei dem 15jährigen Mädchen gleich eine Hysterektomie (Gebärmutterentfernung) vornehmen zu lassen. Abdominelle Schmerzen bei Jugendlichen ohne organische Ursache sollte den Verdacht auf sexuellen Mißbrauch lenken (McCausland 1979); Carper (1979) bringt sie in Verbindung mit einer phantasierten oder realen Schwangerschaft bei Mädchen, solange der Inzest andauert. Auch Sarles (1975) und Raphling et al. (1967) berichten von abdominellen Schmerzen bei jugendlichen Inzestopfern.

In einem der seltenen Fälle von Mutter-Tochter-Inzest war das Hauptsymptom Migräne (Goodwin u. di Vasto 1979), auch in einem von Forward (1978) berichteten Fall von Mutter-Tochter-Inzest kam es zu migräneartigen Kopfschmerzen. Ein anderes Inzestopfer empfand den Sinn der heftigen Bein- und Rückenschmerzen als „Bezahlung für meine Sünden" (Forward 1978, S. 23). Neben der Bestrafungsfunktion kann der psychogene Schmerz m.E. die symbolische Wiederholung des traumatischen Geschehens darstellen, gerade wenn es sich um den sexuellen Kontakt der Tochter mit dem Vater gehandelt hatte. Der Wiederholungszwang würde sich nicht in Form direkter Objektsuche wie bei der Promiskuität ausdrücken, sondern symbolisch die Beziehung (zum Vater) wiederherstellen, ähnlich wie bei der Selbstverstümmelung. Frau D. hatte die am ehesten konversionsneurotisch imponierenden Schmerzen der Genitalgegend und der unteren Extremität ausschließlich auf der rechten Seite, der Seite, auf der der Vater 3 Jahre jede Nacht neben ihr lag. Eine weitere Möglichkeit, Bestrafung und (pervertierten) Kontakt im Schmerz zu vereinigen, sind schmerzhafte medizinische Behandlungen. Frau D. suchte eine Zeitlang suchtartig ihren Gynäkologen auf, der mit wiederum sehr schmerzhaften auch vaginalen Injektionen den Schmerz zu bekämpfen suchte. Eine Jugendliche, von der Kaufman et al. (1954) berichten, benutzte ebenfalls schmerzhafte medizinische Behandlung als „Suche nach Bestrafung" (S. 275).

9.4 Konversionsneurotische Symptome

Neben dem Schmerz, der konversionsneurotische Anteile enthält, handelt es sich besonders um hysterische Anfälle, Lähmungen, hysterische Blindheit. Gross (1979) berichtet über vier adoleszente Mädchen, die nach Inzesterfahrungen mit nichtorganischer Anfallsymptomatik reagierten. Die Ursache für die Entwicklung der Anfälle wird eher in der direkten Einwirkung der Bedrohung, als in unbewußten Schuldgefühlen gesehen. Goodwin et al. (1979) fanden in 4 von 12 Fällen hysterischer Anfälle im Jugendlichenalter Inzest in der Vorgeschichte. Die Pathogenese wird von diesen Autoren psychodynamisch verstanden: Der Anfall enthält sowohl Elemente der sexuellen Erregung wie des Widerstands gegen einen sexuellen Angriff. Der Anfall schockiert die Umgebung, wie das sexuelle Attentat das Opfer bedrohte, der Anfall hält das inzestuöse Geschehen geheim und doch findet es — verschlüsselt — in aller Öffentlichkeit statt.

Kempe (1978) stellte an den Anfang seines Übersichtsreferats über sexuellen Mißbrauch den Fall eines 10jährigen Mädchens, das vom Vater sexuell mißbraucht worden war und umfangreiche hysterische Lähmungen erlitt. Von Lähmungserscheinungen berichtet eine Betroffene in den Berichten Gardiner-Sirtls

(1983, S. 201). Meine Patientin, Frau D., litt zeitweise unter massiven Lähmungen des rechten Beins, die ihr das Gehen unmöglich machten, andererseits zu einer Art kataleptischem Schwebezustand des Beins bei der liegenden Patientin führten, als ob es tatsächlich einen erigierten Penis symbolisierte. Raphling et al. (1967) fanden bei einem weiblichen Opfer des von ihnen beschriebenen multiplen Mehrgenerationeninzests einen Anfall vorübergehender Blindheit, für die kein organischer Befund erhoben werden konnte.

Ein weiteres Symptom würde ich ebenfalls in die Gruppe der Konversionssymptome einordnen, das Bettnässen, jedenfalls soweit es Erwachsene betrifft. In der von mir erfaßten Literatur über Inzest konnte ich selten Enuresis bei Kindern beschrieben finden (z.B. Raphling et al. 1967, bei zwei männlichen Inzestopfern), einmal Enkopresis bei einem Jungen, der das Opfer der analen Vergewaltigung durch den Vater geworden war (Dixon et al. 1978). In keinem Beispiel handelte es sich um Erwachsene; um so erstaunter war ich, bei drei meiner Patientinnen, die Opfer des inzestuösen Agierens ihres Vaters geworden waren, bis ins Erwachsenenalter hinein nächtliches Einnässen und teilweise auch Enuresis diurna, ohne organischen Befund, zu finden (Frau D., Frau G., Frau H.). Auch bei diesen Symptomen dürfte eine sexuelle Komponente enthalten sein, wie sie auch beim Einnässen des Kindesalters beschrieben wurde, eine nähere Erklärung steht mir aber nicht zur Verfügung.

9.5 Psychosomatische Symptomatik

Wieder ist der Inzest nicht kausal für das Auftreten einer Symptomgruppe — hier der Psychosomatik — verantwortlich zu machen. Die Häufigkeit der Klagen der Inzestopfer über psychosomatische Beschwerden läßt jedoch eine Art Korrelation vermuten; m.E. wäre das Bindeglied die traumatisch wirkende sexuelle Überstimulation, die neben der Deprivation (auf einer Ebene der frühen Körperlichkeit) und der physischen Überstimulation zur Entstehung späterer psychosomatischer Erkrankungen beitragen könnte. Die Autoren, die sich mit den Folgen sexueller Überstimulierung beschäftigen, verweisen auf Greenacre (1950), die annahm, daß um so eher psychosomatische Folgen entstehen, je früher das unreife Ich von nicht zu bewältigenden traumatischen Reizen überflutet wird (Lewis u. Sarrel 1969; Steele u. Alexander 1981). Lewis u. Sarrel (1969) verstehen das psychosomatische Symptom, das bei Opfern sexuellen Mißbrauchs ziemlich häufig auftrete, als Kanalisierung, Ableitung und auch Ausdruck der durch die Traumatisierung entstandenen Angst (S. 617).

Abgesehen von der Konversions- und Schmerzsymptomatik sind es besonders Haut- und Magenerkrankungen, die häufiger bei Inzestopfern anzutreffen sind (Forward 1978, S. 19), das entspricht auch meiner eigenen Beobachtung. Während Kaufman et al. (1954) bei 4 von 11 adoleszenten Inzestopfern somatische Beschwerden fanden, im von Rascovsky u. Rascovsky (1950) berichteten Fall eher vielfältige unklare körperliche Symptome vorlagen, begegneten mir vier ausführliche Falldarstellungen von ekzematösen Hauterkrankungen bei Inzestopfern (Schur 1955; de Boor 1965; Kafka 1969; Awad 1976). Ich selbst habe über eine Patientin berichtet (Frau A., Hirsch 1986 a), deren Ekzem von sexuellem Kontakt ausgelöst wurde und in seiner Funktion der Schmerz- und Selbstverstümmelungsdynamik nahekam. Zwei Inzestopfer aus meiner Praxis (Frau B. und Frau H.) litten unter langjährigen rezidivierenden Magenulzera; ein gemeinsames Charakteristikum des Aufflammens dieser Symptome scheint mir in Trennungsbedrohungen (auch gewollte Trennungen) aus ambivalenten, arretierten Partner- oder auch beruflichen Beziehungen zu liegen, die der ambivalenten Beziehung zum Vater und noch dahinterliegend zur Mutter entsprechen. Ein weiteres Opfer von Vater-Tochter-Inzest in meiner Praxis litt seit dem Tod des Vaters durch Selbstmord an Asthma (Frau M.), Frau E. als Opfer des sexuellen Mißbrauchs durch den Großvater an herzneurotischen Beschwerden in Trennungssituationen (vgl. Hirsch 1985 b).

9.6 Sexualisiertes Verhalten

9.6.1 Promiskuität

Über den Mechanismus der Sexualisierung von Beziehungen wurde im Abschn. 7.2 bereits ausführlich gesprochen. Aufgrund eines frühkindlichen Mangels erhalten sich regressive orale Bedürfnisse, und durch ein sexualisiertes Familienklima bzw. inzestuöse Handlungen lernt u.U. bereits das Kleinkind Sexualität als Möglichkeit kennen, Zuwendung und Körperkontakt zu bekommen. Die emotionale Bedürftigkeit von Opfern sexuellen Mißbrauchs im Latenzalter ist auch testpsychologisch von Johnston (1979) verifiziert worden. Die Autorin zieht es vor, nicht von „seductiveness" (verführerisches Verhalten) zu sprechen, sondern von „affection-seeking", d.h. nach Zuwendung suchen, weil die Bezeichnung „verführerisch" immer auch die Bedeutung von Initiative ergreifen — „es selbst wollen" — enthält.

Yates (1982) berichtet über zwei Vorschulkinder, einen Jungen und ein Mädchen, deren frühe Inzesterfahrung zu stark sexualisierter Kontaktaufnahme zu Erwachsenen des jeweils anderen Geschlechts führte. Das Mädchen fiel durch ungehemmte sexuelle Aktivitäten mit Gleichaltrigen auf, ein Phänomen, über das auch Bender u. Blau (1937) berichten. Weiterhin fiel exzessive Masturbation auf, welche auch bei 30% der von Johnston (1979) und auch bei den von Katan (1973) berichteten Fällen beobachtet wurde. Von der Adoleszenz an kann aus der erotisierten Kontaktaufnahme offen promiskuöses Verhalten werden. Kaufman et al. (1954) berichten von 3 der 11 frühadoleszenten Mädchen promiskuöse Kontakte; Rascovsky u. Rascovsky (1950) verstehen die exzessive Promiskuität als Suche nach einer Vaterfigur, ebenso Tompkins (1940). Rosenfeld et al. (1979) berichten über den Beginn sexueller Aktivität eines 13jährigen Mädchens direkt nach der einmaligen masturbatorischen Stimulation durch den Vater, auch im Erwachsenenalter blieb die Neigung, Beziehungen zu sexualisieren. Auch andere Autoren (Sloane u. Karpinski 1942; Lukianowicz 1972) fanden in einem hohen Prozentsatz Promiskuität unter den früheren Inzestopfern. Gordon (1955) vermutet das Motiv der Rache (gegen die präödipale Mutter) hinter dem promiskuösen Agieren, Maisch (1968) versteht es eher als Folge der schon vor dem Inzest bestehenden familiären Mangelsituation und als Teil allgemeiner Charakterpathologie. Einen autobiographischen Bericht über lange Jahre promiskuöser Objektsuche veröffentlichte Leon (1982), ein Opfer des inzestuösen Agierens ihres Großvaters.

Unter den Inzestopfern meiner Praxis fanden sich bei 4 von 7 gesicherten Fällen von Vater-Tochter-Inzest deutlich promiskuöses Verhalten, von diesen bei 2 Patientinnen in der Adoleszenz, bei den beiden anderen bis ins Erwachsenenalter. Über eine von diesen Patientinnen, Frau A., habe ich im Zusammenhang mit Promiskuität ausführlich berichtet (Hirsch 1986 a). Ein weiteres jugendliches Inzestopfer vermied zwar sexuelle Kontakte weitgehend, Gestik, Mimik und äußere Erscheinung waren jedoch Ausdruck ihrer erotischen Ausstrahlung (Frau C.). Auch bei allen weiteren 3 Patientinnen, bei denen mit großer Wahrscheinlichkeit Vater-Tochter-Inzest in sehr früher Kindheit vorgekommen war, lag zumindest in bestimmten Lebensabschnitten promiskuöses Verhalten vor. Die große Häufigkeit von 80% der insgesamt 10 Opfer von Vater-Tochter-Inzest in meiner Praxis läßt mich Promiskuität und Sexualisierung von Beziehungen als ein mit dem Inzestgeschehen in der Kindheit eng korreliertes Phänomen verstehen. Bei allen 3 Opfern von Großvater-Enkelin-Inzest in meiner Praxis konnte übrigens ein derartiges Verhalten bzw. eine entsprechende Ausstrahlung nicht gesehen werden.

Promiskuöses Verhalten bedeutet neben dem sexuellen Agieren stets auch Mißlingen der jeweiligen Partnerbeziehung, in der häufig entsprechend dem Wiederholungszwang wiederum Mißhandlung und Ausbeutung stattfinden. Und auch der sexuelle Teil der Beziehung ist in aller Regel derartig angst- und konfliktbelastet, daß ein zufriedenstellendes Sexualleben meist nicht erreicht wird. Meiselman (1979) fand dann auch bei 87% von 26 Inzestopfern sexuelle Funktionsstörungen, meist im Sinne der Frigidität, in einer Kontrollgruppe von Psychotherapiepatientinnen, die keine Inzestopfer waren, nur 20%. Unter den 7 gesicherten Fällen von Vater-Tochter-Inzest in meiner Praxis, lag bei 4 Patienten Anorgasmie vor (bei zwei von ihnen verschwand dieses Symptom jedoch im Laufe der Therapie), zwei langjährige verheiratete Frauen hatten starken Widerwillen, den — wie sie es erlebten — zu starken sexuellen Bedürfnissen des Ehemanns zu entsprechen, eine von ihnen war in der Spätadoleszenz ausschließlich nach aggressiven Auseinandersetzungen und mit Hilfe sadistischer Phantasien in der Lage, einen Orgasmus zu erreichen (Frau D.). Nur bei einer von 7 Patientinnen lag keine sexuelle Funktionsstörung vor.

9.6.2 Prostitution

Die weitaus meisten Fälle von intrafamiliärer Sexualität (Inzest) bleiben verborgen. Daß Institutionen oder Therapeuten mit entsprechenden Familien oder den Opfern wissentlich in Berührung kommen, ist eher eine seltene Ausnahme (Summit 1983). Man kann deshalb nicht sagen, ein gewisser Prozentsatz von Inzestopfern wird später ein bestimmtes Verhalten entwickeln, z.B. der Prostitution nachgehen. Das umgekehrte Vorgehen aber, in einer bestimmten soziologischen Gruppe nach vorangegangenem Inzest zu forschen, ist eher möglich. Die entsprechende beeindruckende Zahl von 51% Inzestopfern unter 103 in Chicago aufgegriffenen Prostituierten fand Flügel (1921). Giarretto (1976) zitiert eine persönliche Mitteilung von James, derzufolge 22% von 200 interviewten Prostituierten in der Kindheit inzestuöse Angriffe erlitten hatten. In einer weiteren Studie von James u. Meyerding (1977) berichteten 46% der Prostituierten von gewaltsamen sexuellen Angriffen durch mehr als 10 Jahre ältere Männer in der Kindheit, bei 25% handelte es sich um Väter, Stiefväter oder Pflegeväter, bei weiteren 11% um entferntere Verwandte. Peters (1976) und Miller (1981, S. 98 f.) berichten von Inzestopfern, die Prostituierte wurden. Lukianowicz (1972) fand 4 Fälle in einer Gruppe von 26 Inzestopfern. Renvoize (1982) beschreibt eindringlich die häufige „Karriere" als Prostituierte bei adoleszenten Mädchen. Wegen chaotischer und gerade auch inzestuöser Familienverhältnisse laufen sie oft von zu Hause weg, lassen sich von zuerst freundlichen Männern versorgen und aushalten, deren Fürsorge, die sie nicht gewohnt waren, sie völlig abhängig macht, so daß sie sich nicht wehren können, wenn sie schließlich mit Drohungen zur Prostitution gezwungen werden.

9.6.3 Prädisposition zur Vergewaltigung

Es gibt in der Literatur wenige konkrete Hinweise auf einen Zusammenhang zwischen Inzest und späterer Vergewaltigung. Wenn frühe sexuelle Erfahrungen zu einer — auch unbewußten — sexuellen Ausstrahlung führen, wäre ein Zusammenhang, der auf diesem Wege entsteht, denkbar. Renvoize (1982) ist der Meinung, daß dieser Zusammenhang besteht; daß er so wenig untersucht wird, führt sie darauf zurück, daß er in fataler Weise die Schuldzuweisung des Täters, das Opfer habe es ja selbst gewollt, bestätigen könnte. Von einer solchen Auffassung ist schwer zu differenzieren, daß das Opfer u.U. sexuelle Ausstrahlung benutzt, um alles andere als gewaltsame Sexualität, nämlich kindliche Zärtlichkeit zu bekommen.

9.6.4 Homosexualität beim Inzestopfer

Es gibt in der Literatur spärliche Hinweise auf eine homosexuelle „Lösung" der Probleme des Inzestopfers mit Sexualität mit Männern durch die Entwicklung homosexueller Beziehungen. Kaufman et al. (1954) berichten, daß „einige" der 11 frühadoleszenten Mädchen Neigung zu homosexuellen Kontakten zeigten, was die Autoren mit dem Bedürfnis nach enger Beziehung zu einer mütterlichen Figur erklärten. Auch Heims u. Kaufman (1963) finden nach Aufhören des Inzests häufig homosexuelle Kontakte, die Autoren beschreiben aber nicht, in welchem Umfang. Meiselman (1979) ist selbst erstaunt, daß anders als aufgrund der spärlichen Literaturangaben erwartet, 7 ihrer 23 untersuchten Inzestopfer sich lange nach Aufhören des Inzestgeschehens homosexuellen Kontakten zuwandten. Nur noch Medlicott (1967) gab einen ähnlich hohen Anteil von 29% der Opfer des Vater-Tochter-Inzests an, die später „ernsthafte homosexuelle Probleme" hatten. Meiselman (1979) versteht die Hinwendung zur Homosexualität als Möglichkeit, die vorhandenen starken sexuellen Bedürfnisse konfliktfreier mit Frauen als mit Männern zu ihrem Recht kommen zu lassen. Außer bei Frau D., die in der Adoleszenz eine homosexuelle Beziehung zu einer älteren Frau (die den gleichen Beruf wie die Mutter hatte) erlebte, spielte manifeste Homosexualität bei den Inzestopfern in meiner Praxis keine Rolle.

Bei Opfern homosexuellen Inzests allerdings ist sehr häufig zumindest passagere Homosexualität berichtet worden. Im Falle des Mutter-Tochter-Inzests, über den Goodwin u. di Vasto (1979) berichten, hatten sowohl die Mutter als auch später die Tochter homosexuelle Kontakte. Auch beim Vater-Sohn-Inzest kommen später häufig homosexuelle Kontakte vor (Summit u. Kryso 1978), in dem von Raybin (1969) berichteten Fall von homosexuellem Inzest über drei Generationen hatte der Vater, nach sexuellem Mißbrauch durch den eigenen Vater, mit dem Cousin und dem Bruder, später mit dem eigenen Sohn und darüber hinaus häufig außerhalb der Familie homosexuelle Beziehungen.

9.7 Psychose

Freud (1950, S. 197) schreibt am 11.1.1897 in einem Brief an Fliess, daß der Vater eines Patienten mit diesem und der sehr viel jüngeren Schwester, die damals 1 Jahr alt war, sexuell agiert hätte. Später sei es zum Inzest zwischen dem Patienten und der Schwester gekommen, die schließlich schwer psychotisch erkrankt sei. Freud nahm (noch vor dem Widerruf der Verführungstheorie) damals an, daß der Zeitpunkt des Traumas, das später zur Psychose führt, innerhalb von einviertel bis eineinhalb Jahren liegen müsse. Abraham (1907a) stellte 2 Fälle von sexuellem Mißbrauch (durch einen Onkel bzw. einen Nachbarn) in der Kindheit von später an Schizophrenie (Dementia praecox) erkrankten Patientinnen vor. Er begreift die sexuellen Traumen aber nicht mehr wie Freud 10 Jahre vorher als ursächlich wirkend, sondern mißt ihnen nurmehr eine den Inhalt des Wahns bestimmende Kraft zu.

Psychotische Reaktionen bei Inzestopfern sind nicht sehr häufig berichtet worden. Kaufman et al. (1954) beschreiben psychotische Zustände von stuporösem Rückzug bzw. aggressivem Kontrollverlust bei jugendlichen Inzestopfern. Unter den 7 Fallbeispielen von Peters (1976) waren 3 Fälle von schwerer Psychose bei Inzestopfern. In 1 Fall war ein 11jähriges Mädchen vom Geliebten der Mutter vergewaltigt worden; die Mutter beschwor die Tochter, dem Vater nichts zu sagen, da er den Täter ermorden und dann auf dem elektrischen Stuhl landen würde. Die Tochter internalisierte so das Gebot, die Männer retten zu müssen, den Vater vor der Todesstrafe und den Täter vor dem Vater, zumal der Täter während der Tat weinerlich sein Bedauern ausgesprochen hatte, dem Kind Gewalt antun zu müssen. Die nachfolgende Promiskuität hatte ebenso den Sinn, die Männer zu retten. Erst als der Vater der Patientin starb und sie dem Täter beim Begräbnis ins Gesicht sagen konnte, was sie von ihm hielt, konnte ein nachhaltiges Abklingen der Psychose erreicht werden. Im zweiten und dritten Fall handelte es sich um Schwestern, die im Alter von 3 bzw. 6 Jahren vom Vater sexuell mißbraucht worden waren. Zu dieser Zeit war der Vater in psychotherapeutischer Behandlung beim Autor, der der jüngeren Tochter die völlig verdrängte Realität des sexuellen Mißbrauchs mitteilen konnte, als er sie 18 Jahre später wegen der Vorstellung, ihr Vater wäre der Vater ihres ersten Kindes, erfolgreich behandelte. Die ältere Schwester reagierte schwer psychotisch, als sich erstmals ein Mann ernsthaft um sie bemühte; sie war nicht in der Lage, die inzestuöse Erfahrung so gut wie die Schwester zu verarbeiten, und konnte auch nach der Genesung von der Psychose ihren Haß auf Männer nicht verstehen und verlieren.

In der privaten psychotherapeutischen Praxis sah Westermeyer (1978) unter 32 Inzestopfern immerhin 6 Fälle von psychotischer Reaktion; Rosenfeld (1979 b) sah allerdings keine Psychose bei 6 Fällen von ambulanter Behandlung von Inzestopfern. In Berichten von Vater-Sohn-Inzest kommen Psychosen bei den Opfern viel häufiger vor (Medlicott 1967; Langsley et al. 1968; Raybin 1969; Weiner 1962; Kempe 1978; Meiselman 1979). In einer Falldarstellung von Klausmeier (1973) reagierte ein Jugendlicher psychotisch nach inzestuösem Agieren der Mutter; die Psychose wurde durch ihren Tod ausgelöst.

Umgekehrt ist in den Familien psychotisch Reagierender häufig inzestuöses Agieren oder eine inzestuöse Atmosphäre gefunden worden. Fleck et al. (1959) fanden besonders häufig enge inzestuöse Bindungen zwischen Mutter und Sohn, die symbiotische Qualität hatten. Auch Pohlen (1968) beschrieb die inzestuöse Beziehung zwischen einem Vater und der psychotischen Tochter als „symbiotische Fusion" und Wiederholung der frühen Mutter-Kind-Beziehung. Fleck et al. (1959) nehmen als ursächlichen Faktor für die Entstehung der Psychose die Aufhebung der Selbst- und Objektgrenzen sowie der Grenzen zwischen den Generationen an; die Symbiose wird gerade auch wegen ihres inzestuösen Charakters äußerst bedrohlich. Ein weiterer Faktor, der zur Psychose beitragen könnte, wäre der Widerspruch im Sinne einer Double-bind-Reaktion, den das Kind aushalten müßte, das die inzestuösen Angriffe des Vaters gleichzeitig mit seinem Verbot (oder dem der Mutter), sich selbst in kindlicher Weise sexuell zu betätigen, ertragen muß, ohne mit den Eltern selbst oder einem Dritten darüber kommunizieren zu können (Hirsch 1985 c). Häufig wird in der Inzestliteratur von einem derartigen Widerspruch berichtet. Die Mutter der Patientin, die Rascovsky u. Rascovsky (1950) vorstellen, bekämpft heftig die harmlose Sexualität der 13jährigen Tochter, die sie in ein religiöses Internat steckt, weil sie mit einem Jungen geflirtet hatte. Gleichzeitig aber beginnt das inzestuöse Agieren zwischen Vater und Tochter, die als Borderline-Persönlichkeit zu diagnostizieren wäre, mit ständiger Gefahr, in eine Psychose abzugleiten. De Boor (1965) stellt einen Fall vor, in dem die kindliche Sexualität eines Mädchens von der Mutter streng unterbunden wird, gleich darauf der Vater aber mit dem Inzestagieren beginnt; die Reaktion der Tochter ist jedoch nicht eine psychotische, sondern eine psychosomatische.

Ich habe über 2 Patientinnen berichtet (Hirsch 1985 c), die psychotisch reagiert hatten und mit großer Wahrscheinlichkeit Inzestopfer in einem sehr frühen Lebensalter geworden waren. Frau I. entwickelte nach der Geburt ihres ersten Kindes die Wahnvorstellung, ihr Vater sei der Vater des Kindes (wie in dem Fall von Peters, 1976, s. oben), sie wurde in mehreren Kliniken mit Psychopharmaka und Ende der 50er Jahre noch mit Elektroschocks behandelt. Frau K. reagierte psychotisch, nachdem sie bei einer gruppendynamischen Veranstaltung eine idealisierende Übertragung auf den Leiter entwickelt hatte und in psychotische Panik geriet, als dieser Leiter sie zu Hause aufsuchte und ihr sagte, er habe sich in sie verliebt und sei im übrigen ein einsamer, hilfloser Mensch. Im Verlauf der Therapie wurde bei beiden Patientinnen evident, daß sie in früher Kindheit Opfer der inzestuösen Angriffe ihres Vaters geworden waren. Frau K. reproduzierte in einem tranceartigen Zustand den Angriff des Vaters, der in einer Zeit stattgefunden hatte, als sie noch Windeln trug. Frau I. rekonstruierte den Inzest anhand eines Traumes. Bei beiden waren die Väter entweder streng religiös oder autoritär-patriarchalisch, die Sexualität der Kinder war tabuiert und verboten.

Die „verrücktmachende" Dynamik: Das Kind ist schlecht, weil es sexuelle Regungen verspürt, der Erwachsene, der sie ihm verbietet, darf aber aggressiv an eben diesem Kind seine eigenen sexuellen Bedürfnisse befriedigen, darüber hinaus darf das Kind mit niemandem darüber kommunizieren, ist *jedem* Inzestgeschehen immanent. Die Formel würde lauten: „Ich liebe dich, aber ich beute dich (sexuell) aus, und wehe, du sprichst darüber!" Zur Psychose eher prädestiniert ist vielleicht das Kind, das sehr früh mit diesem unverstehbaren Widerspruch konfrontiert war. Aber auch später ist der Mechanismus der Spaltung von Körper und Geist, ein „Abschalten" der Gefühle, ein Abwehrmechanismus des Inzestopfers, wie wir gesehen haben. Und auch ohne psychotischen Zusammenbruch finden sich bei Inzestopfern häufig Depersonalisationserscheinungen, präpsychotische Symptome wie Halluzinationen (bei Frau D.) und massive paranoide Symptome. Unter meinen insgesamt 15 Patientinnen, die ich als Inzestopfer im engeren Sinne verstehe, waren immerhin drei (20%) mit schwerer Psychose Reagierende und weitere drei mit starken Depersonalisationserscheinungen, teilweise psychosenaher Halluzinations- und paranoider Symptomatik. Trotzdem erscheint mir die psychotische Reaktion nicht typische Folge des Inzests zu sein, der in einem Alter geschieht, das es dem Kind erlaubt, bei aller Ambivalenz und u.U. eigener Lustempfindung genügend eindeutig zu sehen, daß es ausgebeutet wird, daß der Täter ein Unrecht begeht und Schweigen verlangt, um *sich* zu schützen. Erst wenn das Kind die innere (ödipale Wünsche, Schuld) von der äußeren Realität (der des Täters bzw. der ganzen Familie) nicht mehr genügend unterscheiden kann, bleibt es nicht bei irrationalen Schuldgefühlen, dem Gefühl, „anders zu sein", Depersonalisation und körperlichen Reaktionen, sondern es kommt bei entsprechenden Belastungen zum Zusammenbruch der Ich-Organisation, zur Psychose.

10 Therapie des Opfers und Hilfe für die Familie

10.1 Diagnose

Kinder verstummen als Folge längeren traumatischen Einwirkens durch geliebte Personen, wie wir gesehen haben. Es ist ein Irrtum, wenn man glaubt, daß sich ein „gesundes" Kind wehrt und Hilfe von außen holt, wenn es von den Eltern mißbraucht wird; es ist eine „normale" Reaktion, das Geheimnis zu bewahren und abzuschalten als Teil des „child sexual abuse accommodation syndrome" (Summit 1983). Das Agieren des jugendlichen Inzestopfers ist eine Sprache, die erst einmal verstanden werden muß, und auch der Jugendliche spricht in der Regel nicht über den Mißbrauch. Sogar eine naturgemäß unbekannte Zahl von erwachsenen Psychotherapiepatienten verschweigt oft jahrelang den inzestuösen Mißbrauch. Von den 6 Inzestopfern, die Rosenfeld (1979 b) innerhalb eines Jahres untersuchte bzw. behandelte, gab nur eines spontan die Inzestgeschichte an, zwei weitere auf gezielte Fragen während des Erstinterviews, die anderen erst im Laufe der Therapie. Zwei meiner Patientinnen gaben den Inzest in der Kindheit auf Befragen in den Vorgesprächen an, erwähnten ihn dann aber nicht einmal mehr beim Ausfüllen eines biographischen Fragebogens und kamen in den ersten Monaten der Therapie in keiner Weise darauf zurück.

Der wichtigste Faktor für die Diagnose des sexuellen Mißbrauchs in der Familie scheint die Bereitschaft des Untersuchers zu sein, die Möglichkeit der Existenz des Inzests überhaupt in Betracht zu ziehen (Sgroi 1975, zit. bei Summit 1983, S. 190). Meines Erachtens ist es die Angst des Untersuchers, mit Inzest konfrontiert zu werden, die ihn averbale Mitteilungen übersehen oder sprachlichen Mitteilungen keinen Glauben schenken läßt. Es gibt eine lange Diskussion, wie weit man Kindern und Jugendlichen glauben kann, die Erwachsene des sexuellen Mißbrauchs beschuldigen. Leider führt die Annahme, das Kind könne lügen, um den Erwachsenen zu schädigen, oder seine Phantasie sei durchgegangen, zu unseligen, oft sadistischen und wiederum traumatischen Befragungen durch Vertreter von Institutionen wie Jugendamt, Polizei, Gerichte. Inzwischen ist die Diskussion eindeutig entschieden: Kinder lügen praktisch nie, wenn sie detaillierte Angaben über die sexuelle Belästigung durch Erwachsene machen (Kempe 1978; Anderson 1979). Andere Autoren sehen die Möglichkeit falscher Anschuldigungen, schätzen sie aber extrem gering ein (Rosenfeld et al. 1979; Goodwin 1982). Peters (1976) fand bei 64 Fällen (nicht nur inzestuösen) sexuellen Mißbrauchs von Kindern vier falsche Anschuldigungen, Anderson (1979) bei 1500 Fällen nicht einen, in dem ein Kind gelogen hätte. Veröffentlichte Fälle von falscher Anschuldigung sind extrem selten (Goodwin 1982). In Zweifelsfällen gelingt durch getrennte Interviews aller Familienmitglieder durch einen Therapeuten meist eine sichere Beurteilung der Realität (Goodwin 1982; Rosenfeld et al. 1979).

10.1 Diagnose

Auch den Berichten erwachsener Patienten, die in der Kindheit ein inzestuöses Trauma erlitten hatten, muß immer primär Glauben geschenkt werden. Peters (1976) schreibt die Neigung, Inzest als Phantasie des Opfers zu verstehen, individuellen und kulturellen Faktoren zu, denen auch Freud erlegen sei, weil es die Schuldgefühle der Erwachsenen vermindere, d.h. eigentlich ihre Schuld nicht aufhebe, sondern verdecke, wenn man das Opfer verantwortlich mache. Je mehr die Psychoanalyse die Möglichkeit des pathogenen Einflusses realer Traumen anerkennt, desto weniger wird sie entsprechende Berichte als Phantasie deklarieren, sondern sich der Mühe der Differenzierung von Phantasie und Realität unterziehen. Wie das Kind das Geheimnis notwendigerweise bewahren muß, spricht auch der Erwachsene oft nicht darüber, um sich die Eltern-Imagines zu bewahren, die er noch immer braucht, oder die Traumen sind gründlich verdrängt. Trotzdem besteht letztlich ein Bedürfnis, sie mitzuteilen.Khan (1976, S. 305) spricht im Zusammenhang mit der Therapie schwer gestörter Patienten von ihrem Bedürfnis, einen Zeugen zu haben. Auch Kohut (1977, S. 197) beschreibt ein solches Bedürfnis und die Aufgabe des Therapeuten, Wahrnehmung und Realitätskontrolle zu unterstützen. Machotka et al. (1967) sprechen von dem „verzweifelten Bedürfnis nach jemandem, der ihren Bericht über den Inzest glaubt" (S. 103). Meine Patientin Frau D. hatte einen entsprechenden Traum, in dem sie das Bedürfnis, einen Zeugen zu haben, darstellte:

Sie liegt bei Dr. K., dem Gynäkologen, auf der Liege, sie soll ihm die Stelle zeigen, wohin er spritzen soll. Er sitzt mit dem Rücken zu ihr, winkelt ihr Bein an, setzt die Spritze an, guckt dann in die Scheide, ob sie einen Orgasmus habe. Ihr ist es peinlich; ein Mann macht im selben Zimmer Eintragungen in Karteikarten, die Tür ist weit offen. Sie will Blickkontakt zu diesem Mann, er ist freundlich, wohlwollend. Sie entspannt sich, muß nicht mehr auf die Zähne beißen.

„Treating soul murder means first of all discovering it" (Shengold 1979, S. 554). Shengold zufolge muß der Therapeut in der Lage sein, Berichten von Grausamkeit und Inzest primär zu glauben, um zu sehen, wie der Patient selbst mit den Anklagen umgeht, sie verdreht, verleugnet, ihnen Widerstände entgegenbringt. Ferenczi (1933) empfahl bereits, solchen Berichten zu glauben, da der Patient seinen eigenen Erinnerungen nicht traut. Shengold (1979) meint, nicht nur der Patient, auch der Therapeut könnte das Bedürfnis haben, die Existenz psychotischer oder psychopathischer destruktiver Eltern nicht anzuerkennen. Auch Rosenfeld et al. (1979) sind überzeugt, daß die Patienten das Inzestgeschehen verschweigen, wenn es der Therapeut an der inneren Bereitschaft, zu glauben, fehlen läßt. Wenn er es als Realität erst einmal akzeptiert, könne es immer noch im weiteren Verlauf als Phantasie erkannt werden. Steele u. Alexander (1981) verstehen die Tabuisierung des Inzests in der Therapie als Wiederholung (auch von seiten des Therapeuten) der Familiensituation. Litin et al. (1956) schreiben dem Nichtglauben durch den Therapeuten das mögliche Auftreten einer Psychose zu, ich würde den Abbruch der Therapie durch den Patienten — als gesündere Reaktion — als häufige Folge des Nichtglaubens hinzufügen.

10.2 Therapieverlauf

Eine erste Phase der Therapie müßte entsprechend dem vorher Ausgeführten von einem unterstützenden Begleiten und vorwiegenden Bestätigen von Erinnerung und Wahrnehmung bestimmt sein, und zwar in allen Bereichen wie Kindheit, heutige Beziehung zu den realen Eltern, Partnerbeziehungen. Ein solches Vorgehen ist natürlich nicht auf Inzestopfer beschränkt, sondern bei allen schwerer gestörten Patienten angezeigt, von denen man allerdings allgemein annehmen kann, daß traumatische Schädigungen ein größeres Ausmaß angenommen hatten. Einem solchen gewährenden, nicht interpretativen oder gar konfrontativen Vorgehen entspricht oft eine globale idealisierende Übertragung, bei weiblichen Inzestopfern übrigens gerade zum männlichen Therapeuten, der wie der idealisierte Vater die Rettung von dem typischerweise ausschließlich bösen Mutterbild gewährleisten soll. In dieser Phase geht es häufig um das Inzestgeschehen, offenbar als vordringliches Bedürfnis, diese bewußte Ursache des „Andersseins" zu integrieren.

Der Wechsel in eine negative Übertragungsbeziehung kann und soll bei weiter fortschreitender Therapie nicht ausbleiben; in der Regel wird der Therapeut nun zur versagenden Mutter. Meines Erachtens wird so die Ebene der dem Inzestgeschehen meist zugrundeliegenden frühen Deprivation in der Beziehung zur Mutter erreicht, deren Bearbeitung von weitaus größerer Bedeutung ist, als die des Inzests selbst, der nun oft völlig in den Hintergrund tritt. Ausgelöst wird das Gefühl, vom Therapeuten vernachlässigt zu werden, oft von den ersten größeren Therapieferien; Enttäuschung und Wut manifestieren sich dann in Rückfällen in promiskuöses oder masochistisches Verhalten. Frau D. ging in den ersten Therapieferien wieder zu ihrem Gynäkologen, der ihr die schmerzhaften Injektionen geben sollte, auf die sie schon hatte verzichten können. Frau B. knüpfte die Beziehung zu einem Mann wieder an, unter dessen ausbeuterischer Sexualität sie sehr gelitten hatte und von dem sie sich bereits getrennt hatte. In dem Fallbericht von Margolis (1977) kommt es in den Therapieferien zum Koitus des Patienten mit der Mutter, der einige Zeit nach Therapiebeginn nicht mehr aufgetreten war.

Als Beispiele für die negativen Gefühle in der Übertragung sei an die zahlreichen Träume von oraler Bedürftigkeit von Frau D. erinnert, an ihre Angst und Enttäuschung im Zusammenhang mit jeder Therapiepause, schließlich an die Entwicklung einer paranoiden Übertragung der verfolgenden feindlichen Über-Ich-Mutter auf den Therapeuten, der sie mit den halluzinierten Stimmen maßregelte und kontrollierte. Frau B. erlebte lange Zeit die therapeutischen Sitzungen als genauso mechanische, pflichtbewußte, dürftige Zuwendung, wie sie die Mutter hatte aufbringen können. In mir als Therapeuten erlebte sie die versagende Mutter, draußen mit den promiskuösen Kontakten zu Männern die Beziehung zum Vater wieder. In solchen Phasen waren meine Gefühle in der Gegenübertragung oft von großer Distanz und Gleichgültigkeit bestimmt, wie ich auch trotz aller besseren Einsicht gegen die promiskuösen Kontakte innerlich eingestellt war, teilweise wütend und verächtlich. Es ist nicht leicht, aber notwendig, diese Gegenübertragungsgefühle bei passender Gelegenheit vorsichtig selbst zu verbalisieren, da angenommen werden muß, daß derart sensible Patienten die negativen Gefühle atmosphärisch spüren werden. Auch Frau D. hatte recht, als sie eines Tages ihre Wahrnehmung ausdrückte, ich würde sie ablehnen, könne sie nicht mehr leiden.

Mir blieb nichts übrig, als dieses Gefühl zu bestätigen, was gegen meine Erwartung zu großer Erleichterung führte und ein Stück der Bearbeitung der Beziehung zur Mutter der Patientin ermöglichte.

Häufig übernehmen andere Personen in der Übertragung die Rolle des jeweils anderen Elternteils. Frau D. hatte in der gesamten Therapie nie eine Vaterübertragung auf den Therapeuten entwickelt, die Rolle des Vaters behielt der Ehemann, dessen „Verfolgung" ähnlich sexualisiert erlebt wurde wie die des Vaters und der auch diesem in vielen Aspekten ähnlich war. Nach einer Zeit der Mutterübertragung stellte Frau B. die Beziehung zu beiden Eltern her, indem sie die Internistin, die sie zur Psychotherapie überwiesen hatte, als feindliche Mutter im Bündnis mit dem Therapeuten erlebte, der nun der Vater in der Übertragung war. Frau B. hatte sich gegen die Empfehlung der Ärztin abgegrenzt, ihre Magenbeschwerden wieder mit Medikamenten zu behandeln; sie berichtete in der Therapie stolz darüber, empfand aber meine Reaktion als sehr dürftig, fühlte sich maßlos abgelehnt und fallengelassen, als ob ich mich mit der Ärztin verbündet hätte, wie sie es erlebte. Genauso hatte ihr der Vater immer das Versprechen gemacht, sie besser als die Mutter zu „behandeln", um sie dann zu benutzen, wenn er wollte, wieder zu verlassen und — das erlebte sie in der Übertragung jetzt wieder — letztlich doch immer wieder mit der Mutter verbündet zu sein. Frau B. erlebte jetzt in der Vater-Übertragung die Ferien auch nicht mehr als elementare Verlassenheitssituation (Mutter-Übertragung), sondern als ob sie vom Vater fallengelassen würde; sie muß dann selbständig sein, auf der Hut sein vor Abhängigkeit, da sie nicht weiß, ob er wiederkommt.

Bei den bisher besprochenen Patientinnen kam es gar nicht zu einer sexualisierten Vater-Übertragung, in anderen Fällen spielt diese eine Rolle im Sinne einer Phase der sich wandelnden Übertragungsbeziehungen zum Therapeuten. Insbesondere bei jugendlichen Patientinnen werden — oft völlig unbewußt — dem männlichen Therapeuten gegenüber alle Mittel der Verführung eingesetzt, Gestik, Mimik, Make up und Kleidung sowie kindlich-verführerisches Verhalten entsprechen eindeutig dem „Verführerisch-Sein", mit dem man dem Inzestopfer seit jeher die Verantwortung für den Inzest zu geben versuchte. Würde der Therapeut (und übrigens jede andere Autoritätsfigur wie Lehrer, Erzieher, Arzt und Geistlicher) das eindeutig verführerische Verhalten als Legitimation für sexuellen Kontakt auffassen, hätte er durch sein Mitagieren die Inzestsituation wiederhergestellt, wie es im Abschnitt über sexuellen Mißbrauch durch den Therapeuten dargestellt wurde. Natürlich kommen sexuelle Wünsche auch des Therapeuten seinem Patienten gegenüber bis hin zur Verliebtheit vor, ob es sich nun um ein Gegenübertragungsgeschehen handelt oder nicht. Die nicht immer leichte Aufgabe des Therapeuten ist es dann, weder mitzuagieren, noch aber das Verhalten der Patientin (oder des männlichen Patienten) aus Angst vor den eigenen Gefühlen zu tabuisieren.

Eine andere Form der Ausbeutung in der Therapie als die sexuelle stellt dieselbe Dynamik her, wenn auch mit anderem Inhalt. Ich meine die wissenschaftliche „Ausbeutung" des Fallmaterials, ein Problem, auf das auch Margolis (1977) hingewiesen hat, der dafür plädiert, aufrichtig die egoistischen Forschungsinteressen des Therapeuten als ein Motiv für die Therapie zuzugeben, damit der Patient nicht bewußt oder unbewußt diesen Teil der therapeutischen Beziehung spüre und sich ebenso ausgebeutet fühle wie durch den Inzest mit der Mutter (S. 276). Zwei meiner Patientinnen haben mehrfach geträumt, daß der Therapeut mitschreibt oder ein Tonbandgerät (Frau B.) laufen läßt (ersteres war teilweise der Fall, letzteres nicht), z.B. Frau D.:

Der Analytiker hat einen Block in der Hand, unbeschrieben, aber viele Fragezeichen darauf: Sie fragt sich, was die komischen Vögel bedeuten. Dann sind um sie herum lauter Geschlechtsteile von Männern, und zwar erigiert! Sie fühlt sich beunruhigt.

Aber auch wenn der Patient einer Veröffentlichung zustimmt, weil er z.B. ein Interesse daran hat, daß das gesellschaftliche Tabu des Inzests geschwächt wird, wird vielleicht doch noch ein Rest an realer Wiederholung der Ausbeutungsdynamik bleiben, der nicht vermieden werden kann, wenn Fallmaterial wie auch immer verschlüsselt veröffentlicht wird.

In jeder Therapie schwer gestörter Patienten muß notwendigerweise ein Übergang erreicht werden von einer supportiven Phase, über die wir oben gesprochen haben, zu einer analytisch-konfrontatorischen, in der es überwiegend um die Anteile des Patienten und *seine* Verantwortung für sein Leben gehen muß und nicht mehr so sehr um das, was ihm einmal angetan wurde und entsprechend seinen internalisierten Erfahrungen noch aktuell angetan wird. Diese Wende der Therapie geht auch oft einher mit dem Wechsel von ,,positiver" zu ,,negativer" Übertragung. Shengold (1979) hält es für die schwierigste Aufgabe, dann mit der unmäßigen Wut des Patienten umzugehen, die auf den Therapeuten übertragen oder auf ihn projiziert wird: ,,Das sind Menschen, deren negative Erwartungen von fast wahnhafter Intensität und deren Wut von einem kannibalistischen Ausmaß sind (drohende Vernichtung sowohl der Selbst- als auch der Eltern-Imagines, wenn diese Wut gefühlt wird). Die Angst vor seiner mörderischen Wut ist die größte Schwierigkeit für den Patienten. Um ihm in seinem Kampf, diese furchtbare Wut zu ertragen, zu helfen, bedarf es Erfahrung und Empathie, und in einigen Fällen stellt sich heraus, daß es zuviel ist, als daß er es ertragen könnte" (S. 555). Richtet sich diese ganze Wut auf den Therapeuten, ohne daß im Sinne einer therapeutischen Ich-Spaltung ein genügend starkes beobachtendes Ich dem Patienten zur Verfügung steht, kommt es häufig zum Abbruch der Therapie, denn der Therapeut ist der Aggressor im Erleben des Patienten. Hinzu kommt die der analytischen Therapie immanente Aufforderung, sich von den Eltern-Imagines zu trennen; da Trennung aber so bedrohlich war und ist, mußten einmal massive Abwehrmechanismen eingesetzt werden, um die Elternbilder erträglich zu machen. Diese Abwehr besteht vorwiegend in Idealisierung und Spaltung, im Falle der Opfer emotionaler Ausbeutung in Identifikation mit dem Aggressor, wie wir gesehen haben, d.h. in Unterwerfung unter die Ausbeutung, um bei den Eltern bleiben und überleben zu können. Es handelt sich darüber hinaus nicht nur um eine Identifikation mit dem Aggressor selbst, sondern um die mit dem ganzen Familiensystem, in welchem die Ausbeutung möglich war. Ich halte es für die schwierigste Phase der Therapie dieser Patienten, die Identifikation aufzulösen, weil der Therapeut (oder ,,die Therapie") durch die Aufforderung, die Identifikation aufzugeben, eine massive Trennungsbedrohung darstellt. Die Aufforderung zur Aufgabe der Identifikation mit dem Aggressor und dem Aufgeben der Unterwerfung unter das verinnerlichte familiäre Ausbeutungssystem ist schon gegeben, wenn die Therapie in eine Phase eintritt, in der es unumgänglich wird, das destruktive Verhalten, die masochistischen Charakterzüge, den

Wiederholungszwang des Patienten selbst zu bearbeiten. Die ungeheure Wut, die eigentlich den ursprünglichen Aggressoren gelten sollte, wird gegen die Therapie gerichtet, die den Patienten gerade von der Abhängigkeit von ihnen befreien will. Unter diesen Umständen ist es für den Patient oft leichter, die Beziehung zum Therapeuten abzubrechen, als die Trennung von den Elternbildern durchzustehen.

Für Frau D. bedeutete es eine erste Krise der Therapie, als sie realisieren mußte, daß sie auch als Kleinkind nicht die Lieblingstochter des Vaters gewesen war, wie sie es sicher angenommen hatte, sondern der Kontakt schon damals auf ihre Kosten vom Vater sexualisiert worden war. Denn ohne die Therapie hätte sie diese Frage nach der Beziehung zum Vater gar nicht aufgeworfen, die Mutter hätte ihr nicht die Augen öffnen können. Als dann die nächste Therapiepause bevorstand, wurde ich vollends zum bösen, verfolgenden Objekt, das sie mit halluzinierten Stimmen verfolgte, sie kontrollierte, sie ablehnte. Ihre Kreativität, die sich in Träumen und einer überdurchschnittlichen psychodynamischen Kombinationsgabe entwickelt hatte, versiegte weitgehend, Frau D. konnte nur noch durch bessere rationale Einsicht vermeiden, die Therapie abzubrechen. Eine Überwindung der Stagnation stellte es dar, als das Setting erweitert wurde und Frau D. zusätzlich zur Einzelsitzung in eine therapeutische Gruppe unter meiner Leitung eintrat. Es war so ein Splitting möglich, in der Gruppe erlebte sie Solidarität und Geborgenheit, so daß sie mich zunehmend aggressiv angreifen konnte, in der Einzelsitzung war ich die ambivalent geliebte Mutter, auf die sie noch nicht verzichten konnte.

Margolis (1977, S. 278) ist pessimistisch, ob diese Wut bei seinem Patienten jemals auf die Ursprünge zurückgeführt werden kann: „Es war zunehmend schwierig, dem Patienten zu helfen, das enorme Reservoir von Wut zu sehen und damit umzugehen. Welchen Ausmaßes an Wut und Haß er sich auch immer bewußt wird, entweder in seinem Leben oder im Zusammenhang mit der therapeutischen Beziehung, es wird von ihm fast immer gerechtfertigt und nicht einmal teilweise als eine irrationale Übertreibung anerkannt. Vielleicht wird ein irreversibles charakterliches Defizit letztlich eine adäquate Lösung seiner Persönlichkeitsprobleme ausschließen. Ich neige zunehmend zu dieser Annahme." Shengold (1979) dagegen hält eine schrittweise Integration dieser Wut, gerade wenn sie nur teilweise erlebt wird, prinzipiell für möglich, d.h. die aufkommende Wut führe nicht mehr automatisch zu Identifikation und Unterwerfung, sondern, je mehr sie zugelassen werden kann, zur Distanzierung von den gehaßten Elternfiguren und damit zu emotionalem Wachstum. Dazu ist aber ein therapeutisches Bündnis mit dem Teil des Patienten erforderlich, der sich nicht ganz der Tyrannei unterworfen hatte (Shengold 1979, S. 544), und der Widerstand dagegen, den Wahn (delusion) aufzugeben, die Eltern seien gut gewesen, darf in der Therapie nicht mit Gewalt gebrochen werden (S. 539).

10.3 Gruppenpsychotherapie

Analytische Gruppenpsychotherapie kann m.E. nicht symptomorientiert sein, sie beruht auf freier Interaktion und berücksichtigt flexibel die Möglichkeiten und Bedürfnisse der einzelnen Mitglieder. Analytische Gruppenpsychotherapie kann auch für Inzestopfer indiziert sein: die Vorteile gegenüber der Einzeltherapie sind v.a. größere Identifikationsmöglichkeiten, größere Möglichkeiten der direkten Beobachtung und Konfrontation bei gleichzeitiger Unterstützung durch andere Gruppenmitglieder und die Möglichkeit des Splittings der Übertragung. In meiner Praxis befinden sich Inzestopfer sowohl in Einzeltherapie, in Gruppenpsychotherapie und in kombinierter Einzel- und Gruppenpsychotherapie, es gibt jedoch keine homogene Gruppe von Inzestopfern.

In der Inzestliteratur sind naturgemäß eher homogene Gruppen beschrieben worden, deren Struktur von der vorgegebenen Inzestthematik einerseits und meist einer engen zeitlichen Begrenzung andererseits bestimmt ist. Tsai u. Wagner (1978) leiteten 10 Gruppen von erwachsenen ehemaligen Inzestopfern, die nur 4 Sitzungen lang dauerten und in denen von den Mitgliedern lediglich über den sexuellen Mißbrauch und seine Folgen berichtet wurde. Herman u. Schatzow (1984) stellten ähnliche Gruppen zusammen, die auf 10 Sitzungen terminiert waren und als Ergänzung zu den jeweils bei anderen Therapeuten gleichzeitig stattfindenden Therapien konzipiert waren. Solche Gruppen haben m.E. einen gewissen kathartischen Effekt und sind geeignet, die Teilnehmer oberflächlich von Schuldgefühlen zu entlasten. Das ist auch der Effekt von Selbsthilfegruppen, die an sich deshalb begrüßenswert sind, weil oft keine andere Gelegenheit für ein Inzestopfer besteht, sich zu artikulieren und das Gefühl, anders zu sein, zu relativieren. Solche Gruppen haben aber den Nachteil, daß die Identität als Opfer eher festgeschrieben wird; das Opfer beginnt zwar sich zu wehren, es emanzipiert sich aber nicht von dieser Identität. Deshalb ist eine therapeutische Wirkung im Sinne einer Persönlichkeitsentwicklung weder von kurzdauernden homogenen noch von Selbsthilfegruppen zu erwarten.

Mrazek (1981) führte eine 6 Monate dauernde Gruppe mit sieben 4- bis 7jährigen Kindern durch, die Opfer inzestuösen Agierens ihrer Väter geworden waren. Ein Teil der Eltern traf sich zu Gruppendiskussionen über 3 Monate. Die Ergebnisse waren geringfügig, das soziale Verhalten aller Kinder, bis auf eine Ausnahme, besserte sich zwar in der Gruppe, nicht jedoch außerhalb. Die Väter waren alle kaum motiviert, sich in Frage zu stellen, sie benutzten die Elterngruppe z.T., um andere Auflagen der Behörden, sich einer Therapie zu unterziehen, zu umgehen. Nur für eine Familie konnte von dem Therapeuten den Behörden eine Zusammenführung empfohlen werden, bei den meisten war die Aufhebung des Sorgerechts bzw. eine Langzeit-Heimunterbringung der Kinder nicht zu umgehen.

Die besonderen Übertragungskonstellationen zweier Gruppen von frühadoleszenten Inzestopfern auf ein Kotherapeutenpaar schildern Gottlieb u. Dean (1981). Die Dauer der Gruppenarbeit betrug 7 Monate. Im Zentrum der Arbeit stand die Notwendigkeit der Klärung der Beziehung der Kotherapeuten, einschließlich der sexuellen Wünsche aneinander, um den Jugendlichen ein Beispiel der Möglichkeit der Kommunikation zu geben und ihnen die Äußerung insbesondere der sexuellen Phantasien über das Kotherapeutenpaar zu gestatten. Die verschiedenen einander ablösenden Übertragungsmuster der Gruppe spiegelten die Entwicklung aus der Opferidentität der Jugendlichen anschaulich wider.

10.4 Familienorientierte Therapie

Familientherapie im engeren Sinne, d.h. die therapeutische Arbeit mit allen Familienmitgliedern, die gleichzeitig an den Sitzungen teilnehmen, ist für Inzestfamilien anscheinend nicht geeignet (Sgroi 1982; Giarretto 1976). Trotzdem sind familientherapeutische Interventionen beschrieben worden, es handelt sich um einzelne Fälle aus der Frühzeit der Inzestforschung, und diese Arbeiten leisten Pionierarbeit zum Verständnis der Dynamik der Inzestfamilie (Machotka et al. 1967; Eist u. Mandel 1968; Gutheil u. Avery 1977). Der therapeutische Effekt scheint hinter den familiendynamischen Erkenntnissen bei diesen Autoren weit zurückzustehen.

Eine gute Übersicht über die — in bezug auf die Erfolge eher skeptisch eingeschätzten — Möglichkeiten der Familienbehandlung im weiteren Sinne gibt Sgroi (1982). Familientherapie im engeren Sinne anzuwenden, könne nur zwei Ergebnisse haben: Entweder versucht der Täter, den Therapeuten auf seine Seite zu ziehen, um sich zu rechtfertigen und weiter Macht auszuüben, oder der Täter bricht die Therapie ab, wenn der Therapeut ihn mit seiner Verantwortung konfrontiert. Die erste Möglichkeit würde die Familienpathologie aufrechterhalten, die zweite das Ende der Therapie (oft auch der des Opfers) bedeuten. Es sind nach Meinung der Autorin mehrere Möglichkeiten simultan anzuwenden: Einzelgespräche, Zweiergespräche, Gruppen von Väter, von Müttern, von Eltern und den adoleszenten Opfern. Ähnlich wird die Therapie der Familie in Form von derart homogenen Gruppen anstelle der Familientherapie im engeren Sinne am Institute for Rape Concern in Philadelphia durchgeführt (Pedigo 1984). Sgroi (1982) zufolge muß die Therapie in den verschiedenen Settings die grundlegenden Bedürfnisse der Familie als Therapieziele vor Augen haben. Es handelt sich dabei um die Veränderung der Schwäche, die zum Inzest führte: das Versagen, auch des nicht direkt beteiligten Elternteils, das Opfer zu schützen, das Versagen, Grenzen zu setzen, der Mißbrauch von Gewalt (durch den Täter). Der Therapeut muß sich darüber klar sein, daß er mit Menschen arbeitet, die nicht freiwillig zur Therapie kommen. Der Druck von seiten der Behörde oder Gerichte ist in aller Regel erforderlich, damit überhaupt alle Beteiligten an einem Therapieprogramm teilnehmen (vgl. auch Furniss 1983). Die Prognose sei schlecht, wenn die Eltern sich gegen das Opfer verbünden, wenn sie Gewalt anwenden, damit es die Anzeige zurückzieht, und wenn kein erwachsener Verbündeter des Opfers in der Familie ist, auch ein älteres Geschwister, insbesondere aber die Mutter. Auch Sarles (1975) und Herman (1981) halten die Mutter beim Vater-Tochter-Inzest für das Familienmitglied, das am ehesten in der Lage ist, die Kontrolle zu erlangen und das Inzestgeschehen zu verhindern. Die Prognose hängt Sgroi (1982) zufolge auch besonders davon ab, wie die Familie auf die Therapiefortschritte des Opfers reagiert — mit eigener Veränderung oder mit feindseliger Behinderung.

Sehr viel optimistischer klingt der Bericht über ein Programm der Therapie von Familien, in denen sexueller Mißbrauch vorkam, das der humanistischen Psychologie nahesteht (Giarretto 1976). Angeblich ist kein Rückfall bei 250 Familien bekannt geworden, die mindestens 10 Sitzungen der Behandlung wahrnahmen und die Therapie formell beendeten, also nicht abbrachen. 90% der Ehen seien gerettet worden und 95% der Kinder seien nach Hause zurückgekehrt. Diese Erfolge hat Kempe (1978) nicht vorzuweisen; er fragt sich auch, ob das höchste Ziel die Zusammenführung der Familie sein soll, ob darin immer das Wohl des Kindes bestehe und ob dieses Wohl nicht an erster Stelle stehen sollte. Auch Giarretto (1976) bietet ähnlich wie Sgroi (1982) ein weites Spektrum therapeutischer Settings an, noch erweitert durch Selbsthilfegruppen („parents united" und „daughters united") im Sinne der anonymen Alkoholiker. (Es existiert ein weiteres Selbsthilfeprogramm für Menschen, die ihre sexuellen Aktivitäten nicht kontrollieren können, nach dem Muster der Anonymen Alkoholiker, die „Anonymen Sexaholiker", das in den USA entstanden ist und seine Arbeit auch in Deutschland begonnen hat.) Beeindruckend ist, wie Giarretto mit Behörden und Gerichten völlig offen kommuniziert und kooperiert, auch mit schon verurteilten Tätern arbeitet, die ihre Strafe absitzen müssen, und durch seine Therapieprogramme ein enormes Ansteigen der Strafaussetzungen erreicht hat. Während Sgroi(1982) insbesondere die Motivation der Täter zur Therapie und ihre Fähigkeit zur Änderung sehr skeptisch beurteilt, ist Giarretto offenbar in der Lage, sich viel eher in sie einzufühlen und eine Beziehung zu ihnen zu entwickeln. Auch Kennedy u. Cormier (1969) schätzen die Therapiemotivation der Täter, bedingt durch Schuldgefühle und Deprivation, sogar am höchsten von allen Familienmitgliedern ein. In einer früheren Arbeit (Cormier et al. 1962) allerdings bemerken die Autoren, daß die Väter nie aus eigenem Antrieb zur Therapie motiviert sind, sondern erst nach Aufdeckung des Inzests aus Angst, die Familie zu verlieren. Andererseits haben sich in der privaten psychotherapeutischen Praxis doch mehrere Täter selbständig einer Therapie unterzogen (Westermeyer 1978). Resnik u. Peters (1967) berichten über ambulante Gruppen von Sexualstraftätern, unter denen ein Drittel Inzesttäter waren, die in Form von halboffenen Gruppen geführt wurden. Die Teilnahme war für mindestens 16 Sitzungen von den Gerichten gefordert, die meisten Mitglieder blieben freiwillig länger.

Zusammenfassend ist zu sagen, daß themenzentrierte Gruppentherapie kathartisch wirksam sein kann und dem Inzestopfer eine erste Möglichkeit bietet, sich zu artikulieren. Familientherapie im engeren Sinne scheint für Inzestfamilien ungünstig zu sein, der Grad der Verleugnung und der Zwang, das Familiengeheimnis zu wahren, scheinen in der Regel zu groß zu sein (vgl. Machotka et al. 1967). Am ehesten geeignet scheint eine mehrdimensionale Familientherapie im weiteren Sinne, die flexibel verschiedene Settings anbieten kann. Die Prognose sollte nicht zu hoffnungsvoll eingeschätzt werden, ein Auseinanderbrechen der aufgrund des Inzests noch zusammenhaltenden Familie nach seinem Aufdecken und Heimunterbringung des Opfers sind oft nicht zu vermeiden.

10.5 Kooperation mit Institutionen

Die Meinung, eine Anzeige und damit ein Öffentlichmachen des Inzests habe verheerendere Folgen als dieser selbst, wird seit langem häufig vertreten (Maisch 1968; Schönfelder 1970) „Das Strafverfahren und die Verurteilung des Täters ... führen in vielen Fällen auch zu einer durch Scheidung oder Verhaftung beider Eltern bedingten Auflösung der Familie (44%) und — was meist viel schlimmer ist — zu einer Heimunterbringung des Opfers (36%), das sich dadurch meistens bestraft fühlt" (Maisch 1968, S. 159). Die Folgen einer Anzeige können für das Opfer ein weiteres Trauma bedeuten, denn der Gedanke, das Kind sei der Initiator des Inzests, wird beim unausgebildeten Untersucher im Jugendamt, bei der Polizei und beim Gericht die Nachforschungen bestimmen, von weitergehendem sadistischen Vorgehen abgesehen. Ein Beispiel ist in der Sammlung von Gardiner-Sirtl (1983, S. 175) enthalten:

„Ich mußte aufs Jugendamt kommen, noch einmal genau erzählen: Wo mein Vater überall hingefaßt habe, ob es mir manchmal auch gefallen habe, ob es weh getan habe, ob er mich nur mit den Händen berührt habe, ob ich schon einen Freund hatte, ob ich vielleicht meinen Vater gereizt hätte, z.B. durch unvollständige Kleidung, warum ich die Einladung meines Vaters überhaupt angenommen habe und nicht gleich zu meiner Schwester gegangen sei."

Auch einem Teil meiner Patientinnen blieben solche Fragen nicht erspart, z.B. ob das Mädchen nicht auch etwas davon gehabt habe, ob es das nicht auch gewollt habe, ob es sich das nur gewünscht habe und es gar nicht wirklich geschehen sei. Kommt es zur Gerichtsverhandlung, ist es dem Verteidiger erlaubt, das Sexualleben des Opfers mit allen Fragetechniken und Unterstellungen so darzustellen, daß es als der eigentliche Täter erscheint. Dieses Problem wird z.B. in Israel umgangen durch die Institution des „youth examiners", die anstelle der Polizei und der Behörden sämtliche Vernehmungen des Opfers durchführt und auch entscheidet, ob das Kind an einer Gerichtsverhandlung teilnehmen soll (Fraser 1981). Die Frage, ob die Familie durch eine Anzeige zerstört wird, geht nach allem, was ich bisher ausgeführt habe, völlig am Problem der Inzestfamilie vorbei. Die Familie ist bereits zerstört und wird ausschließlich noch durch den Inzest auf Kosten des Kindes zusammengehalten. Und die Strafverfolgung und schließlich eine Verurteilung des Täters erfolgt selbst nach einer Anzeige bei einem sehr geringen Teil von 5% (Goodwin u. Geil 1982). Der Eintritt eines Schadens durch eine Verurteilung ist also auch zahlenmäßig nicht sehr wahrscheinlich. Auch die Heimunterbringung erfolgt nur in 1% aller angezeigten Fälle von Mißhandlung und Vernachlässigung (Goodwin u. Geil 1982).

Meines Erachtens sollte alles getan werden, damit durch eine innerhalb der beteiligten Institutionen ungehinderte Diskussion des Inzestgeschehens wie auch anderer Formen von Kindesmißhandlung das eigentliche Interesse des Kindes, vor Mißbrauch und Ausbeutung auch durch die eigenen Eltern geschützt zu werden, überhaupt vertreten werden *kann*. Denn die Familie ist in diesen Fällen per se dazu nicht in der Lage. Gleichzeitig wäre die Familie dadurch gezwungen, sich über ihr zentrales Problem und die Beteiligung aller Familienmitglieder auseinanderzusetzen, wozu ihr allerdings adäquate Hilfe zur Verfügung gestellt werden muß. Diese Auffassung wird in der größeren Identifikation mit dem Kind als der mit der Familie inzwischen in der Literatur am häufigsten vertreten, abgesehen davon, daß in allen Staaten der USA die gesetzliche Vorschrift besteht, daß jeder sexuelle Mißbrauch zumindest von professionell mit ihm in Berührung kommenden Personen angezeigt werden muß (Herman 1981, S. 135; Rosenfeld 1979 c; Goodwin u. Geil 1982; McCausland 1979). Rosenfeld (1979 a) möchte allerdings die Justiz ausgeklammert wissen, um dem Therapeuten größere Freiheit zu lassen, ohne Druck der Familie zu helfen. Andererseits ist anscheinend für jede Art von Familienbehandlung ein Druck von außen, meist in Form einer Bewährungsauflage, sich einer Therapie zu unterziehen, erforderlich, um den fehlenden Leidensdruck der nichtmotivierten Familienmitglieder zu ersetzen (Sgroi 1982; Resnik u. Peters 1967; McCausland 1979).

Goodwin u. Geil (1982) geben einen guten Überblick über die Gründe, warum Ärzte sexuellen Mißbrauch anzeigen sollten. Die Autorinnen sind überzeugt, daß die Zahl der Fälle und der Umfang der Folgen um so mehr zurückgehen, je mehr Öffentlichkeit hergestellt wird. Denn die Einwirkungszeit des Mißbrauchs auf ein individuelles Opfer wird verkürzt, die Wahrscheinlichkeit, daß ein anderes Geschwister Opfer wird, vermindert und ebenso, daß das Opfer sich in einem jüngeren Kind ein Opfer sucht, dem es den Mißbrauch sozusagen weitergibt (Frau G. aus meiner Praxis versuchte einmal als 12jährige in aggressiver Weise genitalen Verkehr mit dem 6 Jahre jüngeren Bruder zu erzwingen). Weiter bestehe die Möglichkeit, der Familie früher zu helfen, wenn Anzeige erstattet wird, und außerdem erhielten die Ärzte größeren Einfluß auf die Reaktionen der gesellschaftlichen Institutionen, wenn sie sie eher routinemäßig durch eine Meldung zu Hilfe holten.

Zur Frage, ob die Begegnung mit den verschiedenen Institutionen nicht eher schaden würde, meint Anderson (1979), daß nicht die Institution per se traumatisch wirkte, sondern die Art und Weise, wie sie mit dem Opfer umgehe. An sich sei es unbedingt notwendig, daß das Kind Hilfe bekommt und erfährt, daß es ein Opfer ist. Wenn die Institutionen schädigend wirken, müßten sie eben verbessert werden, das Schweigen würde weder dem Kind noch der Familie helfen.

Andererseits läßt die Realität der Institutionen wie Jugendamt, Polizei, Gerichte und auch Heime in vielen Fällen die Sorge, ein größerer Schaden könnte durch die Institution eintreten, berechtigt erscheinen. Goldstein et al. (1979) sind sehr skeptisch in bezug auf die Kompetenz der Institutionen und wollen die Entscheidung, ob ein Kind bei der Familie bleibt, dem Strafrichter überlassen: Nach einer strafrechtlichen Verurteilung, aber erst dann, sollte eine Entscheidung über das Verbleiben des Kindes getroffen werden. Aber die Gerichte neigen — jedenfalls in Deutschland — dazu, den Inzesttäter zu schonen (Trube-Becker 1982). Offenbar kommt es vor, daß sich ein Richter mit dem Täter identifiziert, dessen Verhalten mit der Schuld des Opfers leicht erklärt wäre, was auch das Unbehagen eines solchen Richters mildern würde. Kinderärzte, die häufig als erste vom Inzest erfahren könnten, fühlen sich „unbequem" (Kempe 1978) und forschen nicht weiter nach, wenn sie körperliche oder psychische Verdachtsmomente bei einem Kind, das möglicherweise Inzestopfer geworden ist, beobachten, ganz anders als bei sexuellem Mißbrauch eines Kindes durch Fremde. Meine sehr geringen Erfahrungen mit Jugendämtern und Heimen im Zusammenhang mit meinen Versuchen, Kontakt zu jugendlichen Inzestopfern oder gar ihren Familien zu bekommen, waren entmutigend. Eine Mauer des Schweigens stand vor mir, die als *Schweigepflicht* bezeichnet wurde. Diese Auffassung von Schweigepflicht verhinderte nicht nur, daß mir ohne Namensnennung Fälle berichtet werden konnten oder ich Gelegenheit bekommen hätte, z.B. mit den Opfern zu sprechen, sondern auch die Mitteilung des die Jugendlichen in ein Heim einweisenden Jugendamts an das Heim, daß es sich um Inzest handelte. Innerhalb eines Heims wurde über Inzest weder mit den Opfern noch gar in einer Gruppe von Nichtbetroffenen gesprochen — die Jugendlichen würden es selbst nicht wollen, aus Loyalität mit den Eltern. Daß die Chance neuer Beziehungen zwischen Eltern und Kind durch Sprechen, Auseinandersetzung und Bearbeiten anwachsen könnte und eine derart blinde Loyalität ersetzen könnte, lag gar nicht im Vorstellungsbereich der Institution. Meines Erachtens steht hinter der Kollusion der Institutionen mit der Inzestdynamik — ob es sich um Gerichte, Ämter oder Heime handelt — eine große Angst der zu wenig ausgebildeten Vertreter dieser Institutionen vor der Auseinandersetzung

10.5 Kooperation mit Institutionen

mit dem Thema Inzest, weil jeder die phantasierten inzestuösen Beziehungen der Kindheit durchlebt und mehr oder weniger glücklich verdrängt hat. Eine relativ öffentliche Diskussion des Inzests mit den Beteiligten würde die Familie — und es handelt sich beim Inzest um ein „unbroken home" — in Frage stellen, ihre Verlogenheit entlarven. Das setzte voraus, daß der beruflich mit solchen Familien Konfrontierte sich mit der eigenen Familie genügend auseinandergesetzt hat, was als Teil einer genügend umfassenden Ausbildung gefordert werden muß.

Wenn auch der therapeutische Ansatz Giarrettos (1976) und sein Optimismus in bezug auf mögliche Erfolge nicht meine Zustimmung finden, ist doch seine offenbare Begabung bewundernswert, verschiedene Institutionen zur Zusammenarbeit zu bringen und auf die Inzestbeteiligten aktiv zuzugehen, wie auch in die weitere Öffentlichkeit einzudringen. Goodwin u. Geil (1982) berichten von einem Fall einer Inzestfamilie, bei der innerhalb von 9 Monaten 32 (!) verschiedene Stellen an der therapeutischen Intervention beteiligt waren. Es handelte sich um eine Familie mit multiplem Inzest; Schwangerschaft eines Opfers, körperliche Mißhandlung, psychopathologische und Verhaltensstörungen sowie soziale Probleme traten auf, so daß ein ganzes Netz sozialer Dienste aufgeboten werden mußte. Während diese Beispiele zwar eine weitgehende Zusammenarbeit der Dienste und eine relative Offenheit, von der wir in der Bundesrepublik Deutschland noch weit entfernt sind, erkennen lassen, bleibt doch bei den Autoren unklar, welche Institution in welcher Weise auf die Inzestfamilie einwirken soll.

Einen systematischen Überblick über Interventionsziele gibt dagegen Furniss (1983), der folgende Strategien unterscheidet:

1. Die primäre *polizeiliche* Intervention, die klar gegen den Vater als Täter, der allein verantwortlich gemacht wird, gerichtet ist. Sie versucht das Inzestproblem durch Entfernung des Vaters von der Familie zu lösen.
2. Die primäre Intervention der *sozialen Dienste* (die wie die Polizei mit amtlicher Macht ausgestattet sind) richtet sich gegen beide Eltern, vor deren Versagen das Kind geschützt werden muß. Wenn ihr Mittel jedoch darin besteht, das Kind aus der Familie zu entfernen, so erreichen sie das Gegenteil des beabsichtigten Ziels, das Kind zu schützen. Es verliert die Familie und alle anderen sozialen Bezüge, die zurückbleibenden Familienmitglieder können seine Entfernung leicht als gerechte Strafe für den eigentlich Schuldigen interpretieren. Das Kind fühlt sich durch die Trennung von der Familie bestraft und ist der Möglichkeit beraubt, sich von Schuld und Konfusion zu befreien, was nach Meinung des Autors nur in der Familie möglich ist.
3. Die primäre *therapeutische* Intervention entspricht der Familientherapie im weiteren Sinne, die wir oben bei Sgroi (1982) kennengelernt haben. Ihr Ziel ist ein therapeutisches und richtet sich an die ganze Familie, wenn auch gesetzliche Unterstützung und zeitweilige Trennung der Familienmitglieder angewandt werden, wenn sie dem therapeutischen Ziel dienen. Als zentrale Konflikte stellen sich bald die Rolle der Mutter, die Mutter-Tochter-Beziehung und die Beziehung der Eltern zueinander heraus.

Furniss (1983) gibt ein klinisches Beispiel aus der Arbeit des Confidential Doctor System in Amsterdam, einem Kriseninterventionssystem, das aus zwei Vertrauensärzten (nicht dem deutschen Sprachgebrauch entsprechend, hier ist eher Vertraulichkeit gemeint), dem Pflegepersonal, den Spieltherapeuten (playleader) und je einem Therapeuten für das Mädchen wie für die Eltern besteht. Die Institutionen, die kooperieren und auch kommunizieren, sind erstens das medizinische und therapeutische System, zweitens spezielle Kinderschutzdienste, drittens die Schule, viertens der Staatsanwalt, fünftens die Polizei und sechstens die Sozialdienste. In einem beeindruckenden Bericht schildert Furniss (1983) die Schwierigkeiten, nach der Aufdeckung eines nicht zu schwerwiegenden Falls von Vater-Tochter-Inzest ein therapeutisches Vorgehen zu etablieren, und analysiert die Konflikte zwischen den einzelnen Subsystemen als Widerspiegelung der aktuellen Konflikte zwischen den Familienmitgliedern.

Das niederländische Modell des „Vertrauensarztes in Sachen Kindesmißhandlung", das seit 1972 flächendeckend mit 10 Büros arbeitet, ist anscheinend zum Vorbild für ärztliche Kindesmißhandlungszentren in der Bundesrepublik Deutschland geworden. 1983 wurde die „Ärztliche Beratungsstelle gegen Vernachlässigung und Mißhandlung von Kindern" an der Universitätskinderklinik Essen gegründet, ein ähnliches Zentrum wurde am Evangelischen Krankenhaus in Düsseldorf eingerichtet. Das sind nur zwei mir bekannte regionale Beispiele*. Der Hauptvorzug derartiger Zentren scheint mir zu sein, daß der medizinisch-therapeutische Zugang im Vordergrund steht und alles Amtliche oder gar Polizeiliche gar nicht erst abschreckend auf die Familie wirken kann. Es ist zu hoffen, daß solche Zentren auch die Koordinationsaufgaben ausfüllen können, immerhin ginge es dabei um die Priorität der „primär therapeutischen Intervention" vor den Interventionsmöglichkeiten und -zielen der anderen etablierten Institutionen — es scheint also ein Problem der Macht zu sein, das gelöst werden muß. Das grundlegende Dilemma wird aber trotz aller Fortschritte wohl nicht restlos aufgelöst werden können: Das Kind ist in der Familie geschädigt, braucht sie aber; Familientherapie wäre nötig, hängt aber von der Motivation der Familie und den Möglichkeiten der Institutionen ab.

10.6 Prävention

Eine Möglichikeit der Prävention des Inzests als einem „Familiengeheimnis", das sich als solches bis zur Aufdeckung äußerer Einwirkung entzieht, sehe ich nur im Brechen des Tabus, über Inzest zu sprechen. Ist erst einmal das öffentliche Bewußtsein von der Existenz des Inzests entwickelt, werden sich mehr Berufsgruppen verantwortlich fühlen, es werden mehr Fälle bekannt, „Anzeigen" werden eher als Hilfsmöglichkeit gesehen, die Opfer werden sich eher Hilfe außerhalb der Familie holen können, es wird sogar zu mehr Selbstanzeigen der Eltern kommen (vgl. Goodwin u. Geil 1982). Mit steigender Zahl angezeigter Fälle sinkt die Morbidität der Opfer (Goodwin u. Geil 1982, s. oben), Rezidive bei einmal bekanntgewordenen Fällen sind sehr selten (Cormier et al. 1982; Mrazek 1981), auch wenn keine besondere Therapie angewendet wurde. Darüber hinaus erscheint es unumgänglich, daß alle mit Inzestfamilien möglicherweise in Berührung kommenden Berufsgruppen eine Ausbildung erhalten, die sie erstens befähigt, eine frühe Dia-

---

* vgl. Anhang: Ärztliche Beratungsstellen.

gnose zu stellen, und zweitens je nach beruflicher Aufgabe auch adäquat therapeutisch im weitesten Sinne zu handeln. Beides — die Fähigkeit, die Diagnose zu stellen, und therapeutische Arbeit in Inzestfamilien — setzt voraus, daß die inneren Widerstände dem Inzest gegenüber, d.h. das eigene verborgene Inzestproblem, erkannt und bewältigt wurden.

11 Schlußbemerkung

Inzest, wie er in diesem Buch beschrieben wurde, ist eine Form der Kindesmißhandlung, und zwar die, die am meisten Familiengeheimnis bleibt und von der Öffentlichkeit am wenigsten zur Kenntnis genommen wird. Ausbeutung und Mißhandlung eines Schwächeren durch einen Stärkeren ist ein moralisches Übel per se. Im Falle des intrafamiliären sexuellen Mißbrauchs wird das abhängige, liebende, sich entwickelnde Kind über die Natur des Geschehens im unklaren gelassen, unter Drohung zum Schweigen gebracht und mit mehr oder weniger subtiler Gewalt zu einer Form der Sexualität gezwungen, für die es nicht reif ist. Trotz dieser Polarisierung zwischen „Täter" und „Opfer" handelt es sich um ein komplexes Familiengeschehen, in dem es keinen „Schuldigen" gibt. Die Täter sind einmal selbst Opfer gewesen, suchen sich entsprechende Ehepartner und sind selbst nicht frei in der Entscheidung, ihr Kind zu mißbrauchen oder nicht. Selbst die geringe Motivation des Täters, sich zu ändern und sich Hilfe zu holen, gehört zu seiner Psychodynamik und ist keine Frage von Schuld.

Es besteht für mich kein Zweifel, daß Inzest mit einer Vielzahl von akuten und späteren psychopathologischen Störungen in Zusammenhang steht, wenn man auch annehmen muß, daß die Psychopathologie der Eltern, die Beziehung des Kindes zu ihnen und die Familiendynamik der Inzestfamilie sowohl den Inzest wie auch die anderen Symptome produzieren, nicht aber der Inzest als isoliertes pathogenes Trauma wirkt. Die Psychoanalyse hat sich von der Erforschung des realen sexuellen Traumas zurückgezogen und den Schwerpunkt auf die intrapsychische Dynamik gelegt. Andererseits gibt es aber auch keine einfache kausale Beziehung zwischen Trauma und Psychopathologie, erst die Integration von äußerem Einfluß einerseits und Phantasie- bzw. Abwehrtätigkeit andererseits wird der Komplexität psychischer Entwicklung gerecht. Die Kenntnis der grundlegenden Mechanismen der Ausbeutung des Kindes in der Familie verdanken wir Ferenczi (1933), der als erster auf die Unterwerfung des Opfers aufmerksam gemacht hat und die zentrale Dynamik der Identifikation mit dem Aggressor und die Übernahme seiner Schuld durch das Opfer entdeckt hat. Steele u. Pollock (1968) haben für die Kindesmißhandlung den Mechanismus der Projektion des eigenen schlechten Selbstanteils auf das Kind, der in diesem bekämpft wird, entwickelt. Für die Inzestdynamik hat dieser Vorgang eine große Bedeutung, da die Geringschätzung der eigenen weiblichen Identität von der Mutter auf die Tochter projiziert wird, die so dem Vater ausgeliefert und nicht beschützt wird.

Die ersten Stimmen, die das Tabu, über Inzest zu sprechen, brechen, werden laut, es sind die der Betroffenen, der Opfer, und es ist zu begrüßen, daß sie eine Diskussion auch in den Medien in Gang gebracht haben. Dieses Buch soll diesen Stimmen eine professionelle hinzufügen, denn das Tabu erstreckt sich erstaunlicherweise auch auf alle mit der Sorge für Familien und Individuen beschäftigten

11. Schlußbemerkung

Berufsgruppen, einschließlich der der Psychoanalytiker und Psychotherapeuten. Das Tabu hängt mit der bestehenden Macht- und Rollenverteilung unserer noch immer patriarchalischen Gesellschaft zusammen. Dem Mann wird stillschweigend sozusagen inoffiziell das Recht eingeräumt, Frauen sexuell auszubeuten, sei es innerhalb hierarchischer Abhängigkeitsbeziehungen, z.B. im Berufsleben, sei es in der Prostitution, der Vergewaltigung oder im typischen Muster des „Fremdgehens", bei dem sich ein älterer verheirateter Mann und ein abhängiges junges Mädchen in gegenseitiger Idealisierung täuschen. Der Inzest ist nur eine extreme Sonderform dieser Dynamik, und wie in allen ihren Formen ist auch hier der Mann, der „Täter", letztlich ein schwacher, sehr bedürftiger Mensch, der gezwungen ist, Macht und Erfolg zu haben, und der sich keine Schwäche anmerken lassen darf.

Das Beispiel der Entwicklung des Bewußtseins vom Inzest in den USA, übrigens gefolgt von einer heftigen andauernden öffentlichen Diskussion über sexuellen Mißbrauch von Kindern in Institutionen, über Kinderpornographie und Kinderprostitution, zeigt, daß das größere Bewußtsein zum enormen Ansteigen der bekannten Fälle führt, ähnlich wie 10 Jahre früher bei der Kindesmißhandlung. Die größere Zahl der bekannten Fälle zwingt zur Einrichtung von entsprechenden Schutz- und Therapiezentren, deren Existenz wiederum eine Rückwirkung auf den Anstieg der Zahlen bekannter Fälle hat — und die Zahlen entsprechen Familien, die Hilfe benötigen. Es ist unbedingt nötig, daß auch in der Bundesrepublik Deutschland Zentren entstehen, die kompetent und auch mit der entsprechenden Macht ausgestattet sind, das notwendige multiprofessionelle Auffangen der Inzestfamilie zu koordinieren. Denn allein polizeiliche oder sozialarbeiterische Interventionsstrategien reichen nicht aus, schon gar nicht, wenn sie isoliert voneinander eingesetzt werden. Allein das Wachsen des öffentlichen Bewußtseins von der Existenz des Inzests zusammen mit besserer Ausbildung der Vertreter der beteiligten Berufsgruppen und die Entwicklung integrierter familienbezogener Interventionsstrategien kann präventive Wirkung entfalten. Die sich selbst überlassene Familie bewahrt das „Familiengeheimnis" und ist nicht in der Lage, die Familientradition des Inzests über die Generationen hinweg zu unterbrechen.

Literatur

Abraham K (1907 a) Über die Bedeutung sexueller Jugendtraumen für die Symptomatologie der Dementia praecox. In: Cremerius J (Hrsg) Psychoanalytische Studien, Bd II. Fischer, Frankfurt, 1971
Abraham K (1907 b) Das Erleiden sexueller Traumen als Form infantiler Sexualbetätigung. In: Cremerius J (Hrsg) Psychoanalytische Studien, Bd II. Fischer, Frankfurt, 1971
Alexander F (1950) Psychosomatische Medizin. de Gruyter, Berlin
Anderson D (1979) Touching: When it is caring and nuturing or when it is exploitative and damaging? Child Abuse Negl 3: 793—794
Argelander H (1977) Diskussionsbeitrag zu P. Fürstenaus Arbeit „Die beiden Dimensionen des psychoanalytischen Umgangs mit strukturell ich-gestörten Patienten". Psyche 31: 208—215
Arroyo W, Eth S, Pynoos R (1984) Sexual assault of a mother by her preadolescent son. Am J Psychiatry 141: 1107—1108
Awad GA (1976) Father-son incest: a case report. J Nerv Ment Dis 162: 135—139
Barry M J, Johnson A M (1958) The incest barrier. Psychoanal Quart 27: 485—500
Bateson G, Jackson D D, Haley J, Weakland J W (1956) Auf dem Wege zu einer Schizophrenie-Theorie. In: Bateson G et al. (Hrsg) Schizophrenie und Familie. Suhrkamp, Frankfurt, 1969
Battinieri R (1984) Persönliche Mitteilung. Children and Youth Services, Media, Pennsylvania, 19063, U.S.A.
Baurmann M (1983) Sexualität, Gewalt und die psychischen Folgen. BKA-Forschungsstelle, Wiesbaden
Bender L (1954) A dynamic psychopathology of childhood. Thomas, Springfield, Ill.
Bender L, Blau A (1937) The reaction of children to sexual relations with adults. Am J Orthopsychiatry 7: 500—518
Bender L, Grugett A (1952) A follow-up report on children who had atypical sexual experience. Am J Orthopsychiatry 22: 825—837
Berliner B (1947) On some psychodynamics of masochism. Psychoanal Quart 16: 459—471
Bornemann E (1978) Lexikon der Liebe. Materialien zur Sexualwissenschaft. Ullstein, Frankfurt Berlin Wien
Brown W (1963) Murder rooted in incest. In: Masters R E L (ed) Patterns of incest. Julian Press, New York
Browning D, Boatman B (1977) Incest: Children at risk. Am J Psychiatry 134: 69—72
Butler S (1978) Conspiracy of silence: The trauma of incest. New Glide Publ., San Francisco
Carper J M (1979) Emergencies in adolescents: Runaway and father-daughter incest. Ped Clin North Am 26: 883—894
Cavallin H (1966) Incestuous fathers: A clinical report. Am J Psychiatry 122: 1132—1138
Cormier B, Kennedy M, Sangovitz J (1962) Psychodynamics of father-daughter incest. Can Psychiat Ass J 7: 203—217
Cramer B (1984) Realität als Problem der psychoanalytischen Erkenntnistheorie. Jb Psychoanal 16: 153—185
Cremerius J (1981) Die Konstruktion der biographischen Wirklichkeit im analytischen Prozeß. In: Cremerius J (Hrsg) Vom Handwerk des Psychoanalytikers: Das Werkzeug der psychoanalytischen Technik. Frommann-Holzboog, Stuttgart 1984
Cremerius J (1982) Die Bedeutung des Dissidenten für die Psychoanalyse. Psyche 36: 481—514
Cremerius J (1983) Die Sprache der Zärtlichkeit und der Leidenschaft: Reflexionen zu Sándor Ferenczis Wiesbadener Vortrag von 1932. Psyche 37: 988—1015
Cremerius J (1984) Die psychoanalytische Abstinenzregel. Vom regelhaften zum operationalen Gebrauch. Psyche 38: 769—800
de Boor C (1965) Über psychosomatische Aspekte der Allergie. Psyche 19: 365—378

Disch E (1984): Persönliche Mitteilung. University of Massachusetts, Boston, Department of Sociology
Dixon K, Arnold E, Calestro K (1978) Father-son-incest: Underreported psychiatric problem. Am J Psychiatry 135: 835—838
Doek J E (1981) Sexual abuse of children: An examination of European criminal law. In: Mrazek P B, Kempe C H (eds) a.a.O.
Dorpat C (1982) Welche Frau wird so geliebt wie Du? Rotbuch, Berlin
Dupont J (1972) Vorwort. In: Ferenczi S. Schriften zur Psychoanalyse. Fischer, Frankfurt
Eist H I, Mandel A V (1968): Family treatment of ongoing incest behavior. Fam Process 7: 216—232
Fenichel O (1945) The psychoanalytic theory of neurosis. Norton, New York
Ferenczi S (1933) Sprachverwirrung zwischen den Erwachsenen und dem Kind. In: Balint M (Hrsg) Schriften zur Psychoanalyse, Bd II. Fischer, Frankfurt, 1972
Finkelhor D (1978) Psychological, cultural and family factors in incest and family sexual abuse. J Marr Fam Couns 4: 45—50
Finkelhor D (1979 a) What's wrong with sex between adults and children — ethics and the problem of sexual abuse. Am J Orthopsychiatry 49: 692—697
Finkelhor D (1979 b) Sexually victimized children. Free Press, New York
Finkelhor D (1981) Four preconditions of sexual abuse: A model. Paper presented at the National Conference about Family Violence Research, Durham, N.H., U.S.A.
Finkelhor D (1982) Sexual abuse: A sociological perspective. Child Abuse Negl 6: 95—102
Finkelhor D (1984) Persönliche Mitteilung
Fleck S, Lidz T, Cornelison A, Schafer S, Terry D (1959) The intrafamilial environment of the schizophrenic patient: Incestuous and homosexual problems. In: Massermann J H (ed) Individual and family dynamics. Grune & Stratton, New York. Deutsch in: Fleck S et al. (1959/60) Zur Familienumwelt des Schizophrenen. Inzestuöse und homosexuelle Problematik. Psyche 13: 330—344
Fliess R (1973) Symbol, dream and psychosis with notes on technique. In: Psychoanalytic Series, Vol 3. Int. Univ. Press, New York
Flügel J C (1921) The psychoanalytic study of the family. Hogarth, London, 1972
Forward S, Buck C (1978) Betrayal of innocence. Incest and its devastation. Tacher, Los Angeles
Fox J R (1962) Sibling incest. Br J Sociol 13: 128—150
Frances V, Frances A (1976) The incest taboo and family structure. Fam. Process 15: 235—244
Frankfurter Rundschau, 18.12.1985: „Kindesmißbrauch nimmt zu"
Frankfurter Rundschau, 16.03.1985: „Freie Sexualität und die Fähigkeit zum Bündnis"
Fraser B G (1981) Sexual child abuse: The legislation and the law in the United States. In: Mrazek P B, Kempe C H (eds) a.a.O.
Freud A (1936) Das Ich und die Abwehrmechanismen. Kindler, München, 8. Aufl. 1973
Freud A (1976) A discussion of André Green's and Leo Rangell's „Papers on change in psychoanalysis." In: Shengold L, McLaughlin J (reporters) Plenary session on changes in psychoanalytic practice and theory. Int J Psychoanal 57: 261—274
Freud A (1981) A psychoanalysts view of sexual abuse by parents. In: Mrazek P B, Kempe C H (eds) a.a.O.
Freud S (1895 a) Studien über Hysterie. G.W. I, 75—312
Freud S (1895 b) Über die Berechtigung, von der Neurasthenie einen bestimmten Symptomenkomplex als „Angstneurose" abzutrennen. G.W. I, 313—342
Freud S (1896 a): Weitere Bemerkungen über die Abwehr-Neuropsychosen. G.W. I, 377—403
Freud S (1896 b): Zur Ätiologie der Hysterie. G.W. I, 423—459
Freud S (1905): Drei Abhandlungen zur Sexualtheorie. G.W. V, 27—145
Freud S (1906): Meine Ansichten über die Rolle der Sexualität in der Ätiologie der Neurosen. G.W. V, 146—159
Freud S (1912): Zur Dynamik der Übertragung. G.W. VIII, 363—374
Freud S (1913): Totem und Tabu. G.W. IX
Freud S (1914): Zur Einführung des Narzißmus. G.W. X, 137—170
Freud S (1915): Bemerkungen über die Übertragungsliebe. G.W. X, 306—321
Freud S (1917): Vorlesungen zur Einführung in die Psychoanalyse. G.W. XI
Freud S (1925): „Selbstdarstellung". G.W. XIV, 31—96
Freud S (1926): Hemmung, Symptom und Angst. G.W. XIV, 111—205
Freud S (1931): Über die weibliche Sexualität. G.W. XIV, 515—537

Freud S (1933): Neue Folge der Vorlesungen zur Einführung in die Psychoanalyse. G.W. XV
Freud S (1937): Konstruktionen in der Analyse. G.W. XVI, 41—56
Freud S (1939): Der Mann Moses und die monotheistische Religion. G.W. XVI, 101—246
Freud S (1950): Aus den Anfängen der Psychoanalyse (Briefe an Wilhelm Fliess. Abhandlungen und Notizen aus den Jahren 1887 — 1902. Hrsg. Marie Bonaparte, Anna Freud, Ernst Kris. Imago, London
Freud S (1985) Briefe an Wilhelm Fließ 1887—1904. Fischer, Frankfurt, 1986
Freud S, Breuer J (1895) Studien über Hysterie. Fischer, Frankfurt
Furniss T (1983) Mutual influence and interlocking professional-family process in the treatment of child sexual abuse and incest. Child Abuse Negl 7: 207—223
Gagnon J (1965) Female child victims of sex offenses. Soc Probl 13: 176—192
Gardiner-Sirtl A (1983) Als Kind mißbraucht. Frauen brechen das Schweigen. Mosaik, München
Gebhard P H, Gagnon J H, Pomeroy W B, Christenson C V (1965) Sex offenders: An analysis of types. Harper & Row, New York
Giarretto H (1976) Humanistic treatment of father-daughter-incest. In: Helfer R, Kempe C H (eds) Child abuse and neglect: The family and the community. Ballinger, Cambridge, Mass.
Goldstein J, Freud A, Solnit A J (1979) Diesseits des Kindeswohls. Suhrkamp, Frankfurt
Goodwin J (1982) Sexual abuse. Incest victims and their families. John Wright, Littleton Mass. Bristol
Goodwin J, DiVasto P (1979) Mother-daughter-incest. Child Abuse Negl 3: 953—957
Goodwin J, Simms M, Bergman R (1979) Hysterical seizures: A sequel to incest. Am J Orthopsychiatry 49: 698—703
Goodwin J, Geil C (1982) Why physicians should report child abuse: The example of sexual abuse. In: Goodwin J (a.a.O.)
Goodwin J, McCarty T, DiVasto P (1982) Physical and sexual abuse of the children of adult victims. In: Goodwin J (a.a.O.)
Goodwin J, Cormier L, Owen J (1983) Grandfather-granddaughter incest: A trigenerational view. Child Abuse Negl 7: 163—170
Gordon L (1955) Incest as revenge against the pre-oedipal mother. Psychoanal Rev 42: 284—292
Gottlieb B, Dean J (1981) The co-therapy relationship in group-treatment of sexually abused adolescent girls. In: Mrazek P B, Kempe C H (eds); a.a.O.
Greenacre P (1950) The prepuberty trauma in girls. In: Greenacre P Trauma, growth and personality. Int. Univ. Press, New York, 1969
Greenacre P (1956) Re-evaluation of the process of working through. Int.J. Psychoanal. 37: 439—444
Gross M (1979) Incestuous rape: A cause for hysterical seizures in four adolescent girls. Am J Orthopsychiat 49: 704—708
Groth A N, Burgess A W (1977) Motivational intent in the sexual assault of children. Crim Justice Behav 4: 253—264
Gutheil T G Avery N C (1977) Multiple overt incest as family defense against loss. Fam Process 16: 105—116
Hartmann H (1939) Ich-Psychologie und Anpassungsproblem. Psyche 14: 81—164 (1960)
Hartmann H, Kris E (1945) The genetic approach in Psychoanalysis. Psychoanal Study Child 1: 21—23
Heigl-Evers A, Henneberg-Mönch U (1985) Psychoanalytisch-interaktionelle Psychotherapie bei präödipal gestörten Patienten mit Borderline-Strukturen. Praxis Psychother Psychosom 30: 227—235
Heims L, Kaufman J (1963) Variations on a theme of incest. Am J Orthopsychiat 33: 311—312
Hentig H von (1964) Die unbekannte Straftat. Springer, Berlin Göttingen Heidelberg
Herman J L, (1981) Father-daughter-incest. Harvard Univ. Press, Cambridge, Mass.
Herman J L, Hirschman L (1977): Father-daughter-incest. J Women Cult Soc 2: 735—756
Herman J L, Schatzow E (1984) Time-limited group therapy for women with a history of incest. Int J Group Psychother 34: 605—616
Hirsch M (1985 a) Psychogener Schmerz als Übergangsphänomen. Praxis Psychother Psychosom 30: 261—267
Hirsch M (1985 b) Zur Psychodynamik und Familiendynamik realen Inzests. Forum Psychoanal 1: 223—238
Hirsch M (1985 c) Onanieverbot und realer Inzest als klassische double-bind-Situation. Vortrag, Gemeinsamer Kongreß von DGPPT und AÄGP, Düsseldorf, 27.—29.9.1985

Hirsch M (1986 a) Ein Fall von realem Inzest und Promiskuität. Materialien Psychoanal 12; 83—100
Hirsch M (1986 b) Narcissism and partial lack of reality testing (denial) in incestuous fathers. Child Abuse Negl 10: im Druck
Holroyd J, Brodsky A (1977) Psychologists attitudes and practices regarding erotic and non-erotic physical contact with patients. Am Psychol 31: 843—849
James J, Meyerding J (1977) Early sexual experience and prostitution. Am J Psychiatry 134: 1381—1385
Johnston Krentz M (1979) The sexually mistreated child: Diagnostic evaluation. Child Abuse Negl 3: 943—951
Jones E (1938) Papers on psychoanalysis. William Wood, Baltimore
Jones E (1960) Das Leben und Werk von Sigmund Freud, Bd I—III. Huber, Bern Stuttgart Wien
Justice B, Justice R (1979) The broken taboo. Sex in the family. Peter Owen, London, 1980
Kafka J S (1969) The body as transitional object: a psychoanalytic study of a self-mutilating patient. Brit J Med Psychol 42: 207—212
Kardener S, Fuller M, Mensh J (1973) A survey of physician's attitudes and practices regarding erotic and non-erotic contact with patients. Am J Psychiatry 130: 1077—1081
Katan A (1973) Children who were raped. Psychoanal Study Child 28: 208—224
Kaufman J, Peck A L, Tagiuri C K (1954) The family constellation and overt incestuous relations between father and daughter. Am J Orthopsychiatry 24: 266-279
Kavemann B, Lohstöter I (1984) Väter als Täter. Rowohlt, Reinbek
Kempe C H (1978) Sexual abuse, another hidden pediatric problem: The 1977 C. Anderson Aldrich lecture. Pediatrics 62: 382—289
Kempe C H, Silverman F N, Steele B F, Droegemueller W, Silver H K (1962) The battered child syndrome. JAMA 181: 17—24
Kempe C H, Helfer R E (1968) The battered child. Univ. of Chicago Press, Chicago. — Deutsch: Das geschlagene Kind. Suhrkamp, Frankfurt, 1978
Kempe C H, Kempe R S (1978) Kindesmißhandlung. Klett-Cotta, Stuttgart, 1980
Kempe R S, Kempe C H (1984) The common secret. Sexual abuse of children and adolescents. Freeman, New York
Kennedy M, Cormier B (1969) Father-daughter-incest. Treatment of the family. Laval Médical 40: 946—950
Khan M M R (1963) The concept of cumulative trauma. Psychoanal Study Child 18: 286—306
Khan M M R (1976) Ne pas se souvenir de soi-même. Nouvelle Rev Psychanal 15. — Deutsch: Vom Masochismus zum seelischen Schmerz. In: Entfremdung bei Perversionen, Suhrkamp, Frankfurt, 1983
Klausmeier R (1973) Pubertät und Beatmusik. Psyche 27: 643—657
Körner J, Rosin U (1985) Das Problem der Abstinenz in der Psychoanalyse. Forum Psychoanal 1: 25—47
Kohut H (1977) The restoration of the self. Int. Univ. Press, New York. — Deutsch: Die Heilung des Selbst. Suhrkamp, Frankfurt 1979
Krüll M (1979) Freud und sein Vater. Die Entstehung der Psychoanalyse und Freuds ungelöste Vaterbindung. Beck, München
Künzler E (1980) Freuds somatisch fundierte Trieblehre in den „Drei Abhandlungen zur Sexualtheorie" (1905). Psyche 34: 280—302
Landis J T (1956) Experiences of 500 children with adult sexual deviation. Psychiatr Q (Suppl) 30: 91—109
Langsley D G, Schwartz M N, Fairbairn R H (1968) Father-son-incest. Compr Psychiatry 9: 218—226
Leon A (1982) „Einfacher Bericht". März, Berlin Weinheim
Lessing D (1974) Memoiren einer Überlebenden. Goverts-Fischer, Frankfurt, 1979
Lewis M, Sarrel P M (1969) Some psychological aspects of seduction, incest and rape in childhood. J Am Acad Child Psychiatry 8: 606—619
Lindberg F H, Distad L J (1985) Post-traumatic stress disorders in women who experienced childhood incest. Child Abuse Negl 9: 329—334
Lindzey G (1967) Some remarks concerning incest, the incest taboo and psychoanalytic theory. Am Psychol 22: 1051—1059
Litin E M, Griffin M, Johnson A (1956) Parental influence in unusual sexual behavior in children. Psychoanal Quart 25: 37—55

Lukianowicz N (1972) Incest. Br J Psychiatry 120: 301—313
Lustig N, Dressler J W, Spellman S W, Murray T B (1966) Incest. A family group survival pattern. Arch Gen Psychiatry 14: 31—40
Machotka P, Pittman F S, Flomenhaft K (1967) Incest as a family affair. Fam Process 6: 8—116
Männel H (1980) Untersuchungen zum Inzest. Psychiatr Neurol Med Psychol (Leipzig) 32: 92—98
Maisch H (1968) Inzest. Rowohlt, Reinbek
Malinowski B (1927 Geschlecht und Verdrängung in primitiven Gesellschaften. Rowohlt, Reinbek, 1962
Marcuse H (1975) Marxismus und Feminismus. In: Marcuse H (Hrsg) Zeit-Messungen. Suhrkamp, Frankfurt
Margolis M (1977) A preliminary report of a case of consummated mother-son-incest. Ann Psychoanal 5: 267—293
Marmor J (1953) Orality in the hysterical personality. J Am Psychoanal Ass 1: 656—671
Marmor J (1976) Some psychodynamic aspects of the seduction of patients in psychotherapy. Am J Psychoanal 36: 319—323
Masson J M (1984) Freud: The assault on truth. Freud's suppression of the seduction theory. Faber & Faber, London. — Deutsch: Was hat man dir, du armes Kind, getan? Rowohlt, Reinbek, 1984
Masters R E L (1963) Patterns of incest. Julian Press, New York
McCausland M P (1979) Sexual development and sexual abuse: Emergencies in adolescents. Ped Clin North Am 26: 895—901
Mead M (1935) Geschlecht und Temperament in primitiven Gesellschaften Rowohlt, Reinbek, 1959
Medlicott R W (1967) Parent-child-incest. Austr New Zeal J Psychiatry 1: 180—187
Meiselman K C (1979) Incest: A psychological study of causes and effects. Jossey-Bass, San Francisco
Miller A (1979) The drama of the gifted child and the psychoanalyst's narcissistic disturbance. Int J Psychoanal 60: 47—58
Miller A (1981) Du sollst nicht merken. Suhrkamp, Frankfurt
Mrazek P B (1981) Group psychotherapy with sexually abused children. In: Mrazek P B, Kempe C H (eds) a.a.O.
Mrazek P B, Kempe C H (eds) (1981) Sexually abused children and their families. Pergamon, Oxford New York
Nasjleti M (1980) Suffering in silence: The male incest victim. Child Welfare 59: 269—275
Olbing H (1985) Sexueller Mißbrauch von Kindern: Jeder Arzt sollte die Symptome und Verhaltensauffälligkeiten kennen. Gyne 9: 284—288
Pedigo J M (1984) Persönliche Mitteilung. Institute for Rape Concern, Joseph J. Peters Institute. Philadelphia, PA 19102
Peters J J (1976) Children who are victims of sexual assault and the psychology of offenders. Am J Psychother 30: 398—421
Pohlen M (1968) Über die Psychose einer Familie. Psychosom Med Psychoanal 14: 257—274
Raphling D L, Carpenter B L, Davis A (1967) Incest. A genealogical study. Arch Gen Psychiatry 16: 505—511
Rascovsky M W, Rascovsky A (1950) On consummated incest. Int J Psychoanal 31: 42-47
Rasmussen A (1934) Die Bedeutung sexueller Attentate auf Kinder unter 14 Jahren für die Entwicklung von Geisteskrankheiten und Charakteranomalien. Acta Psychiatr Neurol 9: 351-434
Raybin J B (1969) Homosexual incest. J Nerv Ment Dis 148, 105—110
Rennert H (1954) Psychiatrische Betrachtungen zum Inzest und seiner Verbreitung. Psychiatr Neurol Med Psychol 6: 80—87
Renvoize J (1982) Incest. A family pattern. Routledge & Kegan Paul, London
Resnik H, Peters J J (1967) Outpatient group therapy with convicted pedophiles. Int J Group Psychother 17: 151—158
Rhinehart J W (1961) Genesis of overt incest. Compr Psychiatry 2: 338—349
Richter H-E (1963) Eltern, Kind und Neurose. Klett, Stuttgart
Richter H-E (1970) Patient Familie. Rowohlt, Reinbek
Robey A, Snell J E (1963) The runaway girl: A reaction to family stress. Am J Orthopsychiatry 33: 310—311
Rosenfeld A (1979 a) Endogamic incest and the victim-perpetrator model. Am J Dis Child 133: 406—410

Rosenfeld A (1979 b) Incidence of a history of incest among eighteen female psychiatric patients. Am J Psychiatry 136: 791—795
Rosenfeld A (1979 c) The clinical management of incest and sexual abuse of children. JAMA 242: 1761—1764
Rosenfeld A, Nadelson C, Krieger M (1979) Fantasy and reality in patients reports of incest. J Clin Psychiatry 40: 159—164
Rosenfeld A, Nadelson C, Krieger M. Backman J H (1977) Incest and sexual abuse of children. J Am Acad Child Psychiatry 16: 327—339
Rosenfeld A, Newberger E (1977) Compassion versus control - Conceptual and practical pitfalls in the broadened definition of child abuse. JAMA 237: 2086—2088
Rush F (1980) The best kept secret: Sexual abuse of children. Prentice Hall, Englewood Cliffs. — Deutsch: Das bestgehütete Geheimnis. Sub rosa, Berlin, 1982
Sachsse U (1985) Schwere Selbstbeschädigung der Haut. Vorlesung am Ausbildungszentrum für Psychotherapie und Psychoanalyse, Göttingen
Sandler J (1982) Unbewußte Wünsche und menschliche Beziehungen. Psyche 36: 59—74
Sarles R M (1975) Incest. Ped Clin North Am 22: 633—642
Schelsky H (1955) Soziologie der Sexualität. Rowohlt, Reinbek
Schindler W (1982) Persönliche Mitteilung
Schönfelder T (1970) Sexuelles Trauma in der Kindheit und seine Konsequenzen. Praxis Psychother 15: 12-20
Schur M (1955) Comments on the metapsychology of somatization. Psychoanal Study Child 10: 119—164. — Deutsch in: Overbeck G, Overbeck A (Hrsg) Seelischer Konflikt - körperliches Leiden. Rowohlt, Reinbek
Segal H (1964) Melanie Klein. Eine Einführung in ihr Werk. Kindler, München
Sgroi S (1975) Sexual molestation of children: The last frontier in child abuse. Children Today 4: 18—21
Sgroi S (1982) A handbook of clinical intervention in child sexual abuse. Lexington Books, Lexington, Mass.
Shengold L (1963) The parent as sphinx. J Am Psychoanal Ass 11: 725—751
Shengold L (1979) Child abuse and deprivation: Soul murder. J Am Psychoanal Ass 27: 533—559
Shengold L (1980) Some reflections on a case of mother/adolescent son incest. Int J Psychoanal 61: 461—476
Shepher J (1983) Incest, a biosocial view. Academic Press, New York
Sloane P, Karpinski E (1942) Effect of incest on the participants. Am J Orthopsychiatry 12: 666—673
Steele B F, Pollock C B (1968) Eine psychiatrische Untersuchung von Eltern, die Säuglinge und Kleinkinder mißhandelt haben. In: Kempe C H, Helfer R E (eds) a.a.O.
Steele B F, Alexander H (1981) Long-term effects of sexual abuse in childhood. In: Mrazek P B, Kempe C H (eds) a.a.O.
Stone M (1976) Boundary violations between therapist and patient. Psychiatr Ann 6: 670—677
Stone A A (1983) Sexual misconduct by psychiatrists: The ethical and clinical dilemma of confidentiality. Am J Psychiatry 140: 195—197
Summit R C (1983) The child sexual abuse accommodation syndrome. Child Abuse Negl 7: 177—193
Summit R C, Kryso J (1978) Sexual abuse of children: A clinical spectrum. Am J Orthopsychiatry 48: 237—251
Thomas K (1972) Selbstanalyse. Thieme, Stuttgart
Tompkins J B (1940) Penis envy and incest. Psychoanal Rev 27: 319—325
Tramer M (1955) Das Inzestproblem. Acta Paedopsychiatr (Basel) 22, 1—23
Trube-Becker E (1982) Gewalt gegen das Kind. Kriminalistik-Verlag, Heidelberg
Tsai M, Wagner N (1978) Therapy groups for women sexually molested as children. Arch Sex Behav 7: 417—427
Tuovinen M (1972) On real incest. Dyn Psychiat 5: 170—178
Volkan V D (1981) Linking objects and linking phenomena. A study of the forms, symptoms, metapsychology and therapy of complicated mourning. Int. Univ. Press, New York
Wahl C W (1960) The psychodynamics of consummated maternal incest. Arch Gen Psychiatry 3: 96—101
Wassmo H (1981) Das Haus mit der blinden Glasveranda. Droemer, München
Weakland J H (1960) „Double-bind"-Hypothese und Dreier-Beziehung. In : Bateson G. et al. (Hrsg) a.a.O.

Weinberg S (1955) Incest behavior. Citadel Press, New York
Weiner I (1962) Father-daughter incest: A clinical report. Psychiatr Q 36: 607—632
Weiner I (1964) On incest: A survey. Excerpta Crim 4: 137—153
Weiss T, Roberts E, Darwin M et al. (1955) A study of girl sex victims. Psychiatr Q 29: 1—27
Westermarck E A (1902) Geschichte der menschlichen Ehe (Berlin)
Westermeyer J (1978) Incest in private practice: A description of patients and incestuous relationships. J Clin Psychiatry 39: 643—648
Winnicott D W (1953) Transitional objects and transitional phenomena. Int J Psychoanal 34: 10—25.
— Deutsch: Übergangsobjekte und Übergangsphänomene. Psyche 23: 666—682 (1969), und in: Winnicott D W (1979) Vom Spiel zur Kreativität, Klett, 2. Aufl. Stuttgart
Winnicott D W (1956) Primary maternal preoccupation. In: Through pediatrics to psychoanalysis. Tavistock, London
Winnicott D W (1963) Die Entwicklung der Fähigkeit der Besorgnis (concern). Bull Menn Clin 27: 167—176. — Deutsch in: Reifungsprozesse und fördernde Umwelt. Kindler, München 1974
Winnicott D W (1965) Ich-Verzerrung in Form des wahren und des falschen Selbst. In: Reifungsprozesse und fördernde Umwelt. Kindler, München 1974
Yates A (1982) Children eroticized by incest. Am J Psychiatry 139: 482—485
Yorukoglu A, Kemph J P (1966) Children not severely damaged by incest with a parent. J Am Acad Child Psychiatry 5: 111—124
Zelen S L (1985) Sexualization of therapeutic relationships: The dual vulnerability of patient and therapist. Psychotherapy 22: 178—185

Anhang

Ärztliche Beratungsstellen

Ärztliche Beratung und psychosoziale Hilfe für mißhandelte und vernachlässigte Kinder und ihre Eltern
Friederikenstr. 3, D-2900 Oldenburg (Tel. 0441/17788)

Ärztliche Ambulanz bei Vernachlässigung und Mißhandlung für Kind und Familie am Evangelischen Krankenhaus
Fürstenwall 91, D-4000 Düsseldorf 1 (Tel. 0211/3800380)

Ärztliche Beratungsstelle gegen Vernachlässigung und Mißhandlung von Kindern e.V.
Steinbrinkstr. 188, D-4200 Oberhausen

Ärztliche Beratungsstelle gegen Vernachlässigung und Mißhandlung von Kindern e.V.
Weberplatz 1, D-4300 Essen 1 (Tel. 0201/236611)

Ärztliche Beratungsstelle bei Vernachlässigung und Mißhandlung von Kindern e.V.
Zumsandestr. 25—27, D-4400 Münster (Tel. 0251/392449)

Ärztliche Beratungsstelle gegen Vernachlässigung und Mißhandlung von Kindern e.V., — Haus der Jugend —
Große Gildewart 6—9, D-4500 Osnabrück (Tel. 0541/28087 oder 288087)

Ärztliche Beratungsstelle gegen Vernachlässigung und Mißhandlung von Kindern e.V.
Ernst-Rein-Str. 53, D-4800 Bielefeld 1 (Tel. 0521/141717)

Ärztliche Beratungsstelle bei Kindesmißhandlung in Zusammenarbeit mit dem Deutschen Kinderschutzbund, Ortsverband Aachen
Pontstr. 85, D-5100 Aachen (Tel. 0241/23161)

Arbeitsgruppe Kindesmißhandlung und -vernachlässigung, Dr. von Hauner'sches Kinderspital der Universität München
Lindwurmstr. 4, D-8000 München 3 (Tel. 089/51602885, 089/51602811)

Universitäts-Kinderklinik Würzburg
Josef-Schneider-Str. 2, D-8700 Würzburg (Tel. 0931/201-3728)

Sachverzeichnis

„Abschalten" 96, 175
Abstinenz des Therapeuten 155, 156
Abwehrmechanismen 40, 95—97, 108, 161, 180
Adoptiv- und Pflegekinder 153
ärztliche Beratungsstellen 188
Alkoholmißbrauch 103, 149
Alpträume 165
American Humane Association 19
Angstneurose 30, 53
Anpassung 97, 161
Anzeige des Inzests 128, 184, 185, 188
„Asozialität" 2, 21, 22, 51
Ausbeutung, emotionale 46, 52

Child sexual abuse accomodation syndrome 164, 176
Confidential Doctor System 187
Cousins und Cousinen, Inzestbeziehung 9, 153

Delinquenz 160, 165
Depression 160, 166
Deprivation 162, 169
Diagnosestellung 23, 176, 188, 189
double-bind 174
Dunkelziffer 17, 18, 20

Eifersucht der Mutter 122, 123
— des Vaters 107, 108, 112
Ekzem 167, 169
Elterngruppe 182
Empathiedefekt 112, 115, 123
„endogamische" Familie 74, 75
Enuresis 164, 169
ethnische Gruppen 21, 22, 75
Exogamiegebot 6

falsche Beschuldigung 176
„falsches Selbst" 41, 47, 48, 55
Familiendynamik 2, 38, 125—134, 190
Familienklima 94, 133, 162
Familientherapie 127, 128, 182—184, 187
Familientradition 2, 43, 46, 94, 132
Folgen 160—175
Frauenbewegung 12, 23
„Fremdgehen" 111

Gegenübertragung 155—157, 178
Generationenwechsel von Hysterie und Perversion 27, 148
Geschwisterinzest 18, 20, 21, 152, 153
—, Familienatmosphäre 152
—, Gewalt 152
—, Promiskuität 153
—, Schuldgefühle 152
Großmutter-Enkelsohn-Inzest 142
Großvater-Enkelin-Inzest 135—138, 143, 171
—, Beziehung zur Mutter 137
—, narzißtisches Defizit 136
—, Psychodynamik 135
—, Schuldgefühl 135
—, „silent partner" 136

Heimunterbringung 182, 184, 185
Heirat, frühe 100
— von Verwandten 7
Heredität 31, 34, 35, 39, 41
Homosexualität 148, 151, 172, 173
homosexueller Inzest 21, 148—151, 154
Hysterie 24—26, 28—30, 83, 147, 160
—, Anfälle 168
—, Blindheit 168
—, Lähmung 168

Ich-Defekt bei den Eltern 133
— beim Vater 112
Idealisierung 97, 180
Identifikation mit dem Aggressor 40, 51, 52, 55, 88, 91, 92, 97, 100, 106, 117, 124, 134, 180, 190
Institutionen 176, 184—188
Inzestbeteiligte 9
Inzestfamilie 55, 79, 125, 185, 188—190
—, Zusammenbruch 90
Inzestformen 9, 18
Inzestgeschehen, Aufdecken 128
—, Beginn 75
—, Folgen 92
—, körperliche Mißhandlung 23
Inzestwunsch 5
Inzesttabu 1, 2, 5—7

Kinderschutz 23, 188

Kindesmißhandlung 1, 18, 19, 41, 43, 45—47, 49, 51, 52, 106, 129, 162, 164, 165, 185, 190
Körperkontakt 10, 11, 80, 90, 145, 151, 170
Kollusion der Eltern 52, 77, 85, 118, 120, 149
— der Institutionen 186

Lustgefühle des Opfers 87, 89

Machtgefühl des Opfers 95, 158
Magenerkrankungen 169, 170
Masochismus 42, 52, 101, 102, 161
Masturbation 164, 170
Migräne 167, 168
multipler Inzest 20, 117
Musik 70
Mutterbeziehung, frühe 79, 139, 141
—, Feindseligkeit 82
— des Vaters 105
Mutter-Sohn-Inzest 18, 20, 53, 138—148
—, Beziehung zum Vater 141, 145
—, emotionaler Mangel 140, 141
—, frühe Mutter-Bindung 139, 141
—, Körperpflege 145
—, Mordimpulse 142
—, narzißtischer Triumph 143
—, narzißtische Wut 142, 143
—, Omnipotenz 141, 143
—, Partnerersatz 148
—, Psychose 139, 143
—, Selbstbild des Opfers 144
—, sexuelle Handlungen 146
—, Symbiose 139, 142, 143
—, verführerisches Verhalten 145—147
Mutter-Tochter-Inzest 151
—, Bindung an die Mutter 151
—, Homosexualität 151
—, Körperkontakt 151
—, Rollenumkehr 151
—, Schuldgefühl 151

Narzißmus 46, 48
narzißtisches Defizit 46, 80, 81, 104, 140, 141
narzißtische Kränkung 46, 109
National Center of Child Abuse and Neglect 9, 19
Neurosenätiologie 29, 30, 34, 42

Objektbeziehung 38, 39, 42, 45, 96
Ödipusdrama 143, 144
Ödipuskomplex 22, 24, 28, 31, 34, 42, 79, 81
Onkel-Nichte-Inzest 35, 153

Pädophilie 74, 75, 109
„pädophile" Familie 74
pädophile Gruppen 14

Paranoia der Familie 107, 126
— des Opfers 161, 175
— des Vaters 107, 108
Partnerersatz 46, 47, 148
Partnerwahl 100, 101, 171
Penisneid 79, 81-83
Perversion 27, 74, 146, 147
Phantasie 3, 28, 36, 42, 177
posttraumatic stress disorder 165
Prävention 154, 188, 189
primäre Intervention, polizeiliche 187
— der sozialen Dienste 187
—, therapeutische 187, 188
Prognose 183, 184
Promiskuität 53, 74, 79, 82—84, 95, 101, 141, 153, 160, 170, 171, 173
„promiskuöse" Familie 74, 75
Prostitution 18, 53, 95, 171, 172
Psychoanalyse 3, 24, 35—38, 43, 44, 81, 190
psychogener Schmerz 89, 166—168
Psychose 27, 75, 138, 149, 173—175, 177
Psychosomatik 160, 169
Psychotherapie 78, 178—184
—, Abbruch 177, 180, 181, 183
—, Beginn 76, 178
—, Ferien 178
— in der Gruppe 181, 182
—, Mißbrauch 155—159, 179, 180
—, Programme 183, 184
—, supportive 180
—, Wut 99, 180, 181
—, Zentrum 19
Pygmalionkomplex 110

Rache an der Mutter 84, 95, 105
Rationalisierung 108, 159
Redeverbot 17, 175
Rollenumkehr 120, 124, 129—131, 151, 164
Rollenverhalten 12, 107

Schichtzugehörigkeit 21, 73, 103, 104
Schuldgefühl 36, 40, 46, 52, 54, 55, 85—92, 118, 151, 152, 160, 166
—, Introjektion 40, 88, 91
Schwangerschaftsphantasie 168
„Seelenmord" 43, 92, 161, 162
Selbstbestrafung 90, 166
Selbstgefühl 44, 55, 92, 128, 144, 166
— der Mutter 117
— des Vaters 109
Selbsthilfegruppen 23, 182—184
Selbstverstümmelung 166—168
Sexualstraftat 20
sexuelle Funktionsstörung 171
— Handlungen 9, 77, 146
— Selbstbestimmung 7, 20

Sachverzeichnis

sexueller Mißbrauch 8, 19, 20, 22, 23, 26, 35, 45—47, 53, 156, 162, 179
„silent partner" 94, 108
Solidarität von Geschwistern 132
— von Mutter und Tochter 124, 125
— von Vater und Tochter 98
Spaltung 23, 96, 97, 141, 175, 180
Stiefmutter-Stiefsohn-Inzest 145
Strachey Archives 33
Strafrecht 7, 13, 184, 185
Symbiose 44, 47, 84, 139, 142, 143, 174

Tabu zu sprechen 1, 29, 177, 188
Täter-Opfer-Schema 2, 12, 36, 93
„Terrorismus des Leidens" 41, 46, 47, 91
therapeutische Beziehung 155, 157
—, narzißtische Bestätigung 157
—, sexuelle Ausbeutung 157
Todesfolge 1, 23, 165
Todestrieb 42
Trauma 24—26
—, kumulatives 44
Trennungsangst 7, 44, 127
Trennungsbestreben des Adoleszenten 54, 128
Triebtheorie 34, 42

Übergangsobjekte 49
Über-Ich 51, 52, 89
— Defekt 111, 133
Überidentifikation mit Freud 36
— mit dem Opfer 11
Überstimulation 142, 162—164, 169
Übertragung 155—157, 178—180, 182
—, Mutter 178, 179
—, Vater 178, 179

Vaterbeziehung, positive Aspekte 80
Vater-Sohn-Inzest 148—150
—, Alkoholismus 149
—, benigne Form 149
—, Familiendynamik 149
—, Homosexualität 148
—, Kollusion 149
—, Mordwünsche 150
—, Mütter 149
—, Psychose 149
—, Vergewaltigung 150
—, Wut gegen den Vater 149
Vater-Tochter-Inzest 3, 20, 21, 24, 37, 53, 73—134
verführerisches Verhalten 93, 94, 156, 164, 170, 179
Verführungstheorie 24—27, 29, 32, 34, 35, 37, 38
Vergewaltigung 75, 95, 132, 150, 162, 172
Verlassenwerden 45, 162
Verleugnung 108, 118, 120, 139, 161
„Vertrauensarzt in Sachen Kindesmißhandlung" 188
Vortanzenmüssen 133

Weglaufen 164, 167, 172
Wiederholungszwang 36, 52, 100, 101, 134, 156, 168

Zustimmung zur sexuellen Handlung 14, 152, 155